本书获得新疆大学博士科研启动基金项目资助
(批准号：BS110214)

新疆大学法学文库

民国时期新疆地方宪政研究

王晓峰　著

中国政法大学出版社

2013 · 北京

图书在版编目（CIP）数据

民国时期新疆地方宪政研究 / 王晓峰著. —北京：中国政法大学出版社，2013.8

ISBN 978-7-5620-4772-8

Ⅰ.①民… Ⅱ.①王… Ⅲ.①民族区域自治—法制史—研究—新疆—民国 Ⅳ.①D921.802

中国版本图书馆CIP数据核字(2013)第173770号

书　　名　民国时期新疆地方宪政研究

Min'guo Shiqi Xinjiang Difang Xianzheng Yanjiu

出版发行　中国政法大学出版社(北京市海淀区西土城路 25 号)

北京 100088 信箱 8034 分箱　邮编 100088

http://www.cuplpress.com (网络实名：中国政法大学出版社)

58908325(发行部)　58908334(邮购部)

编辑统筹　第三编辑部　010-58908289　zonghebianjishi@gmail.com

承　　印　固安华明印刷厂

规　　格　720mm×960mm　16 开本　18.75 印张　335 千字

版　　本　2013 年 8 月第 1 版　2013 年 8 月第 1 次印刷

书　　号　ISBN 978-7-5620-4772-8/D·4732

定　　价　49.00 元

目 录

导 论

一、选题目的与意义

任何一个国家都有自己的边疆和治理问题。中国作为一个多民族的大型国家，其疆域的基本特点是少数民族区域与边疆区域大体重合，这是导致中国历史上民族问题政治化的客观原因。近代以来，因帝国主义的入侵与干涉，使得边疆问题与民族、宗教问题纠缠在一起，成为至今仍影响边疆社会稳定的政治因素。因此，边疆治理的得失成败，关乎我国统一的多民族国家的稳定发展与兴衰存亡。

新疆作为我国西陲边疆，有其重要性与特殊性。新疆自古以来就是我国不可分割的领土，是一个多民族、多宗教并存的边防要地，东西方民族和文化在这里交汇。新疆占中国陆地总面积1/6，边界线长度占1/4，涵盖了许多对国家而言极为重要和关键的因素：边疆、多民族聚居、各种资源丰富的西部、国土面积巨大，其法制现代化的推行与深化有着非同寻常的多重意义。尤其是新疆“7・5”事件后，对新疆地方宪法化的研究不仅有深厚的学理意义，而且在实践中有着紧迫的现实需要。因此通过研究民国时宪法在新疆地方的推行与实施，总结以宪法维护边疆稳定与安全的经验，有助于我们把握新疆近代政治的特点，深化对治理新疆的特殊性认识，对于更好地贯彻实施民族区域自治的宪法安排，加快新疆民族地区的法制建设，促进新疆治理的法治化、地方政治的宪法化，维护国家边疆稳定都有着重要的现实意义。

首先，通过对宪法在新疆近代的实施状况的研究，为当下新疆地方的政治宪法化建设提供有益的历史借鉴。新疆的特殊性赋予其治理模式与地方政治民主化实践的独特性，即在地域辽阔、族群多样、文化差异较大的边疆如何既推进国家的一体化又实现地方政治的民主化。中国历朝历代中央政府都极其重视新疆治理问题，治理新疆的方式经历了一个漫长的演变过程：西汉时期的督统治理，唐、元、明时期的羁縻治理，至清初的军府治理，再到清末的建省治理[1]，民国时期的地方政治民主化尝试等。无论其治理方式为何，新疆的特殊性决定了对于新疆的治理，必须在坚持中央立法统一的前提下，尊重新疆的独特性，因地制宜地制定各种政策。近代民主、平等、自治、宪政等理念在新疆的传播与深入人心，推动着当权者自觉或不自觉地去尝试建立现代民主的地方政府。即使在当下的地方宪政进程中，这种独特性仍然存在。当下边疆要实现法制现代化，就必须在宪法框架内即民族区域自治的前提下，构建一种促进国家统一、地方法治、民族自治相得益彰和谐一体的新型法律治理模式，这是摆在我们面前的重要课题，也是边疆法律学人的历史使命。

其次，对近代宪法在新疆地方的实施历程的研究，有助于加深对中国近代宪政发展的全面理解。新疆作为中国最大的省份，其地方政治宪法化的开启与发展是与内地同步的，并深受内地宪政思潮和言论的影响，是构成中国近代地方政治宪法化发展不可或缺的重要一环。通过对近代宪法在新疆地方的实践研究，进而认识当时中国地方的政治宪法化运动状况，具有深化和拓宽对近代中国宪政变革认识的重要意义。从清末开始，社会变迁开始进入依法治引导的起步阶段，自外而内的变迁压力，由内而生的维新动力促使清末有识之士意识到社会结构的变迁应该也必须将法制转型包含进来。但是良好的意愿一旦进入落实的层面，会面临着一系列问题。其中最主要的就是东西方文明如何交汇融入一体，才能对社会有整体推进作用而不是发生内在的冲突，或者至少有一套应对冲突的相应机制。清末开始的法律改革首先表现为法律的引进，不仅是成套法典的引入，而且还包括相关的法律理念与价值观的输入。这是中华民族全面移植西方法律的肇端。当这种历史运动波及新疆社会时，新疆社会变迁中的法制转型也相应开始启动，尽管其过程异常曲折艰难，并呈现出时断时续的状态，但一旦扫清了军阀纷争、列强侵略战火所造成的阻碍，每一次哪怕是暂时性的政局稳定都会开启并推进新疆地方政治宪法化的发展。民国历届地方政府从维护统治的需要出发，不断尝试推进边疆现代法律治理模式的步伐，尽管更多时

---

[1] 详见马大正等：《新疆史鉴》，新疆人民出版社2006年版，第3～123页。

候只是一种政治口号，但很大程度上也宣传了民主、平等、自治的理念，开启了民智，为新时期新疆地方宪政的真正开启奠定了坚实的基础。

最后，研究宪法在民国新疆地方的开展，还可以弥补近代新疆法律制度研究的不足。尽管学界前辈与同仁分别从不同的角度对近代新疆地方史进行了研究，但都未曾对民国宪法在新疆地方的实施问题做系统研究，因此对其进一步深入研究有着重要的学理意义；从实践层面来看，有利于当前我们借鉴民国治理新疆的经验和教训，促进我国边疆、民族地方法治的建设。因此本书选择民国新疆的地方政治宪法化作为研究对象，试图通过新疆法制现代化进程中的重要环节——宪法在新疆地方的实践——进行梳理、探讨与分析，总结民国治理新疆的经验和教训，以期为促进我国边疆、民族地方法治建设的学术研究有所贡献。

二、相关概念解读

（一）宪法与宪政

众所周知，“宪政”又名“民主政治”、“立宪主义”、“立宪政治”等，就是依宪法而政治，依宪法而治理。作为专制政治制度的对立物，其基本内涵为：用宪法这一根本法的形式把已取得的民主事实确认下来，用法治的精神发展和完善这种民主事实，以此保障公民权利。宪法与宪政的关系可简单理解为内容和形式、理论和实践的关系：一方面，宪政运动是宪法的历史起点，没有历史上的民主宪政运动就不可能有宪法；但宪法一旦颁布和实施，又成为宪政的逻辑前提和依据。另一方面，宪法是宪政的表现，是对民主宪政事实的宪法确认和制度安排；而宪政又是宪法的实现，宪政的内容取决于宪法的内容，宪政的实践使宪法从条文上的内容转化为现实中的活动，并不断地推动宪法内容的丰富和发展。总体而言，宪法与宪政是近现代民主政治和法治精神的现实反映，二者的价值目标大体趋向一致，即以规制国家权力为手段、保障公民权利为目的。宪政是宪法实现的一种状态，更是宪法实施的一个过程，不可能一蹴而就，特别在发展中国家，往往需要一个漫长的建设和推进过程。

（二）中央与地方关系

中央与地方关系是中央政权机关和地方政权机关在行使其职能过程中所形成的一系列相互关系的总称，它不仅表现在财政、行政、立法、司法等方面，而且涉及双方在行使政府职能时在各个方面形成的关系。它不仅包括法律上形成的关系，而且包括实践中产生的关系。它主要包括宪法或法律所体现的双方在有机统一体中的地位与权限、处理双方关系的原则等。[1] 如何协调好中央与地

[1] 李国忠：《民国时期中央与地方的关系》，天津人民出版社2004年版，第4页。

方的关系，是一个国家政治、经济和社会发展的重大课题。

中国是一个领土广阔、人口众多、族群多样、各种情况复杂、各地民情不一的巨型国家。因此，如何正确处理中央与地方关系，是关系中国多民族国家统一发展的至关紧要的问题。新疆作为中国不可分割的边疆之一，始终离不开中央的支持与增援，中央的任何变化则又影响着新疆的稳定与发展，双方始终互动影响。民国时期，由于新疆特殊的地缘政治环境及民族、宗教与文化的多样性，因而新疆地方与中央的关系处于变动与不稳定状态中，表现为中央与新疆地方的控制与反控制的不断斗争过程。梳理与探讨中央与新疆地方关系的演变，是研究新疆地方宪政建设的重要一环，是民国新疆走向近代化的重要内容。

（三）民国宪法在新疆地方实践所探讨的历史背景与语境

宪政“就是民主的政治”〔1〕，“是以宪法为前提，以民主政治为核心内容，以法治为基石，以保障人权为目的的政治形态或政治过程”〔2〕。因此，宪政是宪法在全国范围内贯彻民主政治和法治精神的实施过程，是一个动态的过程，特别是在发展中国家，因其走向近代化更多的是源自外力的侵入，宪政在这些国家的推进与建设是一个漫长的变革过程，不可能一蹴而就。即使宪法在这些国家颁布后，也不能说宪政就已实现，而是开始向宪政迈进。因此，有宪法不一定有宪政，有宪政一定有宪法。对于单一制的中国来说，由于幅员辽阔，地方民情风俗各异，注定了宪政的建设与推行不可能一蹴而就，离不开宪法在各地方的建设与推行。所以，笔者认为，中国的宪政起步与发展是由宪法在全国地方的推行与建设构成，没有各省、市、县的地方宪政的发展与推进，整个国家宪政将变为空中楼阁。因此，宪法在地方的实现是国家宪政得以实现的基础。本书所指民国宪法在新疆的实践就是在这个意义上展开的。

本书所要思考和探讨的主要问题是，将宪法在新疆地方的推行与实践置于民国时期这样的时代背景中，探讨中央与地方关系对这一演进过程有着怎样的影响；民国时期中央政府制定的一系列宪法怎样从根本上规制了新疆地方政治民主化进程，这一系列的宪法为新疆地方宪政建设带来了怎样的理论源泉以及新疆地方政治在实践中受宪法的影响有着怎样的表现；与此同时，深入考察在民国宪法的影响下，新疆地方政治民主化进程是如何展开的，受到了哪些因素的影响，最后对民国宪法在新疆地方的实践历程作出分析和评价，指出民族区域自治这一边疆治理模式不是某个政治人物一时心血来潮的产物，而是新疆各

〔1〕《毛泽东选集》（第2卷），人民出版社1991年版，第732、735页。

〔2〕李龙：《宪法基础理论》，武汉大学出版社2001年版，第144页。

族人民和中央政府在长期的历史探求过程中所找到的一种最优的政治模式。在当下地方宪政的进一步推进与建设中，关键是如何进一步完善、发展民族区域自治的宪政安排。而其中重要的一环就是，在此框架中，摆脱传统治理模式的影响，构建一种促进国家统一、地方法治、民族自治三者相得益彰、和谐一体的新型法律治理模式。

就文章内容而言，本书的研究主题是民国时期宪法在新疆地方的影响及其实施情况。即民国成立后，从南京临时政府制定的《中华民国约法》始，到北洋政府时期的《天坛草案》、《袁记约法》、《曹锟宪法》等，再到国民党政府的《中华民国训政时期约法》、《五五宪草》、《中华民国宪法》等宪法文件，历届中央政府都颁布了其根本大法。这些宪法制定后，虽然由于中央权威的式微，无法在各地全面贯彻实施，但是历届政府依据其理念所采取的一系列政策和措施，对地方政治的民主化产生了不同程度的影响。新疆作为中国的一个省份，同样受到了历次宪法的影响，这种影响与中央政府对新疆地方治理能力的强弱密切相关。当中央政府处于强势地位时，中央政府对新疆的控制力较强，宪法对新疆地方政治的民主化的推进影响就较大；中央政府实力衰微时，其自顾不暇，对新疆的控制力就较弱，宪法对新疆地方政治的民主化影响就较小，但不排除新疆地方政权在特定环境下，对地方民主政治的推进（如盛世才主新初期，为了巩固统治地位，依靠苏联和共产党的帮助，实行的一系列促进地方政治民主化的措施）。因此，本书就是研究历届中央政府颁布的宪法在新疆地方贯彻实施的情况及对新疆产生的影响，同时在全国风起云涌的民主宪政运动影响之下，新疆地方政治是如何从传统的专制集权逐渐走向现代民主，并最终走上民族区域自治道路的。

本书所探讨的就是民国时期在国家宪法、中央与地方关系这两个宏大的前提和框架下新疆地方进行的具体的政治民主化实践以及在这一过程中的各种影响因素。今天，在国家宪法的框架内，新疆地方宪政进程仍然没有停止脚步，需要继续前行，并且在新的历史时期，会面临更为复杂的情形和艰巨的挑战。因此本书的研究和思考，对于当前在民族区域自治的宪法架构下，进一步推进和深化新疆地方宪政建设具有重要的历史借鉴意义。

三、研究综述与研究方法

近代中国，由于列强的侵略与掠夺，逐渐沦为半封建半殖民地的社会，成为各资本主义国家奴役宰割的对象。随着屡次割地赔款，中央实力日渐衰微，需要内地与中央援助的边疆地区失去了依靠，中央无暇自顾，对边疆更是鞭长莫及。列强遂群起环伺，纷纷插手干涉，边疆危机四起。对新疆的关注与研究，正伴随着清末民初中国边疆危机的发生逐渐兴起，至今已经积累了相当数量的研究成果，但就研究的深度和广度来说，还有待进一步拓展。从总体上看，以往对民国新疆的研究基本围绕着政治、革命史而展开，鲜有以民国时期新疆的法制为研究对象的专著，更遑论对宪法在新疆地方实施展开专门的研究。

（一）国内研究现状

对新疆的研究，目前国内的研究成果主要集中在以下几方面：

1. 通史类研究。代表性著作有民国时期曾问吾的《中国经营西域史》，介绍自汉至民国以来历朝经营西域的情况，探讨了各朝代经营西域的原因、方法、得失成败及结果、影响。新疆社会科学院历史研究所编著的《新疆简史》（全3册）是目前对新疆历史比较全面、权威的研究成果，对新疆有史以来的历史进行了全面、综合的梳理，但学术性不够强，且缺乏深度。近年有中国社科院边疆史地研究中心的《西域通史》，依照历史发展历程，对西域地区的政区建制、军事戍防、民族变迁、经济发展、文化嬗变等方面进行了论述，将地域、人类、文明有机地结合起来，全面反映了西域在历史演进中的全貌。苗普生、田卫疆主编的《新疆史纲》，从宏观上对新疆有史以来的政治、经济、文化等方面的发展、演变进行了梳理，有利于从整体上把握新疆的历史。

2. 专题性研究。包括：①从历代王朝对新疆的治理角度研究的著作，主要有齐清顺、田卫疆合著的《中国历代中央王朝治理新疆政策研究》、方英楷主编的《中国历代治理新疆国策研究》、王东平《清代回疆法律制度研究（1759～1884）》等。代表性论文有：李大龙《西汉西域屯田与使者校尉考辨》、薛宗正《隋朝与西域》、田卫疆《蒙元时期新疆建置述论》、阿丽娅《元朝在天山南北各地设立的军政机构》、赵予征《明对西域的统辖及哈密卫屯垦研究》、赵云田《清代新疆的军府建置》等。②从经济开发史角度进行的研究，《新疆经济开发史研究》（上、下）以专题形式系统讨论了新疆经济开发的历史。③从社会生活史角度的研究，代表性著作是薛宗正主编的《中国新疆古代社会生活史》，该书是国内第一部关于新疆社会生活史的专著，全面系统地勾勒了新疆各民族间多元文化相互影响、渗透、融合的社会生活状况。④从古代地方政权和民族史的角度研究，这方面主要是对历史上新疆地区先后出现的一些地方政权及与中原封建王朝的经济、政治、文化联系的研究。代表性论文有：王素的《麴氏高昌中央行政体制考论》、孟凡人的《汉魏于阗王统考》等。此外，还有一些涉及新疆研究的传记类作品，如杜重远的《盛世才与新疆》、包尔汉的《新疆五十年》、张治中的《张治中回忆录》等。

3. 对民国时期新疆的研究。

（1）著作类。主要包括张大军的《新疆风暴七十年》（第1～12册），台湾兰溪出版社1980年版，作者利用从新疆带走的大量的省政府档案资料以及报刊、回忆录和他本人的采访及调查资料，资料丰富，研究全面，对新疆现代政治、经济、历史、财政、文化、教育和宗教诸方面都有第一手的论述，极具参考价值，是研究新疆现代史的必读书，对于研究新疆走向近代化有着重要价值。白振声和［日］鲤渊信一主编的《新疆现代政治社会史略》、陈慧生和陈超的《民国新疆史》，对1912～1949年之间新疆漫长政治社会生活历史情况进行了全面、系统的梳理和论述，对研究民国时期的新疆历史有所借鉴。朱培民的《新疆革命史》、新疆三区革命史编纂委员会编纂的《新疆三区革命史》从新疆民国时期的革命斗争角度进行总结、论述，为全面了解民国时期新疆曲折的革命斗争历史提供了资料。黄建华的《国民党政府的新疆政策研究》，对国民党政府的新疆政策进行了专门的研究，探讨了国民党政府新疆政策的内容、变化轨迹及利弊得失，对于我们今天巩固开发新疆有着重要的借鉴意义。赵云田的《清末新政研究——20世纪初的中国边疆》，从清末新政的角度，对清末新疆的新政进行了梳理、评价。周泓的《民国新疆社会研究》，从社会学、人类学的角度对民国时期新疆的社会政治生活及社会状况进行了论述与总结，总结了对于当时新疆边政的影响因素。蔡锦松的《盛世才在新疆》，对盛世才统治新疆的各种政策和活动进行了述评。厉声的《新疆对苏俄贸易史（1600～1990）》，从新疆与俄、苏时期贸易活动变迁的角度，论述并评价了双方的关系的演变。新疆维吾尔自治区政协文史资料委员会编的《新疆文史资料选辑》，将对新疆历史有重大影响的文史资料进行汇编，收集了很多第一手的民国时期的资料，等等。

（2）论文类。对民国时期新疆的研究近些年的成果比较多，主要有以下几大类：①涉及新疆地方政权人物的各项政策的，如杨增新、金树仁、盛世才、吴忠信、张治中等人的治理新疆的各种政策、措施；②民国时期，国内政党对新疆的影响，如国民党、共产党在新疆的活动与政策；③外国势力对新疆的政策及影响，如沙俄、苏联、英国等国的活动影响；④新疆民族间关系与各时期民族政策；⑤新疆的社会发展与现代化问题；⑥民国新疆各种革命的发展与影响，如关于三区革命的研究；等等。

其中与民国新疆法制、地方政治民主化相关的文章目前主要有：白京兰的《1933～1949年新疆地方立法初探》、《民国时期新疆“设治局”述略》（分别载于《新疆社会科学》2010年第1期、《兰州学刊》2010年第8期）；纪大椿的《论晚清新疆以建省为中心的改革》（载于《西北民族研究》1990年第1期）；

高健的《民国前期新疆省议会研究》、《民国后期新疆省临时参议会述论》（分别载于《西域研究》2005 年第 3 期、《新疆大学学报》2004 年第 3 期）；伏阳的《民国前期新疆缓设检审两厅探析》、《民国时期新疆公司法律制度初探》、《杨增新治新时期司法制度研究》（分别载于《西域研究》2009 年第 2 期、《新疆大学学报》2010 年第 2 期、《新疆社会科学》2010 年第 2 期）；石向焘的《民国时期保甲制度在新疆的推行》（载于《新疆职业大学学报》2008 年第 2 期）；梁海峡的《清末及民国时期新疆南疆涉外刑事犯罪问题研究》、《清至民国新疆婚姻法制浅谈》（分别载于《青海民族大学学报》2010 年第 4 期、《新疆大学学报》2010 年第 1 期）；马雪松的《杨增新时期新疆司法的改进状况》（载于《昌吉学院学报》2002 年第 4 期）；等等。

从硕博士论文方面来看，目前博士论文只有一篇，为梁海峡博士的《近代新疆南疆司法制度研究》（陕西师范大学 2010 年）；硕士论文主要有嵇雷的《民国前期新疆治理研究（1912 ~ 1933）》（新疆大学 2004 年）；赵丽君的《近现代新疆县制研究》（新疆大学 2004 年）；石向焘的《民国时期新疆基层政权研究》（新疆大学 2008 年）；袁玉红的《简析近代新疆地方与中央政政府之关系（1912 ~ 1928）——以新疆“七七政变”为中心》（中央民族大学 2009 年）；尹玉琴的《民国时期新疆民族政策得失研究》（兰州大学 2008 年）；兰琴的《民国新疆地方军阀政权与苏联的关系》（河北大学 2010 年）；薛燕《民国时期“民族平等”思想在新疆的提出与实践》（新疆大学 2009 年）；等等。

（二）国外研究状况

国外对于新疆的研究著作也不少，影响比较大的主要有：日本学者佐口透著《18 ~ 19 世纪新疆社会史研究》；美国拉铁摩尔的《中国的亚洲内陆边疆》；Andrew D. W. Forbes 的 *Warlords and Muslims in Chinese Central Asia: A Political History of Republican Sinkiang 1911 ~ 1949*（［英］福布斯的《新疆军阀与穆斯林：1911 ~ 1949 年民国新疆政治史》，剑桥大学出版社 1986 年版）；James A. Millward 的 *Eurasian Crossroads: A History of Xinjiang*（［美］詹姆斯的《亚欧的十字路口：新疆历史》，哥伦比亚大学出版社 2007 年版）等著作，此外，还有一些探险家、外交官的传记中有所涉及，如斯文·赫定的《马仲英逃亡记》、《亚洲腹地探险八年（1927 ~ 1935）》；凯瑟琳·马嘎特尼的《外交官夫人的回忆》（王卫平译，新疆人民出版社 1997 年版）；等等。

以上这些文章、论文、著作对新疆的政治、法制、经济、文化、民族、宗教、外交各方面的治理与政策从不同角度、不同阶段进行了总结与评价。综观这些研究成果，集中于政治史、社会史、经济史、文化史等领域，但对民国新疆法制的研究仍然很少，更缺乏对于民国时期宪法在新疆地方的实施研究。所以，本书对该问题的研究可以弥补新疆地方法制史研究领域的不足。可为进一步推动少数民族地区法制现代化建设、构建法治社会与和谐边疆提供历史借鉴。

（三）研究方法

中国法律史是史学与法学的交叉学科，就认识论而言，法律史及其对象、价值在现代意义的研究必须以史实为基础。史料可以说是研究的出发点，由史料过渡到史实，由史实得出解释，这是最基本的研究方向。

1. 笔者竭尽所能收集与本研究相关的各种体裁的历史资料，包括新疆维吾尔自治区档案馆政治类档案、新疆社会科学院历史所资料室收藏的档案抄件，以及1944～1949年之间的新疆日报及地方志等资料，首先以历史学的分析方法对第一手的档案资料进行介绍、梳理、分析；大量阅读学界前辈对相关领域的研究成果，在掌握丰富的第一手资料的基础上，运用历史学、法学、社会学、政治学等多学科交叉的研究方法，从宏观和微观的双重视角对新疆地方政治宪法化进行探讨和研究。力图突破以往对新疆的研究只偏重史地研究的不足，利用搜集的史料，运用多学科的方法论勾勒出民国时期宪法在新疆地方的推行与建设进程。

2. 对于中国法制史的研究，非常重要的方法是把静态的法律制度放到动态的历史变革中慎思、观察，从而揭示其意义，阐释其内涵；还需要在研究中见人物，见思想，做到“动静结合，人思互见”[1]，而将地方社会史中的区域史研究方法运用到民国新疆地方政治宪法化的研究中，正体现了这一治学思想。

所谓区域史研究，就是专门考察、分析某一地区历史变迁的史学工作。区域史的研究是在选定某一区域单位之后，将自然、社会、经济、政治、文化纳入一个完整的体系内作综合性探讨，是一门综合性极强的学科。而区域史研究法则是借助区域史研究中所取得的基本成果，为其他学科的研究提供具体的材料和依据。近些年来，区域史成为一种方法，在地方社会史的研究方面成绩卓著。研究宪法在新疆地方的实践，不能仅就制度而言制度，必须从物质生活条件出发，从政治、经济、文化、宗教、民族关系等多角度进行考察，惟其如此，才能更深刻地认识地方政治民主化的发展进程。从区域史视角出发，可以发现新疆的历史、文化、宗教、政治、社会、民族关系、外交等方面，甚至地理环境都会对宪法在新疆地方的实践和发展产生重要的、不可忽视的影响，新疆地

---

〔1〕 陈景良：“传统悠悠人梦来：中国法制史的价值、现代意义和研究方法——记我的导师张亚藩先生”，载《江苏警官学院学报》2010年第5期。

方政治民主化进程是多种因素交互作用产生的合力所带来的结果。

3. 比较研究方法。在本书中，有横向的比较，研究新疆地方与中央关系时，与同一时期其他内地省份与中央的关系进行比较；也会就新疆与内地其他省份在地域、政治、经济、文化特点、少数民族与主体民族的深层次心理以及宗教文化等方面进行比较；纵向的比较体现在，研究新疆在不同的历史时期，地方政治民主化进程是如何开展的。在探讨影响新疆地方政治宪法化进程的因素时，哪些是来自新疆社会内部及全国的因素，哪些是来自外国列强与国外思潮渗透的影响，在这一层面上，又存在着一个内外影响因素的比较。

四、研究思路与结构

本书主要研究民国时期即1911年至1949年之间，新疆由传统社会迈向近代化过程中国家宪法在新疆地方的实践情况，对新疆民国时期的地方政治民主化走向及影响其发展的各种因素进行梳理、总结与评价，并在此基础上，试图总结新疆地方政治民主化发展的路径，探索新疆地方政治民主化的方向，揭示新疆是如何最终走向民族区域自治道路的。同时，在总结历史经验的基础上，得出对当下新疆地方宪政建设、发展的重要启示。

民国时期宪法在新疆地方的实践是在曲折和艰难的道路上摸索前行的，其受到的影响因素是多层面、多维度的，如新疆地方与中央关系之演变、军阀割据的影响、传统的中央集权观念、帝国主义的干涉与侵略、地域主义、国内外政治形势、民族宗教关系、政党制度、西方观念等方面。但其中对宪法在新疆地方实施影响最大或必须优先处理的有以下几个方面：

首先，民国时期宪法在新疆地方实施的前提或起点是围绕着中央与新疆地方的关系而展开的，这是民国新疆走向近代化的基石。清末民初，传统的中央集权开始崩溃，新的现代理念的中央与地方关系正在形成，与内地一样，新疆地方与中央的关系也出现了多变性与不稳定性。但民国时期无论新疆地方的政局如何变化，其始终是中国不可分割的一部分，这是研究新疆地方政治宪法化问题中至关重要的一环。

其次，新疆作为中国不可分割的一部分，它的兴衰、治乱与荣辱，与整个中国的历史命运紧紧连在一起。由于与帝国主义列强相邻，新疆在民国时期又始终存在着强国直接的侵略、干涉与控制，这是新疆作为边疆省份近代化过程中与内地不同的一大特点。

帝国主义的侵略是近代中国沦为半殖民地半封建社会的主要原因，也是影响中国社会发展极为重要的因素。对于新疆来说，由于新疆所处的地域特征及特殊的地缘政治环境，外国势力的干涉与侵略很容易给新疆与中央的关系带来重大影响。而历届新疆地方政权也不得不小心谨慎地处理好与强邻的关系，因后者的政策、态度都会直接影响到新疆地方政权的统治，而中央实力日渐衰微，加之与新疆距离遥远，时常被战火隔绝，鞭长莫及，无法真正对新疆产生更大的影响。因此，研究民国新疆的地方政治民主化问题，无法绕开外国势力的影响和干涉。从清末开始，帝国主义及外国势力在新疆的活动及影响就一直存在，并且与新疆和中央的关系成反比，伴随着新疆与中央关系的紧密与衰弱而时小时大，形成此消彼长的局面，有时甚至对新疆的整个政局产生重要影响。其中对新疆影响最大的是苏俄，其次是英国。在整个民国时期，两国从未停止过对新疆的干涉和侵略，并且伺机在新疆寻求代理人，以实现吞并新疆的野心。

外国势力的侵略与干涉对宪法在新疆地方实施的影响突出表现在以下三个方面：

首先，帝国主义及外国势力，特别是沙俄时期对新疆的疯狂侵略、干涉及分裂政策，造成了边疆的危机不断、战事不息，使得新疆社会长期处于动荡之中，直接制约了新疆地方政治民主化的正常发展。帝国主义的侵略、干涉，使得新疆长期处于割据状态，影响了中央对新疆地方的各种主权及对新疆作为一个最大行省的治理权的行使，直接阻碍了中央与新疆地方关系的发展。新疆没有统一的治权，战乱不时发生，导致宪法在新疆地方的建设、发展缓慢，代之而起的是封建军阀的专制暴政，使得与内地差距越来越大，阻碍了新疆向近代化迈进的步伐。同时帝国主义一方面霸占新疆领土，并积极在当地寻找代理人，企图使这些地方脱离中央及地方政府的控制，以达到蚕食新疆的目的。另一方面，西方侵略势力支持、扶植、培养少数民族中的分裂分子和上层人士，挑拨各民族间及新疆政府与中央政权的关系，使这些地方与中央政权相冲突、抗衡，甚至建立其卵翼下的傀儡政权，促使其脱离中国，另谋独立。其中以沙俄为首恶，英国次之。

其次，帝国主义的侵略、干涉形成了不平等的条约体系，掠夺了大量的财富，直接制约新疆经济和近代化的发展，使得新疆走向地方政治民主化缺乏必要的经济基础。清末民初，新疆在经济、社会、文化诸方面都落后于内地省份。当地现代工业成分微不足道，但以农牧业为主要依靠的封建势力却十分强大。世袭的扎萨克制在牧区和部分农区并没有改变，各族王公贵族照旧世袭爵位，实行落后的农奴制统治。加之协饷的断绝，经济几乎到了崩溃的边缘。在这种背景下，沙俄、英等帝国主义通过一系列不平等条约，获得了各种特权，掠夺了新疆大量的财富，进一步加剧了新疆的经济危机。

最后，新疆族群多样，宗教多元，是中西方文明交汇、冲突之地，各民族文化差异较大，民族关系较为复杂，又与强邻接壤，列强不断插手新疆事务。特别是英国、德国等国家在南疆对泛伊斯兰主义、大土耳其主义的宣传，蛊惑、煽动民族分裂，使得民族宗教问题成为影响民国宪法在新疆地方的建设与发展中必须处理好的第三大问题。

历代王朝都把民族宗教政策作为治理边疆的重中之重。民族宗教政策制定与执行得如何，直接关系着边疆政局的稳定与否。民国新疆从中央到地方政府都制定和实施了相关的民族宗教政策，这些政策和措施都直接影响着民国时期新疆地方的政治民主化发展。民国时期，从南京临时政府开始，历经北洋政府、南京国民党政府，都制定了一系列关于少数民族与宗教事务的政策，这些政策或多或少都对宪法在新疆地方实践产生了影响。南京临时政府自成立始，就打出“五族共和”的口号，并在《中华民国临时约法》中以根本大法的形式对各民族平等加以保障。袁世凯北洋政府时期，同样在《中华民国约法》中宣称五族共和。正是“五族共和”及建立民主共和国的理念，激励着新疆的革命党人起来反抗满清在新疆的专制统治，开启了新疆走向地方政治民主化的步伐。随着伊犁辛亥革命的胜利，于 1912 年 1 月成立了中华民国新伊大都督府，并成立了“汉、满、蒙、回、藏五族共和会”，这是当时第一个按照民族平等、民主共和理念建立政权的少数民族地区，对其他民族地区起到了积极的示范和鼓舞作用，极大地促进了新疆少数民族人民争取民主、自由、平等、走向共和的步伐，并促使新疆从此走向地方政治民主化的进程。

国民党政府直接统治新疆以后，中央的民族政策又一次对新疆地方政治民主化产生了重大影响。国民党以孙中山的三民主义思想为指导，提出了“三民主义的边疆政策”，“重边政，弘教化，以固国族而成统一”，其基本实施纲领主要是给予民族地区一定的自治权，发展民族地区教育，培养边政人才，规定国家对于边疆地区各民族之地位应予以合法之保障，并对地方自治事业特别予以扶植等。随着三区革命的发展，为了巩固国民党在新疆的统治，国民政府做出了一些让步，与三区政权签订了《和平条款》，成立了联合政府，颁布了《施政纲领》，使得新疆开始了走向各民族平等、民主地方政治民主化建设的尝试。然而，国民党政权的局限性，导致这些措施和政策无法真正实施，民国时期宪法在新疆地方的历次实践均以失败告终。但这些经验、教训为新中国成立后新疆走向真正的地方宪政建设奠定了基础。

以上这些因素，制约和影响着新疆地方政治民主化的发展和走向，梳理和分析影响宪法在新疆地方实施的制约因素与条件，有助于把握民国时期新疆地方政治民主化发展的脉络，为今天更好地建设、促进新疆地方的宪政发展，贯彻落实民族区域自治的特殊的地方宪政安排，提供历史借鉴。

本书共分以下几个部分：

导论部分，阐明本书的选题目的与意义，对目前国内外学界的研究动态进行回顾、分类与梳理，并从总体上对论文的研究进路与架构做介绍。

第一章从国内与新疆本地两个方面介绍清末民初新疆走向地方政治民主化的时代背景。作为中国的一个边疆省份，新疆地方的政治民主化发轫于面临的各种危机及应对危机的社会变革。清末，传统中国社会遇到了来自外部势力的各种挑战，原有的社会政治经济文化结构被打破。为了救亡图存，随着西方的各种理念、制度的传入，中国开始进入大变革时期，经历了由筹办海防而自强、而洋务、而变法、而立宪的应变递嬗过程。并且在一定程度上促进了中国的近代化发展。新疆虽然地处边陲，但作为中国不可分割的一部分，不可幸免地与内地一样陷入了被列强宰割、侵吞的危机中。为了摆脱这种困境，新疆地方同样掀起了图存自救的各种革命与活动，但其特殊的地缘政治环境与特殊的族群构成，使新疆面临着比内地更加复杂的局面，对新疆的近代化与地方政治民主化的发展造成了多重的阻碍与制约因素。

第二章探讨了新疆地方与中央关系的发展演变过程。对这个关系的梳理与总结，是分析宪法在新疆地方实施的前提与起点。民国时期，无论新疆地方的政局如何变化，其始终是中国不可分割的一部分，这是历史与新疆人民的最终选择。

第三章考察了新疆走向地方政治民主化的理论基础。这一时期，由于中央政府权威、实力的衰微，帝国主义势力的不断干涉、侵略，使得民族与宗教问题的解决更加复杂、困难重重。为了维护国家的主权尊严、领土的完整、民族的团结，一部分先进的中国人进行了各种有益的理论探索和实践，为近现代中国解决民族宗教问题提供了借鉴和经验。这些理念和实践经验，对民国时期解决新疆的民族、宗教问题及新疆最终迈向民主政治的方向都产生了重要影响。首先，介绍了民国时期影响最大的两大政党国民党、共产党的处理民族关系的理论和实践及对近现代中国的民族问题产生的重大影响。其次，介绍了这些先进的理念在民国各时期中央的民族政策中是如何表现的，实施的情况如何，这些措施又对新疆的地方政治民主化产生了哪些影响。

第四章回溯和梳理了新疆迈向地方政治民主化的曲折历程。首先，新疆伊犁辛亥革命的爆发与胜利，是新疆迈向地方政治民主化的标志性事件，其对宪法在新疆的实践产生了深远意义；其次，杨增新以镇压伊犁辛亥革命起家，最后窃取了革命成果，新疆的地方政治民主化发展受到严重阻碍，新疆建立了封建军阀专制统治。但历史的车轮是不可逆转的，为了维护自己的统治，杨增新也不得不施行一些有助于地方政治民主化的改良措施，虽然微乎其微，但也是一种进步。如行政区划与内地的逐渐统一，为维护国家主权和领土完整所作的努力等等。杨氏的后继者：金树仁、盛世才同样施行了一些有助于新疆社会进步促进宪法在新疆地方实施的措施，特别是盛世才初期，为维护、巩固自己的统治投靠了苏联，在苏联与共产党的帮助下，制定了促进地方自治、民主、和平的“六大政策”，并在中国共产党的努力下，取得了一系列的社会、经济民主成果，促进了新疆地方民主化建设。但随后在盛氏反共反苏、投靠国民党后，对进步人士与共产党人进行大迫害、大清洗，新疆地方政治民主化又陷入停滞。国民党直接控制新疆后，在苏联支持的三区革命的压力及二战后民族自决浪潮的影响下，国民党与三区革命签署了体现民主、平等、进步的《和平条款》，成立少数民族参政议政的联合政府，为促进新疆走上各民族平等、自治及少数民族享有各种民主政治权利为内容的地方政治民主化道路进行了有益的探索与尝试。但国民党的政党性质决定了这些体现民族平等、民主的措施是无法得到真正的贯彻和执行的，最终导致联合政府破裂，以宪法在新疆地方的实施为内容的政治民主化尝试再一次失败。民国时期的新疆地方政治民主化尝试虽然以失败告终，但这一时期的经验得失为新中国时期、1949 年之后新疆地方政治民主化建设与发展提供了宝贵的经验和借鉴。

第五章分析了民国时期影响宪法在新疆地方实施的各种政治力量，包括哥老会、国民党、共产党及外国势力的干涉与控制，这些政治势力或积极影响新疆地方政治民主化的发展方向，或有力地促进民主、宪政思想的传播，或阻碍、干涉宪法在新疆地方的实施，都对民国时期新疆地方政治民主化的发展产生了或大或小的影响。

第六章介绍了民国时期宪法在新疆地方的实践活动。通过回溯、解读一系列反映新疆地方政治民主化建设和发展的原始档案，从微观上感知宪法在新疆地方实施的进展及当时体现民主化思想的各种措施在现实中如何运行，遇到了哪些阻碍因素，又有哪些促进因素，这些措施的实行结果如何，对宪法在新疆地方实践的哪些方面有所建设，影响如何，等等。

第七章概括了民国时期宪法在新疆地方实施的特点与影响因素并进行总结与评价，得出启示。综观民国时期，可以看到影响新疆地方政治民主化发展的因素有很多，包括新疆军阀的产生、中央与新疆地方的关系、传统的中央集权观念、帝国主义的干涉与侵略、地域主义、民族宗教关系、国内外政治形势、政党制度、西方观念等方面。这些因素对民国时期新疆地方政治民主化发展的影响不一，其中有些是促进宪法在新疆地方实施的因素，如传统的中央集权观念、政党制度、中央与新疆的关系等；有些是阻碍宪法在新疆地方实施的因素，如军阀割据、帝国主义干涉与侵略等；有些则随条件的变化有时促进有时阻碍，如国内外政治形势、民族宗教关系、地域主义、西方观念等。由此使得新疆地方政治民主化发展具有以下三个特点：其一，民国时期，新疆始终与中央政府保持着隶属关系，始终都是中国不可分割的一部分，只不过这种关系与中央政府实力的强弱密切相关，但都限定在国家统一的限度内，即使有帝国主义势力扶植的各种伪政权的出现，也未能突破这一限度；其二，当时宪法在新疆地方的实践，对新疆与中央的关系的影响呈现为一个过程：中央集权崩溃—新疆地方分权—中央集权种种努力—国民党直接控制新疆（中央的弱势集权），体现为中央与新疆地方的控制与反控制的不断斗争过程，在此过程中不断推进新疆地方政治民主化发展；其三，民国时期宪法在新疆地方的实践，虽然曲折、艰难，时断时续，但是一直处于缓慢的进步与发展中，并出现过两次发展情况较好时期，为新疆地方最终走上民族区域自治的地方政权架构奠定了基础。

结语部分揭示了民国宪法在新疆地方实践的启示，指出在当下新疆建设地方宪政过程中必须要关注的四大问题：第一，在新疆地方与中央的关系上保持国家的统一，这是前提与基础；第二，要防止外国势力对地方宪政建设的破坏与干涉，最重要的就是真正贯彻落实民主、平等、民生、民享的宪政理念；第三，必须重视民族宗教政策的制定与实施，真正贯彻各民族平等、保障少数民族各项民主权利及宗教信仰自由，同时防止泛伊斯兰主义、大土耳其主义分子反动分裂言论的传播；第四，改变传统治理模式，彻底抛弃传统羁縻政策的影响，用现代民族国家理论建构国民意识与权利意识，使建立在地缘、血缘等自然因素基础上的地域性政治情感即地域主义（或省籍意识）与现代国家认同产生良性互动，为我国现代民主国家的建构提供心理基础。而要实现这一目标，就必须真正实现各民族法律面前一律平等，不以民族身份而是以公民身份作为国家认同的基础。一方面，通过民族区域自治的地方宪政安排实现少数民族享有各项民主政治权利；另一方面，所有公民法律面前一律平等，真正做到依法治理，实现法治社会，促进以自主意识、平等意识、权利意识为构成内容的公民文化与公民社会的形成。在宪法框架内构建国家统一、地方法治与民族自治三者相得益彰和谐一体的新型法律治理模式。

本书的创新之处主要体现在以下几方面：

首先，填补了新疆地方法律史研究的空白。至今研究新疆地方史的著作、论文不可谓不多，但由于新疆特殊的地缘政治环境，学界对新疆的研究更多地聚焦于政治、民族、历史、宗教等领域，对于新疆法制的研究则关注较少，从地方政治宪法化角度展开的研究更是寥寥无几，因此本书的研究和写作一定程度上可以填补新疆地方法律史研究的空白。

其次，资料较为丰富和全面。笔者用三个多月的时间将新疆维吾尔自治区档案馆的民国新疆政治类档案进行了全面梳理，对关于新疆地方政治民主化问题的资料进行了细致的分类和仔细的摘抄，获得了前人所没有用或没有重视的第一手档案资料，为本书的写作打下了坚实的史料基础。通过对这些档案资料的整理、分析，可以重现民国时期新疆地方政治民主化建设的真实状况；从档案的梳理中同时可以检视民族平等、少数民族参政议政、少数民族应享有的各项权利这些相关议题在实际的政治生活中是否真正得到体现和落实。在此基础上，深入探讨和阐述影响新疆地方政治民主化实施、运行的多重因素，为本书最后的结论提供可靠的依据。

最后，研究方法之借鉴。在遵循法律史的基本研究方法，即重视史料和尊重史实的基础上，以民国宪法在新疆地方的实施为分析基点，借鉴社会学、政治学、民族学等其他学科的理论和方法，力图建构一个多层面、多维度的分析框架，将新疆这一区域政治置于整个民国时期社会变迁的大背景中，勾勒出新疆地方政治民主化发展的轮廓。

本书研究的不足之处表现在：

第一，档案资料还不够完备。本书的档案资料的收集主要集中于新疆维吾尔自治区档案馆，由于新疆问题的敏感，很多资料涉密，无法看到，一定程度上给本书的研究增添了困难。此外，全国其他地方资料的搜集工作比较有限，也给本书的深入探讨和分析带来了一定的局限性。但目前的资料足以支撑本书的写作。

第二，由于宪法在新疆地方的实践研究这一题域是法史学中的一个小的分支，加之其独特的地缘政治风貌和民族文化环境，在研究思路和方法论方面都给研究增添了许多困难；加之笔者对其他学科的方法论虽有提及和涉猎，但理论分析能力还欠缺深度，也为进一步深入分析本书的主题带来了困难。

第三，由于时间紧迫，对新资料的消化尚需时间，由于很多资料是经由本书首次面世的，需要与其他已有资料进行佐证式解读与比较，从而有助于主题进一步提升。本书只初步将这些资料予以基本归类，有待于在以后的学习和思考中进一步拓展。

第一章

民国宪法在新疆实施的历史背景

近代是中国社会变革最剧烈的时代。鸦片战争之前，处于封建社会晚期的中国对外奉行闭关锁国政策，而西方列强却时刻想打开中国的国门，鸦片战争的爆发就是中国与西方列强之间这种斗争的产物。此后，为了扩大侵略权益，西方列强又先后发动了一系列的战争，使中国一步步地迈向了半殖民地半封建的社会。这剧烈、迅速的变动使得中国传统的文化结构包括民众的文化心态及社会政治结构受到西方文化的强有力的冲击，开始动摇，直至最后崩溃。西方文化同中国固有的传统文化交织在一起，极大地震撼着当时中国人的头脑，促使几代先进的中国人开始反思自己的社会和文化，思考自己的过去和未来，重新构筑自己的理想模式，不断探索救国救民的真理。于是，洋务运动、维新革命、立宪运动、教育救国、实业救国、民主革命、社会主义等社会思潮纷至沓来，在古老的大地上盛行，并伴随着巨大的社会变革，产生了重大的影响，推动了中国历史的进程。

新疆虽然地处边陲，但作为中国最大的一个省份，作为中国不可分割的一部分，它的兴衰、治乱与荣辱与整个中国的历史命运紧紧连在一起，不可幸免地与内地一样陷入了被列强宰割、侵吞的危机中。而其特殊的地缘政治环境与特殊的族群构成，使新疆面临着比内地更加复杂的局面。民国时期新疆的社会变革就是在这样一个危机重重的社会背景下拉开帷幕的。

第一节 清末新疆的社会危机

19世纪末20世纪初，特别是晚清庚子拳变以后，满清王权日渐式微，对新疆的统治日益捉襟见肘。此时的新疆孤悬塞外，强俄逼视，英人窥伺；中央政府鞭长莫及，自顾不暇；多民族、多宗教的地方，矛盾频生；整个国家革命思潮高涨，统治阶层的政治极度腐败，导致新疆成了各路军阀、民族武装和外国侵略者的角逐场。这种交错复杂的社会矛盾所引起的剧烈震荡，已使得清王朝在新疆的统治危机四伏，处在即将瓦解的风雨飘摇之中。

一、内忧：晚清政权在新疆统治的衰微

（一）协饷断绝，入不敷出导致财政危机

新疆地域辽阔，又地处中国西北边疆地区，清朝政府治理新疆后，在新疆驻军数量一直比较多，驻防、换防官兵总数在“四五万之数”。新疆军队总额约占当时全国军队总数的约1/18，驻军数量大大高于全国平均水平。但是，长期以来新疆的经济发展低于全国水平，特别是财政收入少得可怜。据统计，新疆除每年征收田赋粮数十万石以供各地驻军及其家眷和其他城市人口食用外，真正的银钱收入年仅约10万两。这笔财政收入与新疆每年二百余万两的财政支出相比，简直是杯水车薪。因此新疆的财政支出主要靠内地各省区协济，遇到重大军事行动和重要事件，还得由中央政府直接从国库拨款。[1]在新疆每年约二百余万两白银的财政支出中，军费开支占了绝大部分，而军费开支主要用以支付各地官兵的俸饷。因此，新疆是个财政远不能自给的省，每年靠各省的定额拨款维计，名为“协饷”。

建省初期，每年协饷为白银336万两，此后，随着清政府的内外交困，财政日蹙，甲午战争后，减为289万两。1901年，清政府抗击八国联军失败，被迫签订了《辛丑条约》，赔款白银4.5亿两，连新疆这个主要依靠内地财政支持的边疆省份也要每年分摊赔款银40万两，使本来因协饷严重不足而几乎无法维持的新疆财政更是雪上加霜。[2]自义和团运动之后，内忧外患加剧，清王朝对地

〔1〕 齐顺清、田卫疆：《中国历代中央王朝治理新疆政策研究》，新疆人民出版社2004年版，第336页。

〔2〕 白振声、[日] 鲤渊信一主编：《新疆现代政治社会史略》，中国社会科学出版社1992年版，第7页。

方政府的控制力下降，内地各省接济新疆的“协饷断绝”，“就是有少数款汇往新疆亦不足数”，新疆财政捉襟见肘，入不敷出。到民国时期各省协饷断绝，中央政府从 1913 年开始拨给新疆的每年 60 万元财政补助，也因内乱数次中断。[1]

为了应对统治危机，清政府于 1901 年开始推行“新政”，这是清末清政府发动和组织的改良运动，内容涉及政治、经济、军事、司法、教育等各方面，是中国新形势下进行的一次多层次、全方位的近代化运动，对中国近代历史的发展有着重要的影响。为了自救，为了解决日益突出的财政危机，新疆的军政要员积极推行“新政”，工作进展迅速。

一面是承担巨额赔款，一面是推行“新政”，本已捉襟见肘的新疆财政雪上加霜。为筹措巨额赔款，新疆地方当局已经巧立了名目繁杂的捐税，不择手段地向人民搜刮，“新政”的推行又使这种搜刮变本加厉，给人民带来更大的灾难。如伊犁编练新军一协，“每年应支正杂各款，共需银 57.4 万两”[2]。创办一所陆军小学堂，除建校舍，购置器具、图书等不计外，仅常年经费一项就需 14 458 两，建立一所普通小学堂，需银 12 000 两，常年经费 11 880 两，加之各级政府为实施“新政”建立的众多局、处、会、所等机构，无不需要经费，而且如此浩繁的经费全得自筹，于是亩捐、草捐、斗捐、种捐等等各种名目繁多的附加税纷纷出笼，甚至连一间房、一棵树也难以幸免。[3] 1911 年刚到新疆上任的巡抚袁大化记述其路经吉木萨尔县时，看到该县百姓“除了原有的繁重田赋外，筹建学堂，不仅按户分派木料，还按户勒交京斗粮五斗”[4]。清政府的各级官吏更借“新政”之名，对人民巧取豪夺，故“新政”给新疆人民带来的灾难已无以复加，使新疆的社会危机更趋加深，原有的社会矛盾更加激化。

（二）吏治腐败，横征暴敛成为革命根源

清末“新政”的政治革新与军事变革，虽使得中国迈向了近代化的道路，但由于封建集权本质未变，加之各地官僚卖官鬻爵、骄奢淫逸，贪墨之风弥漫于整个统治阶层上下，清政府的良好初衷在地方反而变为贪官污吏横征暴敛的“借口”，更加速了清王朝的土崩瓦解。新疆的情况有过之而无不及。

1. 遭受多重压迫，社会动荡不安。当时新疆各族人民所受的剥削压迫大体可以分为三个部分：①清朝政府的剥削；②本地民族内部封建王公伯克的剥削；

---

〔1〕 张大军：《新疆风暴七十年》（第 1 册），台北兰溪出版社 1980 年版，第 9 页。

〔2〕 《宣统政纪实录》（第 12 卷）；《清朝续文献通考（一）》（第 72 卷）。

〔3〕 白振声、［日］鲤渊信一主编：《新疆现代政治社会史略》，中国社会科学出版社 1992 年版，第 8 页。

〔4〕 袁大化：《抚新纪程》（卷下）。

③宗教剥削。

属于清朝政府的剥削，就是要交纳各种苛捐杂税，概括起来便是“正供”和差役两项。所谓“正供”，就是向农民征收粮食、布匹等实物。所纳定额租，按正常年景计算，占收获量的70%。南疆农民每年额征粮食六万六千余石，大布十四万匹，全部落在除王公伯克、宗教头目以及他们的农奴以外的普通依附农和自耕农身上。[1]这些都是奏明在案的“成法”，不包括随意加征的“鼠耗”等耗羡在内。所谓差役，主要是指差派徭役，但也包括差派柴草、食物和畜力在内。差派徭役的，如修桥铺路，治河筑城，派往军台、卡伦运送物资和服杂役，差往矿山采冶钢铁、硝石、硫磺、金玉等。差派柴草食物和畜力的，如王公伯克年班进京，及官兵过往，凡居住、吃喝、行路所需之柴草、羊只、米面及各种畜力，皆需沿途人民无偿提供。当地伯克遂乘机敲诈勒索，人民苦不堪言。此外，人民还要交纳各种赋税；南疆人民还要交纳“养廉钱”，这笔钱由清朝官员收集后按季给伯克们发放。[2]

王公伯克对所辖农牧民的剥削压迫是十分野蛮和残酷的。他们在清朝政府的庇护下，对所属农奴、依附农实行徭役制剥削。清政府用法律的形式，规定了各级伯克的品级，规定了他们占有土地和农奴的多寡。除普通的畜牧业剥削以外，还每年向属下牧奴征收几百甚至几千只羊，可以任意役使属下人民。每遇婚丧、朝觐及接待来往官员，还要向牧民任意摊派劳力、畜力与实物。[3]

宗教剥削是压在新疆各族劳动人民身上的又一重封建剥削。以伊斯兰教为例，就有向信徒征收农产品收获量1/10的“乌守尔”、牲畜与其他收入1/40的“扎卡提”等宗教税的权利。[4]

由此可知，新疆人民所受的剥削与压迫更重于内地。多重的压迫造成了新疆经济的凋敝和财政的破产，越来越多的农民破产逃亡，流入城镇。在城镇又无出卖劳动力的地方，遂流落街头，形成“贫民”、“饥民”、“无业回子”。他们以乞讨度日，处境极为悲惨。有的以劫掠为生，形成所谓“饥匪”。同时，城镇的手工业经济与商业经济也日趋衰颓。这成为以后革命爆发的主要因素之一。

2. 吏治腐败至极，以做官为营业。清末人才匮乏，入新之贤士更少，清政府整个官场吏治腐化，边疆亦同。新疆地处边陲，政府更加监管无力。加之，

---

〔1〕 新疆社会科学院历史研究所编著：《新疆简史》（第2册），新疆人民出版社1980年版，第92页。

〔2〕 新疆社会科学院历史研究所编著：《新疆简史》（第2册），新疆人民出版社1980年版，第92～93页。

〔3〕 新疆社会科学院历史研究所编著：《新疆简史》（第2册），新疆人民出版社1980年版，第93页。

〔4〕 新疆社会科学院历史研究所编著：《新疆简史》（第2册），新疆人民出版社1980年版，第94页。

当时新疆存在着民族压迫，歧视当地民族，认为他们人格卑下，不可礼遇。官僚义务观念薄弱，全部精力都放在如何搜刮民脂民膏上，横征暴敛无所不为，以做官为营业，搜刮为急务。杨增新提到过：新疆仕途庞杂，任免官员又按变通章程办理，得官太易，吏治腐败即由此开始。[1] 1913 年 7 月 28 日第四百四十一号政府公报登载的一段参议院维族参议员的报告中称：新疆建省后，"所设地方官如狼似虎，三年任满，剥削民膏积累巨万。每年夏秋两季应交京粮京草外，又巧立许多名目，藉以自肥。买一柴、一布、一盐无不设项纳税。又有水磨、油磨、房科种种名目极多，车马供应徭役，频烦民间。"很多百姓因此"将房地典卖给外人，逃亡俄国为佣"。一般官吏又视回民如奴隶、牲畜，暴虐情况惨无天日。[2] 由于当地民族不同语言，亦无智识，离省城遥远，控诉无门，所以导致新疆建省以来，地方牧令无一人被参奏，"地方官吏以钻营为能事，以狡诈为才干，而长官用人亦以员属逢迎之工拙为衡。当时任迪化首县者无不亏空巨款，巡抚亦掩耳盗铃，上官放任，下属无忌，贪风则不可收拾"[3]。

另外，新疆官吏多为汉族人，不懂当地民族语言，多靠雇佣当地的维吾尔族人充当翻译，导致译员权威很大，有诉讼者皆由翻译传达，甚至很多诉讼之胜败决定于译员之手。这些译员敲诈剥削甚于官吏，更多时候官吏与译员勾结乡约以自肥，暴虐人民甚于虎狼。吏治腐败程度之深，欺压百姓手段之暴虐，使得人民无以为生，日积月累矛盾日益尖锐，各地反封建压迫的农民起义时有发生，而更大的革命运动一触即发。

二、外患：俄、英对新疆主权的践踏

19 世纪中叶起，帝国主义列强打开中国大门，中国走上了半殖民地半封建社会的道路，作为边疆的新疆亦不能幸免。以英、俄两国为首的列强趁着清王朝衰微，不断采取军事进攻、政治讹诈、经济控制和思想文化上奴役、渗透等手段，步步紧逼，妄图把新疆作为自己的势力范围。其中以侵略成性的沙俄为首恶，时刻都想鲸吞新疆。

（一）通过鸦片贸易向新疆渗透

其实早在鸦片战争之前，英、俄就已经开始向新疆偷运鸦片做贸易，进行经济侵略。19 世纪初，英国势力已深入南亚次大陆，在今印度、巴基斯坦及克

---

〔1〕 杨增新：《补过斋文牍》（壬集上）。

〔2〕 1913 年 7 月 28 日第四四一号政府公报，转引自张大军：《新疆风暴七十年》（第 1 册），台北兰溪出版社 1980 年版，第 28～29 页。

〔3〕 张大军：《新疆风暴七十年》（第 1 册），台北兰溪出版社 1980 年版，第 29 页。

什米尔一带广种鸦片，并经过中亚一些商人偷运到新疆。19世纪30年代末，沙俄商人经常通过浩罕商人，或装扮成中亚商人向新疆输出商品。除了假手浩罕商人以外，沙俄还直接从斜米巴拉丁斯克向新疆偷运鸦片。[1]

19世纪30年代末，由于鸦片输入已危及清朝统治，朝野要求禁烟的呼声日高，于是清政府决定禁烟。对此，远在西北边陲的新疆积极响应，开始了大张旗鼓的禁烟活动。在禁烟斗争中，乌鲁木齐、伊犁、南疆等地都采取了有效的措施，而其中以南疆地区的斗争成效最为显著。清朝统治新疆时期，南疆地区特别是喀什噶尔、叶尔羌靠近中亚各部，是外来商民集中贸易的地区，也是近代外来鸦片输入的重要地区。叶尔羌参赞大臣恩特亨额接到清朝政府关于查禁鸦片的命令，立即行动，于1840年初制定了《新疆南路各城查禁鸦片烟章程》7条（简称《南路禁烟章程》），采取堵源、塞流等各种措施，严禁鸦片在这一地区贩卖、屯积、吸食、种植等。[2]

（二）通过不平等条约强取豪夺

除了通过走私鸦片进行侵略外，俄、英列强更多的是通过逼迫中国政府签署不平等条约来获取更多的利益。19世纪中叶以来，沙皇俄国通过强加给中国的一系列不平等条约，如1851年《中俄伊塔通商章程》、1860年《中俄北京条约》、1864年《中俄勘分西北界约记》、1881年《中俄伊犁条约》和1884年《中俄续勘喀什噶尔界约》等条约以及武力强夺，侵占了我国西北新疆边境约50万平方公里的大片领土，并攫取了在新疆各地免税、自由贸易和领事裁判权等种种特权，伊犁、塔城、喀什、迪化、奇台等城市均被帝俄开为商埠，并划定“贸易圈”（实为租界地），沙俄先后在伊犁、塔城、喀什、吐鲁番、承化寺（今阿勒泰）设立领事馆，在新疆政治、经济、文化中心的迪化设立总领事馆，成为其插入新疆各地的侵略据点。此外，又在未设领事馆的地方非法指派商约，代替领事办事，把侵略魔爪伸向天山南北的广大城镇和乡村。[3]英国虽然未和中国政府签订条约，但根据所谓的“利益均沾原则”，沙俄在新疆所享有的权利和利益，英国都全部享有。它以办理游历和商业等交涉为借口，于1895年派遣“游历官”驻喀什噶尔。1908年，又以保护侨民为由，改游历官为领事，正式在喀什噶尔设立领事馆。

---

〔1〕新疆社会科学院历史研究所编著：《新疆简史》（第2册），新疆人民出版社1980年版，第3页。

〔2〕齐清顺：“《新疆南路禁烟章程》浅谈”，载《新疆社会科学》1989年第1期。

〔3〕白振声、[日]鲤渊信一主编：《新疆现代政治社会史略》，中国社会科学出版社1992年版，第2页。

俄、英领事馆都通过强权政治非法取得了驻军权。驻军人数任意扩大。尤其是沙俄，一处领事馆就能由最初的十几人、几十人逐步扩大到数百人直至辛亥革命期间的千余人。这些驻军名义上是保护领事馆和本国侨民与商人的卫队，实则是进行殖民侵略扩张的工具。俄、英领事依仗帝国主义强权，无理干涉中国内政，甚而凌驾于新疆地方政府之上。如沙俄驻喀什领事彼得罗夫斯基1900年底借口沙俄在色勒库尔驿卒被逐，迫使新疆巡抚令喀什提督撤换了驻色勒库尔旗旗官戴富臣。次年，又蛮横地迫使清政府撤换了不屈从他的莎车知府。随之，又极力威逼清廷，调离曾支持过当地人民抗俄示威的喀什提督张宗本，并指名由焦大聚接任，[1]借此培植媚外势力，政治上进行全面控制。

为扩大在新疆的侵略势力，俄、英领事馆还非法散发侨民护照，出售作为免税贸易凭证的“通商票”，逼迫、引诱中国人加入俄籍，以期达到最后吞并新疆之目的。当时的南疆确有百余名俄侨居住，但沙俄驻喀什领事馆一次发出的俄籍证明书竟达两千张。通商票本是俄国商人进入新疆经商时所持的一种免税贸易执照，和国籍证明毫无关系，但沙俄领事居然也将之作为俄国的国籍证明书出售。沙俄在诱骗中国人加入俄籍时，以不纳粮税、免当差徭为诱饵，使一些不法华商在购得通商票后，冒充俄商偷税漏税，投机倒把，牟取暴利。此外，沙俄还将其在新疆各地收买的一些冒充入俄籍的土豪劣绅、不法分子委任为“商约”。他们受俄国领事馆之命，自成系统，霸占一方，公然无视中国政府政令与法规，与地方机构分庭抗礼。对上述沙俄领事馆的所作所为，英国一一效仿。辛亥革命前夕，新疆境内仅俄籍侨民就有2491户，10 600多人；英籍侨民1257户，3087人。[2]这些以领事裁判权和免税贸易权为护身符的所谓“侨民”，横行乡里，恣意妄为，甚至在各地策动阴谋暴乱，颠覆新疆地方政府。总之，辛亥革命前，帝国主义的侵略魔爪正在以更狠毒的方式伸向新疆从城镇到乡村的各个角落，致使新疆的外患危机再次加剧。

第二节　社会变革的开启

面对内忧外患，从政府到民间，从官僚到民众，都从自己的角度以自觉或

〔1〕白振声、［日］鲤渊信一主编：《新疆现代政治社会史略》，中国社会科学出版社1992年版，第3页。

〔2〕张大军：《新疆风暴七十年》（第1册），台北兰溪出版社1980年版，第8页。

不自觉的方式提出了解决办法，并付诸实施，虽然效果或好或坏，但都对促进新疆的转变提供了动力，从而打破了新疆多年来停滞不前、封建专制的局面。

一、人民的反抗

面对国外帝国主义、国内封建主义的掠夺与压迫，新疆人民进行了不屈不挠的英勇斗争，为解决新疆的内忧外患，寻求新疆的发展，促进新疆的变革，使新疆走向近代化贡献了自己的力量。

1. 新疆反封建农民起义的爆发与反抗阿古柏侵略的斗争。1851 年太平天国农民起义爆发，全国各地农民群众响应。捻军起义、陕甘回民起义以及其他各地的农民起义极大地动摇了清王朝的统治。受其影响，新疆协饷断绝，生产停滞，统治阶层加大对各族军民的搜刮，导致各地农民群众的反抗斗争不断发生，终于酿成 19 世纪 60 年代全疆政局的大动荡。

1864 年 6 月 4 日，库车的维吾尔族、回族等群众首先发动起义，攻占库车城。接着，新疆各地的各族军民群起响应。1866 年春，伊犁人民起义，起义军攻占惠远城，伊犁将军明绪自杀。随后，乌鲁木齐、昌吉、奇台、哈密、巴里坤等地各族群众纷纷起义，反抗清政府的腐朽统治，清朝在新疆各地的统治机构基本瓦解，残余清军退守巴里坤、哈密等新疆边缘地区坚守。但是，在各地农民群众的起义过程中，各族封建宗教头目大批混入起义队伍，并利用自己的特殊地位和影响，很快掌握了起义的领导权，使起义的性质发生根本变化，成为他们争夺地盘和权力的工具，形成以伊犁、乌鲁木齐、库车、喀什噶尔、叶尔羌、和阗为中心的封建割据政权。新疆陷入空前的政局动荡中，分裂割据和相互攻伐，生产力遭到很大破坏，边防力量遭到极大削弱，给浩罕阿古柏匪徒和沙俄军队的入侵造成了可乘之机。

1865 年 1 月，中亚浩罕汗国统治者趁新疆内乱之机，派军官阿古柏率军挟持和卓后裔、张格尔之子布素鲁克侵入喀什噶尔。阿古柏利用伊斯兰教与布素鲁克的名义欺骗当地群众，首先占领喀什噶尔城（今疏附县），取得立足点。在随后的数年中，阿古柏利用新疆混乱局面，运用各种手段权术，采取各个击破的办法，依靠从浩罕侵入新疆的大批败军匪帮的支持，先后打败新疆各地的封建宗教割据政权。到 1870 年底，新疆大部分地区沦入阿古柏侵略军之手。

在侵略新疆过程中，阿古柏于 1867 年在南疆建立了伪“哲德沙尔”政权（俗称“七城政权”），按照中世纪中亚封建农奴制对新疆各族群众实行殖民统治。在阿古柏的统治下，各种赋税名目繁多，毫无定额，广大农民群众的财产收入几乎被掠夺殆尽。阿古柏一方面强迫广大维吾尔群众去打仗送死，另一方面，他四处派出密探，一旦发现谁不满他的统治，便随意逮捕杀戮。新疆社会生产力遭到严重破坏，各族群众生活在水深火热之中。

面对阿古柏匪帮的入侵及其统治，新疆各族军民进行了不屈不挠的反侵略、反占领、反奴役的斗争，并为此做出了重大牺牲。阿古柏入侵新疆之初，思的克就带领柯尔克孜族群众六七千人在喀什噶尔进行抗击。在叶尔羌城下，维吾尔、回等族军民数次大败阿古柏侵略军，使其遭受入侵新疆以来最严重的损失。在罕阿里克（今疏勒县境）战斗中，阿古柏本人差点被库车军民活捉。在抗击阿古柏入侵和阗的战斗中，和阗军民英勇抵抗，五万余人牺牲。在阿古柏匪军攻占库车时，当地军民奋勇杀敌，连阿古柏的儿子也被杀死。吐鲁番、乌鲁木齐地区的汉、回族军民更是团结战斗，多次重创阿古柏匪军，先后歼敌近五万人，数万军民在战斗中牺牲。在阿古柏匪帮统治时期，面对强大的敌人，各族群众以各种方式坚持斗争，有的抗粮抗税，有的武装袭击占领军，有的与清朝政府联系反映敌情，给阿古柏入侵军以沉重打击。[1]

1864 年 7 月，湘军攻占天京（今南京）后，太平天国起义、捻军起义、陕甘回民起义先后失败。清朝重新巩固了在全国的统治地位（史称“同治中兴”），国内政局也出现了一个暂时相对稳定的时期。这样，新疆便成为全国上下关注的一个主要问题。对于是否收复新疆，清政府内部有不同意见。以直隶总督李鸿章为首的一些人提出应暂缓收复新疆，而全力加强中国东南沿海防御的意见。时任陕甘总督的左宗棠等人反对李鸿章等人的意见，提出海防、塞防并重的主张。最终，清政府权衡轻重，决定全力收复新疆。

1875 年 5 月 3 日，清朝政府命左宗棠为钦差大臣督办新疆军务，统一调动指挥西北数省的兵力人力，收复新疆。左宗棠接任后，立即整编进疆部队，改派由刘锦棠统领的湘军为收复新疆的主力，并制定了“先北路、后南路、再伊犁”和“缓进急战”的作战方针。到 7 月，进疆作战的部队总数达五六万人，完成了收复新疆之战的各项准备工作。战争大致分四个阶段，第一阶段以收复天山北部的乌鲁木齐、玛纳斯为中心；第二阶段以收复吐鲁番、托克逊为中心；第三阶段以收复南疆东四城库尔勒、库车、阿克苏、乌什为中心；第四阶段以收复南疆西四城喀什噶尔、英吉沙尔、叶尔羌、和阗为中心。至 1875 年 12 月底，清军先后收复各地。中国军民驱逐阿古柏匪帮、收复新疆之战胜利结束。左宗棠统帅中国军民仅用一年半的时间，便完全驱逐了阿古柏匪帮，取得收复新疆之战的重大胜利，这在中国近代反对外来侵略者的斗争历史上是少有的。左宗棠的这一历史功绩后来也被中国各族军民所肯定。

---

[1] 苗普生、田卫疆主编：《新疆史纲》，新疆人民出版社 2004 年版，第 368 页。

2. 反抗沙俄帝国主义的斗争。早在新疆建省以前，新疆人民在面对沙俄、英等帝国主义列强的侵略时，就进行了英勇不屈的反抗斗争。

19 世纪中期，沙俄加快了对新疆的经济侵略和土地扩张。1851 年中俄签订了《伊犁塔尔巴哈台通商章程》（简称《中俄伊塔通商章程》）。这是近代新疆涉外的第一个不平等条约。沙俄获得了以下主要特权：在伊犁、塔尔巴哈台两地单方面设立领事；在中国沿边领土上可以以护卫商队为名派兵行走；在新疆境内贸易不必交税等。从此，两地领事馆成了沙俄在新疆窃取情报、侵略中国的据点。俄国商品利用价格优势源源不断地进入新疆，不断冲击着新疆当地的民族手工业。而沙俄在伊犁、塔城取得领事裁判权，又为沙俄干涉新疆内政开了绿灯。

俄国商人在新疆横行不法，欺压剥削中国军民，俄国领事更是不断干涉中国内政，侵犯中国主权，引起新疆各族军民的严重不满。而腐朽的清政府只是一味地投降、忍让，面对政府的无所作为，新疆人民起而依靠自己的力量，进行了长期、艰苦的反抗斗争。

1855 年塔城各族群众焚烧沙俄贸易圈的行动就是在这种背景下发生的。1853 年，为了增加财政收入，塔尔巴哈台参赞大臣丰绅奏准清朝政府，允许当地汉、回等族群众在雅尔噶图金矿开采。雅尔噶图金矿在塔城西南，矿藏丰富，早就有中国群众在这里开采。但是俄国商人却通过俄政府向伊犁将军抗议，胡说此金矿属俄国，不许中国群众采挖。伊犁将军等人怕惹事端，下令封闭此矿。中国各族群众不顾禁令，结队在这里采矿，沙俄便不断派兵越界闯进矿区驱赶中国群众。1855 年初，沙俄驻塔城领事塔塔林诺夫带俄军进入矿区，驱赶中国群众并杀害数人。在此之后，又以各种手段杀害中国各族群众二百余人，引起塔城各族人民的极大愤怒。

1855 年 8 月，塔城各族群众在徐天尧、安玉贤等带领下，在多次向沙俄驻塔城领事提出交出杀人凶手被无理拒绝后，聚集五六百人，烧毁了沙俄设在当地的贸易圈。俄国人在贸易圈内的房屋堆放的货物全被烧毁，驻塔城的俄国领馆人员及商人都逃回国内。

事件发生后，俄国政府向清朝政府提出交涉。经数年谈判，双方代表于 1858 年 9 月签订《中俄塔尔巴哈台议定贴补条约》，软弱腐朽的清政府不但将组织这次行动的安玉贤、徐天尧等一批中国人判以重罪，而且还要赔偿俄国的各种损失，共计白银 13 万余两，以中国茶叶作价偿还。同时，沙俄又乘机获得了在塔城扩建贸易圈和伊犁、塔城两地领事馆以“保护”俄国商人名义驻兵（共 50 名）的权力。1855 年塔城各族群众反抗沙俄侵略迫害的斗争虽然以失败而告终，但它是新疆近代史上爆发的第一次大规模反对外来侵略的群众斗争，表现出的敢于与外国侵略者斗争的精神激励着新疆人民为捍卫国家主权利益不断的斗争。[1]

此后，随着1860年《中俄北京条约》、1864年《中俄勘分西北界约记》等条约的签订，以中国的丧权失地而告终，沙俄以武力相威胁，强迫与八国联军战败的处于内外交困的清政府割让西北大片的土地，并且增加了关于"人随地归"、在新疆增设领事馆等内容。而且，在实地勘界过程中，俄方代表又利用各种手段侵占了不少中国领土。据统计，沙俄在这次中俄西部边界的划分中，共吞并中国西北边疆地区约44万平方公里的土地。

在沙俄侵占、吞并中国西北边疆领土的过程中，新疆各族军民进行了英勇的抵抗和斗争。1863年，当沙俄大批军队携带枪炮等近代武器向伊犁地区的博罗胡吉尔、奇沁、格根、鄂尔果珠勒等卡伦发动进攻时，伊犁地区的满、汉、锡伯、索伦、蒙古各族军民英勇抗击，毙伤敌人数百名，给入侵的俄军以沉重打击。这一时期，维吾尔、哈萨克、布鲁特、柯尔克孜等族群众也进行了多种形式的斗争，或者武装袭击俄军，或者携带家眷逃离沙俄的统治，回到清军控制的地区，使沙俄侵略军遭受不少损失。

但是，沙俄并没有停止侵略扩张的步伐，趁着阿古柏入侵，新疆地方政权无暇北顾，沙俄趁机占领伊犁地区。面对拥有先进武器装备的敌人，伊犁维吾尔、回、锡伯等各族军民进行了顽强的抵抗，多次歼灭侵略军。沙俄军队在多次进攻受挫后，不断增兵至2000人，并调整部署发动更猛烈的进攻。至1863年7月2日，伊犁地区被沙俄侵略军完全占领。沙俄妄图扩大侵略，后因遭到中国军民的伏击和形势变化被迫停止。沙俄侵占伊犁地区后，把它作为俄国斜米列契省的一部分，派军官进行统治。伊犁各族群众以各种方式开展反对占领者的斗争，不断抗粮抗税，对抗侵略者的"种种酷虐"。很多人不顾巨大压力坚决不加入俄国国籍，不承认沙俄对伊犁地区的侵占。

在驱逐阿古柏入侵之后，收复被沙俄侵占的伊犁提上了议事日程。清政府一面派出代表与沙俄政府谈判，一面进行相应的军事部署。左宗棠亲赴哈密，调动军队，做好了谈判破裂、武力收复伊犁的准备。1878年7月，清政府派出的盛京将军崇厚与沙俄代表签订了严重损害中国主权和领土整的《交收伊犁条约》（又称《里瓦机亚条约》）。遭到全国上下一致反对。清政府又派出曾纪泽重新赴俄谈判。最终于1881年2月签订了《中俄伊犁条约》（称《改订条约》

〔1〕 苗普生、田卫疆主编：《新疆史纲》，新疆人民出版社2004年版，第369页。

或《圣彼得堡条约》)，与崇厚签订的《交收伊犁条约》相比，中国挽回了一些损失，但仍然是一个不平等条约。沙俄据此条约及随后的几个子约，又吞并了中国西北边疆地区7万多平方公里的土地。同时，沙俄在新疆的特权进一步扩大：获得了在新疆全境长期免税贸易的特权；增设领事馆及新的领事裁判权；“补恤俄代收、代守伊犁所养兵费”，折合白银500余万两等。[1]

1882年3月，虽然中国正式收复了伊犁，打击了沙俄的嚣张气焰。然而由于国内外形势的变化以及敌我力量的过分悬殊，各族军民的斗争无法从根本上阻止沙俄及外来侵略势力对新疆进一步侵略的步伐。新疆各族军民反抗外来侵略的斗争道路仍艰苦而漫长。

综上所述，清末以来，面对残暴的帝国主义列强、腐朽专制的封建统治，新疆人民同全国人民一起为了中华民族的独立、各族人民的解放，进行了不屈不挠的斗争。但由于国内外形势的变化、敌我力量的过分悬殊、各阶级的局限性，新疆人民自发的反帝反封建的斗争未取得胜利，新疆各族人民在国内外各种敌人的压迫下，继续艰难地探索救国救民的道路。

二、满清政府的努力

清政府企图通过举办“新政”拯救岌岌可危的统治。“新政”是清末清政府发动和组织的改良运动，对中国近代历史的发展有着重要的影响。这次运动不仅很快波及中国西北边陲的新疆，而且在新疆一些军政要员的推动下，新疆的“新政”工作进展迅速，大见成效，从此开始了新疆近代化的历史进程。

《辛丑条约》签订后，清政府为了缓和国内人民不满情绪，维持其统治政权，同时为了顺应国内外形势，想通过新政达到富国强兵的愿望，于1901年下诏“变法”，推行“新政”。新政的主要措施有：调整官制、整顿吏治、改定刑律、编练新军、奖励实业、兴办学校，以及准许满汉通婚、劝止妇女缠足等。受全国政治形势的影响，时任新疆巡抚的联魁、伊犁将军的长庚，对推行新政态度都比较积极。联魁提出在新疆推行新政，主要是置省、改官、开垦、兴学、练兵等。长庚根据新疆的实际，提出新疆新政是“一练兵、二蕃牧、三商务、四工务、五兴学”[2]。综观清末新疆新政，成效比较显著并对后来影响比较大的主要是以下四项：编练新军、兴办实业、开设学校和建谘议局。

（一）编练新军

“新军”，指清朝末年编练的近代化陆军，开始筹练于1894年，后于“新

[1] 苗普生、田卫疆主编：《新疆史纲》，新疆人民出版社2004年版，第370页。

[2] 《清德宗实录》（卷五六三），光绪三十二年（1906年）八月乙酉。

政”中在全国推广，共编成十三镇（军）。军队是国家机器的主要组成部分，更是维持新疆政局稳定和保证中国西北边疆安全的主要力量。新疆驻军在建省后因财政困难而几次裁军，人数大为减少，战斗力也严重下降，对这支各方面都早已落后的军队进行整编加强，已是刻不容缓的当务之急。因此联魁、长庚等人都把编练新军作为新疆推行“新政”的首要内容。

为了在新疆编练新军，提高军队战斗力，伊犁将军长庚于1907年从内地调新军近900名到伊犁，由杨缵绪（秘密同盟会员）统领，作为骨干，在当地招募各族青年，编练成新军一个混成协（相当一个旅）。新疆第一支近代化的军队正式建立，其历史意义不可低估，后来这支新军在伊犁辛亥革命中发挥了重要作用。联魁则在乌鲁木齐对旧军队进行整编的基础上，也组建了新军一个混成协。同时在伊犁和乌鲁木齐两地都开设了新式的军事学校——陆军小学堂、陆军武备学堂和将弁学堂等，专门培训具有近代军事知识的中下级军官。这些编练的新军“暂名新疆陆军”。从招募方式到组织训练和武器装备，新军已不同于原有的八旗、绿营军队，新疆军队从此走上了近代化发展壮大的历史进程。

另外，新疆在这一时期还设立了近代“巡警”，以维持地方治安，替代旧有的巡防营。1906年，巡抚吴引孙奏订《新疆巡警章程》30条，正式组建新疆巡警，并在乌鲁木齐设立巡警学堂（时又称“新疆高等巡警学堂”），招收学员100余人，培养近代巡警人才。后来，巡警分布全疆各地，到清朝灭亡时，总人数达1500余人，成为维持新疆地方治安的一支重要力量。据宣统三年（1911年）巡抚联魁奏称：新疆“将弁学堂毕业生，加授警察功课，查照陆军警察队章程，参酌本省情形，编成警察一队，驻扎省城，专司稽查陆军各营，兼为地方行政司法警察之辅助”。可见，当时新疆的军、警还没完全分开，新疆近代警察制度的建立还有待于发展和完善。[1]

（二）兴办实业

由于新疆经济发展长期比较落后，一直到19世纪末，新疆几乎没有近代工业，所需工业产品主要从内地和国外购进，新疆经济发展明显地拉大了与内地各沿海地区的差距，更重要的是造成新疆白银大量外流，银贵钱贱现象一直比较突出，进一步增加了新疆财政的困难。

为了广开财源、发展生产，举办新政后，联魁、长庚等在各地兴办了一些具有近代性质的工厂企业，采取官办、官督商办、官商合办或私人自办等形式进行经营，其中规模较大的，有塔城的于阗金矿、喀图山金矿、孚远铁矿、独

---

〔1〕 齐顺清、田卫疆：《中国历代中央王朝治理新疆政策研究》，新疆人民出版社2004年版，第348页。

山子油矿等。特别是由伊犁维吾尔族商人玉山巴依创办的伊犁制革厂，在当局的支持下，用30万两从德国购进机器，并聘任德国技术人员，利用当地丰富皮革资源进行近代化的皮革加工生产，工人达250多人，年生产皮革1万余大张，成为当时新疆具有近代民族工业性质的较大型企业。[1]但因人力、资本、技术、交通和战乱等困难，以及吏治腐败，经营不善，加之外国商品的排斥打击，以沙俄为首的外来经济侵略的加剧，皆先后倒闭或萎缩不振，成效甚微。但由于是新疆初次试办的近代工矿企业，其进步意义还是应该肯定的。

（三）开设学校

在这一时期的"新政"中，开设近代学校是一项重要内容，而且成绩最为显著。

兴办学校，选派留学生，目的是为学习西方的新知识，培养新人才，以适应国家"维新"之需要。早在新政举办之前，为了对外交涉的需要，新疆就已经开设了"俄文学馆"、"养正学堂"等具有近代意义上的学校，培养俄语翻译人才。在举办新政过程中，各种学堂在乌鲁木齐、伊犁等地迅速设立，新式教育获得快速发展。自1905年，新疆将原在迪化的书院一律改为学堂，并在课程设置上增添了俄、英、德、法等外国语，其中俄文还一度被列为高初等学堂的必修课。

这一时期设立的学校主要有：伊犁地区的商务学校、绥定初等小学、宁远高初两等学校、汉回学校、满营义学、女子琼玉学校等，乌鲁木齐地区的法政学堂、省立中学、中俄学堂、实验教员讲习所等。在塔城，设立了吸收满、汉、蒙古、哈萨克等各族子弟的养正学堂，此后，各府、厅、州、县相继设立维吾尔族、回族等的初高两级小学以及初中等实业学校和农业学校，为了解决师资问题，1907年还创办了简易师范班。据统计，1907～1910年，全省学生由1000名增加到4000余名。1908年新疆创设了学务公所的机构，以加强对学校的控制与管理。这些学校已不同于旧式书院，更不同于民间私塾，学习内容有国文、数学、博物、历史、地理、体操、音乐以及法律、经济等近代科学知识，学生学习目的也不再是为了参加科举考试。各式各类的学校为新疆培养了一批具有近代政治思想和科学知识的人才，其中不少人在后来新疆近代化过程中发挥了重要作用。[2]

---

〔1〕 苗普生、田卫疆主编：《新疆史纲》，新疆人民出版社2004年版，第385页。

〔2〕 苗普生、田卫疆主编：《新疆史纲》，新疆人民出版社2004年版，第386页。

（四）设立谘议局

在推行“新政”过程中，清朝政府迫于形势压力，也进行了某些政治体制方面的变革，发布“预备立宪诏旨”，答应在全国推行“宪政”。随后，各省纷纷设立谘议局，选举议员，开会议政。虽然各省谘议局并不是有实际权力的机构，但是使资产阶级立宪派有了合法进行政治活动的据点，在推动中国政治近代化和民主化进程中还是起了一定作用的。新疆于1909年10月在乌鲁木齐设立谘议局，议员共30人，并制定了《议事细则》20条，《办事细则》18条，《旁听细则》14条，比较详细地规定了谘议局的职权范围和议事办法。伊犁也挂出了“宪政筹备处”的牌子。但是，新疆由于经济文化发展比较落后，又是多民族地区，谘议局成立后几乎没有开展什么大的活动。[1]

新疆在20世纪初进行的“新政”，范围不广，很不完善，同内地其他省区相比落后，但从新疆的历史发展历程来看，意义非凡。新疆的近代化进程起步比内地晚了几十年，在19世纪60年代左右，内地兴起“洋务运动”、“百日维新”等近代化运动时，新疆却没有任何反应。面对沙俄、英国等列强对新疆的政治、经济侵略和领土扩张，更多的是向中央请求支持、救援，当时的中央内外交困，无力顾及，新疆只能疲于应付，在老路上徘徊。

20世纪初的这次“新政”，标志着新疆开启了由传统社会向近代化社会转型的步伐，西方的民主、自由、平等思想渐入，革命风起云涌，各种思潮激荡。在这场向近代化迈进的新政中，新疆所编练的新军在随后不久发生的辛亥革命中发挥了重要作用，是使伊犁辛亥革命得以成功的主力军，在新疆近代史上写下了光辉的一页。新疆在这一时期开办的一些近代工矿企业，带来了新技术和新的管理制度，为以后新疆更多带有近代企业性质的工厂的开办起了带头作用。更主要的是这类工厂已完全不同于旧式的手工作坊，出现了新疆最早的资本主义生产方式，标志着新疆早期资产阶级和工人阶级的出现。这一时期新疆开设的各种新式学校，为新疆培养了一批具有近代政治思想和科学知识的人才，这些人才在后来新疆近代化过程中发挥了重要作用，同时这些新式学校为资产阶级民主思想在新疆的传播起到了积极的作用，为即将爆发的新疆资产阶级革命运动提供了一定的社会条件。从此，任何人再也不能把新疆完全拉回到旧的封建落后的老路上去。“新政”为新疆20世纪向近代化迈进，乃至向现代化从而进入一个新的历史发展时期开了一个好头。[2]

---

〔1〕 苗普生、田卫疆主编：《新疆史纲》，新疆人民出版社2004年版，第386页。

〔2〕 齐顺清、田卫疆：《中国历代中央王朝治理新疆政策研究》，新疆人民出版社2004年版，第352页。

然而，“新政”的推行也未能拯救清政府在新疆的岌岌可危的统治，反而进一步加剧了新疆财政的危机，新政所需的款项再一次压在了新疆各族人民的头上，加之新疆愈演愈烈的吏治腐败，贪污之风盛行，使得这种搜刮变本加厉，原有的社会矛盾更加激化。由此，新疆地方政府自救图存的努力归于失败，内忧外患仍未解决，新疆人民还得继续寻找解决方案。

三、辛亥革命在新疆的影响

清政府推行的“新政”未能解决内忧外患，反而使得各种矛盾激化。随着近代工业的进一步发展，民族资产阶级发展壮大起来。以孙中山为代表的资产阶级革命党人立志推翻封建帝制，建立民国。面对资产阶级民主革命运动的高涨，清政府又提出“预备立宪”的新方案，企图延续自己的统治。但清廷实行预备立宪，根本目的在于维护君权，仍然实行封建专制。因此，“预备立宪”并没有能够阻止资产阶级革命运动的发展，反而使其更加高涨。

社会危机异常激化的新疆，尽管地处西陲，资产阶级民主革命同样得到了迅速传播，当时，革命党人在新疆的活动首先是从新军中发动的。早在 1907 年新疆“新政”时期，伊犁将军长庚组建伊犁新军时，一批资产阶级革命分子就从内地进入新疆，开展起革命活动，此后，势力不断积蓄，力量与日俱增，终于成为一支埋葬清王朝在新疆统治的中坚力量。革命党人的活动主要在伊犁、迪化（今乌鲁木齐）展开，杨缵绪、冯特民、刘先俊等是资产阶级革命党人在新疆活动的先驱。

（一）民主、平等的资产阶级革命思想的传播

清政府新政在新疆的开展，已经开始将西方的民主、自由、平等等思想传入，革命风起云涌，各种思潮激荡。

杨缵绪，湖北武昌人，留学日本户山陆军学校时，加入同盟会，回国后在湖北军中任职。1908 年初，奉调率部队赴新疆伊犁，时任湖北陆军四十二标统带（团长）。冯特民与杨缵绪同乡且关系甚密，是湖北日知会和同盟会的骨干成员，被清政府追捕，乘机与杨缵绪同往伊犁，混杂在军中。西行出关的革命党人还有李辅黄、郝可权、冯大树等十数人，沿途又有陕西的李梦彪、甘肃的邓宝珊等人相继加入，他们于 1908 年夏到达伊犁。

为广泛发动群众，壮大革命力量，革命党人对工作重点做了迅速布置，其中，首先决定发动军队，杨缵绪很快为部分革命党人先后安排了军中职务，如冯特民任犁协统部书记官，李辅黄任工程营营副，冯大树任警察局提调，郝可权任参军官。他们暗中进行革命串连，李辅黄联络湖北籍军人，李梦彪联络陕甘籍军人，冯大树联络绿营军标营，谭玉书联络军中之哥老会势力。在新军中

发展组织，如邓宝珊、黄立中等均在此时加入同盟会。还有部分人员深入各级官府、部门、学校、商界，民族、宗教界等进行活动，广泛地发展革命力量。[1]

伊犁革命党人活动的另一重点，是大力开展以传播资产阶级民主革命思想为中心内容的舆论宣传工作，以唤起民众，推动革命进程。1910 年 3 月，革命党人在冯特民主持下创办了《伊犁白话报》，传播革命思想和革命纲领，吸收倾向革命的各民族知识分子参加采访、撰稿，以汉、满、蒙古、维吾尔四种文字发行（汉文为铅印）。同时，筹设高初两等学校，培养革命人材。

该报在新疆迪化、塔城、宁远（今伊宁）、绥定（今玛纳斯）、霍尔果斯以及北京、天津、上海、汉口等内地重要城市设有“代表处”。报纸积极宣传同盟会的纲领，把矛头对准腐朽的清朝统治者，开辟了“爱国活历史”等多种专栏，采编各族人民爱国活动的材料，大力宣传收回主权、以雪国耻的思想，愤怒揭露帝国主义，尤其是沙皇俄国侵吞我领土、干涉我主权乃至疯狂输运鸦片毒害新疆各族人民的种种罪行。当时人们评价《伊犁白话报》起着“振聩起聋，开通民智”的作用。该报还针对新疆各民族聚居的特点，宣传民族平等，教育各族人民应不分畛域，互相尊重，携起手来，为挽救国家、民族的危亡而斗争，显示了它的进步性与革命民主精神。[2]它使长期遭受封建民族歧视压迫之苦的各族人民受到鼓舞，得到民族、民主思想的启迪。另外，冯特民等人还深入基层，分赴各县宣传革命思想，唤醒各族人民群众的觉悟，以消除封建统治者造成的民族隔阂，使革命得到各族人民的理解、同情和支持。这项工作同样取得了显著的成效。

在革命党人的努力下，维吾尔族上层人士代表阿奇木伯克表示，愿意率领伊犁地区八十圩子（乡、村）的维吾尔族群众捐献农产品以支持革命，富商木沙巴依、牙可甫巴依主动在经济上为革命活动提供资助。回族阿訇沙懿德、绅商马兴隆、马文秀，哥老会首领徐三泰，绥定知府贺家栋，将军府文案黄心斋，京帮商务会长肖冠三，南帮商总张定升等都倾向革命，或参加革命组织，或予以财力支持。维吾尔族富商玉山巴依在伊犁革命爆发后，捐献军用皮靴、皮大衣，并和牙可甫巴依一同资助军饷。经过革命党人一系列的活动，伊犁革命形势高涨，武装起义的时机日渐成熟。

与此同时，迪化也开始了有革命党人的活动。当时，迪化革命党的主要负

---

〔1〕 苗普生、田卫疆主编：《新疆史纲》，新疆人民出版社 2004 年版，第 394 页。

〔2〕 白振声、［日］鲤渊信一主编：《新疆现代政治社会史略》，中国社会科学出版社 1992 年版，第 12 页。

责人是刘先俊[1]。他于1911年11月到迪化，试图劝说新疆巡抚袁大化效仿内地其他省份宣布独立，遭到拒绝，遂密留迪化，加强与各界革命党人的联系，积极做起义准备。他在迪化期间，除继续和陕西革命党人保持着密切联系以外，并和原先从伊犁东来的革命党人在迪化建立革命团体，通过同乡关系，联络军界、政界、商界、学界和宗教界（其中主要是新军和哥老会），建立革命组织，从事革命活动。他们一面在湘、淮军队中进行鼓动工作，酝酿起义，一面深入到哥老会中秘密联络，使之赞助和参加革命。在短短的两个月内，刘先俊等人已经在迪化城内外团聚了一大批拥护革命的各族各界人士。[2]随着民主革命思想的传播，革命党人的积极活动，民主共和的观念深入人心，迪化、伊犁的革命已如同箭在弦上，一触即发。

（二）迪化起义的爆发与失败

1911年10月10日，辛亥革命武昌起义成功。在武昌起义影响下，旨在推翻清朝统治的革命风暴席卷全国，地处西陲边境的新疆首先爆发了迪化起义。

迪化起义揭开了辛亥革命在新疆的序幕。事先，刘先俊等人加紧迪化起义的准备工作，在秘密串连的基础上，相继组建了民军攻击部、防卫部和机要部，分别担任作战、治安和联络等任务。在这三个部中，以攻击部的组织最为庞大，是起义的主力军。[3]正当革命党人准备起义的时候，从10月下旬到11月上旬，由于商人告密，叛徒出卖，袁大化加紧布置对革命党人的警戒和搜捕，起义力量屡遭不测，预定起义日期一再被暴露，革命党人刘鼎坤、但达三在起义之前就被抓捕惨遭杀害。12月28日起义机密再次被叛徒出卖，统领陈光模、唐晓云被杀害，刘先俊被迫于当晚仓促发动迪化起义。

由于起义仓促，而袁大化调兵遣将已做好镇压准备，革命队伍中遂出现了动摇、变节者。原先赞同、支持革命的东营巡抚卫队队长王学斌、作为内应的警察第一区警官桂瑞麟都临阵反悔，将枪口对准起义军。起义队伍虽然奋不顾身，浴血苦战，但终因寡不敌众，至次日中午，被清政府的枪炮血腥镇压下去。刘先俊英勇就义时年仅29岁。迪化起义殉难烈士有143人[4]，200余人被遣送

---

〔1〕刘先俊，系湖南宁乡人，曾留学于日本士官学校。经其舅父陶森甲的介绍，来新疆“投效”袁大化，以期借其公开身份掩护革命活动。老奸巨猾的袁大化并不信任刘先俊，委以督练处教官虚职应付。他坚辞不受，复赠以旅费，亦未受，秘密留在迪化进行革命活动。

〔2〕白振声、［日］鲤渊信一主编：《新疆现代政治社会史略》，中国社会科学出版社1992年版，第14页。

〔3〕陈慧生、陈超：《民国新疆史》，新疆人民出版社2007年版，第8页。

〔4〕张大军：《新疆风暴七十年》（第1册），台北兰溪出版社1980年版，第45页。

南疆。这些士兵同那里原有的哥老会势力结合，加速了以喀什为中心的南疆革命，成为即将爆发的辛亥伊犁革命的一支有力的同盟军。

迪化起义之所以失败：一是准备不充分；二是缺乏群众基础，致使敌我力量过分悬殊；三是革命队伍不纯洁，成分复杂。革命队伍以哥老会为骨干，联络了部分新军、混进来的奸商、巨富、旧官吏、投机分子等。在敌我力量悬殊的紧要关头，这些人叛变而告发革命。基于以上原因，起义失败不可避免。但迪化起义在新疆首次敲响了清朝统治的丧钟，为后来的伊犁起义提供了宝贵的经验教训。

（三）伊犁革命的胜利与民主共和临时政府的建立

伊犁起义是在迪化起义的推动下爆发的。迪化起义的领导者刘先俊于1911年10月22日到达迪化，12月28日就发动了起义，只有66天的准备工作。而伊犁革命党人则不同，他们在1908年由武汉到伊犁，至发动起义时止，共有3年多的时间。

与迪化起义相比，其各方面的准备工作都较充分。概括起来，主要有以下几点[1]：第一，革命党人创办的《伊犁白话报》，分别用汉、满、维、蒙四种文字出版发行，并在各族人民中获得“振聩发聋，开通民智”的赞誉。它宣传革命思想、爱国思想和革命纲领，对激发各族人民的革命精神起了启蒙作用，为武装起义奠定了思想基础。第二，在清军中进行宣传鼓动，建立革命团体，发展同盟会会员。革命党人多在清军中担任军职，便于联络和宣传，无论是绿营，还是新军，很多官兵都成为同盟会会员，这些人大都成为起义的中坚力量。第三，争取和团结伊犁哥老会，秘密组织义勇军。当时，哥老会在伊犁有雄厚的力量，遍布军界、政界、农界、商界、学界等各界。经过革命党人的工作，将其首领徐三泰争取过来，并委任为义勇军团长，待机举义。第四，团结伊犁各族群众，消除回汉之间的隔阂。伊犁是一个多民族的地区，其中有汉、回、满、蒙古、锡伯、索伦（达斡尔）、哈萨克和维吾尔等民族。革命党深入这些民族做了许多工作，特别是争取和团结了回族的头面人物马凌霄，并消除回族对汉族的不信任，以完成“革命大业”。伊犁党人在思想上、组织上和物质上的准备，为伊犁起义奠定了胜利的基础。

迪化起义震动了伊犁革命党人，也使新任伊犁将军志锐惊惶失措。志锐仇视革命，凶狠顽固，他与陕甘总督长庚、西安将军允升、新疆巡抚袁大化等密谋，妄图拥宣统皇帝西迁偏安西北，处心积虑整治革命党人，《伊犁白话报》被

---

〔1〕 陈慧生、陈超：《民国新疆史》，新疆人民出版社2007年版，第14~15页。

勒令停刊，新军官兵削职扣饷，弹药被收缴入库，杨缵绪管辖的部队也被解散。革命党人被迫加快起义部署，建立起义领导机构，杨缵绪为总指挥，冯特民、李辅黄为干事。原决定于1912年1月12日起义，后由于形势紧迫，起义日期提前到1月7日。由于准备很充分，革命党人一面联络军界、商界和宗教界，一面密遣党人分赴伊宁、绥定、塔尔奇、霍城等地联络民军。同时，革命党人利用志锐与前任伊犁将军广福的矛盾，化解了起义受到的严重威胁。最终起义获得成功。[1]

伊犁起义胜利后，立即成立了汉、满、蒙、回、藏“五族共进会”，由杨缵绪担任会长。1月8日召开紧急会议，革命军各首领、地方团体及代表、四领队大臣、新旧满营协领、佐领等参加。会议宣告中华民国军政府新伊大都督府成立。1912年1月10日，正式成立了伊犁临时政府，除广福（原伊犁将军）为都督外，杨缵绪（革命党人）为总司令部部长，贺家栋（原伊犁知府）为参谋部部长、民政部长，冯特民（革命党人）为外交部部长，黄立中（原伊犁候补知事）为财政部部长，郝可权（革命党人）为军务部部长，李辅黄（革命党人）为前敌总指挥，徐国桢为东进支队司令。从以上成员来看，伊犁临时政府包括革命派、旧军人、旧官僚等三部分人，革命党人占据了不少重要职位，且数量较多。此时，革命政府为了巩固新生政权，团结一切可以团结的力量，与反动的清专制政权在新疆的代表作斗争，这样做是可以理解的。但半个月后，一些曾与起义军作战的清军将领如军标协统陈甲福、新满营协统蒙库泰等，也被委任以部分重要机构之部长、司长等要职，则暴露了伊犁革命党人与辛亥武昌起义的革命党人一样，没有认识到自己掌握政权的重要性，暴露了辛亥资产阶级革命党人政治上的妥协性与革命的不彻底性。

新伊大都督府成立以后，通电全国，宣布共和；布告安民，申明革命纪律，稳定社会治安，恢复人民的正常生活秩序；大造革命舆论，恢复办报，改《伊犁白话报》为《新报》，用汉、维两种文字出版，继续为资产阶级革命制造舆论；废除清旧制，如苛捐杂税、旧政治制度等；公布改革旧政治，建立资产阶级的议会民主制；提倡民族平等，反对歧视；坚持外交平等，照会俄国政府承认新伊大都督府为合法政府等。这些措施宣布了清朝在伊犁反动统治的结束，大都督府受到当地各族人民的热烈欢迎和拥护。说明实现民主共和反映了人民的意愿，符合当时的历史潮流。

---

〔1〕 详见白振声、［日］鲤渊信一主编：《新疆现代政治社会史略》，中国社会科学出版社1992年版，第19～24页。

当时，革命政府处于外有沙俄帝国主义虎视眈眈，随时准备侵占伊犁；内有袁大化为代表的忠于清政府的反动势力的反扑。为了巩固革命政权和取得革命的更大胜利，伊犁革命党人在建立新伊大都督府以后，立即着手编练军队，扩大武装力量，组建东进支队，准备东进攻取迪化，扫除清朝在新疆的封建残余势力，统一全新疆。民军东征的计划，是将革命进行到底，以民主共和代替封建专制，用“民主的统一”代替“专制的统一”，这是辛亥革命所兴起的民主共和思想在新疆的发展和实践，在当时的历史条件下，它是进步的，符合历史潮流的。他们一方面电促袁大化赞助共和，宣布独立；另一方面立即整顿军旅，组织东进支队，委任李辅黄为前敌总指挥，徐国桢为东进支队司令，准备和顽固保皇派袁大化决战。

迪化清军和伊犁民军战争发生在1912年1月下旬，双方先后动用军队近万人，主要战场在精河、沙泉子、固尔图一带。中经数次战斗，伊犁民军屡次获胜，迫使清军节节败退，后由于伊犁民军骑兵团长钱广汉叛变投敌，伊犁民军中计被围，几乎全军覆没。此时，杨缵绪率军由伊犁至精河前线，指挥起义军全力反攻，清军大败，伊犁民军收复失地。由于全国形势急剧变化，两军遂在乌苏县城相互对峙。

当时，全国形势骤然变化的主要标志是南北议和，清帝退位，孙中山遵约辞去总统职务，袁世凯、黎元洪被临时参议院选举为临时正副总统。3月15日，中央临时政府电令新疆改巡抚为都督。3月27日，又“电令速停战事”。袁大化被迫向伊犁求和，并决定在塔城议和。4月，双方代表会集塔城开始和谈。袁大化见大势已去，于4月25日宣布辞职，其都督职务推荐喀什道尹袁鸿祐接替。袁鸿祐在喀什不得民心，积怨深重，被哥老会戕杀。袁大化又推举迪化道兼提法使杨增新接任都督，并主持塔城议和。5月18日，袁世凯政府正式委任杨增新为新疆都督。

双方经过两个多月的谈判，于7月8日达成议和条件11款。在议和条款中，双方确认迪化为新疆首府，公认杨增新（此时袁大化已辞职东归）为都督，主持新疆军政；撤销新伊大都督府，“以归统一”；设立伊犁镇边使署，以取代新伊大都督府而在伊犁行使权力。伊犁革命党人丧失革命政权，标志着资产阶级革命派领导的民主革命运动的结束，也意味着革命党人领导的伊犁起义遭到彻底失败。当杨增新的军阀政权巩固以后，对新疆革命党人采取了分化、瓦解以至屠杀等手段，使新疆完全处于杨增新独裁专制的统治之下。

伊犁起义并不是在战争中失败的，而是在和平谈判中丧失了革命政权，革命党人统一新疆和继续发展革命的战略计划归于破产。在这一阶段，伊犁革命党人只是静待全国局势的结果，没有利用这一有利时机把革命推向前进，统一全新疆。这是一个重大的失策。在伊迪战争中，伊犁民军本来取得很大胜利，而袁大化则被民军打得狼狈不堪。尤其在清帝退位以后，袁大化丧失靠山，处于孤立无援的地位，如果伊犁民军乘胜发动进攻，连续作战，新疆形势就会发生有利于革命的局面。由于民族资产阶级软弱性所带来的革命的不彻底性，在南北议和、清帝退位的影响下，革命军停止了军事进攻，使革命半途而废。[1]

在辛亥革命伊犁起义的影响下，新疆各地还爆发了一系列反封建、反帝的斗争，以实际行动支持和支援伊犁的革命斗争，如1912年爆发的哈密、吐鲁番农民起义，目的是反抗封建徭役剥削，提出“减轻差徭”口号，斗争矛头对准哈密王府。受封建剥削压迫的吐鲁番农民，在头领穆依登带领下，响应哈密农民起义，在二堡爆发了颇具规模的武装起义。此外，还有哥老会领导的南疆反帝反封建斗争。哥老会是新疆辛亥资产阶级革命党人举行迪化起义和伊犁起义的一支重要革命力量。与资产阶级革命党人杨缵绪、冯特民相比，他们的活动范围更大，更广泛，所以单独领导了以戕官运动为特点的南疆的反帝反封建斗争，使清王朝在新疆的统治加速崩溃，帝国主义的侵略势力受到打击和遏制。

但是这些进步的革命斗争很快就被中外反动势力联合绞杀了。对于哈密、吐鲁番起义，杨增新采用剿抚并用、以抚为主的方针，借“招抚”为幌子，瓦解革命队伍，然后进行血腥残杀。对于南疆的哥老会，杨增新则对掌握军权的首领采取调遣、勒令回籍和直接镇压等手段予以瓦解，然后利用其“回队”在南疆予以血腥镇压。

新疆的革命不仅要反对封建专制，还要直接面对帝国主义的干涉，担负着反帝、反封建的双重任务。早在伊犁革命胜利后，沙俄政府借口保护领事馆和俄商为名增兵新疆，派200多名哥萨克骑兵强行进入伊宁；哥老会领导的南疆起义胜利后，沙俄又派840名俄兵强行进入喀什噶尔，一面无故寻衅闹事，制造武装干涉革命的借口，一面在南疆的和阗、莎车、叶城一带大肆煽动中国居民加入俄籍，并操纵所谓“俄侨”闹事，1912年6月震惊中外的策勒村事件，就是“俄侨”胡作非为引发的。沙俄以此事件为借口，更是给杨增新和袁世凯政府施压，“扬言该军不散”，沙俄“无撤兵之期”。最终，一批支持革命的哥老会官员被撤职、罚款，多名官兵、群众被判重刑，此次震惊中外的反帝革命以袁世凯政府的屈辱投降外交而了结。

从迪化起义的爆发到伊犁革命政权的失败，意味着新疆资产阶级革命同全

〔1〕 陈慧生、陈超：《民国新疆史》，新疆人民出版社2007年版，第21页。

国辛亥革命一样以失败而告终。表明新疆革命党人企图用资产阶级民主革命拯救内外交困的边疆的失败。新疆各族人民寻求救亡图存道路的探索还得继续。但革命推翻了清朝在新疆的专制统治，唤醒了新疆各族人民反帝、反封建的革命热情。革命首次在新疆建立了共和政府，尝试了资产阶级议会民主制，推行了一系列资产阶级民主制度，倡导民族平等和民族团结，使共和观念深入人心，标志着民国大幕在新疆真正的开启，同时也标志着新疆各族人民为了寻求解放、平等、自由等权利的实现，从此走上了从自发到自觉地争取地方政治民主化的曲折道路。

第二章

民国时期新疆与中央关系的变迁

中国是一个领土广阔、人口众多、族群多样、各种情况复杂、各地民情不一的巨型国家。因此，如何正确处理中央与地方关系是关系中国多民族国家统一发展的至关紧要的问题。

民国开始，中国开始迈向近代化。近代国家以宪法为规范。宪法作为国家的根本大法，它规定国家的根本制度和根本任务。中央与地方关系作为一个国家政治和社会生活的主题，经常以国家结构、中央与地方制度、中央与地方权限划分等内容在宪法中、在其制定过程及在行宪中得到体现。从辛亥革命开始，各路政治势力纷纷登场，政权频繁更替，但都打着民主共和建立地方宪政国家的旗号，各种宪法文件纷纷出炉。其中，中央与地方关系的确立及在全国的运行情况，是宪法实现或实行地方宪政的重要内容和前提条件。

第一节　民国时期中央与地方关系演变

中央与地方关系是指中央政权机关和地方政权机关在行使其职能过程中所形成的一系列相互关系的总称，它不仅表现在财政、行政、立法、司法等方面，而且涉及双方在行使政府职能时于各个方面形成的关系。它不仅包括法律上形成的关系，而且包括实践中产生的关系。它主要包括宪法或法律所体现的双方在有机统一体中的地位与权限、处理双方关系的原则等。[1]如何协调好中央与地方的关系，是一个国家政治、经济和社会发展的一个重大课题。

从历史来看，中央与地方关系不是一次性或偶然间发生的，也不是一经产生就固定不变的。由于受政治、经济、文化传统、民族、地理环境等多方面因素的影响，它会处于一种变动的状态中。清末随着清政府内外交困，中国传统的中央集权开始衰落，地方势力不断增长。而为了挽救垂危的统治，清廷欲通过“新政”、预备立宪改革集权于中央，但由于各种既得利益势力的阻挡，及其自身一系列制度和政策安排失误，最终使各种既得利益势力乘机起来，或成为左右改革的力量，或直接瓜分改革的成果。[2]这是清末改革失败的内在因素，同时也为民国时期中央与地方关系的演变和探寻新的模式创造了条件。

一、民国时期中央与地方关系模式演变

20世纪初，在辛亥革命的打击下，以君主专制为核心的中央集权制度彻底崩溃了。如何建立崭新的资产阶级民主共和国，如何重构中央与地方关系，成为中国政治和社会发展的重大问题。西方国家的政治结构及地方宪政体制被国人介绍和引进，激起了社会的广泛关注与争论，并在实践中摸索着前行。

西方先进的政治、法律思想和制度成为中国社会变革的有力武器。当时中央与地方关系模式主要有以下几种：联邦制与单一制模式、中央集权与地方分权模式、地方自治模式等。它们分别从国家结构、中央与地方的权力分配和配置、自治的角度规范了中央与地方关系。

（一）联邦制与单一制的论争

辛亥革命后，随着独立省份的增多，即将建立的共和国采用什么样的国家结构成为当时的重大政治问题。此时西方传入的联邦制、地方分权说舆论高涨，许多人设想以联邦制重构中央与地方关系。但南京临时政府建立后，由于内外环境的影响，集权政治的主张逐渐占据了舆论的主流。袁世凯当权后，极力追求个人专制。袁世凯的行为激起了联邦制、地方分权主张的再次反弹。联省自治运动时期，联邦制、地方分权说在与中央集权、单一制的论争中占据了上风。纵观这一历史时期，争论主要集中在联邦制与单一制上。论争可分为三个阶段：

1. 各省独立与南京临时政府时期。民国成立后，由于辛亥革命成功在很大程度上依赖各省的宣布独立，所以地方势力相当强大，他们希望革命后能够巩

〔1〕 李国忠.《民国时期中央与地方的关系》，天津人民出版社2004年版，第4页。
〔2〕 刘伟：《晚清督抚政治：中央与地方关系研究》，湖北教育出版社2003年版，第23页。

固自己的势力，维护既得利益。鉴于此，他们多援引联邦制，倡议联邦制的言论一时颇为风行。如1911年1月7日，响应起义的山东省各界代表提出八项主张，其中第五项即为“宪法须注明中国为联邦政体”[1]。此外，江浙、广东、贵州等省都赞成建立联邦制国家。由于主张联邦制的声势大，因此，黎元洪在请各省派代表到武昌会商的电文中，特别提出了建立联邦国家的主张。孙中山先生当时亦同意该主张：“则组织联邦共和政体尤为一定不易之理。”[2]

然而，联邦制的声势并没有持续多久。南京临时政府成立后，近代以来西方列强侵略中国的局面并没有改变。民初，还面临着外交承认问题。因此，不论是挽救民族危机，还是求得外交上的有利态势，都需要一个有权威的统一的中央政府。可实际情况却是国家尚未统一，各省各自为政，而当时的南京临时政府在政治、行政、军事上都极端脆弱，可以说是号令不出都门。理想与现实的巨大反差使得人们更加强调国家的统一，强调建立一个强有力的中央政府。在这种情形之下，很多人认为联邦制不利于国家统一，不利于建立中央权威，转而支持建立单一制的国家。如孙中山就任临时大总统后，也开始否定联邦制。他在《再复中华民国联合会书》中谈到：“联邦制度于中国将来为不可行。”[3]在国民党成立的宣言中他也明确提出：“将以建单一之国，行集权之制。”[4]

2. 袁世凯当政时期。联邦论的再起是在1914~1916年，它与袁世凯强化专制集权的措施有密切的关系。袁世凯上台后，采取了一系列的专制措施，使得赖以发挥作用的国会、省议会、各级地方自治会都被破坏了。在这种情形下，一些人又把关注的目光投向了联邦论、省自治。

当时鼓吹省自治、联邦制的刊物主要有《中华杂志》、《甲寅杂志》、《民国杂志》、《大中华》、《新中华》等，形成了一股宣扬联邦制之风。

其主要论点是：第一，实行联邦制符合我国国情和历史，符合时代精神；第二，实行联邦制可以促进地方自治，实现地方宪政；第三，中央与地方可以互相维系，促进政治发展；第四，联邦制可以实现真正的统一。

但反对联邦制的舆论也很大。其中以张君劢在《大中华》上发表的“联邦十不可论”为代表。[5]他认为：省权向不在省民，省民亦无自握省权之能；从城镇乡县到省，缺乏自治基础；所选人才限于方隅，各省省长选举，将导致全

---

〔1〕 中国史学会主编：《辛亥革命》，上海人民出版社1957年版，第323页。

〔2〕《孙中山全集》（第1卷），中华书局1981年版，第560页。

〔3〕 陈旭麓、郝盛潮主编：《孙中山集外集》，上海人民出版社1990年版，第340页。

〔4〕《孙中山全集》（第2卷），中华书局1982年版，第399页。

〔5〕《大中华》（第2卷第9期）1916年9月20日。

国终年捣乱，政治无法进行；其他联邦国中所谓的利害不同之点，我国皆无；地方将窃据兵柄，成地方割据；实现联邦制，将使国家财政更加混乱，将自招分裂。袁氏死后，国会恢复，继续制宪。反对省制入宪者的一个重要理由是它是采用联邦主义的先声，是分裂国土、破坏统一的。赞成省制入宪者反驳的理由是宪法中规定省制的既有联邦制国家，也有单一制国家，规定省制并不等于采用联邦制。他们主张维护省的地位，但并不主张联邦制。可见，联邦制仍然难于为人们所接受，联邦制的呼声又渐渐回落了。

3. 联省自治运动时期。这一时期是联邦论高涨时期，此后由于国内外形势的发展，及人们对中国国情的深入探讨，逐渐达成共识，即中国更适合单一制。联省自治运动包括两个方面的含义：一是容许各省自治，由各省自己制定省宪，依照省宪组织政府，统治本省；二是由各省选派代表，组织联省会议，制定联省宪法，完成国家统一。就联省自治最终所要建立的国家结构形式来看，就是联邦制。

综合来看，联省自治运动在此时期经历了两次高潮和一次回光返照。在联省自治运动时期，地方实力派声称支持联邦制，一些资产阶级学者、团体也大力鼓吹联邦制，一时联邦制达到高潮，特别是在联省自治运动的第二次高潮时期，形成了鼓吹联邦制的最高潮，一大批宣扬联邦制的文章出现在这一时期。如《东方杂志》第二十一号（11/10）、二十二号（11/25）两期都是宪法研究专号。

这一时期，对联邦制的宣传主要包括以下几个方面：一是宣扬联邦制的优点。认为：分裂国可由此制而趋于统一；它宜于国土广大、物质文明未甚开发的国家，可以做到在各方而因地制宜；可免中央集权专制之弊，给国民自由以极稳固的保障；等等。二是宣扬联邦制适合中国国情。理由是：中国国土广大，南北各地民情不同，且各省历史悠久，各省爱省观念很深，为调和各地感情和利益，宜采联邦制，等等。三是宣扬联邦制可以解决纷乱的时局。他们认为，中国已成分立的形势，南北各省各自为政，中央政府徒有统一的虚名，实际上却号令不出都门，应该因势利导，组织联邦，完成统一，等等。

反对联邦制者攻击联邦制有诸多缺点，如联邦制下势力涣散，不能一致对外；是强枝弱干，将可能导致藩镇割据之祸；中央与地方权限难划清，将常常有争权之事发生等。就我国国情来看，本属单一国家，数千年来因袭已久，也不可实行联邦制。

然而联省自治运动始终处于军阀的操纵和掌握之下，他们并没有实行省自治和联邦制的诚意，在他们的操纵下，联省自治运动不可避免地要走向失败。

随着联省自治运动的失败，与之密切相关的联邦制思潮也偃旗息鼓了。

4. 国民党统治时期联邦论的衰落。在国民党建立全国性政权后，它宣布实施训政。在中央与地方的关系上，中央集权的倾向日益发展。从理论宣传上说，它宣扬的是地方自治，宣扬中央与地方的均权，在这种情况下，在其统治区域已听不到联邦制的声音了。

从整个民国历史来看，在联邦制与单一制的选择中，中国并没有选择联邦制。一方面，它受到中国传统君主专制下的中央集权思想的影响，一直被视为破坏统一、制造分裂的罪魁祸首，难于为人们所接受；另一方面，军阀打着联邦制的旗号，维护个人、集团的利益，使得联邦制最终无法在中国扎根。[1]

（二）中央集权与地方分权的论争

权力分配是中央与地方关系的核心内容，以此为标准，可以把处理中央与地方关系的基本类型分为两种：中央集权型和地方分权型。中央集权就是大部分或全部统治权归于中央政府，地方政府没有独立性。地方分权是相对于中央集权而言。在地方分权制下，通常中央与地方各有独立的权力管辖范围，地方政府在其权限范围内有高度的裁量权和自主权，中央对地方不得随便干预。

联邦制、单一制与中央集权、地方分权并不等同。从世界范围来看，联邦制的国家也可划分为倾向于中央集权和地方分权两种类型，单一制国家也有分权型和集权型的区别，即使就一个国家来说，随着历史的变迁，也可能发生一定的改变。当然，不能否认在某个国家、某个时期，这两对范畴会存在一定的一致性。[2]民国初期，围绕中央集权与地方分权发生了激烈的论争。

1. 清末民初时期中央集权与地方分权的论争。近代集权与分权的论争始于清末。晚清以来，清政府的中央集权逐渐衰落，地方督抚在整个国家政治和社会生活中的地位逐渐上升。同时，西方的民主、地方宪政思想和地方自治思想为维护地方权力和利益提供了坚实的理论根据。

民初，辛亥革命的成功和在全国影响的扩大，在很大程度上得力于晚清崛起的地方势力，所以要求维护地方利益和权力的呼声很高。同时，由于中国仍然面临深重的民族危机和外交承认问题，追求建立强有力的、有权威的中央政府、维护国家利益成为较普遍的社会心理。起初，主张分权的倾向更大些，但后来要求中央集权的声音压过了地方分权的声音。这与单一制和联邦制的争论是相伴相随的。

---

〔1〕 李国忠：《民国时期中央与地方的关系》，天津人民出版社2004年版，第20页。

〔2〕 李国忠：《民国时期中央与地方的关系》，天津人民出版社2004年版，第22页。

当时的中央集权论者把主张联邦制、省长民选、地方自治等意见的人都视为地方分权论者而大加攻击。他们认为主张地方分权者就是主张行省集权，就是都督专权；列强不承认中华民国，是由于中国全局不统一，而这又是因为各省各自为政的缘故；他们认为地方分权制不合于中国已往以统一为主的历史，等等。

主张地方分权的人则认为，中央集权是专制的代名词，民主国应以民权为重，欲发达民权，不可不行地方分权；实行地方分权，将使在上者不敢轻易复返专制，为共和多一层保障；实行中央集权，只能祸乱不已。

而更多的人则主张调和集权和分权。例如：孙中山提出有限的中央集权说、中央集权和地方分权兼采说；胡汉民提出中国正处于由内治未完全而期进于完全的过渡时期，最宜于采用有限制的集权说；梁启超强调宪法的三大精神之一，就是中央和地方调和。

而实践中，袁世凯、黎元洪、孙中山、黄兴协商订定的内政大纲中规定，军事、外交、财政、司法、交通皆取中央集权主义，其余斟酌各省情形，兼采地方分权主义。

2. 袁世凯复辟帝制时期地方分权呼声再起。面对袁氏复辟野心，人们认识到是中央集权酿成了其独裁专制，于是开始重新关注地方分权的作用和益处。

在反思中央集权的同时，人们或求助于省自治地位、省长民选，或诉诸联邦制，但在要求分权这一问题上是相同的。人们还就联邦分权和自治分权的益处进行了一些论述。这些内容在相关章节已经分别论述，此处不赘。

3. 联省自治运动时期地方分权思潮的高涨。在联省自治运动时期，中央集权与地方分权论的争论达到了高潮。在此期间，许多人认识到中央集权不适宜于中国，必造成独裁专制。在对中央集权彻底失望的情况下，人们诉诸地方分权以打破中央集权所造成的政治局面。当时人们所认同的地方分权的具体形式，从地方来讲，就是高度的省自治；就整个国家结构来讲，就是建立联邦制。

由于有地方实力派的支持和众多学者的宣扬，地方分权的论调可以说达到了中国历史上的高潮。在此形势之下，即使骨子里仍然主张武力统一的军阀，如吴佩孚、曹锟等人，也不再公然高喊中央集权，而主张给予地方自治。但伴随着联省自治运动的失败，地方分权论的浪潮也沉寂下去了。

国民党统治时期，在国民党政治话语霸权下，人们更多地使用地方自治、均权的概念，明确主张地方分权的主张几乎没有了。

（三）地方自治的发展与受挫

地方自治是西方社会文化和政治生活的重要组成部分，在西方社会有着悠久的历史。其起源于古罗马的城市自治。后经历中世纪、资产阶级革命，到民族国家的成立，地方自治并没有消失，其伴随着城市的发展而发展。20世纪以来，其在广大的基层单位，甚至在一些国家较高级的地方单位中也得到了采用。

地方自治本质上，就是某一区域的人民，依据共同意志，管理本区域内公共事务。[1]地方自治无论是作为一种理论思潮，还是作为一种地方政治制度或一种治理地方的方式，从其实质内容来看，都是要赋予地方政府以独特的存在方式和管理方式，而这必然要影响到中央政府对地方政府的管理以及双方的权限划分等许多问题，从而直接影响到中央与地方的关系。实际上，它构成了区别中央与地方关系类型的一种模式。[2]

地方自治思潮开始于戊戌变法时期，并在清政府筹备立宪过程中达到高潮。无论是资产阶级维新派、立宪派、革命派，还是清政府，都卷入了这一时代的思潮当中。由于清政府仅仅把地方自治作为国家行政机关兼地方自治的执行机关，且处于国家的严格控制之下，权力极为有限，对中央与地方关系整体格局的变化没有实质性影响。但它为解决中央与地方关系提供了新的解决思路和方法，并在民国社会产生了重大影响。在民国时期错综复杂的政治环境和政治斗争中，它屡屡被作为一面旗帜，成为地方势力与中央政权争权夺利的有力武器，同时，民间力量受地方自治思潮的激励，也往往利用地方自治起而维护地方的权益和民权，使地方自治问题更加纷繁复杂。

1. 民初地方自治的兴衰。辛亥革命推翻了君主专制统治，但清末开始的地方自治并没有停止，仍然在继续举办，各级自治会也相继成立。袁世凯取得政权后，为了维护、粉饰自己的统治，相继公布了《省议会议员选举法》、《施行细则》、《省议会暂行法》等法规，下令各省召集临时省议会，赋予了省一定的自治权。此后，各省省议会纷纷成立，作为地方利益的代表，在民初政治舞台上发挥着重大的作用。

但是，随着袁氏复辟进程的加快，地方自治的发展也就成为他对付的对象。其先以各种理由停办各级自治会，并下令解散各省省议会。而后为了掩饰其专制统治，又制定了《地方自治试行条例》，按此条例的规定，地方自治为一级制，即区自治。县及县以上又变为国家行政机关兼区自治执行机关。从法律上看，县以上政府仍然处于整个国家官僚体制之下，没有走出传统的中央与地方关系格局。就区自治来看，它不仅明显属于辅助官治的公共事业团体的性质，

---

〔1〕 蓝翔飞：《地方自治与政府》，五南图书出版公司1982年版，第4页。

〔2〕 李国忠：《民国时期中央与地方的关系》，天津人民出版社2004年版，第53页。

而且要受到国家官僚系统的严密控制。由此可以看出，其名为自治实则官治。

2. 北京政府时期地方自治的施行。袁氏死后，国会恢复。1916 年各省省议会恢复开会。这一时期的地方自治，从北京政府的措施来看，主要是县级以下自治。它先后在 1919 年、1921 年公布了《县自治法》、《市自治制》。

在县自治方面，规定县自治团体为法人，在法令范围内依法办理县自治事务。就市自治来看，规定市为法人，办理自治事务。分析两个法律文本的具体内容，可知给予地方自治的权力非常有限。即便如此，由于北京政府只是为了点缀门面，并无实行地方自治的诚意，加之其权威和财力有限，所以仍然是只见条文，不见实行。[1]

3. 联省自治运动时期地方自治的发展。伴随着北京政府的地方自治活动的进行，各省也纷纷另起炉灶，搞起了本省自治，形成了一股省自治的潮流。众所周知，联省自治包括两个方面的含义：一是容许各省自治，自己制定省宪，依照省宪自组省政府，统治本省；二是由各省选派代表，组织联省会议，制定联省宪法，完成国家统一。因此，省自治是联省自治必不可少的内容之一。

首倡联省自治的是湖南，随后迅速波及全国。在省自治的潮流中，湖南最先开始制宪，随后其他省份也相继起草了省宪草案，但都未取得任何实效。

从各省颁布的宪法来看，它们所包括的范围很广。主要涉及有总纲、省事权、人民的权利义务、省议会、省长及省政机构、立法、司法、审计院、财政、实业、教育、交通、省下级组织、省宪的修正和解释等。从这些宪法中我们可以看到各省对中央与地方关系在制度上的构想。

首先，各省宪法多规定了省的性质，将其确立为自治团体。这改变了以前省作为中央政府的行政区划、没有独立的人格的状况。省自治，省不受他方肆意侵犯权力之意，否定了“他治”的观点，同时确立了自己的自主地位。

其次，从各省宪的总纲和具体内容可以看到，在中央与地方的关系格局中，省并非处于依附的地位，并非只是国家的一个行政执行单位，相反，省是自主的。这是一个高度地方分权的中央与地方的关系格局。

最后，省宪中的一个突出特色是省事权的规定。湘宪、浙宪、粤宪中都有省之事权一章，对省的权限作了列举。如湖南省宪中规定了省有议决执行权的事项有 15 项之多。之所以采取了列举主义，有两点理由：一是在法理上，我国的省向无确定的事权，如果不在省宪中事先加以具体的列举，则省的地位仍不明了。将来制定国宪时，省政府无可对质以为抗拒。二是目前的自治运动，尤

---

[1] 李国忠：《民国时期中央与地方的关系》，天津人民出版社 2004 年版，第 61～62 页。

其是中央集权和地方分权之争，省在事权上如果没有明确的界域可守，不许侵犯，则省“自治”二字也必然会空无所着。

然而，由于军阀割据和军人专权，省自治仍无法实现。这一时期是对中央与地方关系的一个探索，体现了自治模式对中央与地方关系的影响，为后人关于中央与地方关系的正确处理提供了借鉴。

二、民国各时期宪法性文件对中央与地方关系的界定

在中华民国制宪史上，中央与地方关系一直是争论的焦点问题之一，综合来看，在国民党政府之前，主要问题集中在中央与省的关系问题上，多为关于省制问题的争论，如省制入宪、省的权限等；国民党政府建立后，既注重省，同时也重视县，对县自治和权限给予了一定的关注。从根本法来看，或者没有规定，或者简略，或者详细，但由于种种原因，宪法难于实施，它们也只能是一纸空文。

从各时期宪法性文件对中央与地方关系的规定中，我们就可以了解中央与地方关系是否在国家根本大法中得到了界定和保障以及界定和保障的程度如何，还可以了解到当时人们对中央与地方关系的相关认识。

（一）《临时约法》和《天坛宪草》制定时期

辛亥革命胜利后，建立了资产阶级民主共和国，并通过了宪法性质的《临时约法》。然而，从中华民国第一部宪法性文件开始，由于政治斗争的激烈、政权的频繁更迭，其就存在着严重的缺陷。

《临时约法》是一部具有比较完备形态的资产阶级临时宪法，在中国地方宪政史上具有重要意义。但从对中央与地方关系的规范来看，它存在严重的缺陷。它只规定了中央政权机构的组成和大概的职权，对于中华民国地方政权的组织原则和结构完全没有涉及，对于中央政权与地方政权的相互关系也没有任何规定。《临时约法》对中央与地方关系并未加以规定，使实际运行中的中央与地方关系缺乏规范，在客观上使双方的冲突和争夺加剧了。[1]

袁世凯当政后，国会于天坛制宪。在此次讨论立宪的过程中，中央与地方关系加入了讨论议题，但分歧较大，争论比较激烈。

最终通过的《天坛宪草》，同样没有对中央与地方的关系进行规定。原因如下：

首先，当时中央与地方关系是社会关注的焦点问题之一，极为复杂，既有宏观上的中央集权与地方分权的理论之争，又有省制存废、省制具体内容规定

---

〔1〕 李国忠：《民国时期中央与地方的关系》，天津人民出版社2004年版，第31页。

上的具体分歧，如关于省制，政府曾三次提案三次撤回，当时人们的评论喧腾于报刊。正因为此问题的复杂性、重大性不是短时间所能解决，故许多委员主张缓议。[1]

其次，是时局的影响。对于国会制宪，袁世凯极尽干涉之能事。在三读会时，解散国会的风声已传播开来，根本无暇讨论中央与地方关系这样繁杂的问题。委员们迫于形势，急于制定一部宪法，结果在1913年1月31日开三读会，一日就完成了三读通过程序。随后袁世凯宣布解散国会，国会制宪被迫终止。然而，与《临时约法》不同的是，关于中央与地方关系虽然在宪法草案中没有规定，但却经过了激烈、深入的讨论，为下一次入宪打下了良好的基础。

（二）国会第一次恢复与继续议宪时期

1916年6月，袁氏在众叛亲离中死去。国会恢复开会，继续制宪。

这一时期，有关中央与地方关系的论争主要集中在省制问题上。关于省制的争论又主要体现在省制是否入宪、省长是否民选两个问题上。最终，各政团经过协商议定了地方制度十六条。该地方制度案反映了各方的妥协和让步：首先，各方已同意把地方制度案作为一章定入宪法；其次，规定省长由大总统任命之；最后，规定了省议会于不抵触中央法令的范围内所应有的职权。它虽然没有明确划分中央与地方之间的权限，但也给省的权限一个粗略的法律界定。

综合观之，这一时期的争论集中在省制问题上，并曾就省制入宪达成一致。这是因为，省的地位日益巩固，省的势力日益发展，并在中国政治中发挥重要作用。袁世凯集权专制引起的负作用导致地方权力意识的加强，这种思潮也有较大的影响。另外，我们还可以看到民主共和、地方自治思想对省制入宪问题的深刻影响。当然，由于国会再次被解散，国会制宪中的论争又暂告一段落。

（三）国会第二次恢复与“贿选宪法”

1922年，直奉战争中，奉系败走关外，国会第二次恢复。由于中间发生了政变，曹锟贿选成功，此宪法又被称为贿选宪法。这次议宪的议题，经过讨论，决定以省之地位及权限、省与中央之关系、县制如何规定三项作为继续讨论的标准。在制宪过程中，因省宪问题发生了争议，引起严重政潮。

当时争论的问题为省是否有制宪权。省宪派认为，第一，宪法本身是组织大法，宪法非国家独占，省也有立宪权；第二，符合地方分权的潮流；第三，省宪自治可使人情风俗不同的地方自治团体自由发展。反省宪派则认为，第一，省宪不是出自民意，而出自军阀，破坏国家统一；第二，立法权、制宪权只有

---

〔1〕李国忠：《民国时期中央与地方的关系》，天津人民出版社2004年版，第35页。

国会拥有；第三，省有制宪权具有联邦制精神，违背临时约法规定的单一制精神；第四，省宪是集权于省，民众无法获得权利；第五，违背了大一统的中国国情。

最终通过的贿选宪法，在第五章中划分了中央和省的权限，并且双方的权限都采取列举主义。并明确规定，对明确规定属于国家的权限，省不可制定抵触之法。双方有争议的，由最高法院裁决。此外，国权章还规定了国家对省权的七大方面的各种限制。在第十二章中，根据各方协议，采用省县并重主义。它规定了省可以自己制定省自治法，但不得与本宪法及国家法律相抵触。它还就省县间、国家与省县间的关系作出了一些规定，给予省、县相当的自治权，但是违背国家法令时，国家有惩戒权。

从宪法的制定过程明显可以看出联省自治运动的影响。在联省自治运动中，许多省份都制定了省宪法，这些宪法最为突出的特点即为省事权的规定。在此思潮的强烈影响下，地方分权主义成为当时的潮流，致使国会中的两派都在一定程度上接受了地方分权主义，在最后通过的宪法中对中央与地方的权限进行了划分。

综观这一时期在国家根本法制定过程中中央与地方关系的演变，有以下几个特点：第一，地方地位的日益提升。在《临时约法》中，丝毫未提到地方的地位。在民初正式国会制宪时期，除国民党外，多为主张中央集权、国家主义论者，他们不仅反对地方制度入宪，而且多有主张废省论的。国会第一次恢复时期，主张地方制入宪者的势力有所增长，各政团并曾就地方制草案达成协议。到国会第二次恢复时期，地方分权已在一定程度上为人们所认同。第二，人们对中央与地方关系的焦点已有所认识。在正式国会前两次议宪过程中，尽管也有少数人注意到了中央与地方权限的划分问题，但人们更多关注的则是省制问题，即政府的组织机构设置问题，到了第三次议宪时，人们对中央与地方关系中的核心即双方的权力划分问题更加重视。人们还就中央与地方权限划分的原则或标准进行了一些探讨。在实践中，还把这一关键问题初次规定在中华民国宪法中。这体现了近代以来把中央与地方关系规范化、法制化的趋势和潮流，是国会制宪留下来的宝贵经验。第三，人们对具体如何处理中央与地方关系进行了一些初步的探讨。地方制度是否入宪问题，并探讨了双方的优劣；对涉及地方权限的一些问题，如省长是否民选、省是否有制宪权等问题进行了争论；在一些个案中对中央与地方的权限进行了具体的划分；等等。[1]

---

〔1〕 李国忠：《民国时期中央与地方的关系》，天津人民出版社2004年版，第47~48页。

（四）国民党政权时期中央与地方关系

1928 年，国民党政府当权时期开始。这一时期主要有三部宪法性文件。1931 年的《中华民国训政时期约法》、1936 年的《五五宪草》、1947 年的《中华民国宪法》。

纵观国民党政府根本法的制定过程，可以看到论争的问题并没有超过以前，主要集中在中央与地方权限是否规定于宪法、权限划分方式、具体权限划分等一系列问题上。但其中有关中央与地方关系的规定方面变化是比较大的。在《训政时期约法》中，规定较为笼统，虽然专设了中央与地方权限一章，但并未对双方的权限加以界定，难于对中央与地方关系的实际运转产生具体规范作用。《五五宪草》在开始起草时对双方的权限作了详细的规定，但到正式宪草颁布时，却删掉了这些规定，不仅如此，它对地方制度的规定也非常简单。由于其根本没有施行，也就谈不上对实际政治生活的影响。《中华民国宪法》对中央与地方权限作了较为详细的规定，对地方制度的规定也是这三部根本法中最详细的。但由于《动员戡乱时期临时条款》的公布，使宪法的施行打了大折扣。行宪后，国民党实际上仍实行着党治，严格控制着政府，因此，地方宪政只是虚有其表罢了。这也使宪法中有关中央与地方关系的规定失去了应有的价值。[1]

第二节　民国时期新疆与中央关系演变

自古新疆就和中原地区有着密切的经济、文化联系。西汉王朝时，开始对新疆实施有效的治理，新疆正式列入中国的版图，以后随着朝代的更迭和时代的变迁，新疆和中央的关系日益密切，逐渐加深，成为统一的多民族国家不可分割的一部分。而不论何时采取何种治理模式，对新疆的治理都采取了特殊、灵活的方式，与内地其他省份的治理相比总是具有其特殊性。综观历史，历代中央对新疆的治理经历了督统治理（西汉到隋）、羁縻治理（唐到明）、清朝的军府治理（清统一新疆至 1884 年）、清末的建省治理（1884 年以后）四个不同的发展阶段。[2] 到民国时期，新疆在行政建制等方面与内地又进一步统一。不论双方的关系如何变化，新疆作为中国不可分割的边疆之一，始终离不开中央的支持与增援，中央的任何变化影响着新疆的稳定与发展，双方始终互动影响。

---

〔1〕 李国忠：《民国时期中央与地方的关系》，天津人民出版社 2004 年版，第 169 页。

〔2〕 马人正等：《新疆史鉴》，新疆人民出版社 2006 年版，第 120 页。

民国时期，新疆作为中国一个省，与中央的关系既有其同一性又具有特殊性。同一性表现在，新疆与内地其他省份一样，是隶属于中央管辖的一个省，前述民国时期中央与地方的关系在新疆也有表现；特殊性表现在边疆性与多民族性对新疆与中央关系的影响又有不同于内地的特点。新疆地处西北边陲，与强国毗邻，多民族聚居，多宗教汇集，各民族文化差异较大，民族关系较为复杂。这种状况经常会与中央政府治理能力的强弱密切相关。当中央政府处于强势地位时，这种关系就较为密切，反之中央政府对其控制力就比较弱，导致政令难以贯彻。[1] 民国时期，沙俄、英等强国环伺，企图侵略，再加上当时所处的动荡时代以及中央的软弱无力，导致新疆与中央的关系一波三折，险象环生。这一时期，新疆与中央关系的演变可以分为两大部分：军阀割据对新疆与中央关系之影响（又包括杨增新、金树仁、盛世才三个时期）；外部势力干涉对新疆与中央关系之影响。

一、军阀割据对新疆与中央关系的影响

清末民初，中国正处于历史的剧烈动荡时期。自 1911 年民国建立一直到 1944 年盛世才离疆期间，历届中央政府对新疆的统治一直有名无实，从未做到真正的政令统一。造成这种局面的主要原因是这个时期中央政权衰微，地方割据势力兴起。在这种形势下，历届中央政府一再努力希望根据中央集权的原则，形成一个新的政治秩序，而地方势力却为了保护自己的利益，反对中央集权。这一中央与地方关系的演变同样在新疆发生，只不过新疆还有其特殊性。随着辛亥革命的爆发，内地处于动荡时期，新疆与中央的关系开始发生时代性变化。在镇压伊犁辛亥革命的过程中，杨增新夺取了新疆政权，开始构建自己的独立王国。与此同时，清政府在新疆的中央集权统治宣告结束，新疆从此进入军阀割据时期。导致新疆与中央关系由原来的中央集权转向地方半割据的主要原因有：其一，协饷断绝，被迫自立。民国时期新疆半割据局面的形成，并不仅仅是由地方军阀人为造成的，新疆在政治上对中央政府依存度下降的首因，是经济上被迫自立，中央与内地的援助减少乃至断绝。而这一情况的出现，是因为清代新疆财政不能自立，每年中央政府和内地各省向新疆调拨的专饷和协饷约 300 万两。但自义和团运动之后，内忧外患加剧，清王朝对地方政府的控制力下降，内地各省接济新疆的“协饷断绝”，“就是有少数款汇往新疆亦不足数”，新

---

〔1〕 袁玉红：“简析近代新疆地方与中央政府之关系（1912～1928）——以新疆‘七七’政变为中心”，中央民族大学 2009 年硕士学位论文。

疆财政捉襟见肘，入不敷出。[1]到民国时期各省协饷断绝，中央政府从1913年开始拨给新疆的每年60万元财政补助，也因内乱缘故数次中断。[2]民国初期历任新疆地方政府不得不想尽办法，开源节流，财政被迫自立。其二，中央政府实力衰微。如前所述，民国开始，历届中央政权衰微，很多时候政令不出都门。而地方势力逐渐壮大，特别是在“本省人治本省”的地方主义声浪中，地方军队首领相继演变为各省的统治者，中央政府的权威更趋式微。中央政府的实力下降，使得新疆游离于中央政权的控制之外。[3] 其三，偏隅一方，军队私人化。新疆地处塞外西陲，路途遥远，与内地交通不便，只要封锁住进出新疆的大门星星峡，便可做唯我独尊的塞上霸主。本已衰弱的中央政府鞭长莫及，无法有效控制、管理新疆地方政府，更增加了政令在新疆执行的难度。此外，趁清末镇压新疆伊犁辛亥革命之机，杨增新经新疆巡抚袁大化批准，招募了五营回队，但却将其变为私人武装，拥兵自重，不肯交出指挥权。至民国其担任新疆都督后，又扩充到马步102营，成为其割据一方的军事基础。其后继者金树仁、盛世才相继效仿，靠控制地方武装起家，成为塞上霸主。

（一）“认庙不认神”：杨增新时期新疆与中央之关系

杨增新（1860～1928年），字鼎臣，云南蒙自人，清光绪朝进士，先后在甘肃、新疆等地做官，1912～1928年执政新疆，历17年。杨增新是清朝旧官僚，民国时期首任新疆军政首脑。后衔称不断变更，有都督兼民政长、将军兼巡按使、督军兼省长、省主席兼边防督办等，但本质上都是个人独裁。杨增新执政后，面临着社会、政治、经济、军事、外交等多方面的严重危机，为了维护和巩固统治地位，采取了一系列政治措施。有些举措，如将伊犁、塔城、阿勒泰的行政管辖统一于新疆，整顿吏治，鼓励修渠垦荒，恢复和发展农业生产，裁减军队以及对外严防外敌入侵，妥善处理俄国入境难民和白俄败兵，严格限制泛伊斯主义和泛突厥主义在新疆的传播等，对维护新疆社会稳定、国家主权的统一起到一定积极作用。但面临严重的社会、政治、经济危机，杨增新采用愚民政策，独裁专政，滥发纸币等，最后导致了灭顶之灾，政权也随之覆灭。瑞典探险家斯文赫定曾评价：“他是代表中国旧社会、旧文化、旧道德、旧传统的

---

〔1〕 张大军：《新疆风暴七十年》（第1册），台北兰溪出版社1980年版，第9页。

〔2〕 陈延祺：“杨增新是如何缓解新疆财政危机的”，载《新疆社会科学》1989年第1期。

〔3〕 黄建华：《国民党政府的新疆政策研究》，民族出版社2003年版，第8页。

最后一个典型人物。”[1]

1. 新疆地方对中央的态度。国家统一是中国传统政治文化的核心之一。这一思想指导和影响着中国人的思想和行为。一个政治组织如果敢于违背这个全国一致赞同的信念，它就别想得到人民对其权威的承认。[2]如果有人敢于冒天下之大不韪，势必会遭到舆论的谴责和批评。杨增新主政新疆时，就面临同样的统治合法性问题。因此，其在新疆的基本原则就是既希望保持其政治独立性，又不使新疆完全脱离中央政府。杨增新清楚地认识到，自己的权力合法化的基础是支持一个统一的国民政府的组织形式，并宣布代表它执行权力。所以，杨增新在实行个人独裁的同时，始终承认中央政府，对中央政府奉行“认庙不认神”的态度，不管中央政府组织如何变更，当权者是谁，他都通电拥护。当时中央政府颁布了许多对新疆的法律法规，但都无法真正得到贯彻。对待这些法令法规，杨增新都要看是否合其口味，如果对他统治新疆有利他就执行，如果对他不利，他不是敷衍拖延，就是力陈利害，促使中央政府改变初衷。杨增新在向中央政府请示有关问题时，担心北京政府的处置会危害其统治，也往往先定处理办法再请中央核准。当杨增新估计他的重大决策无法被中央批准时，他甚至会在不通知中央的情况下自行其是。

杨增新主政新疆时，与中央的关系主要表现在两大方面：

（1）坚持“认庙不认神”[3]，立足新疆，维护国家统一。在杨增新的统治之下，新疆相对安宁。只要不干涉新疆政务，不管中央政府组织如何变更，不管谁组阁，他都拥护。之所以如此，一方面基于他个人的爱国思想和作为守旧的封建专制主义者的封建正统观念；另一方面则需要中央政府的承认，以标榜自己在新疆实行个人独裁的合法性，并依靠中央政府的支持来阻止国外侵略势力和其他军阀对新疆的觊觎。在他治新期间，中央政府虽然变动频繁，执政者相继为袁世凯、黎元洪、段琪瑞和曹锟等，他一律通电拥护，始终承认北京中央政府的管辖，将新疆置于五色国旗之下。1927 年北洋政府倒台，国民党南京政府统一全国，杨增新立即通电南京，表示服从，并换上青天白日旗。而他自己统治新疆的一套老办法则始终不变。他竭力防止中央政府插手新疆事务，北京政府下派人员包括来新办事或任职官员，除与他有关系或特殊情况者外，他

---

〔1〕 转引自张大军：《新疆风暴七十年》（第 5 册），台北兰溪出版社 1980 年版，第 2670 页。

〔2〕 ［美］齐锡生：《中国的军阀政治（1916～1928）》，杨云若、萧延中译，中国人民大学出版社 2010 年版，第 160 页。

〔3〕 张大军：《新疆风暴七十年》（第 5 册），台北兰溪出版社 1980 年版，第 2667 页。

一律拒绝。其又在星星峡设卡，任何人员不经杨的批准不得入卡。于是新疆与中原几乎完全隔绝。

在与中央政府的关系中，杨增新与袁世凯在政治上是互相理解和支持的，所以积极拥护响应中央的各种政策。他认为清王朝的灭亡是因为统治政策的失败而非封建制度的失败，共和制度并不适合中国。他支持袁世凯建立一个新的封建王朝，希望通过改良封建统治来继续维持一个新的封建制的“民乐国安”的局面。因此，其为袁复辟帝制摇旗呐喊。当袁复辟帝制失败及此后北洋政府治理下全国战乱不已，杨增新开始对中原的局势绝望，逐渐改变了对中央与新疆关系的根本态度。对袁以后的几位执政者和中原的其他军阀，杨多很蔑视。但他这时又无力改变中原局面，只好“纷争莫问中原事”，偏安一隅，按个人的理想和策略专注于建设自己的“新疆王国”，绝不让北京政府插手新疆事务。这时他表面上对中央政府仍表示拥护，但对其指令往往阳奉阴违。如果中央的指令有悖于他的原则时，他不是敷衍拖延就是力陈利害，促使中央政府改变初衷，有时干脆拒不执行，完全自行其是。例如，清朝在新疆所设各府、厅、县，虽按北京政府的规定一律改为县，但县署组织、县知事及职工薪俸等则全由杨规定，与内地各省不同。军队编制更是新旧并行，与内地迥异。[1]又如，1921年9月，新疆与苏俄签订《关于俄罗斯苏维埃联邦社会主义共和国红军开入中华民国国境以剿灭阿尔泰区白匪部队之协议》，杨增新始终未向中央政府透露半个字，这开了新疆地方政府擅自与外国订约的先例。[2] 1928年6月，北伐胜利，国民党上台执政。杨增新对这一新的局势非常惊慌，但他又不想自愿退出新疆的政治舞台，于是，他依然采取“认庙不认神”的老办法通电拥蒋，宣布新疆服从国民政府，奉行三民主义，并改组新疆省政府。但依然是“换汤不换药”，独裁如故。即嘉峪关外，唯我独尊。

杨增新执政期间，限制和阻止泛伊斯兰主义思潮在新疆的传播和蔓延，为新疆的稳定，国家的统一作出了一定的贡献。伊斯兰主义是19世纪中后期在伊斯兰国家兴起的一种政治思潮。这一思潮的根本宗旨，在于“振兴伊斯兰教”，以“建立世界穆斯林共同体”（即统一的伊斯兰教国家）。新疆民族分裂主义分子常常打出泛伊斯兰主义旗号，鼓吹新疆分裂。杨增新督新期间，将泛伊斯兰主义称为“大一回教主义”。在他看来，泛伊斯兰主义不但破坏国家统一，影响

---

〔1〕 白振声、［日］鲤渊信一主编：《新疆现代政治社会史略》，中国社会科学出版社1992年版，第112页。

〔2〕 黄建华：《国民党政府的新疆政策研究》，民族出版社2003年版，第9页。

新疆社会稳定，还会危及他在新疆的统治。为此杨增新采取了许多措施：一是禁止聘请土耳其等外国人到新疆充当教习和阿訇。明令不准“民间私聘外国人充当阿訇”，“不准土耳其人入境传播大一回教之事”。[1]二是限制新疆穆斯林到麦加朝觐。对于新疆教民到麦加朝觐，杨增新甚为戒备，一则担心新疆穆斯林到麦加朝觐时受泛伊斯兰主义的影响，二则担心新疆穆斯林“潜引土耳其东犯”，使“新疆处于危险之地”。[2]民国初年，泛伊斯兰主义思潮在新疆之所以没有得到广泛传播，与杨增新的各项“防范措施”有关。

总之，由于新疆地处边陲，杨增新名义上拥护中央政府，实际上对新疆实行的是个人专制的统治，不接受中央政府的指示与控制。但其在维护国家的统一、反对民族分裂问题上与中央是一致的，一旦发现传播泛伊斯兰主义而搞分裂的人，就不惜动用行政手段予以阻止。在杨增新执政新疆期间，民国政府对新疆的权力只是“一种象征意义的存在”[3]。

(2) 反对外部势力对新疆的干涉与侵略，维护祖国统一、领土完整。

统一新疆北部，维护国家领土完整。杨增新上任后通过各种努力，维护祖国领土完整，防止帝国主义对新疆的干涉和侵略。早在1912年沙俄侵入伊犁地区开始，新疆辛亥革命爆发后，杨增新借同伊犁革命党人谈判之机，使伊犁归于新疆统一管理，并报北京中央政府获得同意，防止了沙俄的染指。当时塔城地区也不属于新疆管辖，1916年11月19日，杨增新请求中央政府把塔城参赞大臣改为塔城道尹，归新疆管辖。1917年5月，获中央政府批准。阿尔泰是新疆北部的屏障，清朝时归属乌里雅苏台将军之下的科布多参赞大臣管辖。1913年，沙俄侵入阿尔泰地区。1919年3月7日，阿山（今阿尔泰）兵变，杨增新平息兵变，中央政府决定阿山归新疆管辖。杨增新通过以上措施，统一了新疆，稳定了统治。

坚持和平中立的对外政策。俄国十月革命胜利后，苏联政府宣布废除沙俄与中国签订的一切不平等条约。杨增新与苏联议定了《伊犁中俄通商条款》30条。伊犁、塔城相继设立了税关，新疆收回了丧失数十年的关税权，沙俄强夺的治外法权、领事裁判权、贸易圈等被取消。至于帝国主义对苏联新政权的干涉，杨增新采取中立主义，不卷入国外军事斗争，拒绝执行北京政府关于支持

〔1〕 杨增新：“呈明修改管理寺庙条例意见文”，载《补过斋文牍续编》（卷一）。

〔2〕 陈慧生、陈超：《民国新疆史》，新疆人民出版社2007年版，第96页。

〔3〕 袁玉红：“简析近代新疆地方与中央政府之关系（1912～1928）——以新疆‘七七政变’为中心”，中央民族大学2009年硕士学位论文。

俄国旧政权的指令。沙俄驻新疆领事和英、日使者千方百计拉拢他参加反苏阵营，均被坚决拒绝。同时，杨增新又采取措施，有效地阻止了喀什提督马福兴出兵俄国的企图。杨增新妥善地处理新疆与苏俄的关系，对维持新疆的和平安定起了重要作用。

妥善处理白俄败兵对新疆的侵扰。1920～1921 年，在苏联红军的打击下，白俄败兵三四万人大肆窜扰新疆，严重威胁新疆地区的安全。杨增新调集新疆一万军队，“沿边各卡，分别防范”，并临时征用蒙哈兵力，协助守边。首先令各卡严守和劝阻，不许俄国兵民越界窜入；如果劝阻不住，则依国际公法，先缴武器，后再入卡。然后择地安置，供给食粮，以和平可靠的办法，遣送他们回国；对于少数顽抗败兵，只好联合苏联红军，坚决予以消灭。通过这些措施，杨增新在危难之时以少胜多，以弱胜强，终于在 1921 年 10 月彻底平定了白俄败兵的窜扰，保全了国家主权的完整，使新疆人民避免了一场大灾难。

立足维护国家主权的外交政策。杨增新作为边疆大吏，在新疆孤立无援的困境中，没有同外国订立不平等条约，没有出卖国家主权和民族利益。杨增新保卫了国家领土主权的完整，粉碎了沙俄吞并新疆的阴谋，打退了外蒙古对新疆的侵犯。1914 年 6 月，杨增新通知俄国领事，废除中俄边境无税的规定，规定边境贸易必须照章纳税。1918 年 5 月，杨增新平定了英国支持下的库车买买铁力汗叛乱。1921 年 3 月 16 日，杨增新令喀什道尹，从 1921 年 4 月 1 日起，英国在新疆的商人应照俄商一律完纳进出口税。1913 年 6 月，外蒙古侵占阿尔泰，新蒙战争爆发。杨增新派军队打败了外蒙的侵略，维护了祖国领土的完整。

2. 中央政府对新疆的影响。民国时期，中央政权衰微，以军阀割据为代表的地方势力强大，中央与地方的关系始终是中央集权与地方分权、控制与反控制的斗争，新疆与中央的关系亦是如此表现。虽然杨增新在嘉峪关外唯我独尊，中原战乱不断，中央无暇也无力控制新疆，但历届中央政府还是希望通过各种方法加强对新疆的控制与管理。但北京政府的努力没有什么效果，多是名称和头衔的变换。

1912 年 5 月 18 日，中央正式任命杨增新为新疆都督，从此新疆进入杨增新统治时期。袁世凯为了加强中央集权，制定了废督裁军的计划，企图缩小行政区域，以便对地方军阀加强控制，同时，他在各省推行军民分治，以消减各省军阀的大权。但都不同程度地遭到地方军阀的反对，结果废督裁军的结果只是把“都督”改成了“将军”，把“都督府”改为“将军行署”而已。袁世凯垮台以后，段祺瑞掌握了北洋政府的实权。他加强中央集权的结果也只是先后把“将军行署”改为“督军公署”、“督军某省军务善后事宜公署”；把“将军”改为“督军”、“督办”。受全国军制变化的影响，1914 年，杨增新由都督改任将军；1916 年，由将军改任督军；1925 年，又由督军改任督办。这些名称的变化丝毫无损于杨增新的实权，而这些机构的本质也无多大变化。北洋政府垮台，国民党南京政府统一全国，杨增新立即表示拥护南京中央政府。杨增新虽然名义上归属南京政府辖控，但实际上他还是想继续维持他的独立王国。而此时的国民党处于执政党的地位，表面上已“统一”了全国，开始酝酿实际控制新疆的方案，不让杨增新再继续独裁下去。

早在 1912 年，中国国民党成立之初，新疆就有人倡议发展国民党，但被杨增新严令禁止。[1]鉴于新疆革命党人领导武装起义推翻清朝封建统治的教训，杨增新坚决反对在新疆建立任何政党组织。正因为杨增新的这种态度，国民党在新疆始终没有发展起来。1913 年，新疆选出的参议员和众议员中有的人虽然加入了国民党，但在杨增新的高压政策下，都是秘密加入的，不敢公开进行活动。只是到了 1925 年的春天，国民党才在新疆开始开展党务活动，沙吾提阿吉·尤素甫和定希程（回族）等人秘密潜回新疆，并以教育机关为活动中心开展党务工作，宣传三民主义。1926 年，中国国民党中央委员荣耀、白海峰、苏子善等人秘密抵达新疆，奉命筹组国民党省党部，令沙吾提阿吉·尤素甫负责具体党务工作。在杨增新主政期间，他们害怕杨给他们扣上“乱党”的帽子，不敢公开发展组织，其活动也极其秘密，以避免遭到杨增新的镇压与迫害。因此，新疆国民党党员对于杨增新的高压政策甚为不满，甚至在 1928 年还进行过倒杨活动。当国民党中央酝酿冯玉祥插手新疆并准备在新疆组建省党部之际，新疆发生了“七·七”政变[2]，杨增新政权覆灭。南京国民党中央鉴于这一形势的变化，重新考虑在新疆建立组织、开展党务工作的方案，准备在新疆扩展势力，寻找机会掌握新疆的政权。[3]

杨增新主政新疆 17 年，保持了新疆的稳定，维护了国家的统一，但与此同时，他又把新疆建成自己的封建王国，实行独裁统治、愚民政策，进而制约了新疆的发展。

（二）阳奉阴违：金树仁时期新疆与中央关系

金树仁（1879～1941 年），字德庵，甘肃河州（今临夏）永靖人。1914 年

---

〔1〕 杨增新：“咨呈新疆实难举办团练文”，载《补过斋文牍》（甲集上）。

〔2〕 1928 年 7 月 7 日，时任镇迪道尹兼军务厅长、外交署长的樊耀南策划了在新疆省立俄文专门学校毕业典礼上刺杀了新疆省主席兼总司令杨增新的事件，史称“七七”政变。

〔3〕 陈慧生、陈超：《民国新疆史》，新疆人民出版社 2007 年版，第 230～231 页。

4 月，应杨增新之召到新疆，历任阿克苏、疏附、迪化、库车知事。1921 年升任新疆政务厅长，是杨增新的亲信和得力助手。1928 年樊耀南发动“七・七政变”，结束了杨增新在新疆的统治，金树仁在“平乱有功”的旗号下，就任新疆省主席兼总司令，登台执政。金树仁统治新疆仅 5 年，是一个短命政权，基本上没有新的建树，所奉行的各项政策基本上是秉杨增新故辙，同时也进行了某种程度的改革和改良。在其统治期间，由于实行暴政，激化了本来就尖锐的社会矛盾，酿成了“哈密之变”，结果烽火四起，“一隅之变”波及全疆 40 余县。金树仁执政新疆的 5 年，基本上是战乱中的 5 年。

金树仁自己认为，北伐后中国真正开始走向统一，国民党政府权力扩大后对边疆大吏不会像北洋政府那样放任，因此他必须在仰承南京政府鼻息的同时，设法保持住控制新疆的力量。因此，金树仁表面上服从南京政府，竭尽所能取得南京政府对他的任命；而实际上则千方百计阻止国民党势力进入新疆，以保住自己的塞上霸主地位。因此，金树仁执政的基点全部放在如何维护自己的统治上。[1]其与中央的关系表现在三个方面：

1. 为主新获合法地位，与中央多次博弈。金树仁虽“平乱有功”，但在新疆登台执政并不是一帆风顺。因其资历浅，威望不高，才干又远不及杨增新，仅擅长于公文书牍，统治经验不如其他厅道官吏。但其获在新疆有很大势力的陕甘官僚集团的支持，其同乡官僚通过鼓吹、秘密串联，得到了军界的支持和拥护，最后各厅道不得不同意拥金继杨。随后金树仁就任新疆省主席兼总司令，并电请南京政府批准任命。

而南京政府想乘此良机直接派员控制新疆局势，接到金树仁的新疆事变报告后，一面致电金树仁暂时代理省主席，妥为维持地方治安；一面致电甘肃省主席刘郁芬查明新疆事变真相，并要刘派妥员前往调查军队情形和政治状况，为南京政府控制新疆局势做准备。后收到刘回电称，金系一文吏，才力远逊于杨增新，而新疆局势复杂，建议派声威素著或老成积练、负有清望之人才可治理。由此南京政府正式委任金氏省主席之事被暂时搁置。随后，金树仁使尽各种手段，以求得中央政府的正式任命。其授意新疆省参议员联名上书南京政府，用他自行成立的新疆省党部名义，致电国民党中央有关部门和军政要员，要求正式任命金树仁为新疆省主席兼总司令。南京政府仍无动于衷。金树仁不得一次又一次致电中央，竭力强调新疆情形特殊，险象环生，不速给他正名，新疆恐生变故，敦促南京政府早日正式任命。经过金树仁频繁的活动和上下打点，

---

〔1〕 黄建华：《国民党政府的新疆政策研究》，民族出版社 2003 年版，第 29 页。

再加上找不到适当的人选，南京政府一时没有控制新疆局势的良策，长期空悬省主席一职也不是办法，终于获得蒋介石等南京部分军政要人的支持，于政变平息四个月后正式任命金树仁为新疆省政府主席，并授权其根据省政府组织法组织省政府。

中央政府任命金树仁为新疆省主席后，一直虚悬新疆军职，不肯委任于金。虚悬的目的有二：一是担心金树仁借中央委任身份强化他的实力派地位，二是为中央政府留下派军事人员经略新疆军队的借口。[1]金树仁组成了省政府，但尚未得到军职，于是又故伎重演，多方活动以争取国民政府军事委员会授予他新疆边防总司令职务。他先后以新疆省党部、各民族联合会、新疆驻南京办事处等名义，强调新疆内外情形复杂，军事长官非名位尊崇不足以树声威，要求任命他为新疆边防督办。试图恢复新疆边防督办名义，再谋总司令之职，但同样没结果。而此时，内地发生了蒋桂、蒋冯、蒋唐等新军阀战争，南京政府试图派军事人员和军队的打算都无法实现了。最终，为维持新疆现状起见，才不得不于1931年6月6日宣布，委任金树仁为新疆边防督办，主持新疆军务。至此，金树仁不遗余力地整整活动了两年，终于获得了军职。

2. 南京国民党中央与金树仁争夺新疆省党部领导权。金树仁执政后，国民党员在新疆的活动合法化。之所以如此，一是他需要利用此招牌，控制国民党在新疆的活动，为他的统治服务；二是迫于国民党的实力和压力，借这张牌协调和中央政府的关系。因此当国民党中央决定派人往新疆设立省党部指导委员会，金氏借口委员要地方化，抵制内地人来新疆工作，自行设立国民党新疆省党部。为此，金除了吸收厅道科长以上官吏为国民党党员以外，还在哈密、古城子、伊犁、乌苏、塔城等地分别建立了党务指导委员会，目的是靠国民党组织控制各级地方政权。从此开始，南京国民党中央和金树仁展开了争夺新疆省部组建权的斗争。

对于金树仁自行建立的新疆省党部，国民党中央不予承认，企图在组建新疆省党部的过程中安排南京的人当委员，藉以用渗透的方式进入政权组织；金树仁为保持他在新疆的统治地位，借口委员地方化，拒绝南京派遣委员到新疆，即便南京派了委员，也被金树仁制造事端，借故轰出新疆。如，1929年国民党中央宣布7名党务指导委员派往新疆，但金再次以内地人不熟边情为借口拒绝接纳。国民党中央见与金树仁协商不成，1930年派魏允中赴新疆主持党务，不久被金树仁借故驱逐出疆。同年10月，再派方棣棠等特派员组建新疆省党部，

---

〔1〕 黄建华：《国民党政府的新疆政策研究》，民族出版社2003年版，第24页。

并任命金树仁、王增善为党务特派员，亦被金树仁拒绝。国民党提出另派人选，仍遭拒绝。

经过几次较量，双方一再磋商，在相互妥协的基础上，提出了一个折衷方案。即南京和新疆各自推举四五人组成省党部，由国民党中央任命。1931 年 7 月，国民党委派金树仁（省主席）、鲁效祖（省府秘书长）、朱瑞墀（财政厅长）以及在内地的新疆青年宫碧澄、白毓秀和中央政治学校学生甘肃人李治、曹启文为新疆省党务特派员，组建省党部。由于金树仁对宫碧澄、白毓秀等人的到来不采取欢迎的态度，使二人很难开展工作，除了搞点"慈善"事业外，别无其他作为；至于新疆存在的各种矛盾，他们一个也解决不了。双方的矛盾日益激化，斗争日益激烈，宫碧澄、白毓秀等人后来参与了策划推翻金树仁的"四·一二"政变。

金树仁和国民党中央在组建新疆省党部的问题上所以僵持不下，根本症结在于各自都想组织自己的班底。南京企图以新疆国民党省党部为跳板，直接掌握新疆政权；金树仁则把国民党省党部作为御用工具，保住他在新疆的统治地位。因此，双方争夺组建新疆省党部的问题，实质上是在争夺新疆的统治权。[1] 但金树仁统治时期，新疆省党部的建立，标志着国民党势力第一次公开进入新疆，虽然是名义上的，但改变了杨增新时期的与内地完全隔绝、没有中央势力的状态。

3. 对苏关系中，与中央争夺外交控制权。由于新疆的特殊地域性，杨增新时期就开始与苏联建立了一定程度的相互交往关系，金树仁政权进一步积极发展与苏联的关系。在处理与苏联的外交关系上，金树仁名义上服从南京政府，实际上则自行其是。双方在争夺外交权方面进行了激烈的斗争。

1928 年，南京国民政府外交部决定将杨增新时设立的 5 个领事馆改由中央政府管辖，经费由中央负责，并建议调整领事馆设置地点。金树仁致电南京政府，以新疆情形特殊，领事馆应仍归新疆管辖，领事由新疆举荐，外交部加以任命。南京政府坚持 5 个领事馆归外交部管辖，领事人选则可由金树仁保荐。但其结果南京政府对这 5 个领事馆的管辖仅是名义上的，事实上它们仍由新疆地方政府控制。甚至在 1929 年中东铁路事件发生后，中苏关系紧张，南京外交部电令召五领事馆领事回国。苏联作出保证，且表示希望保留苏联与新疆间互设领事，金树仁令 5 个领事馆从缓下旗回新，与南京政府多次协商，终于得到允准，不撤回领事，暂维持现状。这使得新疆地方在中苏绝交情况下，仍保持

---

〔1〕 陈慧生、陈超：《民国新疆史》，新疆人民出版社 2007 年版，第 232 页。

与苏联的外交关系。此后，新疆与苏联的关系反而有所发展。

在商业贸易方面，金树仁上台时，正是与苏联“无约通商最盛之时”。金树仁于1931年10月1日，又以换文方式擅自与苏联政府签订《新苏临时通商协定》。该协定主要内容为：新苏间开放依尔克斯（或土尔库特）、霍尔果斯、巴克图和吉木乃口岸；新疆希望苏联准许新疆商民不必经特别手续，有权将各种土货运往苏联销售给苏联国营商务机关；新疆准许苏商在喀什、伊犁、塔城、阿山、迪化地区自由贸易，并允许上述地区内的苏商代表前往莎车、吐鲁番、焉耆、和阗、阿克苏与商民或商号订立契约；新疆希望苏联供应各种机器，为新疆建设提供技师及培养专门人才等。并议定四个附件作为该协定的补充，这些附件为《新苏临时通商协定》的执行提供了一定的保证。此协定是在新疆内乱发生、金树仁有求于苏联军火的情况下与苏联签订的，其条文虽然考虑到了中方的税权等权力，但许多条文明显对苏联有利，是不平等的。

由于此协定是秘密签订的，所以他在签约前，没有呈送中央政府核准，签约后也没有呈报中央政府备案。金树仁下台回内地后，还因此项“外患罪嫌疑”而身陷囹圄。[1]

（三）政治变色龙：盛世才时期新疆与中央关系

由于金树仁的残暴腐败统治，特别是反动的民族政策，使得社会矛盾和民族矛盾剧烈激化，酿成了“哈密之变”，随后马仲英率军入疆，南疆变乱，全疆动荡。在此背景下，统治集团内部矛盾加剧，1933年4月12日，新疆首府迪化爆发了旨在推翻金树仁政权的政变，在此事件中，为平息南疆战乱握有重兵的盛世才倒戈，推翻了金树仁的统治，新疆历史进入了盛氏主新时期。

盛世才（1897~1970年），字晋庸，辽宁省开源县盛家屯人。1917年东渡日本留学，1919年回国参加了“五四”爱国运动。后来弃文从武，考入云南讲武堂韶关军校。1923年被保送去日本陆军大学学军事，回国后在国民革命军总司令部任上校参谋兼中央军校教官，后在国民党参谋总部任科长。1930年应聘来疆，任新疆军官学校的战术总教官。1931年马仲英入疆争夺政权，盛世才被任命为上校参谋长，第二年被任命为东路剿匪总指挥。1933年“四·一二”政变后，盛世才被选为临时督办，掌握了新疆的军权。盛世才上台之初，新疆处于割据混战状态。马仲英占据东疆，马世民（马仲英部将）、铁木尔、伊敏、萨比提大毛拉占据南疆，张培元割据伊犁，马仲英部将马赫英占据阿山，马仲英部将马全禄包围迪化，国民党派人进入新疆，也准备夺取新疆统治权。因此，

---

〔1〕 参见黄建华：“金树仁案探析”，载《喀什师范学院学报》1994年第4期。

盛世才的处境十分困难。盛氏先在政治上利用权力消灭了迪化城中的异己；后在军事上依靠苏军支援，击败了政敌马仲英、张培元等，逐渐建立起比较稳固的独裁统治。

盛氏主新时期，与中央的关系表现为：

1. 与国民党南京政府激烈争夺对新疆的控制权。推翻金树仁的统治后，盛世才与国民党为了争夺新疆的控制权，开始了激烈的斗争。政变之初，为了获得南京政府的认可，刘文龙[1]、盛世才时常与宫碧澄交际往返，刘文龙还特别聘请宫为省府高等顾问。宫碧澄利用这一机会，正式搬出省党部的牌子发动组织群众，招收训练一批青年骨干，把他们派往各县替换金树仁委任的党务指导员。以省党部名义出面组织群众，以党务人员身份参与新疆省临时政府。在起草新政府纲领时，加入国民党党纲的内容，以省党部名义举办庆祝新政府成立的游行大会。这些活动扩大了国民党在新疆的影响。此时在新疆的国民党党员已经发展到868人。就在国民党势力生根新疆之际，盛世才为了与国民政府分庭抗礼，走上亲苏道路，取消新疆党部，驱逐国民党在新疆的人员。国民党以向新疆渗透力量方式逐步控制新疆的计划彻底失败。[2]

为了早日获得中央的正式任命，盛世才除了和国民党新疆省部成员搞好关系外，还和刘文龙联名致电国民党中央党部政治委员会、国民政府军事委员会，声称新政府保障新疆永远为中国领土，要密切新政府与南京政府之间的关系，新政府的政治路线全部建立在中央政府的政治路线上。临时政府还颁布了十大政治纲领，内容主要有实行各民族政治、经济、文化平等，人民有集会、结社、出版、言论自由，发展新疆经济等，还特别强调外交归中央、实行党化教育、财政与中央统一等条文。盛氏利用十大纲领，宣传和平安定局势，以赢得各族人民的支持，同时拉拢各方人物，盗用民意，对南京政府施加压力，以求早日得到法定承认。

南京政府方面收到新疆政变消息后，采取观望态度，对于新疆发来的各种电报和报告一直不置可否，对于新任人选迟迟不表态。之所以如此，一方面认为新疆的人事变动再次给南京国民党政府控制新疆提供了绝好的机会；另一方面则担心盛世才拥兵割据，对其不放心，想另觅合适人选，力图直接控制新疆。

---

〔1〕刘文龙（1870～1950年），号铭三，湖南岳阳人。清宣统年间入疆，在塔城参赞大臣汪步端手下任职。1917年任新疆省教育厅长。1933年新疆“四·一二”政变后，任新疆省政府临时主席。刘在盛世才的淫威下，形同傀儡。1933年11月被盛世才关进监狱，1944年11月吴忠信主新时获释。1950年6月，任乌鲁木齐市人民代表会议代表，同年病故。

〔2〕黄建华：《国民党政府的新疆政策研究》，民族出版社2003年版，第29页。

这就需要一段时间的慎重考虑和精心安排。南京政府开始策划控制新疆的计划。

首先，国民政府决定派大员入新宣慰及调查政变真相。国民政府吸取了上次的教训，借调查为名，派人员入疆，为直接控制新疆做准备。随后拟定了以参谋次长黄慕松为首，包括党务、民政、军事、教育、宗教、交通运输等方面的人员共计 98 人的庞大宣慰团。[1] 黄的多数随行人员也明白，此去新疆是由黄取代盛的地位，他们也捞取一官半职而成为新贵。[2]

其次，国民政府发电安抚刘、盛等人，让新疆方面维持秩序，静候中央办理。同时，暗中与马仲英、张培元取得默契，马、张二人对于黄慕松代中央来新亦暗中表示拥护。黄慕松宣慰使团的抵新实际上是国民党南京政府和以盛世才为首的地方势力争夺新疆统治权斗争的白热化。

黄慕松刚到新疆，就以中央大员身份发号施令，召见有关人士报告新疆情况，派员赴南北疆进行宣慰。当时新疆民众疲于战事，渴望和平。黄以中央大员莅新，倡导和平，颇孚众望，很得人心。很快拉拢了一批各族各界代表，如客居新疆的东北军将领、哈密王白锡尔、哈密农民起义军首领和加尼亚孜。此外，新疆部分军政官员也为黄慕松拉拢利用。临时主席刘文龙、督办行营参谋长陈中、省府秘书长陶明樾、航空队长李笑天等人或对盛氏独断专行不满，或因是政变功臣却未安排满意职位，成为黄慕松的智囊。最令盛世才不能容忍的是，黄慕松一到新疆就要削弱他的军权，提出改督办制为军事委员会制。黄的主张一开始被盛世才婉言拒绝，但他干脆背着盛世才，拟将张培元、马仲英和加尼牙孜等人委任为军事委员，以盛为委员长，企图架空盛世才。南京政府要利用这三个实力人物牵制盛世才，以求新疆军事局面的平衡。

盛世才深知黄一切举措目的在于控制新疆政权。1934 年 6 月 26 日，他以迅雷不及掩耳之势发动政变，将陈中、陶明樾、李笑天冠以图谋推翻现政权罪名就地枪决，并软禁黄慕松，借此警告南京政府和亲南京政府的地方势力。此事件亦被称为“二次政变”。黄慕松为了保命，6 月 28 日致电中央，拟请中央立即颁发对盛世才和刘文龙的任命。蒋介石、汪精卫对新疆局势无可奈何，电令黄慕松回京复命，并于 1934 年 8 月 1 日，正式任命盛氏才、刘文龙、张培元等。至此，南京政府借黄慕松宣慰名义控制新疆局势的计划宣告破灭。

---

〔1〕 中国第二历史档案馆藏行政院档案，转引自蔡锦松：《盛世才在新疆》，河南人民出版社 1998 年版，第 94 页。

〔2〕 部殿丞述，徐存甫记：《我随黄慕松宣慰新疆的经过纪实》（未刊稿），中国人民政治协商会议全国委员会文史资料研委员会存稿编号 65 -976，转引自黄建华：《国民党政府的新疆政策研究》，民族出版社 2003 年版，第 42 页。

南京政府第一次控制新疆局势计划失败后，并不甘心，因此又企图实施三足鼎立的牵制策略实现对新疆的控制。盛世才虽得到了中央的正式任命，但是新疆却并未完全在他的掌控之下，张培元以伊犁屯垦使兼第八师师长的身份雄踞盛世才之西，马仲英实际控制的东疆地区割据于盛世才之东，盛世才在张、马的东西夹击中不能有所作为；同时张、马又有盛世才的牵制，亦不敢轻易脱离南京政府为他们设置的运行轨道。因此，南京政府随后又派出外交部长罗文干视察新疆。罗文干入新，名为调停盛世才、马仲英、张培元之间的矛盾，实则使他们相互牵制，保持平衡。罗文干到新后，开始撮合盛、马之间的关系。但盛、马二人各怀鬼胎，都无诚意，撮合以失败而告终。盛氏借此向马仲英寻衅，以打破南京政府在新疆所搞的平衡牵制策略。罗文干无奈之下，又赶赴伊犁，试图撮合张培元、马仲英联手倒盛。但张培元表示让盛世才任边防督办。随后，盛、马两军战火再起。这样，代表南京入新进行调停和搞牵制平衡的罗文干的计划又宣告失败。

2. 盛世才与南京政府决裂，走上亲苏道路。南京国民政府两次控制新疆的计划都以失败而告终，意味着南京政府与盛世才政府的进一步疏远和隔阂的加深。盛世才也放弃了初期仰服南京中央扶持承认的念头。但是盛世才的处境很困难，军事上的连连失败导致省府处于张、马的包围之中。他把目光投向毗邻新疆的强大的苏联。

早在“四·一二”政变后不久，他就宴请苏联驻迪化总领事孜拉肯等人，表白他早已信仰了社会主义，并表示愿在金树仁政府同苏联签订的《新苏贸易协定》基础上，进一步发展彼此间的友好关系。而斯大林出于苏联国家安全考虑，决定援助盛世才以在新扶持一个亲苏政权，好将新疆纳入其势力范围。但苏联当时并不是要夺取新疆这块土地，“它绝对维护包括新疆在内的中国所有领土的独立、完整与主权”[1]。苏联于1933年12月和1934年1月两次出兵打败张培元部和马仲英部，为盛世才清除了通向新疆独裁之路的政敌。盛世才平息新疆动乱后，宣布省军改名为反帝军，摒弃了原国民党军的番号，同时成立新疆民众反帝联合会，这些变化都意味着盛氏政权完全投向苏联怀抱而与国民党中央决裂。1938年初，苏联应盛世才要求，派红八团进驻哈密，目的是防止国民党势力借口西北开发，建立抗日后方基地渗透新疆。但盛却继续宣称新疆是

---

〔1〕［苏］马克斯·贝洛夫（Max Beloff）：《苏联的外交政策（1929～1941）》（*The Foreign Policy of Soviet Russion 1929～1941*），剑桥大学出版社1947年版，第1卷，第163～164页。转引自黄建华：《国民党政府的新疆政策研究》，民族出版社2003年版，第67页。

中华民国一个边疆省，而不敢宣布独立，因为一个政治组织如果敢于违背全国一致赞同的祖国统一观念，它就别想得到人民对其权威的承认。[1]

为了巩固和维持其政权，盛世才不仅在军事上依靠苏联，而且更需要得到苏联人力和物质等方面的援助。其邀请大批苏方人员入新，援助新疆恢复和发展经济。苏联向新疆地方政府派遣了政治、财政顾问和技术专家及工作人员多达300余人，同时把一批在苏联的中国籍联共党员先后派往新疆工作。盛氏聘用这些专家、顾问及各类技术人员，帮助新疆制定计划和实施管理并取得了一定的成绩。聘请苏联军事顾问和教官，对新疆军队进行军事教育和训练。开办各种军事干部训练班和各军事学校，训练计划由苏联教官制定，课程由苏联教官讲授，军队训练采用苏式。同时，还先后向苏联贷款发展生产、修筑公路、发电、建设工厂等。1935年，借款500万金卢布，1937年又借款250万金卢布。盛世才的亲苏联外交政策举措得到了苏联的多方援助，从而达到了巩固政权的目的。

（四）全面回归：国民党收服盛世才时期新疆与地方的关系

尽管受到一连串的挫败，国民党也从未放弃图新的计划，而是在做着控制新疆的各项准备工作：①密切关注新疆动向。蒙藏委员会在肃州设立天山组，全面收集有关新疆政治、经济、军事、外交方面的情报，举凡新疆日报的政治倾向、盛世才的著述等均在收集之列。另外，蒋介石令设立专职人员办理新疆事务，并指示有关部门加强对边疆少数民族情况的研究。②为经营新疆准备干部。国民党政府收容反共的新疆少数民族逃亡人士，如尧乐博斯、麦斯武德、穆罕默德·伊敏、艾沙等人，作为将来经营新疆的干部储备；另外在蒙藏政治训练班增设回文班，训练边事干部，为日后渗入新疆作准备。③准备控制新疆前沿基地，为日后军事力量入新做准备。内地通往新疆的交通要道——河西走廊，为马步芳兄弟占据。党政府要想控制新疆，必先设法控制河西走廊。1941年秋，蒋介石派蒙藏委员会委员长吴忠信以西北党政考察团团长身份，去甘、宁、青省考察党政，实际是设法谋取河西走廊的地盘。吴忠信劝马步芳退出河西走廊交还中央，这样既可以取得蒋介石的信任，又可巩固其在西北的地位。马从其计，让出河西走廊。蒋介石的嫡系部队胡宗南部开入河西，驻扎酒泉，以李铁军为河西警备司令，控制了出兵新疆的战略要地。

苏德战争爆发后，盛世才无法预测战争何时结束，即使苏联获胜，恐不能

---

〔1〕［美］齐锡生：《中国的军阀政治（1916～1928）》，杨云若、萧延中译，中国人民大学出版社2010版，第160页。

像过去那样大力援助新疆。离开苏联外力支持，盛世才无力与蒋介石对抗，于是便急调船头投靠国民党。国民党抓住这个机会，积极和盛世才秘密接触。1941 年5 月，盛世才五弟盛世骥飞重庆面谒蒋介石，表示真心输诚。7 月，朱绍良代表国民党政府应邀去迪化与盛世才面商投蒋事宜，后公布盛为第八战区副司令长官。盛接受了蒋的军事建制，但在政治上蒋对新疆仍不能插手，为了进一步取信于盛，1942 年 8 月底，由吴忠信、朱绍良陪同宋美龄代表蒋介石去新完成劝盛世才反苏反共亲蒋的秘密谈判。并表示“坚决信任盛氏，将来新疆各项工作需要中央协助与否，全由盛氏决定”[1]。盛亦表示“矢志拥护中央，尽忠党国，绝对服从领袖”。此后，盛世才由“红”变白的变色龙表演便完全公开化了。[2]

由于盛氏彻底执行反苏反共的策略，过去来新的联共党员、中共党员，或被驱逐出新、或被关押、或被杀害，因此制造了很多冤案。而国民党方面抓紧部署，直接控制新疆。自蒋盛密谋以后，蒋从军事、党务、政治、经济、外交各方面全面进入新疆。在军事方面，李铁军从河西原驻酒泉警备司令改任十九集团军总司令进驻哈密，并将预备第七师开入迪化老满城，成为后来盛世才想反水而不敢动武的一支制约力量。至此，国民党军队完成了对新疆南北疆各战略要地的控制。在外交方面，1942 年 9 月 8 日，国民党中央政府正式在新疆设立外交特派员公署，主持新疆一切外交事务，从此，国民党收回在新疆的外交权。1943 年春，美英两国先后在迪化设立领事馆，从此可看出，当时国民党在新疆着重依靠美英势力对抗苏联在新的优势。[3]

在党务方面，1943 年 1 月 16 日，国民党新疆省党部正式重建。1 月 22 日，国民党在新疆军队中成立了特别党部。3 月设立新疆省监察区监察使署。4 月，国民党在迪化成立了中央训练团新疆分团。而此前，国民党中央先后抽调新疆一批官员到重庆中训团受训，以培养新疆高级军政干部。

新疆省党部成立后，国民党和新疆的关系日益密切，大批国民党军政要员陆续进入新疆。为了能够顺利地全面控制新疆，避免与苏联发生矛盾，国民党政府与苏联谈判，彻底解决新疆问题。后盛世才按照蒋介石电令，于 1943 年 2 月要求苏联撤回驻哈密的红八团，拆除飞机修配厂、独山子炼油厂，撤回在阿

---

〔1〕吴忠信：《主新日记》，1945 年 10 月 20 日。

〔2〕白振声、［日］鲤渊信一主编：《新疆现代政治社会史略》，中国社会科学出版社 1992 年版，第 298 页。

〔3〕白振声、［日］鲤渊信一主编：《新疆现代政治社会史略》，中国社会科学出版社 1992 年版，第 299 页。

山和和田地区工作的苏联地质考察团。苏联势力退出新疆是出于无奈，不过苏联撤退并不意味着放弃新疆这块势力范围，而是在酝酿以新的方式控制新疆。

国民党各方势力陆续进入新疆，直接威胁到盛世才的专制统治，过去他可以事事独断专行，现在党政军几方面有国民党的势力在制约他。特别是由于1943年6月阿山爆发了哈萨克族乌斯满部反抗盛统治的事件，国民党军队源源开入新疆，到1944年春，他们已分别驻扎在哈密、镇西、奇台、迪化一线以及阿山区诸战略要地，这就自然引起盛世才的恐慌。于是，盛世才又窥伺机会，企图再施变色龙的故伎。

1944年8月11日，盛世才以开会名义，大肆逮捕在新疆的国民党人员，为首的是新疆省党部书记长黄如今、省建设厅长林继庸以及省党部委员等人，加上在此前后逮捕的一些高校师生和民族上层人士，总数达数百人。该案被称作"黄林案"。盛世才给他们罗织的罪名是：黄如今、林继庸等人均系混入国民党内的共产党员，他们与苏联驻迪化总领事馆总领事达成协议，以国民党在新工作人员为骨干，策动新疆其他各界人士，准备一举推翻盛世才政权。其目的是通过第三次大清洗以实际行动表现出断绝同国民党关系的决心，挽回和改善同苏联的关系，进一步通过苏联缓和三区革命的压力和依靠苏联对抗国民党势力。因此，盛派亲信与苏联驻迪化领事馆联络，请求苏联出兵解决中央军，以阿山金矿、独山子石油以及45万只羊作为酬劳品。[1]苏联以不便干涉中国内政为由，拒绝盛的要求。盛原想以武力抗争，但察觉国民党军已做好准备，对迪化已形成大包围的形势，且有飞机若干升火待发于酒泉，以防盛之反复。盛世才见大势已去，无力抗命，乃于8月9日向蒋介石提出辞职。9月11日，盛世才由迪化东飞重庆任农林部长。至此，从1912年杨增新上台开始半割据32年之久的新疆，终于结束了它的分治状态，纳入重庆国民政府的直接统治之下。

二、外部势力干涉对新疆与中央关系的影响

新疆地处我国西北边陲，与内地相隔甚远，交通梗阻，处于较闭塞的状态。新疆又是多民族聚居，多宗教汇集，各民族文化差异较大，民族关系较为复杂，与多国相邻，其中不乏强国。加之资源丰富，使得列强垂涎，不断插手新疆事务。正是由于新疆所处的地域特征及特殊的地缘政治环境，使得新疆与中央的关系更容易受外国势力的干涉而产生重大影响。其中对新疆影响最大的是俄苏，其次是英国。在整个民国时期，两国从未停止过对新疆的干涉和侵略，并且伺机在新疆寻找代理人，以实现吞并新疆的野心。

---

〔1〕 张大军：《新疆风暴七十年》（第10册），台北兰溪出版社1980年版，第5960页。

（一）俄苏的干涉与侵略对新疆与中央关系的影响

如前所述，沙俄与新疆毗邻，早在清末就通过一系列的不平等条约，在新疆取得了各种特权。以此为基础，不断干涉中国内政，侵犯中国主权。同时沙俄通过发展所谓的“侨民”，煽动和唆使这些人进行各种挑衅活动，为其武装侵略制造借口。如发生在 1912 年 5 月的策勒村人民的抗俄爱国斗争。又如伊犁革命爆发后，沙俄借口保护领事馆、商侨民为借口，派遣 200 名哥萨克骑兵侵入宁远城，派步骑兵共 4000 余人驻扎于伊犁郊外，以备随时大举入侵，又派遣 750 多名哥萨克骑兵侵入喀什。1913 年，沙俄在未得允许情况下，非法于阿勒泰偷设领事馆，划定贸易圈。为进一步达到吞并的目的，在唆使并协助外蒙占据科布多后，又公开出面指挥外蒙古傀儡军队进犯阿勒泰，于 1913 年 6 月 17 日挑起了科阿战争等等。

纵观俄苏的干涉、侵略事件，对新疆与中央的关系产生重大影响的有：

1. 科阿战争对新疆与中央关系的影响。伊犁辛亥革命爆发后，沙俄认为有机可乘，策动外蒙占据科布多，随后又指挥外蒙傀儡军大举侵犯阿勒泰地区，一手挑起了科阿战争。在沙俄策划外蒙古侵占科布多时，杨增新立即派出精锐部队前往援救，但援军尚未到达，科布多已失陷，加之沙俄从中阻挠，袁世凯也下令不准前进，援军不得已退驻察汗通古。1913 年 5 月，科阿之战爆发，由于杨增新派出援兵及时，各路布防严密，科阿之战以俄蒙侵略者的失败而告终。但沙俄利用科阿战争之机，在阿尔泰承化寺偷偷地建立领事馆，划定贸易圈地，实行经济侵略。进而又采取政治和武力双管齐下的策略，一面收买旧土尔扈特亲王帕勒塔背叛祖国，签订丧权辱国的《临时停战条约》，宣布阿尔泰“独立”，一面直接出兵承化寺，企图以武力占领阿尔泰。在全国舆论大哗和群情激愤的情况下，北京中央政府被迫撤消帕勒塔的职务，宣布其与沙俄所签订的非法条约一律无效，使沙俄策划阿尔泰“独立”的阴谋破产；沙俄后于 1913 年 9 月借口中国士兵刺伤其阿勒泰领事事件，出兵 1500 余进驻承化寺，继而向该地区强行移民 300 多户，妄图造成对阿勒泰的实际占领，结果引起多次流血冲突。1914 年 2 月 6 日，沙俄又提出了撤军的六项条件，借以逐步侵吞我国阿尔泰，由于全国人民的激烈反对，袁世凯北京政府没有敢答应沙俄这些扩大侵略特权的无理要求。

由于沙俄在阿尔泰强行驻兵和移民，使阿尔泰局势长期不稳。北洋军阀政府经与新疆地方当局长期计议，决定改变阿尔泰由中央直辖的体制，撤销阿尔泰办事长官。1919 年 7 月，阿尔泰改为阿山道，划归新疆省直接统辖。此次阿科事件中，新疆虽然还是闭关自守，但通过外交领域的合作，加强了新疆与北京中央政府的联系，改变了新疆地方政权的建制，维护了国家的领土完整与国家主权。在整个事件过程中，杨增新虽然是顽固守旧的封建官僚，但作为地方的最高军政官员，对沙俄的侵略和无理要求进行了坚决的回击，并积极说服北京政府据理力争，并未像袁世凯那样卑躬屈膝，从而赢得了民众的支持，稳固了自己的统治。另一方面，也为其继续维持专制割据统治奠定了基础，新疆割据于中央的格局得到了加强。

2. 金树仁主新时期，哈密农民起义在蒙古的支援下走向反动，威胁到新疆的稳定、国家的统一。哈密农民起义是为反抗金氏的暴政而爆发的，后在首领和加尼亚孜的操控下，起义斗争开始变质，成为民族仇杀，逐步转向封建割据，最后又有走向民族分裂的倾向。而在此期间，沙俄扶植下的蒙古亦设法插手新疆事务，特别是派员到哈密和加尼牙孜军队中进行活动及支援军火装备给这支反政府武装。截至1933年和部主力转赴鄯善、奇台之前，他从外蒙得到价值十余万两白银的军火和其他物资，外蒙派出一些政工和军事人员在和部中活动，和加尼牙孜也派出一些维吾尔族青年到外蒙学习。在此情况下，更加重了新疆政局的动荡，阻碍了新疆省内的统一，延迟了新疆向近代化的迈进，减弱了中央对新疆的影响，延缓了中央对控制新疆的部署。

3. 苏联支持下的盛世才独裁统治的建立对新疆与中央关系的影响。盛世才主新时期，依靠苏联的支持上台，为了防止国民党势力的渗透和有效地控制新疆通往内地的交通，盛于1933年12月终止了欧亚航空公司飞越新疆的航线。凡是从内地来新疆或从新疆外出的人都要得到盛氏的批准。1938年初，苏联应盛世才的要求派红八团进驻哈密，其目的是要借重苏军红八团防止国民党势力借口开发西北、建立抗日后方基地而渗透新疆，同时也为了防止马步芳势力对新疆的突袭。显然盛世才强力布防哈密，矛头主要对准国民党，几乎断绝了与南京国民政府的关系。

4. 三区革命对新疆与中央关系的影响。新疆三区系指原新疆省的伊犁、塔城、阿山（今阿勒泰）三个专区。1944年秋，三区的维吾尔、哈萨克等少数民族群众因不堪忍受以军阀盛世才为代表的国民党反动派的压迫和残暴统治，爆发了一场有组织的大规模的争取民族平等和民主政治的武装斗争，并在三区建立了革命政权，史称“三区革命”。

革命首先在伊犁取得成功，并于11月12日成立了三区临时政府。后在苏联军事顾问帮助下，民族军向北线解放了塔城、阿山两专区；向中线以精河为目标，民族军进抵玛纳斯河两岸，距迪化城仅150公里，进而向迪化挺进；南线至南疆开展游击战，南线作战的民族军一度攻占拜城、温宿等城，一部分塔吉克族和柯尔克孜族组成游击队攻克蒲犁县（今塔什库尔干塔吉克自治县），并成立了革命政府，牵制国民党军队的作战计划。在此同时，新疆其他七区相继爆发多次反对国民党的武装起义。新疆大半疆土都在三区临时政府手中。但由于革命乍起，泥沙俱下，各地游击队成员也复杂，临时政府的成员中除阿巴索夫等少数革命青年外，多数为封建上层、宗教上层、泛伊斯兰主义分子等，因此政府的名称为“东土耳其斯坦共和国”临时政府。临时政府通过的九项宣言中有“在东突厥斯坦领土上，彻底根除中国的专制统治”，“建立一个真正解放独立的共和国”。[1]在革命的早期，混在游击队中的少数反动分子叫嚣着闹独立、分裂和仇杀汉人，是三区革命早期的两大污点，是这场革命中的一股逆流。特别是临时政府主席艾里汗·吐烈[2]分裂中国领土、反汉仇汉等言行，在三区造成极坏影响。后来，阿合买提江[3]、阿巴索夫[4]等人改组了临时政府，纠正了前期的错误。在苏联的调停下，三区革命政权与国民政府进行了和平谈判，成立了省联合政府。

三区革命是反抗盛世才独裁、残暴统治的正义战争，但是其能够胜利与苏联的支持是分不开的。盛世才1942年开始反苏反共投靠国民党时，苏联就开始支持反对盛世才的各种武装。苏联不能容忍一个对苏友好的新疆变成反苏的基地。所以说，苏联支持三区革命主要是针对盛世才政权的。主要表现在：一是亲手培养训练革命家。三区革命的许多主要领导人都在苏联留过学或受过训练，如阿合买提江、伊斯哈克别克、达列里汗、帕提赫、赛福鼎、赖希木江等人，同时利用居住新疆的俄罗斯人，这些人在三区革命期间在军事上起了重要作用，

---

〔1〕陈慧生、陈超：《民国新疆史》，新疆人民出版社2007年版，第408页。

〔2〕艾力汗·吐烈（1885～1976年），俄国中亚托克马克人，乌孜别克族，狂热的泛伊斯兰主义者，新疆分裂分子。原为安集延的大阿訇。曾在沙特阿拉伯、布哈拉学习经文和医学。1924年，因非法建立泛伊斯兰主义组织，被原苏联安全部门逮捕。1927年潜逃至新疆，以传教和行医为业，定居伊宁。1937年被盛世才政府逮捕，1941年出狱赴伊犁，在伊宁拜图拉大清真寺当阿訇，继续从事宗教活动。三区革命时被选为临时政府主席，多次散步分裂国家、反汉仇汉言行，后被三区进步力量驱逐回苏。

〔3〕阿合买提江·哈斯木（1914～1949年），维吾尔族，新疆伊宁人，曾在莫斯科学习。1942年6月回到伊宁进行革命宣传活动。后被捕入狱，1944年10月释放回伊宁后即投身三区革命。1949年8月应邀率新疆代表团赴北平出席第一届中国人民政协协商会议途中，因飞机失事，不幸遇难。

〔4〕阿巴索夫（1921～1949年），全名阿不都克里木·阿巴索夫，维吾尔族，新疆乌什人。读书期间，受中国共产党人的影响，接受马列主义理论，积极宣传马克思主义，翻译马克思主义的著作。1944～1949年新疆三区革命的领导人之一，忠诚的爱国主义者。在三区临时政府中与泛伊斯兰主义进行坚决的斗争，并参与重组三区政府，纠正了三区革命早期的错误。1949年8月，在前往北平出席中国人民政治协商会议途中，因飞机失事遇难。

如游击队总指挥波里诺夫及列斯、莫洛也夫、格列布肯等人。二是派遣顾问。这些顾问在政治、军事上都起着重要作用，有的还在早期的政权中任职，如阿山专区，苏联顾问阿尔甫拜曾任副专员，胡玛尔任专署秘书主任，阿里汗任法院副院长，哈森任监察局副局长，堆山拜克任报社副社长。三是支援军用物资。三区革命初期，除少数武器是从国民党军手中缴来，多数为苏联支援。四是直接派军队介入，在阿山游击战、围攻艾林巴克战斗以及南疆蒲犁一带战斗中都有苏联红军参战，主要是中亚少数民族军队。在南疆英吉沙尔战斗中民族军指挥官胡拉木汗吐烈、比尔扎绍夫等都是苏联红军军官，围攻艾林巴克时，苏联红军的飞机曾轰炸国民党军阵地。五是开放边境。伊犁、塔城、阿山及蒲犁都与苏联接壤，苏联对游击队开放边境，他们失利后可过境到苏联，在那里补充武器和休整，再返回作战。六是苏联驻新疆各领事馆起了重要作用。如阿山领事馆两次帮助达列里汗逃往苏联，伊宁领事馆在伊宁起义中起了重要作用。[1]足见苏联在三区革命中的作用相当大。

苏联支持下的三区革命对新疆与中央的关系产生了重大影响。虽然苏联的初衷仅仅是依靠三区力量对抗盛世才政权。但是却造成了泛伊斯兰主义在三区革命中的传播，进而使得泛伊斯兰主义分子掌握政权，公开成立“东土耳其斯坦共和国”，使三区险些走上分裂、独立的道路。虽然后来在三区临时政府中进步势力的努力和斗争下，三区革命又回到正轨，其抛弃了独立、分裂的路线，并清除了一批泛伊斯兰主义反动分子，重新回到了祖国的怀抱。但是这股泛伊斯兰主义的分裂国家的暗流的影响，却时隐时现，对以后甚至今日新疆的稳定与安全都埋下了祸根和隐患。从此，影响新疆与中央关系的很重要的一个内容就是长期的分裂与反分裂的斗争。

（二）英国的干涉与侵略对新疆与中央关系的影响

英国对新疆之野心同样由来已久。如前所述，早在浩罕军官阿古柏入侵新疆时，英国就支持阿古柏分裂中国。十月革命爆发后，英国乘俄国势力退出之机，加紧了对新疆的侵略。其中最突出的活动，就是在新疆少数民族中培植亲英势力，引诱他们加入英籍，充当爪牙和代理人，并支持他们进行分裂和叛乱活动。

1918 年 5 月，英国通过库车英侨及其他英国间谍，供应库车巨商买买铁力汗许多武器，并秘密地对准备叛乱者进行军事训练。后被发现，买买铁力汗提

---

〔1〕 白振声、［日］鲤渊信一主编：《新疆现代政治社会史略》，中国社会科学出版社 1992 年版，第 414 页。

前举事，但很快就被当地军民一举围歼。策划叛乱的阴谋失败后，英国并未罢休，又雇佣一些土耳其人冒充阿訇，深入到新疆各地的清真寺，以讲经为名，宣传土耳其主义和大伊斯兰主义，借以挑动新疆各族人民脱离中国。同时散发大量的宣传大土耳其主义的书刊，在这些书中，他们将新疆称为“东土耳其斯坦”，否认它是中国的一部分，挑拨新疆各信仰伊斯兰教的民族与汉族的关系，鼓吹要消灭异教徒，建立伊斯兰教国。[1]

其中影响最大的是英国支持下的南疆“东突厥斯坦伊斯兰共和国”的出笼。金树仁主新时期，爆发了哈密农民起义，之后全疆风起云涌，纷纷响应，尤以南疆为烈。但是，这些各民族人民反抗暴政独裁的正义斗争，却被一些民族、宗教上层泛伊斯兰主义、泛突厥主义及民族分裂主义分子逐渐夺取了领导权，改变了起义的性质，把一场轰轰烈烈的反封建军阀统治的斗争引入了民族仇杀和分裂祖国统一的歧途。[2]

1933年盛世才主新后，为了争夺政权，与张培元、马仲英在北疆进行大战。由于三大军阀无暇南顾，南疆变成了各派势力互相攻伐、割据混战的疆场。此时南疆有四派势力：一是马仲英部的马占仓势力，被盛世才打败后，向南疆发展。二是和加尼亚孜领导的原哈密农民起义的主力，由其部属铁木耳带领，同样想在南疆生根。三是克尔克孜首领乌斯满势力，是原喀什行政长马绍武为阻挡铁木耳、马占仓而招募的一个柯尔克孜族兵团。其首领乌斯满叛变，变成一支暴动队伍。四是和田区爆发的反抗金树仁统治的金矿矿工暴动组成的队伍，但领导权被宗教上层人物穆罕默德·伊敏、沙比提大毛拉等窃取。他们成立了“伊斯兰政府”，又称“和田艾米尔政府”，将进攻目标指向喀什。因此，喀什周围出现了铁木耳、马占仓、乌斯满、穆罕默德·伊敏以及代表政府的马绍武等几股不相统属的武装势力。他们彼此勾心斗角，互相攻伐，后来马占仓袭杀铁木耳，乌斯满打败了马占仓。他们正混战时，沙比提大毛拉抵达喀什，打败乌斯满，占据了除喀什汉城外的整个喀什地区。1933年11月12日，由英国驻喀什领事精心策划、沙比提大毛拉和穆罕默德·伊敏拼凑炮制的伪“东突厥斯坦伊斯兰共和国”在喀什出笼。公开宣称要脱离南京政府，永久独立。伪政权成立后，还创办了《东突厥斯坦自由报》、《独立》杂志，大肆散布反汉言论。

英帝国主义在所谓“南疆独立”事件中扮演了不光彩的角色。英国为了在

---

〔1〕白振声、［日］鲤渊信一主编：《新疆现代政治社会史略》，中国社会科学出版社1992年版，第72～73页。

〔2〕苗普生、马品彦、厉声主编：《历史上的新疆》，新疆人民出版社2006年版，第366页。

这一地区与苏联相对抗，积极策划南疆独立，并计划将南疆与印度、阿富汗、伊朗等国联系在一起，建立所谓“大伊斯兰教国”。新疆民族分裂主义的活动正适合英帝国主义的需要。英国驻喀什领事馆的外交官员参加了所谓“共和国”的庆祝大会。同年8月，英国从印度派间谍到喀什噶尔活动，用51万卢比作为活动经费。伪政府成立后，派代表去国外活动，极力寻求英国等帝国主义国家和阿富汗、土耳其、伊朗等伊斯兰国家的承认与军事援助。伪政府用搜刮来的七百头牛羊，换取英国的枪支弹药，英国还给了一万支来福枪和二百名士兵的支援。沙比提大毛拉还亲笔致信阿富汗国王，要求给予军火和军队援助。

由于伪政权对人民施行残暴统治，苛捐杂税、无偿劳役，使农民无法正常耕种，商人不能合法经营，纷纷逃离，市井冷落萧条。又设宗教法庭滥施肉刑，未戴面纱之妇女会祸及性命。以上种种，人民无法忍受，反抗事件连连发生。1934年2月6日，退入南疆马仲英部队在当地人民的配合下，一举摧毁了这个反动分裂政权。“东突厥斯坦伊斯兰共和国”如昙花一现，出笼还不到三个月就覆灭了。

英国支持下的伪政权根本违背了新疆各族人民的利益和意愿，它的倒行逆施和残暴统治更激起了包括维吾尔族人民在内的新疆各族人民的反对，这注定了它失败的命运。但是如同俄苏在北疆的影响一样，英国在南疆的长期渗透，对土耳其主义和泛伊斯兰主义的长期传播及伪政权“东突厥斯坦伊斯兰共和国”的出笼所产生的影响却是长久深远的。分裂的势力与思想的传播，一直暗流涌动，对新疆作为地方与中央的正常关系的发展制造种种困难与障碍。而南疆亦成为分裂与反分裂的前沿阵地。

第三节　民国新疆地方与中央关系演变的特点

综上所述，民国时期，中央政府与新疆地方之间一直进行着控制与反控制的斗争，同时又存在着大量的密切合作关系。即使有外国势力的干涉、侵略，甚至曾一度扶植分裂分子成立所谓的“东突厥斯坦伊斯兰共和国”，但新疆始终没有脱离中国，仍是统一的多民族国家的有机组成部分。这再次证明了新疆是中国神圣领土的不可分割的一部分，任何人和任何势力的任何企图都是徒劳。这是新疆人民最终做出的正确的选择，历史上如此，民国如此，将来也必定如此。这是研究新疆地方与中央关系的前提与基石。

综观民国时期，可以看到影响新疆地方与中央关系的演变的因素有很多，其中主要有新疆军阀的产生、传统的中央集权观念、帝国主义的干涉与侵略、地方主义、国内外政治形势、政党制度、西方观念等方面。从这一时期中央与新疆地方关系的演变来看，主要有以下几方面特点：

第一，民国时期，新疆始终与中央政府保持着隶属关系，始终都是中国不可分割的一部分，只不过这种关系与中央政府实力的强弱密切相关。

无论是历史上，还是民国期间，新疆都是中国不可分割的一部分。这种关系在不同的时代有不同的表现形式：从最初西汉时期的督统治理，唐、元、明时期的羁縻治理，至清初的军府治理，再到清末的建省治理。[1] 到清末民初时，行省的建制与内地其他省份基本保持一致，新疆已成为中国不可分割的一部分。随着治理方式的不同，新疆与中央的关系越来越密切，而且逐渐向规范化、制度化方向发展。

然而，随着清末民初中央权威及财力的衰微，特别是辛亥革命在全国的爆发，内地动荡不安，中央即无暇西顾，又无实力支援新疆，导致严重依靠中央协饷的新疆“被迫”与中央关系日渐疏远，只能自谋出路，为军阀割据创造了条件。新疆与中央的关系由此发生了时代性变化。从民国来看，不论是杨增新时期的“认庙不认神”，民国政府对新疆的权力只是“一种象征意义的存在”；还是金树仁时期的“阳奉阴违”，国民党名义上的合法；到盛世才主新后的“政治变色龙”时代等等，历届军阀统治者都遵循了杨增新的策略，只追求做“新疆王”，维护其独裁专制统治，但绝不搞分裂。这是历史发展及新疆人民选择的结果，同时也是军阀统治者获得统治的合法性前提。总结新疆地方与中央的关系的演变，可以总结出一条规律，那就是当中央政府实力强大时，中央对新疆的实际控制能力较强，双方的关系就紧密；中央政府的势力衰弱时，对新疆的实际控制力就衰微，割据就得以形成，则中央的政令就难以贯彻。

究其原因，如前所述，新疆作为中国的西部边陲，在与中央政府的关系上既有共性又有特殊性。其共性表现为作为中国的一个西部边省，与内地其他省份一样，一直保持着对中央政府的隶属关系；其特殊性则是新疆特殊的地理、文化、民族、宗教、政治环境造成了这种格局。新疆地处遥远西陲，与内地相距甚远，交通不便，信息闭塞、封闭，又时有战乱发生，更使得与内地及中央联系受阻；新疆又是多民族、多宗教共存的省份，民族关系复杂，各民族宗教、文化差异较大，给中央的有效治理带来了很多的困难；新疆又是我国和其他国家接壤最多的省份，周边不乏强国，如沙俄（苏联）、英国殖民地印度等。加之

---

〔1〕 详见马大正等：《新疆史鉴》，新疆人民出版社2006年版，第3～123页。

新疆各种自然资源丰富，强国无不垂涎欲滴，随时都想控制与干涉新疆事务。在此情况下，中央政府的实力强弱直接影响着新疆与中央的关系的演变。

第二，民国时期，新疆地方与中央的关系经历了一个过程：中央集权崩溃—新疆地方分权—中央集权的种种努力—国民党直接控制新疆（中央的弱势集权），体现为中央与新疆地方的控制与反控制的不断斗争过程。双方的关系发展表现为不稳定性及多变性。清末民初，传统的中央集权制崩溃，地方势力做大，并且随着国内外政治形势的变化，中央与地方关系的演变处于一种极为动荡的状态中。西方的各种观念与制度的引入，与中国传统的中央集权观念和制度交错影响，影响着人们关于中央与地方关系的思考。导致每一届中央政府的组织体制也不断变换，地方政府由不同观念的人主政，极不稳定，往往随政治形势的变化而变化。就中央与新疆地方的关系来看，中央一直努力重新掌控对新疆的治权，而新疆地方政府一直防止中央对其政局的干涉与控制，但另一方面又坚守着国家的统一，与各种分裂势力作斗争，双方的斗争是在国家统一的前提下展开的，双方的关系是即斗争又妥协，处于一种微妙的状态。

中央方面表现为：清末，随着清廷的日益衰弱，中央权威尽失，地方势力逐渐主导政局，传统的中央集权崩溃。民国成立后，袁世凯统治时期，又开始采取各种措施企图加强中央集权，为了抵御外患，建立中央权威获得了民众的认同，并取得了一些成果。但袁氏企图恢复帝制，使得民众对中央集权有所警惕，又走向了分权；袁氏后，出现了北洋军阀混战时期，没有一种力量强大到足以统一全国，形成了军阀割据，地方势力强大，地方分权的格局得以形成；国民党靠武力北伐成功，与地方军阀达成妥协，形式上统一了全国，建立了政权统治。这一时期，名义上的中央政府又逐渐加强了中央集权，特别是在抗日战争时期。但国民党统治时期，内部并不统一，被学者称为新军阀时期，国民党并不能完全控制各地方，可以说，中央与地方关系仍然不稳定。

而作为地方的新疆本身的政局亦不稳定，且随着主新的军阀的不同，其处理与中央关系的政策也不同，但宗旨都是既要获得统治权的合法性，同时防止中央势力对新疆治权的干涉，实现嘉峪关外唯我独尊。中央与新疆地方政府双方机构、制度变化较大，使得双方的关系呈不稳定状态。杨增新上台，标志着新疆军阀割据的形成。杨上台初期，正是袁世凯政府时期，杨对袁氏是真心拥护的，对其各种措施、主张都积极支持。但同内地的军阀一样，极力避免中央对新疆内政的插手。只有有利于杨氏统治需要的政令，才得以在新疆贯彻。杨氏在新疆安然做起了“新疆王”。这一时期，新疆与中央关系主要体现在外交方面及重要官吏的任命上，在反对沙俄侵略、干涉时，杨氏与中央是一致的，官吏的任命求助于中央，是为了维持其统治合法性。其他内政一概自己决定。此后的金树仁、盛世才基本延续了杨氏处理新疆与中央地方的政策。金树仁主政新疆后，由于急需获得国民党政府的合法性任命，积极向后者靠拢，但又极力防止国民党势力控制政局，使得国民党虽在新疆取得了合法性地位，但无所作为。盛氏主新后，一方面为获得统治的合法性，有求于中央，但又无力统一当时战乱的新疆，同样是为了维护其统治，投靠苏联消灭了竞争对手，在这一过程中开始疏远与中央的关系。后来随着国际国内形式的发展，又开始转向服从中央，使得新疆与中央的关系达到了民国时期最密切程度，为国民党政府直接控制新疆创造了条件。

从整个民国时期来看，中央与新疆地方的关系演变经历了一个过程。即清末民初时，清廷的衰弱导致新疆被迫割据，成为军阀的独立王国。此后，历届民国政府都想方设法对新疆施加影响，但苦于实力有限，经常是政令不出都门，更无暇西顾边陲。一直到国民党靠武力北伐成功，建立了南京政府，使得这种努力有了希望。从金树仁主新开始，一直到盛世才主新后期，随着盛世才的“回归”，国民党军事力量的进入，控制新疆的各种条件才逐渐具备。但随后爆发的三区革命，导致国民党政府无法完全控制新疆。新疆地方与中央的关系虽回归到常态，但无法建立一党制下的专政制度。双方关系的演变概括起来就是：清末民初时的中央集权的崩溃—导致新疆军阀的产生，北洋军阀政府的权威的衰微，导致地方分权逐步发展—南京国民政府的成立，形式上统一了中国，为重建中央权威提供了可能，遂开始对控制新疆做出种种努力—直接控制新疆（中央的弱势集权）。

第三章

民国新疆地方行宪的理论来源与实践指针

中国自古至今都是一个各民族相互依存、共同生活、共同创造缔结而成，以汉族占多数且处于经济发达地区、少数民族占少数处于经济落后的边疆地区的多民族共同体。历代中央政府都十分重视少数民族问题，如何有效地解决好中央与少数民族地区的关系，不仅关系到边疆的安危、国家的统一，还是涉及其统治能否长久的重要因素之一。民国时期是中国历史上最激烈的社会转型时期之一，从辛亥革命开始，中国社会开始了由封建社会向现代社会转变的历程。在这个过程中，受到国内外形势的影响，各种矛盾、冲突交织，使得民国成为大动荡、大分化、大组合的时期，从而使得现代意义的“中华民族”的诞生充满了血与火的考验，而各民族人民在为建立解放、自由、民主、平等的地方宪政国家过程中，对国家的统一、各民族的命运不可分有了更深刻的认识，在反抗压迫和共同的敌人过程中，以实际行动有力地促成了现代国家的诞生。这一时期，由于中央政府权威、实力的衰微，帝国主义势力的不断干涉、侵略，使得民族与宗教问题的解决更加复杂、困难重重。为了维护国家的主权尊严、领土的完整、民族的团结，先进的中国人进行了各种有益的理论探索和实践，为近现代中国解决民族宗教问题提供了借鉴和经验。这些理念和实践经验，对民国时期解决新疆的民族、宗教问题及新疆最终走上民主地方宪政的方向都产生了重要影响。

第一节　国共两党处理民族问题的理念与实践

对于如何正确处理民族与宗教问题，以维护国家主权统一、领土完整、民族团结，在民国时期影响最大的是两大政党国民党、共产党，它们处理民族关系的理论和实践对近现代中国的民族问题产生了重大影响，为少数民族地区最终实现民族平等、自由、民主，走向地方宪政奠定了基础。

一、孙中山处理民族问题的理念及实践

孙中山先生是中国民主革命的先行者，对近现代中国的历史发展产生了重大影响。作为国民党的创始人之一，他提出的“三民主义”成为国民党的政治纲领。其关于民族问题的思想不仅直接指导着国民党的民族宗教政策，而且不论是南京临时政府、北洋政府，还是南京政府，基本上都遵循他的民族思想制定政策。民国建立后，他提出了“五族共和”、“五族一家”、“五族平等”等主张；护法运动后，他又因民族危机，提出了“积极民族主义”的主张；1923 年以后，孙中山关于国内民族问题的思想走向系统与成熟。他不仅彻底否定了“五族”的概念，也抛弃了“同化”的主张，但继承了民族平等、中华民族融合团结的合理内核，并增添了扶植国内弱小民族、自决自治的主张。总之，他关于解决国内民族问题的主张是进步的，对民国历届政府解决国内民族问题有着积极的指导意义。

要深刻地认识孙中山解决民族问题的思想，还必须了解和认识他的“均权主义”、地方自治思想，因为这些思想是相辅相成的一个体系，即为了在民族地区切实有效地实施“民族主义”，实现少数民族的民生、民权，中央和地方的权力如何配置，地方的能动性如何发挥。

（一）孙中山民族主义思想产生的动因

民族主义是孙中山三民主义思想的重要组成部分，也是其处理中央与少数民族地方关系的理论基础。推动孙中山民族主义思想产生和发展的主要因素包括以下几个方面：

首先，帝国主义侵略造成的民族危机、清政府的腐败无能及其后民国政府未改变国家地位的现实是孙中山民族主义思想产生和发展的直接现实原因。民国政府建立后，孙中山曾认为民族、民权的目标已经完成，但他后来发现，在列强的压迫之下，中国作为“次殖民地”的地位并没有改变。由此，他提出了

积极的民族主义主张，认为只有实现整个中华民族的自由独立，民族主义才算成功，才算达到目的。

其次，传统的华夷之辨的民族观念、欧美资产阶级民族主义思想、苏俄的民族思想都是孙中山民族主义思想的智慧源泉。就中国传统思想的来源看，他在早期曾明确谈到"华夷之辨"的思想[1]，即以华夏族为中心的思想。但后来他在坚持吸收反对民族压迫合理内核的同时，逐渐抛弃了其"大汉族主义"、种族复仇等消极方面，以积极的民族平等思想对其进行了纠正。再就是西方的自由平等思想是其民族主义思想的基础。自由平等反映到民族问题上就是争取民族的平等自由，孙中山也非常注意民族与自由、平等、民有思想的融会贯通。除此之外，主要是西方的民族主义思想及历史，包括第一次世界大战后的"民族自决"学说与事实，另外还有苏俄民族思想的影响。

最后，中国作为一个多民族国家的存在是孙中山民族主义思想提出的客观基础。中国受到西方的侵略，必然要产生反对帝国主义的民族主义。但孙中山的民族主义还有对内的一面，这无疑是因为中国是一个多民族的国家，这种复杂的民族关系是每一个执政者和政治家不得不面对的。由此，孙中山也就产生了关于国内民族关系的一系列观点。

（二）孙中山民族主义思想发展阶段

孙中山民族主义思想的发展可以分为四阶段：

第一阶段：中华民国建立之前这一时期，孙中山民族主义思想的核心是推翻清朝政府，建立民主共和政体。1914 年 11 月，兴中会成立时就提出了："驱除鞑虏，恢复中国，创立合众政府"。[2] 同年，孙中山揭示了三民主义的革命纲领，民族主义列于其首。

从民族主义提出的背景看，一是因为清朝政府无力拯救国家被西方列强瓜分的命运，二是因为清朝政府的虐政，包括民族压迫政策，特别是对占中国人口多数的汉族的压迫。从这两个方面看，提倡民族主义，对推翻清朝政府有着极大的政治合理性。这一时期，孙中山的民族主义不仅是目标，也是手段，即利用民族主义，激发人民的斗志，推翻清朝政府的统治。在此动员过程中，他充分利用了中国传统的华夷之辨的民族观念。在他的演讲、谈话、著述中，孙中山把中国、华夏、中华、中夏、汉族，与鞑虏、清虏、逆胡、异族对称。认

---

〔1〕《孙中山全集》（第 1 卷），中华书局 1981 年版，第 258 页。

〔2〕《孙中山全集》（第 1 卷），中华书局 1981 年版，第 20 页。

为满族人入关是“灭我中国，据我政府，迫我汉人为其奴隶”[1]。这种观念无疑包含着大汉族主义思想，具有惟我独尊、封闭性、激化仇外情绪等明显的消极作用。孙中山在革命动员的过程中也逐渐察觉到盲目排满、种族复仇这一问题的存在。他指出：“我们并不是恨满洲人，是恨害汉人的满洲人。假如我们实行革命的时候，那满洲人不来阻害我们，决无寻仇之理”[2]。尽管孙中山对极端的种族复仇思想给予了批判，但他并没有从根本上突破中国传统的民族观念。

第二阶段：南京临时政府时期。1912 年始，孙中山相继提到“合汉、满、蒙、回、藏诸地为一国，即合汉、满、蒙、回、藏为一人，是曰民族之统一”，“五大民族，一体无猜”，“合汉、满、蒙、回、藏为一家，相与和衷共济”[3]的主张。1912 年 3 月，孙中山以临时大总统名义批准公布了《中华民国临时约法》，规定“中华民国人民一律平等，无种族、阶级、宗教之区别”，并规定了内外蒙古、西藏等地选派参议员的权利。在 1916 年 5 月的讨袁宣言中，他又两次提到“五族共和”。

总体上看，这一时期，由于已经推翻了清朝政府，建立了中华民国，孙中山开始强调民族、民权的目的已经达到。但中国作为一个多民族国家的现实，以及边境少数民族地区的安危使他不能不关注如何处理民族关系这个大问题。为此，他提出了“五族一家”、“五族共和”、“五族平等”、“五族一体”等主张。这些主张的实质是一致的或紧密联系的，那就是五族人民平等，人人都是中华民国的公民，都有作为一个国民应当享有的自由权利。

孙中山站在国家政权建设的高度，而不是“破”的角度，审视我国的民族问题，这是对国内民族问题的新探索。他提出的“五族平等”、“五族共和”等主张，是对传统的主国、藩属制度的否定，将我国对民族关系的处理推进了一大步。[4] 体现民族平等的“五族共和”，成为南京临时政府解决国内民族问题的指导思想。同时对于阻止边疆危机进一步恶化，维护边疆民族地区的稳定发挥了重要作用。如在东北，满汉两族人民共同建立了满汉联合共同体“联合急进会”；外蒙在沙俄的支持下“独立”，建立了库伦伪政权，但蒙古人民成立了“蒙古同乡联合会”[5]，且蒙古王公会议一致决议反对库伦，并发表通电称“我

---

〔1〕《孙中山全集》(第 1 卷)，中华书局 1981 年版，第 296 ~ 297 页。

〔2〕《孙中山全集》(第 1 卷)，中华书局 1981 年版，第 324 ~ 325 页。

〔3〕《孙中山全集》(第 2 卷)，中华书局 1981 年版，第 2 页。

〔4〕李国忠：《民国时期中央与地方的关系》，天津人民出版社 2004 年版，第 156 页。

〔5〕郭孝成：“蒙古独立记”，载《辛亥革命》(第 7 册)，上海人民出版社 1957 年版，第 209 页。

蒙同系中华民族，自宜一体”[1]。这些都说明了“五族共和”思想对于加强民族融合和国家统一起着积极和重要的作用。

这一时期，孙中山的民族主义思想也存在一定的不足。一是他经常使用“五族”一词，这固然跟五族的地位比较突出有关，但却不符合中国作为一个众多民族国家的国情，也不利于形成统一的中华民族观念；二是提出了种族同化的观点，难免有大汉族主义之嫌。

第三阶段：1912～1922年。这一时期，孙中山暂时离开革命，开始用更多的时间从事理论工作。他对过去革命的经验教训进行了反思，同时，国内外政治形势的发展也给予他新的影响。就民族主义的发展来讲，欧战后民族自决、独立的潮流，以及西方加紧对中国的侵略，使孙中山重新关注中国的国际地位。

孙中山通过对第一次世界大战的关注和思考，重提民族主义，但已与过去不同，他提出了积极的民族主义、中华民族的新主义的主张同时，对以前“五族共和”的主张多次表示了否定之意。他认为五族共和不能准确反映中国多民族国家的现实，不利于民族融合。

那么中国各族如何融成、融化成一个中华民族呢？一方面，孙中山认为汉族要牺牲其血统、历史与自尊自大之名称；另一方面，他认为其他民族缺乏自卫的能力，要帮助这些民族，并建成一个大民族主义的国家，必须依赖汉族。另外，孙中山还努力实现其学说的融会贯通。他把三民主义与民有、民治、民享及自由、平等、博爱贯通，指出：“民有即民族也。天下者，天下人之天下，非一二族所可独占”[2]。“民有的意思，就是民族主义”[3]；“民族主义即世界人类各族平等”；“就民族的情形来说，有甚么不平等呢？简单地说，就是政治上的不平等。这一国压制那一国，这种民族压制那种民族，压制愈厉害，反动也愈厉害”[4]。

第四阶段：1923～1925年。这一时期是孙中山民族主义的成熟和定型阶段。孙中山在苏联和中国共产党的帮助下，积极推进国民党的改组工作。他的民族主义思想也受到了苏俄及共产国际的影响。孙中山在坚持大中华民族主张的同时，日益清晰地把民族主义分为对内对外两个方面。

国民党一大宣言集中阐释了民族主义。宣言明确指出：“国民党之民族主

---

〔1〕《两蒙会议始末》，第41～45页，转引自李国栋：《民国时期的民族问题与民国政府的民族政策研究》，民族出版社2007年版，第50页。

〔2〕《孙中山全集》（第5卷），中华书局1981年版，第628页。

〔3〕《孙中山全集》（第6卷），中华书局1981年版，第3页。

〔4〕《孙中山全集》（第6卷），中华书局1981年版，第56页。

义，有两方面之意义：一则中国民族自求解放；二则中国境内各民族一律平等。”就第一方面来说，“国民党之民族主义，其目的在使中国民族得自由独立于世界”，民国虽得以建立，但列强的包围如故，因此国民党人不得不继续努力，以求中国民族的解放。就第二方面来说，民族主义在于要求“国内诸民族宜可得平等之结合”，并郑重宣言：“承认中国以内各民族之自决权，于反对帝国主义及军阀之革命获得胜利以后，当组织自由统一的（各民族自由联合的）中华民国。”[1]

从这些内容来看，孙中山主张对外争取民族解放、国家独立，对内实现民族平等，扶助弱小民族以及自决自治的思想，无疑是进步的，并把他的民族主义主张推到了一个高峰。[2]

（三）孙中山关于国内民族问题的理念

从孙中山三民主义的发展来看，他关于民族问题的主张经历了一个不断完善的过程。民国建立前，他主张用民族主义作为手段，推翻清朝政府，建立共和政体。民国建立后，他从国家政权建设的高度关注民族问题，主要是国内民族问题。为此，他提出了“五族共和”、“五族一家”、“五族平等”等一系列主张，并在《中华民国临时约法》中确立了民族平等的原则，这不但继承了反对民族压迫的积极内容，而且排除了种族复仇的极端因素，将国内民族关系的处理提升到了一个新的层次。

护法运动后，孙中山再次审视中华民族的国际地位，从民族危亡角度，提出了积极的民族主义，即各族融合、融成一个中华民族，并对“五族”一词表示了质疑，有力地促进了民族团结、增强了民族凝聚力，有着进步意义。但在如何融合的问题上，他使用了“同化”概念，有一定的消极面。

1923 年后，孙中山的民族主义走向系统与成熟，他关于国内民族问题的思想也是如此。这一时期，他已从思想上彻底否定了“五族”的概念，也抛弃了“同化”的主张，继承了民族平等、中华民族融合团结的合理内核，并增添了扶植国内弱小民族、自决自治的主张。

其民族思想的核心就是民族平等与民族团结，民族平等是前提，民族团结是目标，而实现的方式则是民族自决自治，最终任务是实现国家的独立与统一。孙中山的民族平等思想主要包括：政治平等、经济平等、文化平等、宗教平等

---

〔1〕《孙中山全集》（第 9 卷），中华书局 1981 年版，第 118 ~ 119 页。

〔2〕李国忠：《民国时期中央与地方的关系》，天津人民出版社 2004 年版，第 164 页。

等内容[1]；民族团结则就是各民族融合为具有现代意义的大中华民族。他的思想对于消除“内夏外夷”、“贵夏贱夷”的封建民族压迫观念有重要的启示意义；同时民族平等思想对于实现民族团结贡献极大，激发了各族人民的革命热情，动员了各族人民团结一条心，成为反抗封建专制、反帝的一支重要力量；其民族平等、民族团结思想对以后历届民国政府都产生了重要作用，成为解决民族问题的指导理论。如北洋政府就继承了五族共和的思想，以实现“民族大同”，南京国民政府更是以其三民主义作为解决民族问题的法宝。其思想还对中共的民族政策产生了重要影响，如毛泽东曾多次引用孙中山的“民族平等”、“民族自决”、“民族联合”、“民族团结”等主张，多次指出中国共产党完全同意孙中山的民族平等与民族团结的主张。[2]中国共产党人继承并发展了孙中山的民族团结思想。孙中山先生为实现民族平等和团结而提出的省县乡自治的主张，正是后来我国民族区域自治思想的萌芽。[3]

从总体来看，孙中山关于国内民族问题的思想在当时是进步的，为当时解决国内民族问题提供了依据，成为边疆地区少数民族政治、经济、教育发展的依据。这是中国历史上第一次在法律上给予少数民族平等权利和平等地位。自此之后，历届政府都在法律上给予各民族平等的地位。国民党正是运用孙中山的解决民族问题思想作为解决新疆问题的理论依据，不论其是否真正遵守，但正是运用这种思想来实现建设“三民主义”的新疆。具体内容在新疆的地方宪政历程中展开论述。

（四）孙中山建设西部的思想

中国西部自然资源极其丰富。如民国时期探明全国有 140 多种矿物资源，西部就占了 120 多种；中国的大江大河都发源于西部，西部有着丰富的水资源，水能蕴藏量占全国的 82% 等，但是由于交通不便、技术落后、工业基础薄弱，导致西部资源得不到合理开发。

为了发展经济，富强国家，有实力与西方列强抗衡，孙中山开始提出西部建设的建议。早在 1894 年，在《上李鸿章书》中就提出了这一观点。[4]建设西部，开发西部丰富的资源，一方面有助于改变西部贫困落后的局面，促进中国的富强；另一方面则可以巩固边防，有效阻止帝国主义的干涉与侵略，使中国

---

〔1〕 详见李国栋：《民国时期的民族问题与民国政府的民族政策研究》，民族出版社 2007 年版，第 62 ~ 66 页。

〔2〕 参见毛泽东：“论联合政府”，载《毛泽东选集》（合订本），人民出版社 1967 年版，第 1035 页。

〔3〕 李国栋：《民国时期的民族问题与民国政府的民族政策研究》，民族出版社 2007 年版，第 72 页。

〔4〕 参见孙中山：“上李鸿章书”，载《孙中山全集》（第 1 卷），中华书局 1981 年版，第 18 页。

屹立于世界民族之林。

孙中山的建设开发西部的思想主要体现在1919年的《实业计划》中，主要内容有：[1]

第一，战略重点是发展交通运输业。由于制约西部开发的最重要的因素是交通梗阻，地处边远。因此，开发西部的第一步就是大力发展以交通运输业为主的基础建设。包括铁路、公路、水路等建设，建成现代化的交通运输网，使得东南沿海、中部和西部贯通起来，连成一片，实现工业品与资源的互换，并加强各民族间的交流，增加彼此的信任与团结。

第二，移民垦边的思想。由于开发西部资源需要大量的人力资源，因此，需要对国内的人力资源进行重新配置。这有利于内地和边疆民族的经济、政治、文化各方面的交流融合，促进各民族相互了解与学习，增进民族团结，加深对具有现代政治意义的中华民族的认同。

第三，利用西部资源优势，建立结构合理的产业体系。主要是大力发展西部优势产业，如农牧业、羊毛工业等。同时，合理有序开发西部的油气资源，“以助中国实业之发达”。

第四，实行开放主义，充分利用国际资金、技术。他提出充分利用外国资本、技术建设、开发西部，以解决建设西部的资金不足，技术薄弱的问题。但必须坚持主权不受侵害，主权“万不可授之于外人”。

第五，大力发展西部教育和科技事业，储备建设人才等。

孙中山的建设西部的思想，具有全局性、战略性眼光，虽然因调研不足，其中不乏一些空想的成分，最后因为各种条件不成熟，没能真正实施，但是其发展方向和思路是正确的。为以后人们认识、开发、建设西部留下了可借鉴的理论指导，同时也为民国历届政府实现民族主义、制定民族政策提供了理论依据。

二、共产党处理民族问题的理念及实践

中国共产党是民国时期中国政治发展中的重要力量，是决定中国社会发展方向与前途的一种力量。研究民国时期的新疆民族地方宪政的发展，不能忽视中共对少数民族问题的思想和政策。

中共处理少数民族问题的探索，经历了一个比较曲折的过程。由最初主张少数民族自决权，包括分离建国、建立联邦、建立自治区，到最后把民族区域自治确定为解决与少数民族地方关系的制度框架，这是解决民族问题及实现民

---

〔1〕 参见孙中山：“建国方略”，载《孙中山全集》（第6卷），中华书局1985年版，第249页。

族地区地方宪政的重大贡献。

中国是一个多民族的国家，必须把解决民族问题作为一项重要的政治工作。中共从建立时起，就关注着民族问题。在后来中共创建革命根据地的过程中，民族问题也是一种客观存在，这更要求中共根据根据地的情况以及国内外形势的发展，制定相应的民族政策，做出适当的制度安排。土地革命战争时期，由于根据地主要在南方，面临的主要是南方少数民族问题，在十几块根据地中，湘鄂西、琼崖、左右江、湘鄂川黔、陕甘等根据地的民族问题较为突出。红军长征途中，也面临着复杂的民族问题。抗日战争时期，陕甘宁、晋绥根据地存在较多的民族问题，特别是陕甘宁根据地，就地理位置看，其北部绥远，是蒙古民族的聚居区，西北部甘肃、宁夏，是回回民族的聚居区，正处于少数民族与汉族的结合部。边区的回民主要分布于陇东、关中和三边地区，人数较多。定边地区居住着少许蒙民。边区的政治中心延安，又是少数民族同胞汇集的中心，有十几个少数民族。解放战争时期，随着人民解放战争的胜利，民族问题日益具有全国性意义。

综合来看，在革命根据地有众多的少数民族，人口数量极不平衡，如左右江根据地的壮族是人口较多的一个民族，抗日根据地内的蒙古、回族人口也不少，其他民族在根据地内的人数相对少一些。各少数民族的语言比较复杂，文字的发展也很不平衡。各民族有多种宗教信仰，不少民族基本上是全民族信仰某种宗教，如藏族、蒙古族信仰喇嘛教，回族信仰伊斯兰教。苗族、彝族等民族中有一部分人信奉天主教或基督教。各种宗教中，又有不同的教派。宗教问题是民族问题的一个重要组成部分。加之各民族的社会发展很不平衡，政治、经济状况比较复杂。落后的政治、经济制度，多重的社会矛盾，严重阻碍少数民族地区社会生产力的发展，少数民族人民生活极端贫苦，有的仅能维持水平极为低下的生活，所有这一切，又造成了这些地区文化教育、人民健康等方面十分落后的状态。因此，制定正确的民族政策，促进各民族的发展，改善民族关系，就成为中国革命的一个重大问题。

（一）苏维埃政权时期的民族政策

土地革命时期，中共在一些地区首先建立了苏维埃政权。如 1931 年 11 月 7 日，在江西瑞金宣告了中华苏维埃共和国临时中央工农民主政府的成立。由于苏区存在着众多的民族，这就要求中共妥善处理这些地区的民族问题。所以，从苏维埃政权建立伊始，中共即积极着手民族政策的探索。

1931 年 1 月，中华苏维埃共和国在第一次全国工农兵代表大会上通过了两个重要文件：一个是《中华苏维埃共和国宪法大纲》，一个是《关于中国境内少

数民族问题的决议案》，它们规定了苏维埃政权基本的民族政策。这些政策主要包括以下几个方面：[1]

第一，民族政策的出发点或者说根本目的是主张民族平等，反对民族压迫，从而使被压迫民族得到彻底的自由和解放。《中华苏维埃共和国宪法大纲》第四条明确宣告了民族平等的原则：在苏维埃政权领域内的工人、农民、红军兵士及一切劳苦民众和他们的家属，不分男女、种族、宗教，在苏维埃法律面前一律平等，皆为苏维埃共和国的公民。为了使各少数民族得到自由和解放，苏维埃共和国表示完全赞同并拥护一切少数民族反抗帝国主义、中国军阀、地主、官僚、商业高利贷资本的民族革命运动。

第二，民族政策和阶级革命紧密相联。苏维埃共和国主张的是一切劳苦群众的平等，而不是民族中所有成员的平等。它反对的是压迫少数民族劳苦群众的所有压迫者与剥削者。它还号召各少数民族建立工农兵的苏维埃政府。

第三，苏维埃政权承认少数民族自决权。即在一定地域内居住的人民有某种非汉族而人口占大多数的民族，都由当地这种民族的劳苦群众自己去决定是否愿意分离而另外单独成立自己的国家，还是愿意加入苏维埃联邦或者在中华苏维埃共和国之内成立自治区域。

第四，培养和提拔少数民族干部，尽量引进当地民族的工农干部担任国家的管理工作。

第五，促进落后民族地区生产力的发展，帮助他们发展经济。

第六，帮助各民族发展他们自己的民族文化和民族语言。因此，必须为国内的少数民族设立完全应用民族语言文字的学校、编辑馆与印刷局，允许在一切政府的机关使用本民族的语言文字。

苏维埃政权希望通过这些基本政策的实行，消除一切民族压迫和阶级压迫，消除民族间的仇视和偏见，建立一个无民族界限的国家。这些政策，在根据地得到了贯彻执行，从而进一步丰富和发展。

在政权建设方面，这一时期，中国共产党在少数民族地区主要建立过两种形式的政权。

第一种，工农苏维埃政权。它和其他革命根据地建立的苏维埃政权在性质、组织形式上基本相同。如广西左右江地区各族人民建立的各级工农民主政权、

---

〔1〕 参见《苏维埃中国》（第1集），1933年印行，第197～204页，转引自韩延龙、常兆儒编：《中国新民主主义革命时期根据地法制文献选编》（第1卷），中国社会科学出版社1981年版，第8～12页。

湘鄂川黔革命根据地的苗族土家族地区建立的工农民主政权等。在这些苏维埃政权中，各族人民当家做主，政治地位显著提高。如右江苏维埃政府的11名委员中，壮、瑶占6名。左右江各县苏维埃政府或革命委员会主席，大部分是少数民族。

第二种，少数民族人民共和国及人民革命政府。如红四方面军于1935年11月1日在川西北的绥靖成立了格勒得沙共和国，其中央政府的主席、副主席、各部部长都是藏族人。中央革命政府之下设有绥靖、崇化、丹巴、懋功、卓斯甲、阿坝六个县级革命政府。1936年5月5日，在康北的甘孜建立了波巴人民共和国，其主席多德，副主席达结、孔撒都是藏族人。中央政府之下设立县、区、乡波巴政府。波巴政府不但有少数民族的劳动群众，还吸收民族宗教的上层人士参加。白利寺的格达活佛和藏族上层人士夏克刀登都担任政府的重要职务。[1]

为确保汉族占多数的各民族杂居地区的少数民族的政治权利，中华苏维埃共和国以及各根据地制定的相关法律条例中都有明确规定。如《中华苏维埃共和国选举细则》、《苏维埃暂行选举法》、《闽西工农兵代表会议代表选举条例》、《鄂豫皖六安第六区苏维埃条例》等，其中都规定，所在区域内之人民，不论种族、男女、宗教，都有选举权和被选举权，体现了宪法中民族平等的精神。表现在以下几方面：①中共积极帮助少数民族建立武装，或吸收其参加武装队伍。如左右江地区的红七军、红八军，其中多数是壮族子弟，还有不少当地的瑶族、汉族青年，军队基层干部多数是少数民族干部。②中共帮助少数民族成立各种团体和组织，如工会、雇农工会、妇女会、青年先锋队、儿童团等。在川西北和康北，还帮助成立了格勒得沙革命党、青年团和波巴革命党、青年团。③帮助少数民族地区发展生产，改善生活。这一时期进行了广泛的土地革命。主要是土地的分配，经过土地革命，占人口多数的贫苦群众获得了土地，极大地调动了其生产的积极性。④尊重少数民族的风俗习惯，自觉维护他们的利益。⑤苏维埃政府帮助少数民族发展文化教育。不仅开办了许多学校，而且都是免费的。

苏区的民族政策，贯彻了民族平等的原则，维护了各民族人民的利益，特别是贫苦群众的利益，得到了各少数民族广大群众的衷心欢迎，首次实现了民族间的真正团结。然而由于没有经验，也存在着一些不足：第一，苏区的民族政策存在着照搬苏联经验的问题。如政权的建立以苏维埃模式为标准。实践证明，这并不符合我国的国情。第二，采用了一些过“左”的政策。如土地革命

---

[1] 李国忠：《民国时期中央与地方的关系》，天津人民出版社2004年版，第338页。

中执行的“富农分坏地，地主寸地不分”政策，对土司、头人等藏族上层人士土地财产一律没收的政策，没有更多地从解决民族问题的立场出发考虑问题。

（二）抗战时期中共民族政策的发展

抗战爆发后，由于红军第一、四方面军的会合正在少数民族聚居的区域，红军今后在西北部的活动将同少数民族关系密切。1935 年 8 月，中央政治局沙窝会议提出：“争取少数民族在中国共产党与中国苏维埃政府领导之下，对于中国革命胜利前途有决定的意义。”[1] 首次把民族问题提到决定中国革命事业成败的高度。民族问题和苏维埃革命的成败紧密相连。

抗日战争使得中日民族矛盾成为主要矛盾，这就必须团结国内一切少数民族共同抗日。因此，这一时期，中央专门设立了相关的工作和研究机构。如蒙古工作委员会、定边工作委员会、少数民族工作委员会等机构，西北中央局于 1941 年 7 月设立了少数民族工作委员会，负责少数民族工作。总之，少数民族工作机构的相继建立，为制定正确的民族政策、做好少数民族工作奠定了组织基础。

抗日战争时期，中共的民族政策更为完善系统，民族工作取得了更大的成绩。与苏区的民族政策相比，这一时期民族政策的最大特点或最大变化是把民族问题纳入到争取民族解放的总体目标之下，提出了团结中华各族一致抗日的主张。[2]

在抗战时期，中共形成了三项原则。第一项原则是团结各民族共同抗日。早在 1935 年发表的《八一宣言》中，中共就号召中国境内一切被压迫民族共同抗日。同年 12 月瓦窑堡会议通过的《关于军事战略问题的决议》及毛泽东的《论新阶段》都把“团结各民族为一体，共同对付日寇”作为当时的任务之一。其后，在一系列关于民族政策的指示中，都把共同抗日、打倒日本帝国主义作为各民族的首要任务、中心任务，强调各族的命运和整个中华民族的命运一样，只有从彻底的抗日斗争中，才能争取其他方面的解放。这是抗战时期民族政策的第一个重大贡献。

第二项原则是在强调民族平等、反对民族压迫的同时，提出既要反对大汉族主义，也要反对狭隘的民族主义的主张。这些思想体现在 1940 年拟定的《关于回回民族问题的提纲》和《关于抗战中蒙古民族问题的提纲》。大汉族主义政策实行的结果，一方面造成了广大少数民族人民对汉族深刻的仇恨与成见，同

[1] 中央档案馆编：《中共中央文件选集》（第 10 册），中共中央党校出版社 1991 年版，第 534 页。
[2] 李国忠：《民国时期中央与地方的关系》，天津人民出版社 2004 年版，第 343 页。

时反过来又激起了某些少数民族人民狭隘的地方民族主义倾向，从而使民族矛盾加深。另一方面，日本帝国主义利用大汉族主义对少数民族的压迫所造成的仇恨与成见，利用某些民族的狭隘民族主义倾向，进行挑拨离间的政治阴谋活动，以分裂中国，统治中国。因此，必须全力反对这两种有害于民族平等的思想和行动。

第三项原则是积极进行民主改革和民生改善。为了实现各民族的团结抗战，必须提高各民族各阶层人民的抗日积极性。为此，中共强调实现各民族一切必要的与可能的民主改革与民生改善，从而保证各民族人民最基本的民主权利和一定程度上生活的提高。

综括这一时期中共具体的民族政策，可以归纳为以下几个方面：第一，唤醒并提高各民族坚决抗日的认识和信心，一致奋起推翻日寇的统治及其傀儡政权。第二，实现各民族在政治上与汉族享有平等权利。即赋予各民族有管理自己事务的权利。第三，开放民主，保证各族人民有抗战建国的言论、出版、集会、结社的自由，并组织各种团体参加抗日。第四，尊重各民族的风俗习惯、宗教、语言文字，保护其宗教寺庙，反对和禁止任何污蔑与轻视各民族的言论和行动。第五，帮助各民族发展生产，开办工厂，发展交通运输，举办生产消费合作事业和信用借贷，帮助各族人民提高、改善经济生活。第六，帮助各民族的抗日军队，组织强大抗日武装部队，充实国防力量。第七，实施抗战教育，发扬各民族优良的文化传统，培植抗战建国人材。第八，改善各民族间的关系，巩固抗日团结，要求各民族人民以平等亲爱的精神彼此相待。[1]

上述这些民族政策极为完善、系统，与苏区的民族政策相比进步很大。中共不但制定了比较正确的民族政策，而且在实践中履行、贯彻了这些民族政策。少数民族的政治权利得到了保障，实现了政治上的平等。这首先体现在法律保障上。以选举为例，《晋察冀边区目前施政纲领》、《晋冀鲁豫边区政府施政纲领》、《山东省战时施政纲领》等都规定在民主选举中对少数民族予以优待。

总之，抗日战争时期是中共民族政策和实践大发展的时期。这些政策的实行赢得了少数民族人民的拥护，为民族团结、共同抗日做出了贡献，也为中共以后民族政策的发展奠定了坚实的基础。

（三）民族区域自治的理论与实践

在探索解决中国民族问题道路的过程中，中共根据马列主义关于国家学说和民族问题的原理，从中国民族问题的特点和具体情况出发，逐步地确立了中

---

〔1〕 参见李国忠：《民国时期中央与地方的关系》，天津人民出版社2004年版，第346～347页。

国的民族区域自治理论，这是一个比较曲折、长期的历史过程。

建党初期，中共就开始关注民族问题。中共二大作出决议："蒙古、西藏、回疆三部实行自治；在自由联邦制原则上，联合蒙古、西藏、回疆建立中华联邦共和国。"[1] 首次提出了在民族地区实行自治和建立联邦制的主张。1922年11月，在《中共对于目前实际问题之计划》同样提到了联邦制、独立自治的主张。中共三大党纲草案重申了"民族自决"的主张，由西藏、蒙古等地自己决定和中国本部的关系。1928年在莫斯科召开的中共六大提出，中国革命现在阶段的政纲之一就是"统一中国，承认民族自决权"。1931年11月中华苏维埃第一次全国代表大会通过了《中华苏维埃共和国宪法大纲》，有关少数民族问题的主张写入了宪法。大会还专门通过了《关于中国境内少数民族问题的决议案》，郑重声明："中华苏维埃共和国绝对地无条件地承认这些少数民族自决权。这就是说：蒙古、西藏、新疆、云南、贵州等一定区域内，居住的人民有某种非汉族而人口占大多数的民族，都由当地民族的劳动群众自己去决定是否单独成立自己的国家，还是愿意加入苏维埃联邦或者在中华苏维埃共和国之内成立自治区域。"中华苏维埃第二次全国代表大会重申了这一点。

从这一时期相关文件可以看出，这一时期对于如何解决民族问题的制度安排中共主要有三种主张：少数民族单独成立独立的国家；与中华苏维埃共和国在平等的基础上建立联邦制国家；在单一制的中华苏维埃共和国境内建立自治区域。

当时的政权建设有三种形势：第一种是工农苏维埃政权，它和其他革命根据地建立的苏维埃政权在性质、组织形式上基本相同。第二种是少数民族人民共和国及人民革命政府，如格勒得沙共和国、博巴人民共和国等。第三种是民族自治政权。1936年8月建立的包括宁夏豫旺县和海原县东部地区的豫海县回民自治政府虽然只存在了半年时间，但它是中共建立的第一个具有民族区域自治性质的县级自治政府，为民族区域自治政策提供了实践经验。

抗战爆发后，中共民族政策的最大变化是把民族问题纳入到争取整个中华民族解放的总体目标之下，提出了团结中华民族、一致抗日的主张。这使得中共在民族政策制定中逐渐否定独立与分裂，以防止日本乘机侵略。但这时还在提民族自决，如在《抗日救国十大纲领》中，依然是民族自决和民族自治并提。从1938年10月毛泽东的《论新阶段》开始，中共提民族自决和联邦制就比较少了，而是更多地讲民族自治权，讲建立统一的国家。1939年底，毛泽东等人

---

[1] 中央档案馆编：《中共中央文件选集》（第1册），中共中央党校出版社1989年版，第62~63页。

所写的《中国革命和中国共产党》强调中国是一个由多数民族结合而成的拥有广大人口的国家。1940 年，关于蒙、回民族问题的两个提纲，一方面提出他们有管理自己事务之权，另一方面他们要与其他民族共同抗日，建立一个统一联合的新共和国。1945 年 4 月毛泽东的《论联合政府》中，要求改善国内少数民族的待遇，允许各少数民族有民族自治的权利。10 月 23 日，中共中央在关于内蒙工作方针给晋察冀边区的指示信中提出："对内蒙的基本方针，在目前是实行区域自治。"首次使用"区域自治"的概念。1946 年 1 月，中共向政治协商会议提出了和平建国纲领草案，主张"在少数民族区域，应承认各民族的平等地位及其自治权"。这表明，中国民族区域自治理论已初步形成。

在建立民族区域自治政权的实践上，解放战争时期有了更大的发展，那就是 1947 年 5 月内蒙古自治区的建立，它是中共建立的第一个相当于省级的民族区域自治政权。内蒙古自治政府是该地区蒙古民族各阶层联合其他各民族实行高度自治的区域性的民主政府，以内蒙古各盟、旗为自治区域。并在《内蒙古自治政府施政纲领》中规定了一系列基本政策。

以上这些民族自治政权特别是内蒙古自治区的建立，充实了中共民族区域自治的理论，为其最终确定以民族区域自治作为解决我国民族问题的基本制度模式提供了成功的范例，积累了成功、全面的经验。这是符合中国国情的正确的选择。这主要是因为以下几个方面的因素：

第一，中央集权的单一制国家的长期存在是实行民族区域自治的历史条件；第二，共同的革命斗争是实行民族区域自治的政治基础。近现代的中国是一个半殖民地、半封建的社会，各民族人民处于帝国主义、封建主义、官僚资本主义的重重压迫之下，共同的命运要求各民族团结起来，共同奋斗；第三，中国民族关系的特点要求实行民族区域自治。这种以汉族为主体的各民族大杂居、小聚居的情况，显然不适宜各民族分别建立国家。我国各民族合则两利，分则两害。实行民族区域自治，是促进整个中华民族共同发展的最好途径。

中共的民族区域自治理论和实践产生与发展，为新疆最终走出战乱不已的民国，实现真正的民族平等、民主及新疆少数民族人民的民权、民生，最终走向地方宪政提供了理论依据。

第二节 民国时期中央政府的民族政策及对新疆的影响

一、南京临时政府及北洋军政府民族政策及对新疆的影响

由于中国自古就是多民族的国家，所以民国历届中央政权对民族地方及事务都十分重视。这一时期，对于民族问题的解决主要是采取传统的政策，虽然国民党还未成为执政党，但孙中山“三民主义”在当时体现的先进、全面、系统性都对中央政府有所影响。

辛亥革命的胜利，南京临时政府的诞生，推翻了清王朝的封建专制政权，结束了延续近两千年的帝制，标志着中国从此走上了民主共和的道路。虽然革命后被封建军阀窃取，但是民主共和的观念已经深入人心，无人能逆潮流而动，孙中山的建国理想和建国纲领得到较全面的贯彻，共和国的框架已然确定。临时政府确定了建立国家的系列原则，制定了共和国的政治体制，并颁布了第一部具有资产阶级民主宪法性质的《中华民国临时约法》。其中在处理国内民族问题方面体现了孙中山的民族主义，突破了传统的民族政策的窠臼，确立了以近代文明国家民族平等原则为指导，在各领域全面发展的一套新型的民族政策，并被后来的民国政府所延续，从而逐步在中国确立起一种以维护国家统一和强调民族平等为内容的新型的民族关系。[1]确定了今后中国民族思想、民族政策的发展方向，具有深远的政治与法律意义。

（一）南京临时政府及北洋军政府民族政策

这一时期，中央对民族地方的政策及实践主要表现在以下方面：

1. 各民族一律平等、团结，并在根本法中给予保障。“中华民国人民一律平等，无种族、阶级、宗教之区别。”[2]这是中国历史上第一次以法律的形式承认各族人民一律平等。并规定了各民族人民享有的言论、游行、集会、迁徙、信教等各种自由权利，体现了宪法中的基本人权原则。同时规定参议员名额由“每行省、内蒙古、外蒙古、西藏各选派五人，青海选派一人”[3]。以法律的形式保证各民族地区在国家立法机关中与其他行省具有同等的地位。此外，宣示

---

〔1〕李国栋：《民国时期的民族问题与民国政府的民族政策研究》，民族出版社2007年版，第89页。

〔2〕中国第二历史档案馆编：“中华民国临时约法”，载《中华民国史档案资料汇编》（第2辑），江苏古籍出版社1991年版，第106页。

〔3〕中国第二历史档案馆编：“中华民国临时约法”，载《中华民国史档案资料汇编》（第2辑），江苏古籍出版社1991年版，第107页。

“五族共和”主张，明确中国对蒙藏回疆等少数民族地方的主权，坚持多民族国家的统一与领土完整。民国成立初，孙中山就任临时大总统时就宣布“五族共和”，首次提出了民族统一、领土统一的主张。1912 年《中华民国临时约法》明确规定：中华民国领土，为22 行省、内外蒙古、西藏、青海。

此后，袁世凯任大总统的宣言、天坛宪法草案、1914 年《中华民国约法》、1923 年《中华民国宪法》都对少数民族地区主权做了明确规定。这是从理论上、法律上提出了各民族一律平等，但在实践中由于传统的惯性及中央政府的衰微，导致无法真正实现。

2. 成立有关少数民族地方的管理机构，确保有效治理。这一时期，中央政府建立了一套管理边疆少数民族地方事务的机构。一开始，少数民族地方的事务主要由内务部管理，并没有设立专门的机构。1912 年将蒙藏事务处改为蒙藏事务局，后又改为蒙藏院，直隶于大总统，管理蒙藏事务。这是民国时期首次将管理边疆少数民族地方的机构独立出来。

此后，北京政府又设立西北筹边使，筹办西北各地方交通垦牧林矿硝盐商业教育兵卫事宜。1919 年又设边防督办，直隶于大总统综理边防事务。1921 年又设蒙疆经略使，指挥节制热河、察哈尔、绥远特别行政区都统。1923 年又设蒙疆委员会，直隶于大总统，筹议恢复外蒙及蒙疆善后事宜。1923 年 7 月，设西北边防督办，管辖之区域为“内外蒙古及新疆一带地域”。督办直隶于大总统，对于西北边防负有行政及军事上之完全责任。

这些机构和体制有综合的、专门的，有固定的、临时的，有驻中央的、派驻地方的。这就将少数民族地方从制度上纳入了整个国家的政权系统中，成为其有机的组成部分。[1]

3. 吸纳少数民族地方人员进入中央政权机构。民国初，临时政府就效仿西方建立了三权分立的体制，建立了国会组织。早在《中华民国临时约法》中就确定了少数民族地方人员在国会中的当然地位。之后，又制定了《中华民国国会组织法》、《众议院议员选举法》、《参议院议员选举法》等一系列法律，就有关民族人员的选举问题做了具体规定。从实际来看，在历届国会，包括临时参议院（1917 年 11 月 ~1918 年 8 月）、护法国会（1917 年 8 月 ~1922 年 6 月）、安福国会（1918 年 8 月 ~1920 年 8 月）、临时参政院（1925 年 7 月 ~1926 年 4 月）中，甚至在袁世凯拼凑的政治会议、约法会议中都有少数民族地方的代表。这些都标志着少数民族参与国家大政方针的决策与国家事务的管理，与清及以

---

〔1〕 李国忠：《民国时期中央与地方的关系》，天津人民出版社 2004 年版，第 110 页。

前相比，少数民族的政治地位有了极大提高，体现了少数民族与汉族平等地位的开端。

少数民族地方在中央政府其他机构中也有人担任一定的职务。如依法规定，蒙古、西藏通晓汉文并符合法定资格者可以被任用为京内外文武各职。如蒙藏事务局（后来是蒙藏院）的总裁和副总裁多由少数民族地方人士担任。

4. 派遣人员到少数民族地方宣慰、安抚、沟通联系。以西藏为例，1912 年 6～12 月，中央政府派杨芬、姚锡光为劝慰员赴藏开始，至 1920 年 7 月，派以朱绣、李仲莲为首的甘肃代表团止，其间共派出人员 6 次之多，进行宣抚、沟通。

此外，这一时期还制定了培养民族师资，发展民族教育；创办殖边银行，扶助少数民族地区发展经济等政策。但也存在一些民族不平等的做法，如推行民族语言、文化风俗方面的同化政策，造成各族事实上的不平等。[1]

（二）对新疆的影响

辛亥革命胜利后，南京临时政府成立，发表了关于民族平等的宣言，这激励着新疆的革命党人，随后新疆先后爆发了迪化革命、伊犁辛亥革命。伊犁革命取得了胜利，并于 1912 年 1 月成立了中华民国新伊大都督府，并成立了"汉、满、蒙、回、藏五族共和会"，表示赞成共和政体、拥护南京临时政府。革命政府还推行了一系列资产阶级民主制度，施行民族宗教政策，倡导民族平等和民族团结。这表明以孙中山的民族思想为核心内容的南京临时政府的民族政策的巨大影响。这是当时第一个按照民族平等、民主共和理念建立政权的少数民族地区，对其他民族地区起到了积极的鼓舞作用，极大地促进了新疆少数民族人民争取民主、自由、平等走向共和地方宪政的步伐。

虽然此后在与杨增新的谈判中，由于新疆革命的软弱性及斗争经验的不足，政权被杨所窃取。但革命政府宣扬的民主、共和、民族平等思想逐渐被人民接受，使得杨增新在其专制统治中，也不得不以这些思想、理念为幌子欺骗民众。杨增新上台伊始，就是打着拥护共和的旗号，并经袁世凯政府任命为民国新疆都督。后在与伊犁革命政府谈判过程中，为了窃取控制新疆的权力，极力鼓吹"共和成立，彼此一家"[2]。杨增新主政新疆 17 年，在这期间，虽然有沙俄的入侵，有英国策动的库车暴乱，有白匪的窜入，但由于新疆各族人民的抗俄斗争以及杨增新采取的一系列对策，新疆没有重蹈西藏、外蒙覆辙，没有出现严重

---

〔1〕 李国栋：《民国时期的民族问题与民国政府的民族政策研究》，民族出版社 2007 年版，第 120 页。
〔2〕 杨增新：《补过斋文牍》（丙集上）。

的分裂，新疆仍保持在北京中央政府之下，而且很多政策还受到民国政策的影响。

在与中央政府的关系上，杨增新主要采取“认庙不认神”的态度。不论北京政府谁当政，他都表示承认。民国以来，尽管他的官衔由都督兼民政长变为将军兼巡按使，再变为督军兼省长，到南京政府建立时就任省府主席兼总司令，但他在新始终独行其是，自称“嘉峪关外，唯我独尊”。可以说，新疆在民政、军政、财政、人事上拥有相当独立的权利，在对外交涉上也拥有一定的权力。

但新疆还是受到民国中央政府政策的影响。在地方政治体制上，它随内地其他行省体制的变化而变化，其主要官员要经过中央政府任命；在外交上，政治性的交涉主要靠北京政府，商业性的交涉也要呈报北京政府，这在策勒村事件、新疆与苏俄的贸易谈判中都有表现；在财政上，虽然数目很少，但新疆也有来自于北京政府或其他省份的协饷。[1]在其他事务上，北京政府也可施加一定的影响。如从1912年起，新疆就流行瘟疫，由于没有采取有效措施，瘟疫流行达五六年之久。情况反映到北京政府后，北京政府电请杨增新“从速设法消灭，以免蔓延”。在北京政府干预下，杨增新于1917年6月开始采取防治措施。[2]由于其实行的是闭关自守和愚民政策，这些措施都是不得已而为之，更多的时候是维持现状，不准发展的政策。但受中央民族政策的影响，为了维持自己的专制统治，杨增新不得不进行一些社会变革：第一，振兴实业，开渠垦荒，创办具有现代公司制度的阜民纺织公司；第二，发展新疆的交通运输业和邮电业；第三，发展教育事业，重建师范和中学，设立政治研究所，造就吏才，设立俄文政法专门学校，培养外交人才。[3]

二、国民党统治时期民族政策及对新疆的影响

（一）南京政府的民族政策

国民党建立政权后，“三民主义”成为其统治的理论基础。国民党也强调三民主义为其民族政策的指导思想。这一时期，中央对民族地方的政策主要体现在以下几个方面：

1. 以三民主义为依据，制定民族地区相关政策措施。在三民主义理论指导下，国民党就少数民族特别是蒙藏地方问题多次制定施政纲领和相关政策措施。如1929年6月，通过的《关于蒙藏之决议案》，是关于少数民族地方的第一个

---

〔1〕 陈慧生、陈超：《民国新疆史》，新疆人民出版社1999年版，第77页。

〔2〕 陈慧生、陈超：《民国新疆史》，新疆人民出版社1999年版，第188～189页。

〔3〕 陈慧生、陈超：《民国新疆史》，新疆人民出版社1999年版，第177～185页。

决议案，规定了六项政策措施，主要是对蒙藏进行调查、宣传，为振兴、开发蒙藏进行积极筹备。同年 7 月，蒙藏委员会拟订了施政纲领以及进行程序，这是对蒙藏政策和措施的最全面的规划。纲领包括十个方面，涉及行政、政治、财政、交通、教育、司法、实业、农林牧业、宗教等方面的革新与近代化的开启，并规定了分年分期的进行步骤。

1935 年 11 月，国民党五大又提出“重边政，弘教化，以固国族而成统一”，其基本实施纲领主要是给予民族地区一定的自治权，发展民族地区教育，培养边政人才等等。抗战胜利后，1946 年国民党又通过了《关于边疆问题报告之决议案》，明确规定保障边疆民族的自治权利。

国民党政权在其制宪过程中也非常关注边疆和民族问题。1931 年的《中华民国训政时期约法》、1936 年的“五五宪草”、1947 年《中华民国宪法》都提到边疆少数民族地方是国家领土的组成部分，并强调了民族平等的原则。特别是 1947 年宪法专设“边疆地区”一节，其中规定国家对于边疆地区各民族之地位应予以合法之保障，并于地方自治事业特别予以扶植等。

2. 中央主管机构的设置。1928 年 3 月，国民政府即公布了《蒙藏委员会组织法》，规定蒙藏委员会直隶于国民政府，掌理审议关于蒙藏行政事项、计划关于蒙藏之各种兴革事项，7 月，蒙藏委员会成立。之后，该委员会组织法又多次修正。

国民党统治时期，蒙藏委员会可以说是民族事务的主管机关，全面掌理其行政和兴革事项。蒙藏委员会于 1930 年公布了《蒙藏委员会派驻各地专员条例》，规定在张家口、库伦、恰克图、乌里雅苏台、科布多、阿尔泰、伊犁、拉萨等地派驻专员，各台站管理局事务划归相应专员办理，专员驻在地可设立办事处。

此外，国民党中央在组织部内设有边疆党务处，派有各蒙旗党务特派员，管理蒙旗党务；在军政部、军令部和参谋本部设有专管边疆事务的机构或派驻蒙旗的专员，其中参谋本部的边务组是蒋介石直接掌握边疆少数民族情况的机构。行政院曾设立西陲宣化使公署和蒙旗宣化使公署，掌理西陲、蒙旗宣化事宜；在蒙古设立地方自治指导长官公署，指导地方自治事宜，并调解省县与蒙旗之争执。

3. 对少数民族地方制度的建立。国民政府建立后，先后宣布建立青海、察哈尔、绥远、热河、宁夏、西康等省，以加强对少数民族地方的控制。在省行政中，国民政府注意到了民族问题，规定在这些民族省份，民族委员占 1/3，并在省府设专门管理民族事务的部门。

除确定行省制度外，国民党对少数民族地方制度进行了一定程度的重新厘定，突出表现在内蒙古问题上。国民党政权建立伊始，内蒙古地方代表就不断向国民政府请愿自治。1930 年 5 月，内蒙古代表提出要求建立内蒙古统一的地方自治政权，摆脱各行省对内蒙古蒙旗事务的干预，但提案被否决。作为妥协，国民党政府公布了《蒙古盟部旗组织法》。该法在一定程度上保护了内蒙古封建王公势力的权益，但并没有满足其“自治”要求，所以蒙古封建上层与国民党政权之间的矛盾更加激烈。

1933 年，发生了百灵庙高度自治运动，内蒙古封建王公上层要求建立高度自治政府，享有除军事、外交以外的立法权、行政命令权以及独立的人事权。迫于压力，国民党中央政治会议通过了《蒙古自治办法原则八项》，提出设立蒙古地方自治政务委员会，直隶于行政院，并受中央主管机关之指导，总理各盟旗政务，其委员长、委员以用蒙古人为原则，中央另派大员指导之，并就近调解盟旗、省县的争议；盟旗公署改为盟旗政府。但蒙政会并不具有完全自治政府的地位，该运动是蒙古封建王公上层与国民党政府争夺对内蒙统治权的斗争。

抗日战争结束后，内蒙古的形势非常复杂。主张“独立”者有之，主张“自治”者有之，主张内外蒙合并者有之。在各种压力下，国民党政权不得不关注内蒙自治问题。1946 年国民党中央通过了《对于边疆问题报告之决议案》，明确规定要保障边疆民族的自治权利，恢复原有的蒙古地方自治政务委员会，并明白划分蒙旗政府与省县间之权限。之后，蒙藏委员会及有关部门曾就边疆各蒙旗地方自治方案进行会商，进行过修正，但国民政府一直没有公布。随后，迫于人民解放战争的压力，于 1947 年 8 月，抛出了《蒙古自治法》，并宣布成立了“蒙古自治政府”，随着全国解放战争的胜利发展，“蒙古自治政府”夭折，内蒙古全境宣告解放。

4. 加强民族地区立法，规范管理。除前述根本法及行政法外，还涉及很多方面。

关于少数民族地方长官、宗教领袖来京展觐。1934 年蒙藏委员会通过的《边疆宗教领袖来京展觐办法》、《蒙藏新疆回部来京展觐人员招待规则》、《达赖班禅代表来京展觐办法》等。规定：蒙藏回各地方长官及各宗教领袖人员分班来京展觐期间，要谒总理陵、谒见行政院院长和国民政府主席、到各地参观、出席由蒙藏委员会召集的会议，报告边政、宗教情形等。

关于边疆工作人员的铨叙。1934 年行政院公布了《边疆武职人员叙授官衔暂行条例》，1936 年修正，并同时公布了施行细则。根据规定，凡在边疆现任武职人员，除服役于国军建制部队者外，凡有戍守地方担任保安之官长，得考核其资历与成绩，依规定叙授官衔。

5. 派遣人员、专使，设立专门机构，加强沟通、联系，宣示中央主权。国民党统治时期，中央政府向少数民族地方派遣了许多人员、专使，设立了专门机构，密切了中央与少数民族地方的关系。就派遣人员来看，一种是侧重于政治沟通、交换意见的。例如，1929 年，国民政府“赴藏慰问专员”的派出；1931 年，西藏驻北平、南京、西康办事处正式设立等。一种是负有特殊使命的专使，不但要沟通联系，且有宣示中央政府主权的作用，例如，黄慕松代表中央参加十三世达赖喇嘛的祭祀、册封等活动；吴忠信作为特派蒙藏委员会委员长参加十四世达赖喇嘛坐床大典，等等。

以上这些册封致祭、主持坐床大典的专使，不仅宣传了中央政府政策，慰问了少数民族人士，交换了意见，密切了联系，更重要的是依据惯例，行使了中央政府的权力，明确宣示了国家主权。[1]

此外，中央在少数民族地方设立了许多机构，主要有：蒙藏委员会驻藏办事处、蒙旗宣化使公署、西陲宣化使公署、蒙旗宣慰使公署、察哈尔蒙旗特派员公署。这些机构的成立，一方面使中央与民族地方政府日常事务的处理更为便利，使双方关系日臻密切；另一方面，主要是宣传中央政策、民族团结以及各族不要受外力诱迫等。

6. 吸纳少数民族地方人才。为促进各民族的团结，训练边疆人民的政治能力，培养治边人才，国民党政府多次重申鼓励民族优秀人才到中央党政机关服务。如 1929 年《关于蒙藏决议案》，1931 年的《确定边区建设方针并切实进行案》，1935 年国民党五大宣言，1946 年 3 月的《关于政治报告之决议案》、《对于边疆问题报告之决议案》等。实际情况也如此，在国民党统治时期，在中央与地方党政机关中都有少数民族地方人士。

7. 在民意机构中考虑少数民族地方代表的地位。如 1931 年的《国民会议组织法》，规定国民会议由各省市职业团体、中国国民党及蒙古、西藏、海外华侨所选出的代表组成。在随后召开的国民会议上，许多少数民族地方代表参加或列席了会议。[2] 1946 年《中华民国宪法》规定蒙古选出代表，每盟 4 人，每特别旗 1 人，西藏和各民族在边疆地区选出代表，其名额以法律定之。1947 年公布的《国民大会代表选举罢免法》规定：蒙古各蒙旗、西藏、各民族在边疆地

---

〔1〕 李国忠：《民国时期中央与地方的关系》，天津人民出版社 2004 年版，第 276 页。

〔2〕 第二历史档案馆编：《中华民国史档案资料汇编》［第 5 辑第 1 编・政治（一）］，江苏古籍出版社 1994 年版，第 163 ~ 166 页。

区选出的代表分别为57、40、17名。[1]

8. 发展边疆党务。国民党统治时期，实行“以党治国”。在党治背景下，国民党在少数民族地区党务的发展，不仅具有团体的意义，更具有政权的意义，是研究中央与少数民族地方关系时不能忽视的。

在国民党党章中，一般都有特别地方党部的规定，其中就包括了一些少数民族地方党部。国民党历次代表大会及中央全会也多次就少数民族地方党部的推进工作做出规定或部署。如1945年国民党五届中央常会第276次会议通过召开六大代表选举法及名额分配表，规定外蒙、西藏、内蒙、绥远、察哈尔、热河、辽宁、黑龙江各蒙旗、各边疆直属区党部代表为18人。[2]国民党设立的边疆党部，结合当地特点进行各个方面工作，以宣传中央政策、三民主义，发展组织，从另外一个方面加强中央政府在这些地区的影响。

9. 外部势力对中央与少数民族地方关系发展的干扰与阻碍。帝国主义的侵略和干涉是这一时期中央与少数民族地方关系出现危机状态的最根本因素。西方帝国主义国家，极力推行其殖民扩张政策，觊觎中国边疆。他们笼络和收买少数民族地方上层，培养出卖民族利益的亲帝国主义集团，极力挑拨中央政府与少数民族地方的关系，帮助这些集团组织、训练、指挥军队，给其提供武器装备。他们向中国中央政府不断施加外交压力，甚至进行直接的军事干涉。在帝国主义的支持和干涉下，分裂势力肆意进行破坏祖国统一的活动，中央政府维护国家统一的努力经常遭受巨大阻力或者半途而废。可以说，没有帝国主义的侵略和干涉，这一时期中央与少数民族地方的关系就不会经历如此大的危机。[3]

如在沙俄及苏联长期的支持、扶植下，外蒙古的独立。日本在内蒙古西部地区，借20世纪30年代初一批蒙古封建王公发动的“内蒙古高度自治运动”没有得到国民党政府的满足，开始了对内蒙古的侵略。

西藏与中央的关系经历了一个从恶化到好转、再恶化再好转的过程。其首恶就是英国，其次是美国。近代以来，英国不仅发动了两次侵藏战争，攫取了一批侵略权益。而且只要中央政府势力微弱时，英、美帝国就支持和怂恿西藏上层分子闹分裂、独立。新疆同样是在沙俄、英及后来的苏联等帝国主义的渗

---

〔1〕 第二历史档案馆编：《中华民国史档案资料汇编［第5辑第3编·政治（二）］，江苏古籍出版社1999年版，第800~802页。

〔2〕 第二历史档案馆编：《中华民国史档案资料汇编》［第5辑第2编·政治（一）］，江苏古籍出版社1998年版，第682页。

〔3〕 李国忠：《民国时期中央与地方的关系》，天津人民出版社2004年版，第276页。

透、控制与侵略下，军阀割据，分裂与叛乱不断，主权受到严重威胁。

综观民国时期中央与地方关系的理论与实践，可以看到多种因素的影响。这些影响因素主要包括军阀和派系政治、传统的中央集权观念及制度、地方主义、西方观念、政党制度、国内外政治形势、帝国主义侵略渗透等。其作用于中央与地方关系产生的结果也很复杂，不能片面地看待。另外，中央与地方的冲突、对抗虽然不表现在法规和制度上，但却是中央与地方关系的一个现实的、重要的方面。[1]

从总体上说，民国时期中央与地方关系的发展经历了一个中央集权的崩溃——恢复中央集权的努力—地方分权—中央集权的过程，但实际情况极为复杂。

中央与地方关系的发展主要有这样几个特点：多变性和不稳定性；法定关系与实际关系的背离；非单一模式（不同时期处理中央与地方关系的模式不同、中央政府和不同的地方政府关系模式不同）；中西观念的冲突与融合等。综合分析，中华民国时期的中央与地方关系格局可称为“弱势中央集权”，它对中国政治和社会发展产生了深远的影响。[2]

（二）国民党的民族政策在新疆的影响

这一时期，国民党对新疆的民族政策是以孙中山的民族思想为指导理论，建设三民主义的新疆。主要体现为两个方面：一是在控制新疆过程中的民族政策；二是直接统治新疆时的民族政策。

1. 控制新疆过程中的民族政策。这一时期，南京政府对新疆的政策主要是围绕着如何进入新疆、如何全面控制新疆而展开的。

辛亥革命后，新疆一直在杨增新的统治之下。1928 年新疆发生了“七·七”事变，杨增新被刺身亡，结束了其 17 年的统治，金树仁开始主新。国民党南京政府想趁此机会控制新疆局势，而金树仁为了得到南京政府的正式任命，也表面拥护中央，与中央保持一致，但掌握军政大权的金仍然拒绝中央插手新疆事务。国民党政府借在新疆设立国民党省党部，企图向新疆渗透。金氏以委员本地化为由拒绝接纳。后又将国民党强行派去的委员驱逐出疆。最后双方经过多次协商、妥协，达成方案，各推举 4 ~5 人组成了省党部。国民党派去的委员受到金氏的严密监视，无所成绩，只能在哈密农民暴动引起的战争中做些慈善工作。

---

〔1〕 李国忠：《民国时期中央与地方的关系》，天津人民出版社 2004 年版，第 362 页。

〔2〕 李国忠：《民国时期中央与地方的关系》，天津人民出版社 2004 年版，第 8 页。

1933年4月12日，新疆发生了“四·一二”政变，金氏被迫下台，其执政只有一年多，国民党政府无法控制新疆，因此其民族政策也无法实施。后盛世才开始主新。“四·一二”政变发生后，南京政府借此良机又一次策划控制新疆，借宣慰及调查事件过程，派出了以黄慕松为首的庞大“宣慰团”，实质上是想直接代替盛世才。黄一到，就以中央大员身份发号施令，召见有关人士报告新疆情况，派员赴南北疆进行宣慰，优待和笼络少数民族上层人士很快拉拢了一批各族各界代表，并收容了一批反共的新疆少数民族逃亡人士，如麦斯武德、穆罕默德·伊敏、艾沙等人，作为将来经营新疆的干部储备；另外还在蒙藏政治训练班增设回文班，训练边事干部，为日后渗入新疆作准备。

另外，中央派去的省党部委员正式挂出省党部的牌子发动组织群众，招收训练一批青年骨干，把他们派往各县替换金树仁委任的党务指导员，以省党部名义出面组织群众，以党务人员身份参与新疆省临时政府。在起草新政府纲领时，加入国民党党纲的内容，以省党部名义举办庆祝新政府成立的游行大会，扩大国民党在新疆的影响。他们帮助临时政府起草了十大政治纲领，内容主要有实行各民族政治、经济、文化平等，人民有集会、结社、出版、言论自由，发展新疆经济等，还特别强调外交归中央、实行党化教育、财政与中央统一等条文。但随着盛氏开始实行亲苏政策，这些政策都无法变为现实。

2. 直接统治新疆后的民族政策。盛世才反苏后，投靠了国民党。此时国民党的势力大批入疆，而且军事力量也占据了新疆的各个战略要地，为全面接管新疆做好准备。1944年8月11日，盛世才制造了“黄林案”，导致国民党直接控制新疆，盛世才无奈离新。南京政府开始在新疆推广自己的三民主义边疆政策。

(1) 实行民族同化政策。国民党直接统治新疆后，开始运用所谓的三民主义边疆政策治理新疆。体现在以下两个方面：一方面国民政府及国民党历次会议重要决议、报告和宣言中，都宣称保障各民族一律平等，扶持边疆民族自治，发展各民族经济、教育与文化，尊重各民族的宗教信仰与习俗等；另一方面又宣布“重边教，弘教化，以固国族而成统一”[1]，在边疆地区推行民族同化政策，希望将各少数民族融化到汉族中去。1943年，蒋介石又抛出《中国之命运》一书，更是贯穿着国民党大汉族主义的思想。他在书中根本不承认中国多民族的存在，而将汉族以外的其他少数民族称作汉族的宗族，宣扬中华民族为

---

〔1〕“中国国民党第五次全国代表大会宣言”，载《中华民国史档案资料汇编》［第5辑第1编·政治(二)］，江苏古籍出版社1991年版，第487页。

单一民族。吴忠信被派往新疆省任主席后，随即开始强行推行蒋介石的这一民族同化政策。1944 年的国庆纪念大会上，他发表了《告新疆民众书》，其中宣称他在新疆的施政要点就是要“增进宗族互信”，在民族主义方面，以宗族一律平等为基点。[1]在他主政新疆的 18 个月里，对新疆少数民族使用的仍是中国传统统治手法：笼络个别少数民族上层、宗教人士，同时利用、离间各民族，使得他们互相牵制。如争取回、蒙古民族以牵制新疆其他少数民族，笼络维吾尔族上层以控制普通民众，离间哈萨克族与维吾尔族以孤立哈萨克族。吴忠信利用该方法一方面贯彻国民党的民族同化政策，一方面以稳定新疆。

（2）强化警察组织，实行民族压迫。新疆历届军阀都推行民族压迫政策，最主要的依靠工具就是军警，甚至秘密警察。盛世才时期，在苏联的帮助下，秘密警察成为盛氏独裁的得力助手，并在镇压、掠夺人民中扮演了重要角色。国民党直接统治新疆后，对秘密警察组织进行改组，继续行使着镇压人民的重要职能，同时也成为引发三区革命爆发的直接因素之一。

（3）重新扶植封建宗教势力。民国时期新疆经济以农牧业为主，经济又极为落后，信仰伊斯兰教的教众众多，因此新疆的封建势力与宗教势力结合，成为新疆社会中的上层及统治力量。国民党政府想巩固统治，开始与封建宗教势力合作。首先，释放封建宗教上层人物，以获得支持。盛世才主新前期，实行亲苏政策，关押了很多的王公、阿訇、封建及宗教头目，在其执政十几年中几乎扫除尽净。[2]吴忠信上台后，先后释放各族人士近千人，被释放者多为毛拉、阿訇及其他地方首领，而尤以南疆人士居多。吴还给予川资，设宴款待，甚至委以各地要职。[3]国民党与封建宗教势力结合，通过他们控制着各级地方政权，打压一切进步力量。同时，国民党为了获得封建宗教势力的拥护，也保卫、加强他们的既得利益，恢复他们曾经失去的一切特权。[4]

（4）宣慰、宣抚各地民众。为了缓和新疆各地社会阶级矛盾，分化瓦解三区革命，吴忠信成立了宣抚委员会，组织宣抚队、宣慰团前往南北疆各地进行宣抚。在北疆，主要是宣抚流离失所的哈萨克族、蒙古族民众，同时招降哈萨克族暴动首领乌斯满，取得了一定的效果。在南疆，为了防止三区革命的影响进一步扩大，主要是对驻军、官吏、民众进行宣慰。

---

〔1〕 吴忠信：《主新日记》，1944 年 10 月 10 日。

〔2〕 张大军：《新疆风暴七十年》（第 11 册），台北兰溪出版社 1980 年版，第 6171 页。

〔3〕 吴忠信：《主新日记》，1944 年 4 月 4 日。

〔4〕 黄建华：《国民党政府的新疆政策研究》，民族出版社 2003 年版，第 102 页。

（5）吸收少数民族人士参与政权。吴忠信的政策虽起了一定的作用，但是无法阻挡三区革命的发展，国民党在新疆的统治岌岌可危。在此情况下，张治中取代吴氏，国民党开始利用少数民族人士参与新疆政权以缓和民族矛盾。具体体现在新伊双方《和平条款》的签订，随后成立了国民党与三区政权参加的联合政府，暂时缓和了民族矛盾。

（6）给予少数民族人民一定的民主政治权利。主要体现在《和平条款》的内容：赋予各族人民参政议政的权利，人民享有出版、集会、言论等各种自由，予人民信仰宗教的完全自由，取缔对宗教的歧视政策等（详见第四章第三节）。

（7）协调民族关系，缓和民族矛盾。张治中时期，为了防止地方驻军的干政，任命陶峙岳为新疆警备总司令，再三指示地方驻军不许干预地方事务。同时，对警察机关进行改组，使其隶属地方行政机关，接受地方行政长官的节制。一定程度上缓和了民族矛盾。

（8）开发大西北，扶助各族经济文化之发展。1945 年，蒋介石提出了“开发大西北”的主张。张治中更是意识到要解决新疆问题就得要建设新疆，因此多次呼吁、建议中央要大力从财政上、技术上、人才上支持、建设新疆。在张的努力下，行政院组织制定了《行政院派驻新疆建设技术辅导团第一期（1948 年下半年至 1951 年年底）建设计划纲要》，以提高人民生活水平、坚定边民内向之心、收巩固边疆之宏大效果为宗旨，内容包括农林、水利、畜牧、工业、矿冶、交通运输、医药卫生、迪化市政建设等项目。[1]但此时国民党意在挑起内战，根本无暇顾及新疆建设问题，该计划根本无法实施。

---

〔1〕 张治中：《张治中回忆录》（下册），中国文史出版社 1985 年版，第 514 ~ 522 页。

第四章
民国宪法在新疆地方实践的曲折历程

清末“新政”在新疆的推行，标志着新疆迈出了由传统社会向近代化社会转型的步伐，客观上也促进了新疆微弱的民族资本主义的发展和西方资产阶级民主思想的传播。特别是西方的民主、自由、平等思想渐入，革命风起云涌，民主共和的思想开始深入人心。从此，任何人再也不能把新疆拉回到旧的封建落后的老路上去。“新政”为新疆20世纪向近代化迈进，乃至向现代化迈进，从而进入一个新的历史发展时期开了一个好头。[1]它为即将爆发的新疆资产阶级革命运动提供了一定的社会条件。在随后的辛亥革命中，新疆和全国其他地区一样进入了新的历史时期即中华民国时期。这意味着新疆人民在与封建专制、军阀独裁、帝国主义侵略不断斗争的同时，开始走上了地方民主宪政的道路，虽然与内地相比十分缓慢、曲折，甚至有时似乎原地踏步，但是历史的车轮总是向前，在通往地方民主政治的道路上，新疆取得的成绩虽然很小，但每一次都是进步。

〔1〕齐顺清、田卫疆：《中国历代中央王朝治理新疆政策研究》，新疆人民出版社2004年版，第352页。

第一节 新伊大都督府的成立

——新疆地方政治宪法化的发轫

一、资产阶级革命思想广泛传播

清末“新政”革命党人进入新疆之始，就广泛发动群众，壮大革命力量，传播资产阶级民主革命思想，并取得了一系列成果。革命党人首先决定发动军队，杨缵绪很快为部分革命党人先后安排了军中职务，如冯特民任伊犁协统部书记官，李辅黄任工程营营副，冯大树任警察局提调，郝可权任参军官。他们暗中进行革命串连，李辅黄联络湖北籍军人，李梦彪联络陕甘籍军人，冯大树联络绿营军标营，谭玉书联络军中之哥老会势力。在新军中发展组织，如邓宝珊、黄立中等均在此时加入同盟会。还有部分人员深入到各级官府、部门、学校、商界，民族、宗教界等进行活动，广泛地发展革命力量。[1]

伊犁革命党人活动的又一重点，是大力开展以传播资产阶级民主革命思想为中心内容的舆论宣传工作，以唤起民众，推动革命进程。1910 年 3 月，革命党人在冯特民主持下创办了《伊犁白话报》，传播革命思想和革命纲领，吸收倾向革命的各民族知识分子参加采访、撰稿，以汉、满、蒙古、维吾尔四种文字发行（汉文为铅印）。同时，筹设高初两等学校，培养革命人材。

该报在新疆迪化、塔城、宁远（今伊宁）、绥来（今玛纳斯）、霍尔果斯以及北京、天津、上海、汉口等内地重要城市设有“代表处”。报纸积极宣传同盟会的纲领，把矛头对准腐朽的清朝统治者，开辟了“爱国活历史”等多种专栏，采编各族人民爱国活动的材料，大力宣传收回主权、以雪国耻的思想，愤怒揭露帝国主义尤其是沙皇俄国侵吞我领土，干涉我主权，乃至疯狂输运鸦片毒害新疆各族人民的种种罪行。当时人们评价《伊犁白话报》起着“振聩起聋，开通民智”的作用。新疆有史以来就是个多民族的聚居区，做好对各民族的团结与发动工作，是伊犁革命党人活动的又一重心。因此该报还针对新疆各民族聚居的特点，宣传民族平等，教育各族人民应不分畛域，互相尊重，携起手来，为挽救国家、民族的危亡而斗争，显示了它的进步性与革命民主精神。[2]它使长

〔1〕 苗普生、田卫疆主编：《新疆史纲》，新疆人民出版社 2004 年版，第 394 页。

〔2〕 白振声、［日］鲤渊信一主编：《新疆现代政治社会史略》，中国社会科学出版社 1992 年版，第 12 页。

期遭受封建的民族歧视压迫之苦的各族人民受到鼓舞，得到民族、民主思想的启迪。另外，冯特民等人深入下去，分赴各县宣传革命思想，唤醒各族人民群众的觉悟，以消除封建统治者造成的民族隔阂，使革命得到各族人民的理解、同情和支持。这项工作同样取得了显著的成效。

如在革命党人的努力下，维吾尔族上层代表阿奇木伯克表示，愿意率领伊犁地区八十圩子（乡、村）的维吾尔族群众捐献农产品以支持革命，富商木沙巴依、牙可甫巴依主动在经济上为革命活动提供资助。回族阿訇沙懿德、绅商马兴隆、马文秀，哥老会首领徐三泰，绥定知府贺家栋，将军府文案黄心斋，京帮商务会长肖冠三，南帮商总张定升等，都倾向革命，或参加革命组织，或予以财力支持。维吾尔族富商玉山巴依，在伊犁革命爆发后，捐献军用皮靴、皮大衣，并和牙可甫巴依一同资助军饷。经过革命党人一系列的活动，伊犁革命形势高涨，武装起义的时机日渐成熟。

概括起来，主要有以下几点[1]：第一，革命党人创办《伊犁白话报》，分别用汉、满、维、蒙四种文字出版发行。它宣传革命思想、爱国思想和革命纲领，对激发各族人民的革命精神起了启蒙作用，为武装起义奠定了思想基础。第二，在清军中进行宣传鼓动，建立革命团体，发展同盟会会员。革命党人多在清军中担任军职，便于联络和宣传，无论是绿营，还是新军，很多官兵都成为同盟会会员，这些人大都成为起义的中坚力量。第三，争取和团结伊犁哥老会，秘密组织义勇军。当时，哥老会在伊犁有雄厚的力量，遍布军、政、农、商、学等各界。经过革命党人的工作，将其首领徐三泰争取过来，并委任为义勇军团长，待机举义。第四，团结伊犁各族群众，消除回汉之间的隔阂。伊犁是一个多民族的地区，其中有汉、回、满、蒙古、锡伯、索伦（达斡尔）、哈萨克和维吾尔等民族。革命党深入这些民族做了许多工作，特别是争取和团结了回族的头面人物马凌霄，并消除回族对汉族的不信任，以完成“革命大业”。伊犁党人在思想上、组织上和物质上的准备，为伊犁起义奠定了胜利的基础。

由于准备很充分，革命党人一面联络军界、商界和宗教界，一面密遣党人分赴伊宁、绥定、塔尔奇、霍城等地联络民军。同时，革命党人利用志锐与前任伊犁将军广福的矛盾，化解了起义受到的严重威胁。最终起义获得成功。[2]

---

〔1〕陈慧生、陈超：《民国新疆史》，新疆人民出版社2007年版，第14～15页。

〔2〕详见白振声、［日］鲤渊信一主编：《新疆现代政治社会史略》，中国社会科学出版社1992年版，第19～24页。

二、新伊大都督府成立

伊犁起义胜利后，立即成立了汉、满、蒙、回、藏“五族共进会”，由杨缵绪担任会长。1月8日召开紧急会议，宣告中华民国军政府新伊大都督府成立。1912年1月10日，正式成立了伊犁临时政府，除广福（原伊犁将军）为都督外，杨缵绪（革命党人）为总司令部部长，贺家栋（原伊犁知府）为参谋部部长、民政部长，冯特民（革命党人）为外交部部长，黄立中（原伊犁候补知事）为财政部部长，郝可权（革命党人）为军务部部长，李辅黄（革命党人）为前敌总指挥，徐国桢为东进支队司令。从以上成员来看，伊犁临时政府包括革命派、旧军人、旧官僚等三部分人，革命党人占据了不少重要职位，且数量较多。此时，革命政府为了巩固新生政权，团结一切可以团结的力量，与反动的清专制政权在新疆的代表作斗争，这样做是可以理解的。但半个月后，一些曾与起义军作战的清军将领如军标协统陈甲福、新满营协统蒙库泰等，也被委任以部分重要机构之部长、司长等要职，这暴露了伊犁革命党人与辛亥武昌起义的革命党人一样，没有认识到自己掌握政权的重要性，暴露了辛亥资产阶级革命党人政治上的妥协性与革命的不彻底性。

新伊大都督府成立后，颁布了一系列法令，实行了一些新政策，其主要内容有〔1〕：

1. 革除清朝政府旧制，推行资产阶级的民主制度。新伊大都督府成立以后，通电全国，宣布共和。他们明令废除清朝的酷刑，取消枷具、军棍、皮鞭等刑具；废除缠足和给官员行“跪拜礼”；取消老满营的特权；废除苛捐杂税，“除征地粮牲税，仍照旧完纳”外，其他各项捐税立即停止征收；颁发《广征人民请愿书约章十条》，设立“投书柜”（信箱），号召人民献计献策和批评建议，以“改革时政”；等等。

2. 施行民族宗教政策，倡导民族平等和民族团结。民族之间应不分畛域，汉、满、蒙、回、维、哈各民族均应一视同仁。对少数民族不准有侮辱性的称呼，违者务处以一至五两罚金。

3. 恢复办报，改《伊犁白话报》为《新报》，用汉、维两种文字出版，继续为资产阶级革命制造舆论。

4. 布告安民，申明革命纪律，稳定社会治安，恢复人民的正常生活秩序，提倡努力生产，恢复交通。发表《劝农》的社论，督劝农民不误农时进行耕作，

---

〔1〕 陈慧生、陈超：《民国新疆史》，新疆人民出版社2007年版，第14～15页；白振声、［日］鲤渊信一主编：《新疆现代政治社会史略》，中国社会科学出版社1992年版，第25页。

并派军队下乡捕拿土匪，保障安全。

5. 宣布改革旧政治，建立资产阶级的议会民主制；同时，坚持外交平等，照会俄国政府，承认新伊大都督府为合法政府等。

推翻封建专制、实现民主共和反映了人民的意愿，是符合当时的历史潮流的。虽然伊犁起义后来在和谈中被新上台的杨增新骗取了政权，随后革命力量遭到分化、瓦解以至屠杀，但新伊大都督府的成立，宣告了清朝在伊犁的专制统治的结束，唤醒了新疆各族人民反帝、反封建的革命热情，标志着新疆进入民国时期。从此，以民主共和代替封建专制、用民主的统一代替“专制的统一”成为新疆人民不断追求的伟大目标，新疆走上了通往民主、地方宪政的道路。

从迪化起义的爆发到伊犁革命政权的失败，意味着新疆资产阶级革命同全国辛亥革命一样以失败而告终。表明新疆革命党人企图用资产阶级民主革命拯救内外交困的边疆的失败。新疆各族人民寻求救亡图存道路的探索还得继续。但革命推翻了清朝在新疆的专制统治，唤醒了新疆各族人民反帝、反封建的革命热情。革命首次在新疆建立了共和政府，尝试了资产阶级议会民主制，推行了一系列资产阶级民主制度，倡导民族平等和民族团结，使得共和观念深入人心，标志着民国大幕在新疆的开启，同时也标志着新疆各族人民为了寻求解放、平等、自由等权利的实现，从此走上了从自发到自觉的争取地方宪政的曲折历程。

第二节 民国宪法在新疆地方实施的曲折历程

一、军阀割据时期宪法对新疆地方政治民主化的影响

（一）杨增新政权时期宪法对地方政权的影响

1. 地方政权组织的演变。民国时期新疆地方行政区划的沿革（新疆地方宪政进程中具体政治制度的构建）：

1884 年新疆建省，实行道、府、厅、州、县制，使新疆与内地在行政建置方面基本统一起来了。1885～1902 年，新疆在行政建置方面经过多次调整，共设镇迪、阿克苏、喀什噶尔、伊塔 4 个道，分别管辖着 6 个府、8 个直隶厅、2 个分防厅、2 个隶州、1 个州、21 个县、2 个分县。它们的隶属情况是：

镇迪道：迪化府（辖迪化、昌吉、绥来、阜康、孚远、奇台 6 个县和呼图壁分县）、吐鲁番直隶厅（辖鄯善县）、镇西直隶厅、哈密直隶厅、库尔喀喇乌苏直隶厅。

伊塔道：伊犁府（辖绥定、宁远2县和霍尔果斯分防厅）、精河直隶厅、塔城直隶厅。

阿克苏道：温宿府（辖温宿、拜城2县和柯坪分县）、乌什直隶厅、库车直隶州（辖沙雅县）、焉耆府（辖新平、若羌、轮台3县）。

喀什噶尔道：疏勒府（辖疏附、伽师2县）、英吉沙尔直隶厅、莎车府（辖巴楚州、叶城、皮山2县和蒲犁分防厅）、和阗直隶州（辖于阗、洛浦2县）。

杨增新主新时期，新疆地方政权制度实行省、道、县三级组织。为了更好地维护自己的统治，阻止沙俄对北疆的侵略和干涉，杨增新采取了一系列措施，加强了对地方政权组织的管理。地方政权的建设与稳定，为新疆走向地方宪政提供了政治制度前提，这对于维护祖国统一，防御帝国主义的颠覆和分裂都具有十分重大的意义。

第一，改组伊犁官制，实行军政分治。民国初期，伊犁、塔城、阿尔泰不属新疆管辖。在夺取伊犁革命政权后，杨增新将镇边使改为镇守使，规定凡重大事，镇守使必须秉承都督。新疆都督的统辖权扩大到伊犁地区。镇边使和镇守使虽一字之差，但其权限大不相同。镇边使相当于清朝的伊犁将军，与新疆都督同等地位，故镇边使署“机关独立，权限自专”，“不受都督节制”。1914年2月4日，北京政府根据杨增新的要求将镇边使改为镇守使，权限仅限于管控军队，并“归新疆都督节制”，“遇有重大事件，均须秉承都督”，待都督批准后方能实施。至于地方行政事宜，另由道尹和四领队官管辖，“与镇守使两不相涉”。[1]从此，伊犁军政均归新疆都督直辖。

第二，在塔城、阿尔泰设立道署。清代塔城原属伊犁将军管辖，1916年，塔城的行政建置归新疆，行政首长改为道尹，原有伊犁“将一切职权，统归新疆都督”。乌苏县、新设额敏县、沙湾县、什托洛盖县佐等均隶于该道尹。其满、哈萨克、蒙古各部直接归新疆省长兼督军杨增新管辖，原参赞所辖军队汰弱留强后，统属新疆督军。伊犁、塔城隶属的变化，对边防的管理和巩固是有利的。

阿尔泰在清代属科布多参赞大臣管辖，光绪三十一年（1905年），清政府设阿尔泰办事大臣，民国成立时改为办事长官，直属北京政府。1919年3月7日阿尔泰发生兵变，杨增新乘平定兵变后，认为外蒙独立，波及科布多城，阿尔泰科布多毗连，势甚危及，阿存则新疆可保，阿亡则新疆难以独全。阿山应以新疆为根本，新疆应视阿为屏蔽。因此，电呈中央政府将阿尔泰归并新疆，

---

〔1〕 方英楷主编：《中国历代治理新疆国策研究》，新疆人民出版社2006年版，第235页。

改区为道，布尔津设县治，布伦托海设县佐，直接由新疆省长兼督军管理。

民国初年，新疆省下的道署只有迪化、阿克苏、喀什噶尔三道。伊犁、塔、阿尔泰先后归属新疆后，杨增新增设了伊犁、塔城、阿山（阿尔泰）三道。为了便于管理，民国九年（1920 年）又增设焉耆、和阗两道。至此，全疆共设 8 道、59 县和 7 局（即县佐）的行政建置。

杨增新对新疆地方政权组织的构建，本质上是扩大自己的管辖范围，增强都督权力。但增设和扩大道县基层政权的建制，客观上却是有利于边防的管理和巩固，有助于国家的统一。在其长达 17 年之久的统治时期，保持了新疆稳定，维护了国家的统一，边防无大碍，除了其老辣的统治手段外，还得益于其对新疆地方行政区划的构建。

2. 促进新疆社会发展的措施的实施。

（1）防止军人干政。杨增新在镇压伊犁革命党人，哈密、吐鲁番农民起义和南疆哥老会后，科布多、阿尔泰边界也逐渐趋向缓和，新疆局势处于暂时稳定状态。在这种形势下，杨增新采取了“缩减军队政策”。新疆军队号称 3 万，约有 140 多个营，实际上只有 1 万人。为防止军人干政，杨增新所任用的军官，大多避其所长，文人充武官，军人充当文官，甚至让活佛、阿訇充当军职，真正讲武堂出身的军官为数甚少。

（2）拥护中央政府。杨增新主政新疆时，立足新疆，维护国家统一。（详见第二章第二节）

（3）奖励廉能，严格整顿吏治政策。当时，新疆财政自筹，政府运转非常困难。为了维持政府的基本运转，杨增新明令不准增设机关，不准增添官吏，不准修建官署，不准增加薪俸。他要求官吏廉洁公正，严厉打击贪官污吏。如库车县知事桂芬收缴赋税不从中取利，鄯善县知事张衔耀兴修水利、开渠垦荒成绩突出，均受到奖励。鼓励民众控告贪官，若犯罪确切，则严厉惩办，如喀什道 12 个县知事中有 11 人被惩办。迪化县知事谢维兴、伊宁县知事廖焱罪行严重被枪决。一批贪官污吏被惩办。

另一重要措施则是新旧结合，培养新官。杨增新最重视县官的挑选任命，他说县知事“位卑而责重，以一人之身兼握庶政之柄，民生国计皆于此”。一定要选择既有旧学基础，又有新知识，并且熟悉新疆情况的人担任。而这样合格的人又很缺乏，于是他于 1916 年 6 月 9 日呈报政府，于 7 月 1 日成立了一个政治研究所，招收一部分卸任或候补知事集中学习，设外交、财政、警察、实业、法律、算学六门课，经 2 年的学习，1919 年 7 月底这些人经考试合格后都先后被委以官职。[1]这说明虽然杨增新采取的是愚民政策、封建专制统治，但为了维护自己政权的稳定，还是重视基层官员的教育，而且采取的是旧式、新式教育相结合的方法，这也算是一个小小的进步。

(4) 对各种封建陋规的革除。首先，严禁地方官贩卖乡约。杨增新曾称新疆的乡约是政治毒瘤，是百姓身上的“附骨之疽”。民众畏乡约较畏地方官为甚。这些乡约依仗官府势力对百姓肆意欺压掠夺，地方官则卖放乡约，收受贿赂，在新疆各地已成通病。乡约的数目也越来越多。1914 年 7 月 6 日，杨增新通令南疆各县知事严禁卖放乡约，同时要求各县留规定数目的乡约，其余所谓的总乡约、副乡约、会办乡约、办乡约等一律撤除，否则该知事即从严惩办决不宽贷。1915 年 2 月，杨增新又通令乡约由当地人民公举，然后由县知事任命。任命乡约时，只收纸笔费 6 两，此外不得纳贿。并规定乡约任期为 2 年，任期内违法的县知事呈报省长核准革职，永不录用，公正勤廉的可连选连任，但任期至多不得超过 6 年。其次，严禁地方官府插手阿訇的任免事宜。民主共和制在新疆建立之初，清代“验放阿訇”的政策基本上没有改变，但由于民国初年严重的吏治腐败之风，“贿买”和“卖放”阿訇的现象普遍存在于新疆各地。地方县吏甚至用“派充阿訇”代替“验放阿訇”，结果引起教民的不满，“教争之案”也屡屡发生。这使得官府介入教民宗教上的争端，小则造成官府与百姓矛盾，大则造成地方上的动乱。为杜绝这一弊端，杨连续颁发严禁“验放阿訇”的通令，主张“阿訇公举”，企图杜绝官吏的腐败之风。但杨对阿訇的任免也不是放任的，既不能擅传新教，谋为不轨，又不能引发“争教之案”和“徇私召乱”。很明显，杨主张“慎择阿訇”，是让人们选择“品学兼优”、“熟悉经典”而又能为他所“驾驭”的阿訇。无论杨增新初衷如何，但是在阿訇的任免上，由当地人公选，对乡约任免的规定，已限制了最基层官吏对权力的滥用，具有了地方宪政的萌芽，是从封建到近代地方宪政社会蜕变过程中的一个小小的进步。

3. 实行独裁专制的统治。杨增新毕竟是旧式官僚，其统治时期实行闭关自守和愚民政策，对中央政府“认庙不认神”，竭力防止关内势力插手新疆事务（包括中央政府），嘉峪关外，惟其独尊。他把新疆建成自己的封建王国，实行独裁统治，进而又制约了新疆的发展。

杨增新在袁大化时代任新疆镇迪道兼提法使。在袁大化和伊犁革命军作战

---

〔1〕 白振声、[日] 鲤渊信一主编：《新疆现代政治社会史略》，中国社会科学出版社 1992 年版，第 106 页。

时，靠招募回队五营起家，作为扩充自己实力的资本，后接任新疆省都督。在与新伊大都督府进行谈判过程中，逐渐窃取了革命果实，最后通过了议和条款11条。其主要内容是：①双方承认共和，遵守临时约法；②对内对外政策实行统一，迪化为新疆全省行政立法机关所在地；③都督行使全省最高行政权；双方承认杨增新为都督，省议会成立后正式选举，转呈大总统任命；④双方推荐人员组织政府，呈请大总统任命。新政府成立后，双方原有机关同时撤销；⑤双方停战，撤退军队，按照全国军界统一联合章程，互相联络，“共保和平”；⑥抚恤伊犁牺牲的军政人员，释放“谋建共和”的在押人员，等等。这些条款，除了承认共和、遵守临时约法等原则规定外，革命党人没得到任何实质性的东西。而杨增新却得到了合法的地位，新疆军政大权全归了杨增新，为全面控制新疆实行独裁专制迈出了关键的一步。

在塔城和谈达成协议、伊犁临时政府撤消后，杨增新秉承袁世凯的旨意，着手分化瓦解革命力量，屠杀革命党人。其手法之一是，采用高官厚禄、调虎离山等反革命手段，分散和削弱伊犁的革命力量；其手法之二是，收买革命党人，腐蚀党人的意志；其手法之三是，拉拢以广福为首的旧势力，密谋策划。捏造罪名，残杀革命党人。杨增新在屠杀革命党人的同时，施展各种阴谋手段，依靠他组织的回族部队，也对倾向革命的哥老会进行了残酷的镇压。在镇压了伊犁革命党人和全疆哥老会以后，扫除了障碍，从此他就肆无忌惮地独揽新疆军政大权，割据一方，推行独裁专制制度。

民主和专制是对立的。杨增新既然实行专制独裁，也就必然反对民主制度。尽管他打着“民主共和”的招牌，但却公然反对参议院对“省官制一案”的表决。他认为省议会“监督弹劾都督之权”，是他实行专制的障碍，因而反对“民选省长于边省”。[1]至于民选省以下的地方官吏，杨增新更是极端反对。他认为民选地方官吏“实是大乱之道”。[2] 对于民选县知事，他命令“禁止”，认为“新疆人类庞杂”，不能使“官吏由民公举”，“民举官吏之事，如果实行于新疆，不出数月，即可全疆糜烂”。杨增新把民选官吏看作是“破坏治安”，“大乱之道”。他公开声称：如果民选官吏，“即严行拿办，以弭乱萌，并通饬各属一体禁止”。[3]杨增新为了推行他的独裁专制制度，反对民主制度，极力强化其统治机器。在新疆，除了恢复宣统年间停办的警政以外，在各县筹设地方巡警，

[1] 杨增新:《补过斋文牍续编》(第1卷)，第1~3页。

[2] 杨增新.《补过斋文牍》(辛集一)，第1页。

[3] 杨增新:《补过斋文牍》(辛集一)，第4~6页。

用以镇压革命党和哥老会，镇压主张民选官吏的进步分子。

为了长期统治新疆，杨增新还采取了闭关自守和愚民政策。他反对对外开放，认为“为国者，闭关而治，民至老死不相往来”。“闭关而治”就是“不开恩怨之门”，“不开竞走之门”，“不开争夺之门”，“不开祸乱之门”。只有“闭其门，则天下太平”。[1]他严禁外国和内地的人进入新疆，不准外国和内地的书报杂志在新疆发行，对民间邮电往来也要严格检查。杨增新的“闭关而治”思想严重影响了新疆社会经济的发展。文化上实行愚民政策。杨增新督新期间，以老子“不尚贤，而尚愚”的理论治理新疆。杨增新非常推崇“老子之学”。其愚民政策的基本点，是把新疆各族人民变为“不通文字，不读诗书”和“蠢蠢而居，嬉嬉而游”的“混沌之民”，以实现他的“无为而治”。[2]杨不热心“兴办教育、启发民智”，原因是他把学校看作“致乱之根源”。他宣称：“民智已开，人心日险”；“学堂毕业之人日多一日，仕途争竞之风亦日甚一日，天下大乱必由于此。”[3]

民族宗教政策方面，因新疆有很多蒙古族，为了取得蒙古等少数民族王公的支持，杨新沿袭蒙古的扎萨克制，准许蒙古等少数民族王公世袭其爵。同时笼络和利用民族宗教上层人士，依靠他们在民众中较大的影响和作用，稳定社会，巩固其统治。在他统治时期，新疆走向地方宪政的步伐十分缓慢，取得的成绩很少。主要是有力地维护国家的统一，领土的完整，禁止分裂势力对泛伊斯兰主义的传播。

（二）金树仁政权时期地方宪政萌芽的继续发展

金树仁继杨主政新疆后，基本上是“萧规曹随”，所谓“主省，宜师杨（增新）之策”。就其统治机构来说，只是名称的变化，原班人马基本上未动。但在杨增新政权的基础上也稍有发展。例如：一是没有奉行杨的愚民政策，主张“开办教育，疏通民智”；二是新官上任不再到上帝庙举行宣誓仪式；三是改变了清朝的道台制，将八道改为八个行政区；四是建立和加强国民党新疆省部，国民党在新疆的活动合法化，等等。[4]从新疆地区局势来看，人们的思想上此时已有了一些变化。尽管杨增新实行愚民政策，但不能完全阻碍人们的眼界开放。早在辛亥革命之前，新疆即有革命党人及倾向革命党的哥老会等进行活动。新

---

〔1〕 杨增新：《补过斋读老子日记》（卷四）。

〔2〕 杨增新：《补过斋日记》（卷十九）。

〔3〕 杨增新：《补过斋日记》（卷十六）。

〔4〕 陈慧生、陈超：《民国新疆史》，新疆人民出版社 2007 年版，第 229 页。

疆伊犁、迪化等处的辛亥起义都是在革命人的参与和组织下发动的。杨增新统治时期，国民党已经派人潜入新疆进行活动。北伐战争的开始以及顺利进行和成功，于全国各地包括遥远的新疆都发生了影响。特别是青年对于有新名词、新口号装饰的内地新政治有了更多的甚至带有幻想色彩的向往，一些思想进步的人则一心思变，试图借推翻北洋军阀政府之东风，在新疆有一番作为，“七七”政变就是在这种新思潮影响下发生的。杨氏一倒，主张官吏民选及集会、结社等项自由的看法公开表露出来，试图控制和镇压持有进步思想者的做法越来越难以施行。[1]这些进步的思想推动着新疆朝着民主、共和、地方宪政的方向继续前进。

1. 地方政权建制变化不大，改道为区。1928 年金树仁上台后，新疆基本上仍保留了道县制。当时，虽然内地已采用省县两级制，但考虑到新疆地处边陲，幅员辽阔，南京政府特准新疆将 8 道改为 8 个行政区，道尹的公署也就成了行政长公署。行政区以下设县等基层政权，管理地方事宜。

2. 开办教育，疏通民智。金树仁执政之初，在“开办教育，疏通民智”的思想指导下，比较起杨增新时的教育略有好转。教育文化经费有所增长，且该项经费不仅负担教育，甚至负担新疆中小学学生的伙食补助费和书本费等。1928 年，新疆用于教育文化经费为 533 899 元，以后历年均有增加，到了 1932 年增至 1 880 057 元，增长了两倍多。金树仁时增办了一些学校，在迪化还开办了女子小学。1929 年新疆有初等学校 122 所，1930 年为 148 所，1931 年增加到 153 所。1929 年有小学生 5477 人，1930 年为 6855 人，1931 年增至 7162 人。[2]自 1930 年起，金树仁始派亲信子弟十余人作为留学生留学德国，以后又送学生到日本、德国和内地求学。金树仁后期，教育发展受战乱影响又趋凋敝。教育落后的状况依然如故。全省 59 个县，一个县只有一两所小学；全省学生 7380 人，其中小学生占 7162 人，中学生仅有 200 人。当时，中等以上的学校有：新疆俄文法政专门学校 1 所，省立中学 1 所，省立师范学校 1 所。1932 年全疆公立学校只有 68 所，学生 2274 名，较前几乎减少了 2/3。[3]

3. 国民党势力正式进入新疆，活动合法化。金树仁为取得南京国民政府的承认而使自己的独裁统治合法化，表面上服从中央，竭尽所能取得南京政府对

---

〔1〕 白振声、[日] 鲤渊信一主编：《新疆现代政治社会史略》，中国社会科学出版社 1992 年版，第 151 页。

〔2〕 张大军：《新疆风暴七十年》（第 6 册），台北兰溪出版社 1980 年版，第 2982 ~ 2983 页。

〔3〕 陈慧生、陈超：《民国新疆史》，新疆人民出版社 2007 年版，第 238 页。

他的任命，这样国民党员在新疆的活动开始合法化。之所以如此，一是他需要利用此招牌，控制国民党在新疆的活动，为他的统治服务；二是迫于国民党的实力和压力，借这张牌协调和中央政府的关系。因此当国民党中央决定派人往新疆设立省党部指导委员会，金氏借口委员要地方化，抵制内地人来新疆工作，自行设立国民党新疆省党部。为此，南京国民党中央和金树仁展开了争夺新疆省部组建权的斗争。

在斗争过程中，在相互妥协的基础上，采取了一个折衷方案。按照这一方案，南京和新疆各自推举四五人组成省党部，由国民党中央任命。1931 年 7 月，南京国民党中央任命新疆省主席金树仁、省府秘书长鲁效祖、财政厅长朱瑞墀、在内地的新疆青年宫碧澄、白毓秀、中央政治学校学生甘肃人李洽、曹启文为新疆省党务特派员，在新疆组建省党部。国民党中央希望通过这四个青年人逐渐在新疆为国民党开展工作。由于哈密事变，从内地直赴新疆的道路不通，宫碧澄、白毓秀及新疆省政府聘请的顾问吴蔼宸绕道赴新，而在他们抵达新疆前，金树仁就已经建起了省党部，并派出县党部委员赴各县开展党务工作。宫碧澄等人抵达迪化后，由于新疆东部局势吃紧，无法开展党务工作。不久迪化被围，国民党省党部为解燃眉之急，筹建了慈善会。通过募捐、收尸、设粥厂舍粥、外县赈济和医疗救护，使国民党党务有了一定的发展，省党部的影响迅速扩大。然而，由于局势特殊，1930 年国民党中央执行委员会常务会议通过的所谓《新疆省党务特派员工作纲要》未能得到实施，纲要中所列创办学校、设立报馆及通讯社、举行社会调查、设立图书阅览室、巡回演讲诸项均无法进行。[1]只是介绍党员一项工作略有进展。1933 年 6 月，沙吾提阿吉向国民党中央报告，新疆全省党员数目为 868 人。[2]即便是这样，宫碧澄、白毓秀等人的活动仍然受到金树仁的严密监视。

不久，新疆发生“四·一二”政变。政变之后，宫碧澄与吴蔼宸等利用国民党省部展开工作，以省党部名义出面组织群众，以党务人员身份参与新疆省临时政府，在起草新政府纲领时，加入国民党党纲的内容，以省党部名义举办庆祝新政府成立的游行大会。这些活动扩大了国民党在新疆的影响．当时新疆的不同政治力量，如盛世才、李笑天、陶明樾、陈中等都不时与国民党新疆省党部联系，临时政府主席刘文龙聘请宫碧澄担任临时政府的高等顾问。一时国

〔1〕 白振声、[日] 鲤渊信一主编：《新疆现代政治社会史略》，中国社会科学出版社 1992 年版，第 165 页。

〔2〕 张大军：《新疆风暴七十年》（第 5 册），台北兰溪出版社 1980 年版，第 2722～2725 页。

民党在新疆大有迅速扩展之势，省党部制定了招收青年进行培训、替换金树仁委任的各县党务指导委员、加强在青年中的工作等工作计划。盛世才的上台及其在政治斗争中的得势终于使这些计划破产，国民党在新疆的发展又一次受到抑制。

无论怎样，国民党的势力开始正式进入新疆，新疆第一次有了真正的政党，而这个政党在当时的新疆，相对于金树仁的独裁残暴统治来说，还是比较进步的。虽然在金树仁主新时期，国民党无法参与和控制新疆的政权，但是通过与金氏的斗争，通过对新疆各界进步力量的拉拢和宣传，扩大了国民党在新疆的号召力。同时，通过对民众特别是青年的宣传，越来越多的人主张官吏民选及集会、结社等自由，民主、自由、共和的观念更加深入人心，有力地推动了新疆向民主、地方宪政的迈进。

（三）盛世才政权初期的民主政治促进地方宪政的发展

1. 地方行政建制变化。盛世才执政后，省、行政区、县三级行政建制基本沿袭旧制，但也有变化。1934 年首先增设了哈密行政区，1942 年又增设了莎车行政区。1943 年全省 10 个行政区改称 10 个专区，行政长公署被改为行政督察专员公署。省政府下增设农矿厅，加上原有秘书处和民政厅、财政厅、教育厅、建设厅，现为五厅一处。有高等法院、地方法院、外交特派员公署；有财政监察委员会、整理金融委员会、整理财产委员会、禁烟委员会、屯垦委员会、设计委员会、保安总局（1936 年改为公安管理处）等。[1]

2. 进步的、促进社会全面发展的“六大政策”的制定。盛世才在新疆的统治地位基本确立后，为了进一步巩固统治地位，立即着手制定各项方针政策，在苏联和共产党的影响下，在其执政初期，这些政策都是比较进步的。

当时影响最大、使新疆面貌为之一新的是制定了反帝、亲苏、民平、清廉、和平、建设“六大政策”。“六大政策”是在 1934 年的“八大宣言”和 1935 年的“九项任务”的基础上，在中国共产党人和进步人士的帮助下制定的。

早在“四·一二”政变后，为了表明新政权与金树仁政权的区别，收拢人心，盛世才颁布了十大纲领。具体内容是：①各民族在政治、经济、教育上一律平等；②各地官员公选及考试法录取，不分省界及民族界限；③人民有集会、结社、出版、言论等自由；④废除金氏对人民种种非法不人道的束缚政策；⑤发展交通，调剂各民族及各地方之生活水准；⑥开发矿产，使新疆经济独立；⑦辅助农民使农村经济充实及具体化；⑧外交归中央；⑨施行党化教育；⑩财

〔1〕 陈慧生、陈超：《民国新疆史》，新疆人民出版社 2007 年版，第 316 页。

政与中央统一。[1]由于有国民党员宫碧澄、吴蔼宸等人的参与，十大纲领的最后三条反映了国民党南京政府企图借政变之机以控制新疆的实质。这是盛世才急于获得南京国民政府的承认，为了巩固自己的统治的权宜之策。这些具有资产阶级民主性质的内容，同样是为了获得人民的好感和认同，同时也反映了当时新疆人民在经历多年的民主、自由、平等的洗礼后，对走向真正的共和、地方宪政的向往。

盛世才转向依靠苏联、与南京政府交恶后，于1934年发表了“八大宣言”：①实行民族平等；②保障信教自由；③实施农村救济；④整理财政；⑤澄清吏治；⑥扩充教育；⑦推行自治；⑧改良司法。盛世才在上台执政的初期提出上述8条，目的是安抚人心，稳定社会，其中包含着“六大政策”的内容。从“八大宣言”中反映出盛世才对南京政府的态度有了变化，与中央的关系已不再提了。八大宣言在当时虽无多大理论色彩，只是具体改良措施，但与其前任杨、金时代比，仍不失为一个进步的改良纲领。[2]抛开盛世才后来反动独裁、镇压进步人士，仅就宣言而言，同杨、金的政策相比，显然是具有革命性的。

1935年，盛世才又提出了一个新的九项任务：①彻底厉行清廉；②发展经济和提高文化；③避免战争维护和平；④全省动员努力春耕；⑤便利交通；⑥保持新疆永久为中国领土；⑦反帝反法西斯和永久维持中苏亲善政策；⑧建设新新疆；⑨绝对保护各族王公、阿訇、喇嘛等的地位和权利。九项任务可以说是八大宣言的补充和发展。盛世才在《政府目前的任务》中透露，此书由何语竹、张义吾、徐廉、郎道衡、王立祥、刘佛吾、周春晖诸君校阅过。其中张义吾、王立祥是共产党员，这表明盛氏政策的制定已经受到共产党人和进步人士的影响。

“六大政策”是从八大宣言和九项任务发展而来。1934年盛世才击败马仲英部，开始走向建设阶段，提出反帝、和平、建设；1935年依靠苏联日益紧密，又加上亲苏、清廉的名词。1935年春，俞秀松等联共党员到新疆后，帮助盛世才制定出“六大政策”中的五项：反帝、和平、清廉、建设、亲苏。次年4月，盛世才《六大政策教程》将民族平等表述为民平。“六大政策”作为盛世才政权的政治方针正式概括形成。

但“六大政策”存在根本缺陷，就是没有反封建，这为盛世才后来走上反

---

〔1〕 张大军：《新疆风暴七十年》（第6册），台北兰溪出版社1980年版，第3217~3218页。

〔2〕 白振声、［日］鲤渊信一主编：《新疆现代政治社会史略》，中国社会科学出版社1992年版，第253页。

苏、反共、反人民的反动道路埋下了伏笔。但抛开盛世才后来的倒行逆施与残暴专制，“六大政策”在当时还是进步的，它反映了新疆各族人民的愿望，有利于新疆政治局势的稳定，有利于新疆社会经济和文化的发展，有利于各族人民的团结进步，有利于维护国家的统一，因此受到新疆各族人民的拥护。正因“六大政策”的实行，才促使盛世才与苏联形成联盟，为后来盛世才与中国共产党结成抗日民族统一战线、为抗日战争爆发后新疆成为苏联援助中国以及共产国际与中国共产党联系的交通要道奠定了基础。

3. “六大政策”的实施与效果。20世纪30年代后期，中国共产党人在新疆帮助盛世才全面贯彻“六大政策”，使新疆的社会面貌发生了深刻变化，新疆的社会发展取得了很大进步，民众的民主、自由、平等思想进一步得到提高，民主的政治氛围较好，促进了新疆迈进民主地方宪政的步伐。“六大政策”实施后，取得了一系列成果，主要有：

（1）实施平等、自由的民族、宗教政策。民族问题是新疆最重要的问题，能否解决好民族问题，是盛世才的统治能否巩固的关键。在苏联和中国共产党的帮助下，借鉴苏联解决民族问题的经验，盛世才在“六大政策”中提出民族平等、宗教自由的政策。主要表现在：

首先，突出民族平等，吸收少数民族上层人物参加各级政权。为了更好地体现民族平等，政府机关包括正副厅级和地方行政长官中均有民族人士。如和加尼牙孜为省政府副主席，阿布都热合满为财政厅副厅长，阿赫毛拉为省银行副行长，尼牙孜为阿克苏行政长，土尔扈特南部落盟长满楚克扎布为省府委员，哈萨克知识分子巴彦毛拉为民政厅副厅长，哈萨克地方领袖沙里夫汗为省府委员兼阿山行政长，维吾尔知识分子包尔汉为土产公司经理，不少县还配置了民族副县长。现有民族的称谓，维吾尔族、柯尔克孜族、塔塔尔族、塔吉克族等族的名称，均是这个时期确定的。[1]同时还成立“新疆民众联合会”，处理民族之间的问题，由民族人士担任联合会的委员长。

其次，重视发展民族文化教育。盛世才政府提出发展各民族固有文化。各族同胞完全可以用自己民族的语言文字出版书报，设立学校，教育自己的子弟，提高自己的文化；可以遵守自己民族固有的风俗习惯和信仰，不受其他民族强迫的同化政策；发展以民族为形式、以六大政策为内容的民族文化。“四·一二”政变后，盛氏开始重视少数民族的文化教育。从1935年起，在省立师范设立了维、哈、蒙等民族班。随后又在迪化成立了编译委员会，编译少数民族文

〔1〕包尔汉：《新疆五十年》，文史资料出版社1984年版，第244页。

字课本，同时从苏联中亚地区购入大批少数民族文字的仪器、教材，军校也招收少数民族子弟。1936 年春，在伊犁、塔城、阿山、阿克苏、喀什各区成立了教育局，在各县普遍创办县立小学，鼓励各族男女儿童上学。同时注意提高师资质量，创办暑期教员讲习会。在社会教育方面，举办民众夜校和扫盲班，鼓励各族文化促进会办学校（会立学校）。1935 年，在省立女子中学开设了职业教育班。[1] 除了给予各地人民创设学校的自由和方便，还提供经费。各县普遍增设或创设了县立小学，给各族儿童以就学的机会。反对民族歧视，学校规定要互相学习各自的语言。

为了发展各民族文化和教育，兴办社会公益事业，同时在各民族中积极宣传和推行六大政策，当时还成立了各族文化促进会来聚合、笼络各民族中的知识分子、青年和民众。盛世才规定，各族文化促进会以本民族传统文化为形式，以六大政策为内容，致力于本民族文化教育事业的发展和提高。在一个时期内各族文化促进会成为群众的政治、教育、文化活动中心。先后成立的各民族文化促进会共有八个：维吾尔族文化促进会（简称“维文会”）、哈萨克柯尔克孜族文化促进会（简称哈柯文会）、蒙古族文化促进会（简称“蒙文会”）、乌孜别克塔塔尔文化促进会（简称乌塔文会）、回族文化促进会（简称回文会）、锡伯索伦满族文化促进会[2]（简称锡伯满文会）、归化族文化促进会[3]（简称归文会）和汉族文化促进会（简称汉文会），共涵盖了 12 个民族。到 1936 年底，维吾尔文促进会除总会外，共有 8 个区分会，41 个县分会，23 个村支部；哈柯文化促进会，除总会外共有 5 个区分会，8 个县分会；回族文化促进会除总会外，共有 3 个区分会，14 个县分会。

再次，给予各民族参政议政的权利，多次召开全省各民族代表大会。1934 ~ 1939 年，每年都举行一次全省范围的人民代表大会。1934 年 4 月召开了第一次全疆人民代表大会，1935 年 4 月召开了第二次全疆人民代表大会，1936 年 8 月召开了全疆哈萨克、柯尔克孜两族人民代表大会，1937 年 2 月召开了全疆蒙古族人民代表大会，1938 年 9 月召开了第三次全疆人民代表大会，1939 年召开了蒙哈柯三族人民代表大会。这样的工作，不但在新疆是创举，对全国而言，中华民国成立 28 年来，无论全国性的或是某一省地方性的各民族代表大会，新疆

---

〔1〕 新疆社会科学院历史研究所编：《新疆简史》（第 3 册），新疆人民出版社 1980 年版，第 224 页。

〔2〕 索伦现经识别改称达斡尔族。

〔3〕 归化族当时指已取得中国国籍或无国籍的俄罗斯人和其他欧洲人。

也是首例。[1]

最后，保障信教自由。盛世才在共产党的帮助下制定了保障宗教自由的政策：各族相信各族的宗教不受政治的限制和干涉；各族人民不得以宗教信仰的不同互相诽谤、互相仇视；各族同胞要发扬光大各族的教义，拥护新政府，执行新政府的六大政策。宗教不得干预行政，宗教活动不得违背六大政策等。

总之，地方民众参加政权，地方民族部队驻防要地，以民族语文为中心的文化事业之建立与团体的组织，以民族语文为中心的学校的创设……都是划时代的大事件。[2]应当承认，这些政策的实行，当时各少数民族是满意的。这种政策的实行，使各民族间的仇恨消除，各民族都表示对盛世才的拥护。

（2）整肃吏治，提倡清廉。1935 年 5 月 1 日，新疆省政府公布了惩罚贪官污吏条例 12 条，并着实惩办了一批贪官污吏。如条例规定：凡公务人员贪赃至 500 元以上者处死刑或无期徒刑。为此，呼图壁县长徐文彬、孚远（吉木萨尔）县长吴振邦、库车财政局长骆祥、运输局庶务股长关凤鸣和阜康财政局的王裔钊、王君修等数十人均判处死刑，在社会上引起震动。

（3）大力发展文化教育事业。新疆的教育事业一直很落后，1933 年以前，全疆有 60 所学校，2000 名学生（连小学在内）。盛世才上台后比较重视发展教育事业。

首先，大力发展学校教育。据 1937 年底统计，全疆公立学校计有：学院 1 所，内分政经、文史、教育等系，学生 300 人，无女性；中学 5 所，学生 900 余人，内女生 80 余人；师范 5 所，学生 1000 余人，内女生 40 人；小学 215 所，学生 33 025 人。民众办的学校 50 所，学生 1738 人。会立学校：维文会设立者 1540 所，学生 89 804 人；哈、柯文会设立者 275 所，学生 14 322 人；回文会设立者学生 44 人；蒙文会设立者 24 所，学生 917 人；乌文会设立者 2 所，学生 204 人；塔文会设立者 3 所，学生 420 人；归文会设立者 4 所，学生 650 人。从以上数字中，我们可以看出新疆教育事业发展的概况，当时确实是动员社会各个方面的力量多渠道办学。[3]

1938～1942 年，全疆公立和各族文化会立的学校数和学生数都有较大的增长。如公立学校数从 1938 年的 357 所增加到 1942 年的 580 所，学生数从 36 575

---

〔1〕陈培生："新政府七年来之政治设施"，载《反帝战线》第 4 卷第 1 期，转引自方英楷：《中国历代治理新疆国策研究》，新疆人民出版社 2006 年版，第 251 页。

〔2〕周东郊：《新疆十年》，第 66～67 页，转引自方英楷：《中国历代治理新疆国策研究》，新疆人民出版社 2006 年版，第 252 页。

〔3〕方英楷：《中国历代治理新疆国策研究》，新疆人民出版社 2006 年版，第 249 页。

人增加到91 065人；会立学校数从1400所增加到1883所，学生数从99 915人增到180 035人；全疆学校总数从1757所增加到2463所，学生总数从136 490人增加到271 100人，足见当时教育规模的日益扩大。社会教育和妇女职业教育亦有很大的发展。但从总的方面看，教育大都偏重于社会科学，处处以六大政策为依据，而理工农医等自然技术科学则显得落后，教育偏废的现象很严重。[1]

其次，选送学生官费留学。从1934年起，新疆先后选送了三批各族学生赴苏联塔什干、阿拉木图、撒马尔罕、安集延等地官费留学，学习行政、法律、农业、蚕桑、林业、畜牧、兽医、水利、医疗卫生等专业技术。这些学生回国后，为新疆的建设作出了贡献。

再次，优待各族学生。新疆政府对学生的优待，在全国是少有的。学生入学，概不收费，纸墨笔砚以及课本都由政府供给，并供给膳宿等。中学大学的学生还有津贴，毕业后由政府加以任用，绝无"失业"的恐惧，每年还派学生到国外去留学。[2]

最后，中国共产党在文化教育方面的帮助。盛世才执政初期与中国共产党建立了统战关系后，主动要求中共选派干部帮助他的政府工作。在文化教育方面，中共干部为发展新疆的教育事业做了大量行之有效的工作：①健全教育机构；②争取教育经费的投入；③促进社会各个阶层捐资助学兴办学校，培养师资提高教师素质；④积极编译出版各种教材；⑤发展社会教育等。林基路担任新疆学院教务长时，倡导"教用合一"的教学方针；制定出"团结、紧张、质朴、活泼"八字校训，以生活革命化整顿校风。学院开设了马列主义革命理论课程如《中国革命史》、《世界革命史》、《辩证唯物论》、《政治经济学》、《社会发展史》等。同时对学生进行人生观、世界观思想情操方面的教育。在共产党人和爱国进步教员的培养和影响下，新疆学院一批有志青年学生很快成长起来，走上了革命道路。如新疆三区革命主要领导人之一的阿巴索夫等。汪小川等共产党人在新疆日报社为抗日救国大造舆论。在宣传抗日救国、传播马列主义毛泽东思想等方面，当时的《新疆日报》无论在形式内容、数量质量方面在全国（除共产党的根据地外）都是罕见的。

4. 政党式的组织——新疆民众反帝联合会的建立。新疆民众反帝联合会，

---

〔1〕 程东白："十年来新疆的文化教育事业"，载《新新疆》1943年第1期，转引自白振声、［日］鲤渊信一主编：《新疆现代政治社会史略》，中国社会科学出版社1992年版，第337页。

〔2〕 汪孝春："建设中的新新疆"，载《新华日报》1938年5月22日，转引自方英楷：《中国历代治理新疆国策研究》，新疆人民出版社2006年版，第249页。

简称“反帝会”，于1934年8月1日成立。它是一个官办的群众组织，也是盛世才推行政令的政治团体。盛世才执政初期，想有个能够帮他推行政令的政治团体。应盛世才之邀，同在日本留过学的同乡、同学何语竹（耿光）、郎道衡、王立士（乃中）、徐廉（伯达）、程启明（东白）、宋扶摇（念慈）、康炳麟（明远）、王延龄、郭喜良、崔果政共十人（又被称为“十大博士”）抵达新疆，作为骨干，筹办成立了反帝会。反帝会刚成立的时候实行委员长制，推举出29名执行委员，又选出5人组成监察委员会。代表大会后，执委会是最高机关。下设秘书处和总务、组织、教育、宣传、青年、妇女、民众、社会等部，部下设科。

反帝会成立时的宗旨是要确立新疆永久为中国之领土，反对帝国主义。主张各民族一律平等、地方自治、实现清廉、打倒贪官污吏土豪劣绅、改良司法、改良和发展财政经济、改良军队、军民分治、发展各民族文化、言论出版宗教信仰自由、废除奴隶及婢妾制度、严禁吸毒贩毒贩卖人口娼妓等。[1]这一宗旨具有一定的进步意义。但盛世才主要是利用反帝会捞取政治资本，树立个人威信，加强和巩固自己的统治地位。因此，盛氏成立反帝会的目的就是将其变为自己的工具，以逐步形成为新疆唯一的政党[2]，为即将暴露的反动独裁残暴统治服务。这种堂皇的政治名词在国难当头、人民渴求民主的时代，最容易集聚群众的政治力量，但问题是为谁所用，盛世才正是在反帝的旗帜下，成立了反帝会这样的政党式的组织（虽然公开声明说是“民众自动之政治组织”），以适应其巩固个人政权统治的需要。

1935年，一批联共党员来新疆工作，开始掌握反帝会，并于年底对反帝会进行了第一次改组，取消了委员长制，由盛世才任会长，李溶、和加尼牙孜任副会长，中国共产党上海发起组成员之一的俞秀松（化名王寿成）任秘书长，主持反帝会的日常工作。不少联共党员入会并担领导职务，如刘贤臣（任岳）担任了组织部长，万献廷（张逸凡）担任了宣传部长等。

自从共产党人负责领导和主持反帝会的日常工作以后，其面貌焕然一新，政治态度更加明朗，会务工作活跃，大批进步青年、学生踊跃入会。同年11月17日，修改并通过了章程。其宗旨增加了切实执行新政府六大政策、拥护现政

〔1〕 共青团新疆维吾尔自治区委员会编：《新疆民众反帝联合会资料汇编》，新疆青少年出版社1986年版，第5~6页。

〔2〕 白振声、［日］鲤渊信一主编：《新疆现代政治社会史略》，中国社会科学出版社1992年版，第256页。

府建设新新疆等内容。这有利于巩固盛世才政权的统治。同时还制定了该会的组织章程。由于反帝会的成立顺应了当时国内外及新疆的形势，组织进一步扩大，会员发展到2400余人，多数为公职人员、学校生、部队军官等[1]。又在伊犁、阿山、塔城等地区成立了14个反帝分会。改组后反帝总会又创办并出版会刊《反帝战线》，9月1日出创刊号，由俞秀松等人负责编辑。此后，该刊物成为当时新疆最重要的政治刊物。对此，盛世才深感不安，便借苏联开展肃反之机，诬陷俞秀松等人为“托派”，将其逮捕入狱，另委任王宝乾为反帝总会秘书长。盛世才为了不断加强巩固他的统治地位，竭力控制反帝会，不断调动和撤换人员。

抗日战争爆发，盛世才发表声明，表示愿意同中国共产党建立抗日民族统一战线，并要求派干部来新疆工作。1938年1月，中共党员黄民孚（黄火青）从“新兵营”调入反帝会任秘书长，对反帝会进行第二次改组，一些中共党员担任了各部、科的领导。改组后的反帝会成为中国共产党动员领导新疆各族人民一致抗日的指挥部，为贯彻执行党的抗日民统一战线的方针、路线，做了大量的工作。主要有：[2]

一是举办训练班培训干部。1934～1943年的10年间，反帝会共举办各种干部训练班20期，共34个班，受训人员达1700余人。通过培训，提高了受训人员的理论水平和业务素质，为反帝会各项工作的开展创造了条件。

二是出版各种书籍刊物，宣传马列主义和抗日民族统一战线政策。反帝会创办了《反帝战线》、《新疆青年》等杂志，翻印出版了毛泽东著《论持久战》、《新民主主义论》等以及其他一些重要的哲学、社会科学著作。同时，反帝会还指导其他群众团体创刊，如《新疆文艺》、《时代画报》、《新知》、《新疆妇女》等刊物。这些刊物和书籍对于传播马克思主义、宣传抗日民族统一战线政策、促进新疆各族人民文化水平的提高发挥了积极作用。

三是组织各项活动，动员各族人民积极投身于抗日救亡运动。每逢纪念日，如“四·一二”、“五·一”、“七·七”等，反帝会都要组织大型群众大会、群众晚会，散发各种宣传材料。平时，反帝会还经常组织各项文化活动，进行歌咏比赛，演出话剧和其他各种戏剧，举办漫画、图片展览等，宣传抗战到底。

四是开展各种节约活动、劳动竞赛和推销公债活动，促进新疆建设，加强和巩固抗日后方。1938年11月，反帝会筹建了抗日备荒公粮委员会，1941年3

---

〔1〕 陈慧生、陈超：《民国新疆史》，新疆人民出版社2007年版，第300页。

〔2〕 苗普生、马品彦、厉声编：《历史上的新疆》，新疆人民出版社2006年版，第373页。

月开展“平价活动”，防止商人抬高物价，引起通货膨胀，同时帮助省政府推销公债，为建设新疆积累资金。反帝会的这些活动节省了大量开支，促进了生产的发展，缓和了市场物资短缺的局面，巩固了抗日后方。

五是发动抗日募捐，支援抗日前线。1937 年“七七”事变后，反帝会把发动抗日募捐作为自己的主要任务之一，仅 1938 年一年就募集现金折合大洋 60 万元，并用这笔钱购买战斗机 10 架，命名为“新疆号”，送往前线。1938 年 10 月，反帝会开展为抗日前线募集寒衣的活动，并成立专门领导机构。反帝会的募捐活动，不仅为抗日前线募得了大量金钱、物资，更重要的是增强了各族人民的爱国主义热情，坚定了抗日必胜的信心。

1942 年，正当反帝会的各项工作开展得如火如荼之际，盛世才撕下伪装，暴露出反动真面目，把全疆各地的共产党员 160 余人先后投入监狱。反帝会失去了共产党人的领导，名存实亡，1943 年 8 月宣布解散。

反帝会虽然被迫解散了，但它在新疆历史上的作用和影响却是重大的。虽然它最初是维护和巩固盛世才统治的工具，但作为一个政党式的政治团体，在盛世才主新初期，为新疆各族人民参与政治生活提供了一个平台，特别是中国共产党人掌握领导权后，通过这个平台，涤荡了封建、愚昧、专制的思想，宣传了民主、自由、平等、宪政等一系列的现代民主思想，传播了马克思主义思想，提高了人民的觉悟，开启了民智，有力地促进了新疆迈向民主、地方宪政的步伐。

二、国民党治新时期宪法在新疆地方实施的发展

当盛世才走上反苏、反共的道路时，为了维护其反动统治，依靠特务机构实施暴政，大量无辜的民众受到牵连和迫害，终于使得人民起来反抗。从 40 年代初阿山哈萨克族牧民暴动始，一直到三区革命，人民反抗暴政的斗争就没有停止过，不断的起义、暴动直接动摇了盛氏的统治基础。国民党政府趁机派大批军队入新，并完成了对南北疆各战略要地的控制。1944 年，盛氏感到自己的独裁统治受到威胁，制造了所谓的“黄林案”，大肆逮捕在新疆的国民党人员，发动旨在打击新疆国民党力量的政变，企图再次投向苏联的怀抱，但被苏联拒绝。而此时，国民党驻新疆部队已对迪化形成大包围态势，盛世才无奈之下，于 1944 年 8 月 19 日辞职。从此，国民党开始直接统治新疆。

（一）吴忠信短暂主新时地方宪政的些微进步

早在逼盛世才辞职时，国民党政府就已安排主持边政多年、任蒙藏委员会主任的吴忠信接手新疆政局。吴忠信于 1944 年 10 月 4 日入新，1946 年 3 月离新，其间共 1 年零 5 个月。这期间，三区方面武装斗争发展较快，无论是吴忠信

的“治新三板斧”[1]还是“剿抚兼施”都无法阻挡三区革命的发展。至1945年9月下旬，民族军占据了伊犁、塔城、阿山三区，屯兵玛纳斯河，直逼迪化。吴在新疆期间未来得及制定任何发展新疆之规划，一直疲于应付战局。

1. 释放被盛世才关押的大批政治犯。为了安定民心，吴分批释放了盛世才乱抓滥捕的有关人士，共产党人及其家属却一个也不释放，还继续进行迫害。1944年10月6日，首先开释的有270余人，以后又陆续开释数百人，其中在各民族有声望的有维吾尔族的包尔汉、哈萨克族的艾林郡王、蒙古族的满楚克札布汗王、回族大阿訇马良骏以及前省主席刘文龙，锡伯族的广禄和萨拉春，焉耆区蒙古族行政专员杨德克，还有汉族的赵剑峰、张宏与、杜重远夫人侯御之等。这些人被关押多年，被折磨得九死一生，吴忠信对他们或委以重任，或倍加慰问，或送原籍。如任用包尔汉为迪化第一区行政督察专员，呈请简派马良骏为省府委员，呈请刘文龙、桂芬为国民参政会参政员。[2]

后又请国民党军事委员会组成“军事委员会特派新疆清理特种刑事审判团”（简称“特审团”）赴迪化清理积案。释放了不少被关押人员，这些多是社会上有名望和一定地位的。但一些普通无辜被押者却一再延误，对狱中的130名中共人员及其家属则一律继续关押，而且加紧迫害。

2. 宣抚地方。为了缓和新疆各地社会阶级矛盾，为了分化瓦解三区革命，吴忠信成立了宣抚委员会，组织宣抚队、宣慰团前往南北疆各地进行宣抚。

吴忠信首先派出了以民政厅长邓翔海为首的伊宁宣慰团，同行的还有广禄、萨拉春等人。宣慰团于1944年10月21日到伊宁，11月2日返回迪化。但收获不大，他们返回迪化五天后伊宁起义爆发。11月17日，又决定成立宣抚委员会，邓翔海任主任委员，伊犁、塔城、阿山三区设立分会，宣抚队分东路、西路、伊犁、塔城、阿山、焉耆六个队。其成员均选用各族有名望之人，其中不少是刚从监狱里释放出来的，他们分路进行宣抚。由这些民族上层人士带队到本民族、部落中去安抚牧民百姓，宣传政府德意，防止已开始的三区革命运动蔓延。此外，吴忠信于1945年2月还组织了南疆宣慰团，以建设厅长佘凌云为团长，保安司令部代参谋长罗戡氛为副团长，前往南疆宣抚。在宣抚地方的同时，吴忠信极力笼络民族和宗教上层人士，向他们施以恩惠，封官许愿，宴请

---

〔1〕 针对堆积如山的问题和北疆爆发三区革命，吴忠信治新之始采取了三项措施：①释放被盛世才滥押的人士；②宣抚地方；③敦睦邦交，时人称之为“治新三板斧”。

〔2〕 白振声、[日]鲤渊信一主编：《新疆现代政治社会史略》，中国社会科学出版社1992年版，第396页。

厚赠，借以宣传三民主义。除此之外，吴忠信还特别重视拉拢少数民族青年，他开释一批思想激进而被盛世才逮捕入狱的少数民族青年，并保送中训分团训练，回来充当县级干部。1945 年 3 月，吴忠信一次开释了原军校分校的维吾尔族学生 20 人，又送回军校学习。同年 7 月，吴忠信亲自宴请即将去各县任副县长的 10 名维吾尔族青年。这些人返回南疆，可以起到汉族官吏起不到的作用。宣抚不可能从根本上缓和当时的危机，但不可否认，对加强国民党的统治却起到一定的作用，如阿山乌斯满就被拉拢投靠了国民党，南疆地区被国民党控制，致使三区革命在南疆发展不大。

3. “实施地方宪政，还政于民”。吴忠信政权还宣称要实行地方宪政，目的在于欺骗人民，反对三区革命，进一步加强国民党势力对新疆的控制。吴忠信就职宣誓时许诺说：“今后一切施政都以三民主义为依归”，“在民权主义方面，注意培养宗族的自治能力，使能运用四权，为地方宪政实施的基础”。[1] 1945 年 1 月 1 日，吴忠信提出本年度施政重点，在民政方面将实施地方宪政，还政于民。

吴忠信之所以在这时提出实施地方宪政问题，是迫于当时全国形势。中国共产党从抗日战争开始，就提出了结束国民党一党专政、实行民主政治的主张，得到了全国人民的支持。随着抗日战争的发展，国民党政治愈益黑暗腐败，这一要求就更加强烈。1944 年 9 月，在国民党召集的三届三次国民参政会上，中共代表林伯渠正式提出了召集各党各派各人民团体的国事会议、废除国民党一党专政、组织联合政府的号召，得到了全国人民广泛热烈的响应。在这样的形势下，蒋介石也不得不在 1945 年 1 月许诺召开国民大会，“归政于全国的国民”。吴忠信的准备实施地方宪政是和蒋介石的许诺相呼应的。

这种地方宪政不过是由吴忠信、蒋介石一手圈定的省参议员，根据国民党中央 1936 年 5 月 5 日通过的“五五宪草”来实施一党专制而已。新疆自宣统二年起就设咨议局筹办处，准备筹办地方宪政，结果是以地方宪政之名，行皇权之实。民国以后，新疆亦有省议会，是完全受军阀杨增新控制的“民意”机构，1924 年后解散。盛世才投靠国民党后，新疆省政府又于 1943 年 6 月奉命组织省临时参议会筹备委员会，但徒有虚名。这次吴忠信打出了实行地方宪政的招牌，企图既笼络民心，又对付三区革命运动的发展，从而巩固国民党在新疆的反动统治。

(1) 成立省、县参议会。吴忠信准备实施的“地方宪政”内容很多，宣扬

---

〔1〕 新疆社会科学院历史研究所编：《新疆简史》（第 3 册），新疆人民出版社 1980 年版，第 386 页。

的是通过地方宪政，“还政于民”，实际上是更加禁锢人民。如地方宪政内容之一是提高专员、县长的职权，就是让他们更加滥用权力，实行专制。此外，还进行了一系列的公民宣誓、召开户长会议、保民大会、乡镇民代表大会等形式上的民主政治活动。1945 年 1 月，成立了省参议会筹备会，全部为官僚政客把持，掺杂少数地方头目作点缀。省政府指定邓翔海、卢郁文、许莲溪、佘凌云、阿奇木、阿酋木、太平、贾尼木汗、周昆田、张宣泽、曾少鲁、於达为省参议会筹备委员，邓翔海兼主任委员，安文惠为秘书长，几乎是省政府委员全班人马，是十足的官办“民意”机构。[1]筹备会成立后，即督促各县民选省参议员。原定省参议会于 6 月 1 日成立，但直到 6 月 5 日，各地才选出参议员 120 人，省府又将名单送交正在重庆参加国民党六全大会的吴忠信。吴忠信向行政院推荐库车总阿訇、维吾尔族色益提艾买提为议长，胡廷伟为副议长，刘永祥为秘书长，并请在 120 人中圈定 60 人为省议会委员。

1945 年 9 月 1 日，省首届临时参议会比原定计划推迟 3 个月举行开幕典礼，三区没有代表参加，这是完全由国民党统治下的七区代表参加的会议。议长色益提艾买提在开幕词中号召各议员“协助政府，动员民力，以肃清匪患，安定人心。”可见参议会的宗旨不过是假地方宪政之名，行镇压三区革命之实。1946 年内，七区各县也都成立了县参议会。

（2）实行保甲法。1934 年，国民党中央政治会议作出决议，由行政院通令各地推行保甲制。保甲制强化了国民党对城乡人民的控制与束缚，为国民党在全国建立起专制独裁统治奠定了坚实的组织基础。盛世才归顺国民党后，重庆政府指示他在新疆施行保甲制。新疆是边疆少数民族地区，与中原地区情况有异，不能照搬内地施行的保甲制。新疆省政府根据国民政府公布的《县各级组织纲要》和行政院会议通过的《县保甲编整办法》，根据新疆实际情况，制定了《新疆省编查乡（镇）保甲户口实施办法》，于 1943 年 7 月新疆省府委员会通过公布实施。[2]吴忠信主新后，继续完成这一所谓的“还政于民”的地方宪政工程。据 1945 年统计，全省除三区政府管辖范围以外，基本完成了编查保甲工作。当时全疆共编成 284 乡、185 镇、3955 保、39 716 甲[3]。保甲制的实施，标志着国民党政府对新疆乡村政权控制的加强，也标志着对新疆各族民众政治束缚与压制职能的强化。盛世才暴虐统治下幸存的各族人民又陷入国民党统治的白

---

〔1〕 新疆社会科学院历史研究所编：《新疆简史》（第 3 册），新疆人民出版社 1980 年版，第 387 页。

〔2〕 黄建华：《国民党政府的新疆政策研究》，民族出版社 2003 年版，第 96 页。

〔3〕 张大军：《新疆风暴七十年》（第 11 册），台北兰溪出版社 1980 年版，第 6197 页。

色恐怖中。

4. 设立行政区。吴忠信主新期间，仍沿袭省、行政区、县的三级行政建制，但略有变化。将10个专区改为10个行政区，依次为迪化区、伊犁区、喀什区、阿克苏区、塔城区、阿山区、和阗区、焉耆区、哈密区、莎车区，共79个县，6个设治局。1945年增设了迪化市。不仅将原来的直隶厅、州改为县，还新成立了许多县，按地区划分，它们主要是：

迪化专区：乾德（今米泉县）、木垒河、托克逊。

伊宁专区：精河、博乐、巩留、特克斯、巩哈（今尼勒克县）、宁西（今察布查尔锡伯自治县）、温泉、昭苏、新源。

城塔专区：额敏、沙湾、和丰（今和布克赛尔蒙古自治县）、裕民。

阿山专区：承化（今阿勒泰市）、青河、富蕴、福海、哈巴河、布尔津、吉木乃。

焉耆专区：且末、库尔勒、和靖、和硕。

阿克苏专区：新和、阿瓦提、阿合奇。

喀什专区：乌恰、阿图什、岳普湖。

莎车专区：泽普、麦盖提。

和阗专区：墨玉、策勒、民丰。

哈密专区：伊吾。[1]

（二）张治中与《施政纲领》对新疆走向地方宪政的影响

吴忠信入新没能扭转混乱局面，新疆各族人民又掀起了反对国民党统治的三区革命，新疆各族人民反抗反动统治的斗争风起云涌，其被迫辞职。1946年3月28日，国民党政府派张治中[2]治理新疆，收拾残局。

1. 反映民主地方宪政的《和平条款》的签订。1945年8月，第二次世界大

---

〔1〕 苗普生、马品彦、厉声主编：《历史上的新疆》，新疆人民出版社2006年版，第442页。

〔2〕 张治中（1890～1969年），字文白，安徽巢县人。1890年10月生，1924年参加创办黄埔军校。1926年参加北伐战争，1936年主张西安事变和平解决，营救蒋介石。1937年，任第九集团军司令，在上海“八·一三”抗战中，曾痛击日本侵略军。1940年，任国民党军事委员会政治部长，主张联共抗日。抗日战争胜利前后，任国民党西北行营主任兼新疆省主席。1945年8月27日，张治中作为国民党谈判首席代表与中共谈判，为《重庆谈判纪要》（《双十协定》）的签署作出了贡献。1949年4月，张作为国民政府谈判代表团首席代表，率国民政府代表团赴北京与周恩来为首的中央代表团谈判。当和平协定被国民党拒绝后，张治中留在北京。6月，张治中发表了《对时局的声明》，宣布脱离国民党阵营，投向人民阵营。9月，致电陶峙岳将军和新疆包尔汉主席，促成新疆和平解放。1969年4月6日，张治中因病在北京逝世，终年79岁。他的一生，正如周恩来所说：“这个人很复杂，又很简单；但有一点可以肯定：他是一个爱国主义者。”

战结束，中国抗日战争胜利。8月14日，苏联和中国签订了《中苏友好同盟条约》，同时苏联表示“无干涉中国内政之意”，并表示愿意出面调停国民党政府与三区革命政府间关系。这时，国民党政府军事失利，无力靠武力统一新疆，希望通过和平谈判解决新疆问题。三区革命政府在军事上节节胜利，处于有利地位，但亦没有完全战胜国民党军队的把握，为了顾全大局，愿意通过和平方式解决新疆问题。在国内外局势的影响下，促成双方和平谈判的条件逐渐成熟。

为了实现新疆各族人民和平民主的愿望，三区革命政府代表赖希木江·沙比里、阿布都哈依尔·吐烈、阿合买提江·哈斯木于10月12日抵达迪化。国民党政府则派遣时任国民党军事委员会政治部长张治中与三区代表举行谈判。谈判大概分为两个阶段：第一阶段从1945年10月17日起至1946年1月2日，由于张治中坚持以和平方式解决新疆问题，加之三区革命政府的有力斗争，双方在互相妥协的基础上，就改组新疆省政府和省政府的组织办法及一些重要施政纲领达成初步协议，签订了和平条款正文即《中央政府代表与新疆暴动区域人民代表之间以和平方式解决武装冲突之条款》（以下简称《和平条款》）和附文一；第二阶段从1946年4月5日起至6月6日，双方就三区民族部队的改编和驻地问题达成协议，签订了附文二。这标志着新疆实现了抗日战争胜利后的第一次和平。

（1）围绕自治权展开的激烈斗争。10月14日，张治中由重庆抵达迪化。梁寒操、彭昭贤、屈武、张静愚、邓文仪、刘孟纯、王曾善等随行。张治中抵迪化，得知三区代表佩戴“东突厥斯坦共和国”证章，并要代表“东突厥斯坦共和国”谈判，声明要与张治中交换两国谈判代表身份证明书，否则张就不代表中国政府。次日，张治中请苏联驻迪化总领事叶谢也夫从中劝说，后来三区代表“就没有坚持他们原来的态度”。

10月17日，和平谈判开始举行。张治中与三区代表第一次见面时做了题为《恢复兄弟间的和气与家庭间的团结》的讲话。他说：“同在一个家庭的兄弟，对于有些问题，大家意见不一致，甚至因此吵吵闹闹也是难免的。可是吵闹是吵闹，但不会损伤弟兄的和气和破坏家庭的团结。”[1]“中央今后必然本着培植新疆、爱护同胞的精神，来改善全省人民的生活，提高全省人民的文化水准；从经济、政治、教育各方面来努力，力求符合全省人民的要求，达成全省人民的愿望”，希望各民族间的感情能很快恢复，新疆的问题能很快地解决。[2]之

---

〔1〕 张治中：《从迪化会谈到新疆和平解放》，新疆人民出版社1987年版，第8页。

〔2〕 新疆社会科学院历史研究所编：《新疆简史》（第3册），新疆人民出版社1980年版，第428页。

后，张治中请三区代表先提出解决问题的方案，三区代表表示愿意先听取张治中的意见。

10月20日举行会谈，张治中正式提出了《中央对解决新疆局部事变之提示案》12条。其主要内容为：

前4条列述了发展新疆政治、经济、文化，尊重各民族宗教信仰、文化习俗、语言文字，保障其人身、财产、言论、行动、居住、出版、集会、结社之自由。

第5条是实施地方自治，规定各县选举乡镇保甲长，成立县参议会，县长民选，各区行政专员由省政府保荐，中央任命，亦得选用地方人士等。这一条按照张治中的解释，是中央对新疆的特别关切，因为在内地省份尚未完全做到这一点。

后7条是善后的承诺和条件，包括减轻赋税、严禁摊派、普及推广学校教育、积极、扶助发展农工商业，普设各级学校，小学校一律使用各族语言文字教学，对参加事变者一律免究等。其中最核心的是第8、9条两条：变乱区域的所有军事行动应即停止，并限于一个月内恢复事变以前一切状态与秩序，取消事变期内一切不合法之组织；“参加事变之武装组织应即妥为资遣返回原籍各安生业”。张治中要求三区做到八个字：“拥护国家，服从政府”。三区政府的代表当然无法接受。10月21日，阿合买提江等回伊宁，准备在详细研究提示案后提出自己的方案。[1]

11月13日，三区代表从伊宁回到迪化，并带来书面谈判条文《伊宁方面对中央提示案之意见及所提要求——对于和平方式解决与新疆穆斯里曼（回教徒）武力冲突事件中国政府代表所予之提示案新疆回教人民之意见》。该条文有两大项。第一项主要表达对中央提示案不满意，称“吾人研讨之后，认为毫未注意到回教人民之愿望，并未能满足吾人之要求”。第二项核心是要求高度自治（或完全自治），具体内容11条。除保留中央提案中的5条外，高度自治的要求还有6条，内容为：①要民选行政官吏的选举权；②国家及司法机关行文均用回教徒固有之文字；③大、中、小学用回文施教；④商民与国内外自由贸易；⑤在各行政区组织民族军，参加事变的军队应按照国军编制改编，但应保持其民族形式；⑥按各民族人数比例参加省府组织。[2]

11月15日，张治中对三区代表提交的条文作了答复。共有10条，要点是：

---

〔1〕张治中：《张治中回忆录》（下册），中国文史出版社1985年版，第426～427页。

〔2〕张治中：《张治中回忆录》（下册），中国文史出版社1985年版，第429～432页。

①县长可以民选，副县长应由中央委派；②官厅文书汉、回文并用，人民向政府的陈诉文书可以单独使用回文；③小学用回文，中学以汉文为必修科，大学汉、回文并用；④在国内准予自由贸易，对外贸易须照中央对外通商条约的规定办理；⑤民族军改编，应由中央派员清点实有人数，编为地方团队和国军，以团为最大单位。可以看出，新疆省政府的组成和民族军的改编成为双方谈判的重点。张治中声明："这是中央最后的最大让步。"苏联领事也表示这个答复可以作为解决问题的基础。

双方经过多次会谈，对省府组织和民族军改编等问题仍有分歧。11 月 27 日，三区代表携带修正案去伊宁，12 月 25 日返回迪化，表示原则上接受修正案，但又新增加三条：①撤销政治警察；②为应付 1945 年事变而调来新疆的军队于协议签订一个月后一律撤回；③当地警察由回教徒充任。张治中坚决不同意新增条款，认为新疆是中国的新疆，国家军队在本国境内岂能受驻地的限制，认为这是节外生枝，拒绝接受，并请苏联领事疏解。后来，三区代表同意暂时搁置新增的三条，先讨论 11 条修正案。经过双方反复商讨，终于拟定了《和平条款》11 条作正文，省府组织与部队改编作为附文一、附文二。

《和平条款》是经过双方三十余次的反复会商、研究、折衷和正式谈判后拟定的。按照《和平条款》规定，三区要完全纳入新疆省府的管辖范围，唯一特殊之处即三区可保留 6 团军队（国军和保安部队各半）。但这 6 团部队也并非完全独立于国民党军事系统之外，而是三队指挥官"应服从新疆省警备总司令及全省保安司令命令"；部队之待遇供应及将来之武器装备，由中央按照驻新国军与省保安部队规章与标准供给；部队各级军官"分期调送军官学校，补习其应受之军官教育"；部队训练"应由政府派遣教练人员，协同训练"；三区范围内的"国境之守备，中央担任边防之军队负责"。

《和平条款》11 条实际上是双方矛盾暂时调和的产物，谈判双方对此都不满意。1945 年 12 月 31 日，和平条款草案已经草拟完毕。但 1946 年 1 月 1 日，双方代表在校对汉、维文条文时，三区代表又提出几点要求：①保留他们带来的意见书中之原标题，如民族解放运动及武装冲突等字样；②事变区应包括阿克苏及喀什等区；③警察局局长、报社社长应以当地回教人为当选者；④在条文中之"现有行政官吏准予保留，并呈省府审核加委"一条，要求取消"呈省府审核加委"等字样；⑤要求在正式条文之后，增加如下之声明："关于撤销中央部队、取消警察机构、省府主席由民选举等三项意见提出后，经中国代表张治中将军予以拒绝，但人民代表并未承认收回以上之三项条件，嗣后中国代表张治中将军应予人民代表以自由向政府陈述意见之权。"[1]上述之要求，双方争执达4小时之久终未达成协议。1946年1月3日，即双方在和平条款上签字的第二天，张治中飞往重庆复命，并于3月12日在国民党六届二中全会上作了关于新疆问题的报告，希望国民党中央以三民主义的力量来保障新疆，以健全修明的政治力量来安定新疆，以充分的经济力量来建设新疆，表达了他个人的良好愿望。

(2)《和平条款》主要内容。经过双方多次研究、折衷，终于将11条初步肯定下来，关于省政府组织和部队改编则分作两个附文。1946年1月2日，张治中代表中央政府，赖希木江·沙比里、阿布都哈依尔·吐烈、阿合买提江·哈斯木代表三区在《和平条款》上签字。

《和平条款》11条是谈判第一阶段取得的成果，全文如下：

中央政府代表与新疆暴动区域人民代表之间以和平方式解决武装冲突之条款。

(1) 政府给予新疆人民选举彼等相信之当地人士为行政官吏之选举权。为实行此种权利，其程序规定如下：事件解决后3个月内，由各县人民选举县参议员。成立参议会；由县参议会选举县长。副县长及县政府科长以上人员，则由县长委用。

尚未实施上项选举以前，事变区域内，区及县之现有行政官吏予以保留。区行政督察专员及副专员，由当地人民保荐，呈请省政府核定。专员公署职员由专员任用。各县参议会成立以后，依法选举省参议员，成立省参议会，代表人民之公意，监督并协助省政府。

在宪法未颁布，普选未确定以前，省政府之改组办法，如第九条所定。

(2) 政府取缔对于宗教之歧视，并于人民以信仰宗教之完全自由。

(3) 国家行政机关与司法机关之文书，国文与回文并用。人民上呈政府机关之文书，准予单独使用其本族文字。

(4) 在小学与中学，用其本族文字施教，但中学应以国文为必修课；大学则依照教学需要，并用国文与回文施教。

(5) 政府确定民族文化与艺术之自由发展。

(6) 政府确定出版、集会、言论之自由。

(7) 政府按照人民实际之生产力，并视其力量，规定税率。人民经明

[1] 新疆社会科学院历史研究所编：《新疆简史》(第3册)，新疆人民出版社1980年版，第432页。

了对于政府经济上所负之义务，自当负担，但此项负担之数额，应以不妨碍人民之生活与经济发展为标准。

(8) 政府给予商民以国内外贸易之自由，但对外贸易商民，应遵照中央政府与外国商订商约之规定。

(9) 新疆省政府之组织，应由中央予以扩充，委员名额为25人。25名省政府委员中，10名由中央直接派定，其余15名，由各区人民代表保荐中央任命之。中央直接派定之10名委员中，包括主席、秘书长、民政厅长、财政厅长、社会处长、教育厅副厅长、建设厅副厅长、卫生处副处长及专任委员2人。由各区人民代表保荐中央任命之15名委员中，包括副主席2人、副秘书长2人、教育厅长、建设厅长、卫生处长、民政厅副厅长、财政厅副厅长、社会处副处长各1人及专任委员5人。余见附文一。

(10) 准予组织民族军队，此项人员之补充，应以回教徒人民为原则。

此项军队由参加此次事变之军队，参照国军之编制，重新改编。此项军队之数额及驻地，另行讨论，作成附文（二）俟签订后，始发生效力。此项军队之教练及命令，以用维哈语文为原则。此项军队之各级军官，以保留原级职之方式，分期调至军官学校，补习其应受之军官教育。此项部队应由政府派遣教练人员协助训练。驻新中央部队，不与此项部队同驻一处，并应相互间保持友好关系，不得有相互仇视情事。余见附文二。

(11) 事变迄至现在，双方拘捕之人士，于事件解决10天以内，相互开释；并保证今后不以任何借口，加以歧视。

附文一：

关于中央政府代表与新疆暴动区域人民代表所签订“以和平方式解决武装冲突之条款”第九条规定新疆省政府组织办法一节，经双方同意，补充规定如左：

(1) 在各区人民代表保荐中央任命之省府委员15人中，事变区内之三区，可保荐委员6人。

(2) 上项委员6人中，包括副主席1人，副秘书长1人，教育厅长和建设厅长1人，民政厅副厅长和财政厅副厅长1人，卫生处长或社会处副处长1人及专任委员1人。

(3) 其他七区共保荐委员9人，包括副主席1人，及除中央直接派上述三区所保荐以外之其余厅长、处长或副处长、副秘书长、副厅长各1人及专任委员4人。[1]

《和平条款》11条和附文一的签订，是和平谈判第一阶段取得的成果。三区代表对张治中说："我们是中国人民，我们一定要拥护祖国。"国民党方面，以新疆省主席吴忠信为代表的顽固派则认为，以上条款的签订对国民党不利。

4月，三区代表与张治中在迪化开始第二阶段谈判。双方为军队改编问题，谈判历时两个月，正式会谈9次。最后，在苏联新任驻迪化总领事萨维列夫的调停下，起草了《和平条款》附文二草案。6月6日，双方代表正式签字。全文如下：

中央政府代表与新疆局部事变人民代表依据本年1月2日所签订之"以和平方式解决武装冲突之条款"第10条关于事变区域内之参加部队重新改编问题，双方商得同意，补充规定如左：

（1）参加事变之各民族部队，参照国军编制，编成骑兵3个团、步兵3个团，总人数以11 000名至12 000名为限。此6个团中，2个骑兵团、1个步兵团为国军，2个步兵团、1个骑兵团为本省保安部队。

（2）政府准伊宁方面就当地回教徒中保荐1人派为伊宁、塔城、阿山三区部队指挥官，指挥节制以上6个团，该指挥官应遵照西北行营核定之编制，组织指挥部。该指挥官应服从新疆警备总司令及全省保安司令之命令，并由政府派该指挥官兼任全省保安副司令。

（3）以上6个团驻扎地点，以伊宁、塔城、阿山三区为限。该三区之治安，由政府责成只准由该指挥官所授辖之6团负责维持。国境之守备，由中央担任边防之军队负责，其办法参照事变以前之办法办理。

（4）自该指挥官派定之后，政府准其协商会同迅将阿克苏、喀什两区之保安部队改编，其补充办法，均由当地回教徒人民补充之。

（5）该6团之待遇、供应及其将来之武器装备，其3个国军团，准按照驻新国军之规章及标准办理，由中央补给之；其3个保安团，按照本省保安部队之规章及标准办理，由省政拨交保安司令部补给之。

（6）参加事变之各民族部队之改编事宜，由该指挥官对政府负责办理，此项部队编成6个团以后之驻扎地点，应分别请新疆警备总司令及全省保安司令核定之。该6个团之人马武器实数分别呈报警备总司令及全省保安

［1］张治中：《张治中回忆录》（下册），中国文史出版社1985年版，第432～441页。

司令备查。

并附两项谈话记录：①政府将自动撤销警务处（伊方称政治警察）问题；②全省警察选用当地人民充任问题。

至此，和平谈判有了最后结果。《和平条款》的签订，是三区革命斗争的成果，是国民党政府被迫妥协的产物，它为经历战乱的新疆各族人民带来了新的希望。与《和平条款》附文（二）签字的同一天，“东突厥斯坦共和国”主席兼大元帅艾力汗·吐烈被苏联驻伊宁领事馆秘密强行送往阿拉木图。6月8日，伊宁召开万人大会，庆祝《和平条款》签订。

2. 新疆省联合政府的成立。《和平条款》签订后，根据其第9条和附文一的规定，原新疆省政府进行改组。1946年7月1日，新疆联合省政府在迪化正式成立。国民党中央政府派监察院长于佑仁监誓，省政府委员25人名单如下：

委员兼主席：张治中

委员兼副主席：阿合买提江·哈斯木（维吾尔族）

委员兼副主席：包尔汉（维吾尔族）

委员兼民政厅长：王曾善（回族）

副厅长：赖希木江·沙比里（维吾尔族）

委员兼财政厅长：卢郁文

副厅长：马廷骧（回族）

委员兼教育厅长：赛福鼎·艾则孜（维吾尔族）

副厅长：蔡宗贤

委员兼建设厅长：穆罕默德·伊敏（维吾尔族）

副厅长：顾谦吉

委员兼秘书长：刘孟纯

副秘书长：阿布都克力木·阿巴索夫（维吾尔族）、萨力士（哈萨克族）

委员兼社会处长：赵剑峰

副处长：尔德尼（蒙古族）

委员兼卫生处长：达列里汗（哈萨克族）

此外，委员还有：屈武（迪化市长）、伊斯哈克别克（柯尔克孜族，兼省保安副司令）、艾力汗·吐烈（已被遣送回苏联）、乌斯满（哈萨克族，兼阿山专员）、艾沙（维吾尔）、阿布都克里木·买合苏木（维吾尔族，兼喀什专员）、钟棣华（锡伯族）、管泽良（未到任）。[1]

新的联合省政府组成是根据《和平条款》第9条和附文一，其中10名由中央直接委派，三区保荐6名，迪化、喀什等区保荐9名。实际上中央直接委派了7名（其中1人未到任），三区保荐了8名，七区保荐了10名。25名委员中，新疆当地人士占19名，少数民族人士占17人，这在新疆历史上是未有过的，也是三区革命的结果。

省联合政府成立之日，委员们举行就职宣誓典礼，并举行了盛大的庆祝大会。苏、美、英等国驻迪化领事皆来参加，随后，在广场举行了三万多人的庆祝和平大会，张治中在大会上发表了题为《为伊宁事件和平解决告全省同胞书》的讲话，他说，"一定要做到增进中苏亲善、拥护国家统一、实行民主政治、加强民族团结这四句话。"[2]最后他提出："我们将要开始进入一个划时代的建设阶段，我们要创造三民主义新疆的新历史，创造我们的新疆和平、统一、民主、团结的新历史！"[3] 7月2日《新疆日报》专门发了社论。与此同时，全疆大部分地区召开了庆祝和平大会，纷纷向联合省政府拍来贺电，真切表明了勤劳纯朴的新疆各族人民要求摆脱苦难、实现和平安定的殷切希望。

新疆联合省政府的成立是和平会谈的重要结果，它符合当时各族人民需要和平安定的愿望。省联合政府包括了各族各界人士，如此众多的少数民族人士担任省政府的重要职务，这在新疆历史上还是第一次。没有三区革命及其胜利，就没有联合省政府。在当时历史条件的制约下，联合省政府艰难地起步了，在三区领导人的努力与斗争下，自由、平等、进步、地方宪政、自治等现代的地方宪政理念在《和平条款》中得到了体现，有力地促进了新疆地方宪政的发展。同时，也说明了从伊犁辛亥革命以来，新疆各族人民在不断争取民主、自由、平等的斗争中，不断地进步、成熟，形成了革命队伍、革命组织、革命纲领、革命政党团体，为革命的胜利和维护革命成果提供了组织保证。在此过程中，广泛的宣传、发动、组织群众，使得民主、自由、地方宪政、自治思想深入人心，为革命的胜利积累了群众基础。

但必须指出，联合省政府就像一个早产的婴儿，一开始就显示出其先天不足。在联合政府中存在三种力量：一是以吴忠信为代表的国民党顽固派或主战

〔1〕 白振声、［日］鲤渊信一主编：《新疆现代政治社会史略》，中国社会科学出版社1992年版，第432～433页。

〔2〕 张治中：《从迪化会谈到新疆和平解放》，新疆人民出版社1987年版，第57页。

〔3〕 张治中：《从迪化会谈到新疆和平解放》，新疆人民出版社1987年版，第58页。

派，这一派的力量较大，特别是在基层势力庞大；二是三区革命中的分裂分子、国民党扶植的泛伊斯兰主义分子，这些人虽然是少数，但是打着民族、宗教的旗号，容易蛊惑民众，危险性较高，且顽固不化，一有机会就从事分裂活动，如大土耳其主义分子、民族败类艾沙、穆罕默德·伊敏、乌斯满、麦斯武德等人；三是以张治中为代表的进步力量，真心希望通过和平条款的实施，在新疆真正实现民主、自由、平等、地方宪政，可惜孤掌难鸣，来自顽固派特别是基层的强大阻力，使得《和平条款》基本无法实现。加之三区革命力量在国内外形势的影响下，希望继续扩大革命成果，不予积极配合，导致联合政府走向失败。

三种力量拼凑成的联合政府矛盾重重，无法调和。而且在其中以中央旗号出现的占主导地位的国民党反动力量过于强大，从一开始就不同意签订和平条款，主张消灭三区革命力量，实行国民党一党专政。以吴忠信、新疆警备总司令宋希濂等人为代表的强硬派手握实权，代表了国民党政府对解决三区问题的态度。因此，张治中的努力常常受到极大的阻力。而且顽固派在基层势力更大，其派往新疆的各级官员，大部分都是旧官僚、封建宗教势力代表。这些人骨子里并没有流着多少资产阶级民主的血液，最主要的仍是传统的意识形态的积淀，他们以军队为工具，镇压人民反抗，建立专制集权统治的政治追求与封建社会没有多大区别。[1]和平条款允诺新疆人民有选举他们相信的地方人士为行政官吏的权利，事实上国民党军警人员用刺刀皮鞭威逼人民按他们的意志投票；该条款规定人民享有言论集会等方面的自由，可实际上国民党军警特务机构却进行秘密逮捕与暗杀。这是国民党政权本质的反动性所决定的。以蒋介石为代表的新军阀的崛起，是一种新旧政治势力混合的社会畸形儿，它建立起来的政权是地主、资产阶级的联合专政。国民党政府的这一特性决定着它的新疆政策在理论上混合有资产阶级民主政治的某些成分，但其实质是专制主义。国民党军阀政权的这一本质特性，决定着它在制定或调整新疆政策时，不可能考虑到新疆各族人民的根本利益，而是完全出于维护其在新疆专制独裁统治的目的。[2] 这都为新疆的和平事业埋下了隐患，也为联合政府走向破裂埋下了伏笔，导致新疆的地方宪政实践以失败而告终。

3.《施政纲领》:《和平条款》的具体化与走向地方宪政的设想。为了具体贯彻、实施和平条款，在与三区代表进行第二阶段和平谈判时，张治中开始组

---

〔1〕 黄建华:《国民党政府的新疆政策研究》，民族出版社 2003 年版，第 238 页。

〔2〕 黄建华:《国民党政府的新疆政策研究》，民族出版社 2003 年版，第 235、238 页。

织人员草拟新政府的施政纲要。联合省政府成立以后，即将草案提交省府会议讨论，先后经过5次委员会议，对草案逐条进行详细而热烈的讨论。7月18日，新疆省政府在省联合政府第二次全体委员会上正式通过《施政纲领》。张治中称这个纲领是新疆历史上划时代的历史文献。施政纲领可以概括为“和平、统一、民主、团结”八个字，这是“保障全省和平，拥护国家统一，实行民主政治，加强民族团结，共同努力，完成三民主义新新疆的建设”的具体化。[1]

《施政纲领》分政治、民族、外交、经济、财政、交通、教育、文化、卫生共9章，86条。实际上，《施政纲领》是“和平条款”的具体化，也是张治中锐意治新的具体计划。

政治11条[2]基本内容与《和平条款》中的政治条文大体相同，并将严禁贪污渎职及违反人民利益之官吏，准许人民检举，严禁赌博、鸦片、麻烟、毒品也列入政治条文。具体内容为：

（1）实行民主政治，使人民有充分参与政治之权力。

（2）法律保障人民之思想、言论、出版、集会、结社、居住、迁徙、身体、财产之充分自由。

（3）人民依法不得加以逮捕，羁押，或处罚，非有权机关依法定程序不得逮捕，羁押，审讯或处罚。禁止任何机关及宗教团体对人民施以体罚。

（4）保障妇女在政治上、经济上、法律上、教育上、社会上地位之平等。

（5）厉行法治，培养人民守法习惯。为适应本省风习，得由本省参议会草拟特种民刑法规草案，呈请中央核定之。司法机关内，得任用当地优秀干部，其机构必须保持完整，

（6）各级民意机关之选举，应以普遍、平等、秘密方式行之，绝对禁止操纵舞弊，省政府改组3个月内，应完成县以下各级民意机关之普选，及保甲乡镇自治人员与县长之选举，其程序以省政府命令定之。

（7）各级参议会，应具有监督协助同级政府之职权。

（8）各级行政干部，应就当地各族优秀人士加以选拔、培养及任用。各县县长及自治人员，应分期调省或调区讲习。

（9）国家行政机关与司法机关之文书，国文与回文并用，人民上呈政府机关之文书准予单独使用本族文字。

---

〔1〕张治中：《从迪化会谈到新疆和平解放》，新疆人民出版社1987年版，第67页。

〔2〕白振声、［日］鲤渊信一主编：《新疆现代政治社会史略》，中国社会科学出版社1992年版，第435页。

(10) 严禁贪污渎职及违反人民利益之官吏，并准许人民检举。

(11) 严禁赌博、鸦片、麻烟、毒片。

民族6条。内容与《和平条款》中有关民族的条文基本相同，强调各民族之间互相尊重、互相亲善、互相扶助，实现精诚团结。

外交5条。强调改善中苏关系，特别提出切实实行中苏亲善、促进中苏经济合作、发展中苏文化与学术关系等条文。

经济19条。包括对发展农业、畜牧业、林业、工业、商业贸易等各种政策条文。

财政7条。包括财政收支、税收、银行金融、货币等政策条文。

交通9条。强调要发展新疆的各项交通运输业、邮电、通讯等事业。

教育12条。对开办大、中、小学教育，培养各类人才进行了规划。

文化7条。提出要保障学术自由，奖励科学研究。发扬各民族的文化，包括文艺、音乐、舞蹈、绘画、新闻以及编译出版各类工具书、教材、著作等。

卫生10条。对开展卫生保健、发展医疗事业等作了规划。

在《施政纲领》通过之时，省政府主席张治中怀着个人良好愿望，呼吁将来无论遭到何种困难，必须要使它百分之百地做到。副主席阿合买提江说《施政纲领》的执行，也就是和平条款的实行，其目的在把新疆变为乐园，他希望并要求各委员很快切切实实地来执行《施政纲领》。另一位副主席包尔汉将《施政纲领》看成对新疆历年所患病态而实施的一种药剂，全体委员必须诚心诚意，彻始彻终，把这个《施政纲领》不折不扣地付诸实现，逐步推行，以副人民殷殷望治之心。[1]

正如前所述，在国民党的专制集权统治下，在成分复杂、各怀"鬼胎"、貌合神离的联合政府的推行下，在基层旧官僚、封建宗教势力、军人干政的强大阻力下，这些为实现民主、地方宪政的美好愿望是无法达到的。但张治中主新时期实施的一些具体措施与以前的杨、金、盛、吴都不同，确实取得了一些成绩，为促进新疆政治民主、走向地方宪政作出了贡献。

4. 张治中主新时期促进新疆民主、地方宪政的发展。早在张治中主新初期，就提出了和平治理新疆的政策。1946年4月，张治中主持新疆政务后，颁布了《施政纲领》，总结为"和平、统一、民主、团结"八字治新纲领。他的"和平"要求三区停止武装斗争，他的"统一"是要求一切服从于中央政府，他的"民主"是反对军事独裁，"一切让人民作主，一切以人民公意为主"；他的"团

〔1〕 张治中：《张治中回忆录》（下册），中国文史出版社1985年版，第477～481页。

结”是要各民族相互团结，“各民族间要互相尊重，互相亲善，互相帮助”。[1]虽然在当时特定的历史条件下，《施政纲领》无法得到真正实施，但张治中还是尽力做了一些促进新疆民主、地方宪政发展的实事：

(1) 维护政治权利方面。

第一，恢复对人权的保护，释放一切政治犯。1946 年 6 月 5 日，他命令新疆各级政府释放一切政治犯。吴忠信时期曾释放过一批被盛世才关押的政治犯，但还有相当一部分由于种种原因仍未放。1946 年 7 月 19 日，张治中明令宣布“凡属政治性被囚人员一律释放，要各专署、县、市遵照办理”。迪化及各区总计释放在押政治犯 388 名。[2] 6 月 10 日，命令释放新疆在押的全体中共党员及家属 131 人，派专人护送离开迪化，全部回到延安。

第二，对人民财产权的保护。组织清理财产委员会，清理和发还被盛世才没收的无辜人员的财产。盛世才统治时期制造了许多冤假错案，伴随而来的是将被捕人的财产全部没收，在全省各大城镇尤为严重。吴忠信时曾设法清还被没收的财产，但因年代已久，档案不全，稽查困难，大部分还是未清还。张治中出于政治上的考虑，决心给予彻底清理。1946 年 6 月 21 日，成立了“清理前督办公署没收人民财产委员会”（简称清委会），省政府又先后公布了《发还前督办公署没收人民不动产办法》、《不动产纠纷实施办法》等文件，同时对伊宁起义后因战争或政治关系所产生的财产纠纷进行处理。从 1946 年 6 月开始，半年之内完成。

第三，为实现新疆的和平，撤除玛纳斯河警戒线。为执行和平条款，1946 年 6 月 25 日，由省府和三区双方组成军事小组，在玛纳斯河两边监督撤军，拆毁防御工事。国党军撤至绥来城外，民族军撤至石河子。恢复了迪化和伊犁之间的交通和贸易。

第四，为保护人民享有的各种自由权利，撤销特务机构警务处。警务处是盛世才时期的特务机构，人民深受其害。在三区方面的一再坚决要求下，1946 年 6 月 21 日，张治中下令迪化警务处于 6 月 30 日裁撤，其有关事务着民政厅内设科办理。各区、警察局从 7 月 1 日起，一律归其所在地之专员公署及县政府节制。

第五，颁布选举法，选举县级参议员和县长。按照《施政纲领》政治部分

---

[1] 张治中：《从迪化会谈到新疆和平解放》，新疆人民出版社 1987 年版，第 43 页。

[2] 白振声、[日] 鲤渊信一主编：《新疆现代政治社会史略》，中国社会科学出版社 1992 年版，第 429 页。

第5~7条的规定，拟定了选举法并在省府第二次会议上审议通过，于1946年9月1日正式公布。选举法有5条20款，包括主持及监督选举之机构、县参议员之选举、县长之选举、省参议员之选举、规律及通则等条文。选举法规定：省设省选举委员会，县设县选举委员会，乡镇设选举分会，县级选举必须由省选举委员会派的选举监督小组监督，县长由各县参议会选举成立的第一次大会上选出，省参议员选举于各县选举县长的同时举行。与此同时，省政府电告各专区、县、设治局于一周之内成立选举机构。省选举委员会很快成立，民政厅长王曾善兼委员长，副厅长赖希木江兼副委员长，刘孟纯、阿巴索夫、萨力士、尔德尼、钟棣华为委员。依照选举法，新疆全省各县相继成立了县参议会，选出了县长。“就民族成分言，民选县参议员中，维族占59.31%。”[1] 选举中问题很多，斗争颇为激烈。对省参议员和参议会，由于人选问题和其他因素，产生了严重分歧，未能选举和成立。张治中采取的这些措施，有利于新疆民主政治的发展，有利于地方宪政的形成。

选举法是张治中治新期间重要的法规之一。尽管条文中不厌其烦地规定了选民的权利和义务，如县级选举似乎“不分民族、不分宗教、不分籍贯、不分男女，均有被选举权”，实际上除地方上的地主、阿訇、毛拉、“土豪”、“水豪”外，各族人民中的优秀代表不可能当选，更何况在不少地方还有军人干政。不过较之盛世才时代，这毕竟是一种进步。[2]

第六，维护社会公共秩序，惩治“三害”，严禁贪污、赌博和吸鸦片。张治中认为贪污、赌博和鸦片是新疆社会中的“三害”，禁止“三害”是省政府施政和宣传的重点之一，为此专门成立了“迪化市肃清烟毒委员会。”同时，饬令各机关、军队、学校团体成员宣誓肃清烟毒。对已吸毒者，送社会处成立的戒烟所，限期戒毒。对种、运、售毒品者凡发现均处以极刑。1946年6月3日，根据他的指示，在迪化市中心广场上当众焚毁了盛世才时期库存的4万多两鸦片和26.5万两麻烟。当时全省贪污成风，贿赂卖官鬻爵现象十分严重。一个乡长职位可卖到新币20~30万元，少数县长还借做“生日”募捐祝寿，征收人员则大斗入、小斗出，一些阿訇借宗教税贪污中饱私囊。根据张治中的指示，1946年6月间对于省内各公务人员，凡有贪污渎职行为者都将依法惩治。由于省内各级法院尚未健全，国民党中央政府于1946年6月19日电复：“新疆公务人员

〔1〕 张治中：《张治中回忆录》（下册），中国文史出版社1985年版，第485页。

〔2〕 白振声、［日］鲤渊信一主编：《新疆现代政治社会史略》，中国社会科学出版社1992年版，第436页。

贪污案件，在司法机关未有健全以前，准暂在军法机关审判。”[1]这期间处理的典型案例有：英吉沙尔县征收局局长胡俊臣与该局税务科长王鼎新朋比为奸，贪污粮食折合55万元。军事法庭判处胡俊臣死刑，王鼎新5年徒刑。迪化贸易公司总经理周崇勋、上校军运专员崔澄涛因贪污巨款，依法被处死刑。建设厅副厅长顾谦吉贪污有据，交军法处关押。迪化市政府工务委员会代主任王士熹、哈密汽车站庶务员戴完福均因贪污钱粮数额巨大，被判10年徒刑。在禁赌方面，迪化警察局在1946年10月～1947年3月共破获赌案55起。张治中的措施净化了当时的社会风气，肃清了吏治，为其他政策的实施创造了条件，为促进新疆的地方宪政建设起了一定作用。

（2）促进经济民主方面。

第一，减免捐税。1946年4月18日，省政府第127次常会通过决议，豁免1946年度农牧税1年，从7月1日起，全省免除所有税收半年，同时全省各征收局一律撤消，听候调整，各级税务人员大部分调省中训团专办之财政、税务、会计班受训。免除捐税自然受到各族人民的欢迎，这在全国还是先例。当时，在全国其他省拼命增加苛捐杂税时，新疆是全国唯一的无税省。不过在当时，经过多年的战乱人民生活已经十分困苦，工商凋敝，农村破产，政府即使要征收田赋牧税亦不可得。据说张治中事先并未向国民党政府请示，亦无法令上的依据。[2]既不征税，又要维持各项经费开支，张治中一是向中央要财政补助，二是从内地大量运入粮食、茶糖、布匹等生活日用品。

从1947年1月1日起开始征税后，重订税率16项，大多数税率都比以前低。如田赋一项，全国各地大部分按10%征收，新疆所定税率为3%左右；营业税：以营业总收入额为标准者，原征3%，现减为1.5%，以营业资本额为标准者，原征收6%，现减为3%；营业牌照税：原按季征收2%，现减为按年征收5‰；牲税：原为6%，现减为2%；牧税：大畜原征收3%，现减为1.5%，小畜原征收5%，现减为2.5%；屠宰税：原为6%，现减为5%；等等。另有三种税率增加：保护林木税，私有林原征5%，现增为10%，官有林原征收50%，现增为80%；烟酒特税，烟原征30%，现增为80%，酒原征15%，现增为60%；盐税，原每斤征收1元，现增为3元。[3]

---

〔1〕《新疆日报》1946年6月29日，转引自白振声、［日］鲤渊信一主编：《新疆现代政治社会史略》，中国社会科学出版社1992年版，第431页。

〔2〕白振声、［日］鲤渊信一主编：《新疆现代政治社会史略》，中国社会科学出版社1992年版，第430页。

〔3〕新疆社会科学院历史研究所编：《新疆简史》（第3册），新疆人民出版社1980年版，第442页。

第二，建立官办的现代公司，满足人们生活所需。1946 年 8 月 1 日，撤销新疆贸易公司（原盛世才时期新疆裕新土产公司），设立西北民生实业公司。在此之前，已成立了新疆企业公司，聘请重庆企业家、金融家李肃言担任公司总经理，张治中任公司理事长，财政厅长卢郁文、建设厅长穆罕默德·伊敏为副理事长。企业公司接收了女子实业工厂、硫酸厂、金属冶制厂、火柴厂、玻璃厂、陶瓷厂、新民工艺厂等，由于该公司并未起到作用，只好停办。西北民生实业公司成立后，总公司设在兰州，上海、南京、迪化设分公司，资金由中央拨给 50 亿法币。该公司的首要工作是从内地往新疆运日用必需品如茶、糖、布匹等，以成本价格销售。后来，因限于资金周转、运输困难、内地物资缺乏等因素，此项工作就无法持续开展了。

第三，培养新技术人才。同年，张治中建议南京政府组织新疆建设人才辅导团，解决新技术人才缺乏的问题。此建议获蒋介石批复，由行政院切实核办，行政院指派原任经济部兰州工业实验所所长戈福祥任团长。辅导团在新疆拟定出第一期计划纲要，包括农林水利、畜牧、工业、矿冶、交通运输和医药卫生部分。由于当时国民党统治已经摇摇欲坠，此计划纲要成为一纸空文。张治中承认“实际上徒托空言，并未能见诸实施”。[1]

第四，修建水利工程设施。这一时期，一是将迪化红雁池扩修为水库，在水库下端开辟一条渠（即和平渠）灌溉青格达湖附近军垦土地；二是在阿克苏地区库玛拉克河上修建了帕什塔什防洪工程。此工程于 1947 年 3 月 15 日开工，6 月完成，阿克苏、温宿、阿瓦提三县的 20 余万人受益。此外，还强调要发展新疆的各项交通运输、邮电、通讯等事业。

（3）促进民族文化宗教权利发展方面。为了促进少数民族文化事业的发展，成立了西北文化建设协会，总机构在兰州，迪化、上海、南京设分支机构。该组织在迪化成立编译馆，出版了维、汉文版《天山画报》以及《文摘》、《少年知识》、《天山文艺小丛书》、包尔汉的《维汉俄辞典》，等等。在迪化筹建了中型规模的维哈文印刷厂，有益于民族文字日报出版。设置西北影业公司和巡回放映队，放映国产影片。开展新疆与内地的文化交流活动：一是成立西北文化供应社，在兰州、迪化大量供应内地和各民族的新版书刊；二是组织新疆歌舞团到北平、上海、台湾等地演出；三是邀请内地乐团和知名钢琴家、小提琴家、歌唱家等到新疆演出。[2]这些活动促进了边疆与内地的文化交流。同时还提出保

---

〔1〕 张治中：《张治中回忆录》（下册），中国文史出版社 1985 年版，第 524 页。

〔2〕 张治中：《从迪化会谈到新疆和平解放》，新疆人民出版社 1987 年版，第 103 页。

障学术自由，奖励科学研究。对开办大、中、小学教育、培养各类人才进行了规划。

民族宗教政策方面，一是禁止回汉通婚，减少民族纠纷。二是强调各民族之间互相尊重、互相亲善、互相扶助，实现精诚团结。

（4）睦邻友好的外交政策。张治中认识到苏联对三区以及整个新疆的影响很大，基于这种现实，其制定实施了对苏睦交的政策。这一时期解决了中苏间在新疆遗留的几个问题：①协助苏联运回存放在星星峡和哈密的3100多吨物资，至1947年6月底全部运完；②将1948年9月期满的中苏航空协定延长5年；③撤销归化族文化促进会，恢复迪化中苏文化协会，由张治中亲自担任会长，开展了一些活动，如放映电影、举办展览、演讲等；④与苏方商谈经济合作，达成中苏在新疆贸易与经济合作的协议，包括贸易、开采有色和稀有金属、石油等问题。但协议被南京政府拒绝，未能实施。

虽然做了上述一些工作，但是就《施政纲领》来说，基本上没有实施，这是由国民党的独裁统治所决定的，靠少数人的意志难以改变。新疆是中国的一部分，国民党反动政府的法令当然全部行施于新疆，作为一个省的施政纲领，也是无法摆脱国民党中央法统的制约的。这份数千字的纲领，虽然许诺人民以民主、自由，“人民非依法不得加以逮捕、羁押、或处罚”，但是这个“法”，却是统治阶级专门用来镇压人民、维护其统治的。国民党政府的大地主和资产阶级联合专政的本质决定了它不可能真正让权于人民。因此，《施政纲领》在实施中遇到的来自南京和新疆省内的保守派的阻力之大，可想而知。地方上驻军将领和保守派多次制造纠纷，掀反苏波浪，在迪化、喀什都发生过阻止苏领事馆人员购买日用品和副食、殴辱外出购物的苏领事馆人员、阻挠各族人民为苏领事馆服务等事件。在中央，亲苏政策根本得不到支持，张治中左右为难。而且当时内战已经爆发，中央无暇也无力保证对新疆这个边远省份的人力物力财力的支持。张治中为此在南京两次和行政院长宋子文洽谈，得到的答复都是“现在心脏有病，要先救心脏，边疆是四肢，没有什么关系”[1]。因此，这份近四千字的施政纲领，仅仅是人们美好的愿望而已，实际上却是无法实现的一纸空文。它是新疆各族人民对民主、地方宪政的憧憬，是人民权利意识觉醒的体现，为真正走上民主地方宪政准备了条件。

5. 新疆地方宪政走向失败：联合政府的破裂。新疆联合省政府成立后，国

---

[1] 张治中：《当前新疆问题和我们的根本看法与态度》，1947年3月30日在行辕对驻迪化党政军负责干部讲话。

民党与三区方面的斗争一刻也未停过，国民党顽固派企图利用《和平条款》控制三区，而三区方面则力图利用合法斗争巩固以往取得的成果，并向七区发展。不久，国内形势发生了很大变化。国民党在美国的支持下，撕毁了“双十协定”，疯狂进攻解放区，发动了全面内战。新疆的国民党军方不断破坏和平条款的实施，甚至扶植土匪乌斯满等反动势力，向三区发动武装进攻。新疆受内地局势的影响，斗争也愈来愈尖锐。当时，军队整编、选举问题成为斗争焦点。后来形成摩擦和冲突，发生流血事件，表明双方存在原则分歧，无法联合。加之各种不调和的矛盾，最终导致联合省政府的破裂。

(1) 独裁与民主的激烈斗争。

第一，关于军队整编的斗争。国民党企图通过从三区军队的整编和供养补给、进驻三区边境、改组三区行政机关和恢复中央驻三区机关、全疆政令和币制统一、恢复三区与各地交通等方面控制三区。为此，双方成立专门小组协商讨论。三区方面当然不会接受，反而牢牢握紧在三区范围内的各种权力，如司法、邮电、海关等。三区所属各县不与省府直接发生联系，国民党的政令无法在三区实施，无法控制三区。国民党政府企图通过和平条款统一三区的目的无法达到。

在军事上，国民党一方面借整编对三区的军队进行限制和削弱，一方面不断扩充和加强自己的实力。而三区方面却毫不让步。1946 年 6 月起，国民党军队大规模向解放区进军，全面内战爆发。对三区方面来说，很难说新疆和平能维持多久。而此时阿山的乌斯满已派人与迪化国民党军政人员联系，并得到支持。有鉴于此，三区方面认为自己的武装力量只能加强，不能削弱。双方就民族军的改编、点验及供应制度等问题开过多次会，但都毫无结果。民族军依然是自己的编制和指挥系统，其总指挥伊斯哈克别克虽被委任为省保安副司令，却根本没去就职。三区在军事上依然保持着自己的独立性。

在国民党方面，当时全疆驻军将近十万。1946 年 10 月，陶峙岳调任西北行辕主任，蒋介石的嫡系将领宋希濂任新疆警备总司令。宋希濂到任后，鉴于先前军事的失败，重新部署防务。省府迪化以重兵驻守，有战斗力较强、从青海调入新疆的骑五军的骑一旅，还有师管区骑兵团和警备营。在前线绥来（现玛纳斯）驻二二七旅，呼图壁驻新二师，奇台驻骑二旅，哈密、吐鲁番驻一七八旅和二三一旅。南疆主要城市均以重兵驻守。喀什噶尔有南疆警备司令部，驻整编四十二师和骑九旅，莎车驻骑四旅，阿克苏驻二三五旅，焉耆驻一二八旅。为了适应冬季作战，1947 年冬，宋希濂以中军校第 9 分校部分军官为骨干，组成了一支滑雪部队。从国民党军队部署来看，主要还是针对三区方面，同时集中兵力控制南疆和东疆的几个战备据点，便于在紧急情况下互相呼应。同年9月，宋希濂在南京向蒋介石请求补充兵力。后经参谋总长陈诚批准，补充兵员1.5万名，成立4个边卡大队，再增派一个汽车兵团，有载重卡车300余辆。补充军马3000匹，还补充了一些武器弹药。[1]

国民党方面以军事作为政治的后盾，以迪化为中心，北与三区对峙，加紧控制南疆和东疆，防止三区方面渗透。

第二，选举中的斗争。选举中的矛盾成为斗争的又一焦点。国民党方面企图通过选举，使支持他们的部分少数民族保守派当选而顺利打入三区，三区方面则想通过选举以合法斗争手段打入七区，三区内部不能让国民党染指。1946年11月左右，省内各专区、县大多成立了选举委员会。省政府第23次例会讨论决定：省参议员名额由原来的12人增为14人，除汉、维、哈、回几个民族外，其他像柯尔克孜、乌孜别克、塔塔尔、塔吉克、俄罗斯各1名额，锡伯、达斡尔、满族共1名额。省选举委员会由民政厅正副厅长王曾善、赖希木江分别担任正副委员长，委员有刘孟纯、阿巴索夫、萨力士、尔德尼、钟棣华。但省参议会的选举于1947年7月7日流产了，因“参议员中已分成两派，形成两个对立的阵营，彼此都不能相让”[2]。

三区方面为了把革命推向七区，通过推荐行政专员和县长控制有重要战略意义的地区。经阿合买提江提名、省政府通过，阿不都克里木·买合苏木任喀什行政专员，阿不都热合满任吐鲁番县长。两人利用合法地位进行活动，三区革命势力在这两个维吾尔族聚居、战略要地得到了迅速发展。

省政府决定向全疆10个行政区派监选小组监督选举。

南疆的选举处处受到各行政专员、驻军或地方保守势力的操纵、阻挠、刁难，无法顺利进行。在南疆各区、县，军人干涉政治，官吏操纵选举，当选的多是当地保守派的阿訇、毛拉、巴依等。在南疆有“三豪”：一是“教豪”，如阿訇、毛拉之流。他们的社会地位极高，且有无上的权威，但他们狭隘、顽固，往往政教不分，以教干政，和地方官吏勾结，狼狈为奸；国民党政府与他们既有矛盾的一面，也有勾结、利用、依赖的一面。这些人一句话，往往超越了行政当局的命令，在选举时，他们可以操纵选举或者罢免已经选出的县长、参议员，直至选出他们满意的代表为止。二是“土豪”，他们有钱有势，鱼肉人民，与官僚、教豪勾结，成为一霸，被选的往往是他们的政治代表。三是“水豪”，

[1] 宋希濂：《鹰犬将军》，中国文史出版社1986年版，第220页。

[2] 张治中：《张治中回忆录》（下册），中国文史出版社1985年版，第546页。

南疆缺水，每条河设有专门总管分水的伯克，县府虽有水利委员会，但由管水之伯克操纵，掌握着水权就等于掌握了农业和大多数人的生命。“三豪”往往三位一体，与官吏勾结，操纵选举，加上国民党驻军军人干政，使选举几成玩物。[1]

如赛福鼎、包尔汉分别到喀什噶尔和莎车监选，均受到当地驻军和保守势力的严重挑衅。在喀什区，虽然阿不都克日木·买合苏木拥护和平条款，倾向革命，但国民党驻军却处处与之对抗，成为地方反动势力的支柱。疏勒县长黄济武贪污不法，滥押无辜群众，民愤极大，监选小组将其免职，但黄济武在驻军杨德亮军长的支持下，拒不交出印信，反而张贴复职标语以示对抗，驻军助桀为虐，以小汽车供其出入，并有持枪者护其左右，致使其气焰更为嚣张。在莎车区，旅长向超中依持武力置张治中命令于不顾，非法检查监选小组汽车，威胁群众不得与监选小组成员见面。莎车区专员周芳冈也极力阻挠监选小组活动，破坏选举。莎车区所属麦盖提县经民选任穆依丁·尼亚孜为县长，但不久周芳冈即强行撤去其职务，改由自己亲信任职。默罕默德·伊敏到和阗监选，他自身就在制造民族矛盾，不允许“当地二千多回、汉族参加选举”[2]。在塔城区，省政府派往监选的监选组长涂禹则、随行秘书克全斌都是哈萨克族，他们和两名司机行进到塔城专区额敏县后全部遇害，成为惨案。可见在选举问题上的斗争何等激烈。各县之省、县参议员和县长之选举大体于1946年底完成。

第三，对青年的争夺。斗争的再一个焦点是争夺青年。三区方面非常重视青年工作，1945年12月15日，伊宁成立了“东突厥斯坦革命青年团”，制定了《东土耳其斯坦革命青年团组织暂行章程》，该章程共5章54条，包括总则、任务、入团手续、权利和义务、纪律、组织等项。章程第1条是：“东土耳其斯坦革命青年团是联合凡生存在东土耳其斯坦之青年，使之养成民主精神，为东土耳其斯坦人民光荣前进，及发展优秀知能为最高目的而奋斗。”第2条是：“东土耳其斯坦革命青年团是一种政治团体，他站在民主最前线独立行动。”团中央主席是赛甫拉也夫，委员有阿巴索夫、赛福鼎、安尼瓦尔·汗巴巴、阿布都拉·扎克洛夫、玉素甫、乃比江等人。不久，在塔城、阿山及各县相继成立了下属组织，组织机构很健全。团中央发行《战斗》杂志。新疆联合省政府成立后，东土耳其斯坦革命青年团的活动又延伸到国民党统治的七区——迪化、喀什、阿克苏、和田、哈密、莎车、焉耆，以迪化、喀什两地的组织最活跃。

---

〔1〕 新疆社会科学院历史研究所：《新疆简史》（第3册），新疆人民出版社1980年版，第457页。

〔2〕 包尔汉：《新疆五十年》，文史资料出版社1984年版，第305页。

《和平条款》签订以后，三区为了将革命扩大到全疆，充分发挥了“东突厥斯坦革命青年团”的作用。在省城迪化，阿合买提江改组了维文会，使该组织成为三区革命的一个阵地，数千名维、哈族青年在三区革命的影响下，经常集会游行，向政府请愿，矛头直指国民党的独裁统治。在喀什葛尔，由于专员阿布都克日木·买合苏木的支持，“东突厥斯坦革命青年团”很快发展到几千人，活动频繁，举行集会示威游行。吐鲁番县长阿布都热合满也是由阿合买提江提名当选的，他支持三区革命，因此，吐鲁番、鄯善、托克逊等地区的“东突厥斯坦革命青年团”也很快发展起来，他们秘密活动，作武装暴动的准备。后来，吐、鄯、托暴动终于爆发了。

为了与三区“东突厥斯坦革命青年团”相抗衡，防止七区的青年倾向革命，1946年7月，张治中、宋希濂共同策划成立“三民主义青年新疆分团筹备处”（简称三青团新疆分团筹备处），并会同艾沙内定了该组织全部干事名单。[1]干事长：艾沙。书记：张名权。干事：梁客浔、汪洛生、陈力、李帆群、成吉思汗（维）、穆提义（维）、帕哈提（维）、阿哈孜（哈）等20余名。下设组织组、宣传组、总务组、会计组。三青团新疆分团筹备处一开始就分两派；一是以梁客浔（新疆警备总司令部政工处长）、汪洛生、陈力（中央军校第九分校秘书）、李帆群（《新疆日报》副总编辑）为首的反对三区革命的强硬派，他们反对张治中对三区的妥协政策，拥护宋希濂的主战政策；另一派是以艾沙为首的大土耳其主义派，他们与麦斯武德、穆罕默德·伊敏等人的观点是一致的，仇视苏联，反对搞阶级斗争，反对三区革命，反对汉人统治，主张新疆在中国范围内高度自治。这部分人的政治主张与国民党有矛盾，但在反苏、反三区革命这点上是一致的。

“三青团新疆分团筹备处”成立后，组织了服务社，替人“代笔”、“问事”、“洗衣”以及介绍工作等；还放映电影、演出歌舞节目，目的就是为了吸引、争夺青年。由于艾沙等不听指挥，一直想将该组织办成为其宣扬大土耳其主义思想的工具，引起国民党当局的不满，1947年9月，“三青团新疆分团筹备处”被撤销，一部分人被并入国民党新疆省党部。艾沙成为省党部副主任委员。在省党部内又立了“青年运动委员会”，争夺青年仍在进行。

第四，民众权利意识的觉醒：革命团体发动下的请愿运动。三区方面在省城和南疆地区大力发展组织，进行宣传工作，取得很大的成效，大批青年加入

---

[1] 李帆群：“新疆‘三青团’的成立与结束”，载新疆文史资料委员会编：《新疆文史资料选辑》（第1辑），新疆人民出版社1979年版，第120页。

组织，在“东土耳其斯坦革命青年团”的影响下，经常集会游行，向政府请愿，矛头直指国民党的独裁统治。在南疆的喀什、吐鲁番等地，“东突厥斯坦革命青年团”很快发展到几千人，活动频繁，举行集会示威游行。在南疆维吾尔族聚居区组织群众游行示威，散发传单，拒绝交公粮及抗税等。

1947 年 2 月 25 日，迪化上万人聚集省府广场，游行示威，但最后演变成围攻联合政府副主席阿合买提江等人的“二·二五”严重流血事件。

阿合买提江、阿巴索夫等人于 1946 年 10 月间，以“国大代表”的身份参加了南京国民党政府召开的“国民大会”，在南京出席国民大会期间，目睹国民党的腐败，回新疆后更加积极地开展革命活动。成百上千的群众经常集会游行，向政府请愿。1947 年 2 月 20 ~ 21 日，维文会召集群众游行示威，人数达五千多人，提出了几十条要求，其中主要有：中央军撤回内地；阿克苏、喀什噶尔成立民族军；军队不得干政；中央驻新疆机关一律改隶省政府；实行《和平条款》，70% 用当地人；民选工作应重新以民主方式进行，各区专员应由当地人充任；罢免司法机关首长，人民自行管理司法；改换迪化专员哈德万、省府秘书长萨力士、哈密专员尧乐博斯、莎车专员周芳冈、和阗专员奴尔别克（汉名：郝登榜），成立宗教厅，《新疆日报》汉文版停刊等。

1947 年 2 月 22 日，省政府召开紧急会议，在副主席阿合买提江主持下，讨论请愿群众提出的要求。包尔汉力主撤换周芳冈，阿巴索夫等提交了与请愿内容大体相同的 8 条提案。会上形成了对立的两种意见，互不相让。阿合买提江提议，邀请请愿代表到会场陈述意见。最后会议通过了罢免莎车专员周芳冈、和阗专员奴尔别克的议案。

当天晚上，宋希濂、刘孟纯、陈希豪、王曾善、刘仁、谢永存、梁客浔、沈静等人召开了紧急会议。他们提出以游行对游行、以请愿对请愿、坚决与三区方面对抗的方针，使得后来事态升级。1947 年 2 月 24 日即出现了针对三区方面的示威游行，哈萨克族、回族五六千人游行队伍从迪化郊区进入市区，高喊“拥护中央政府”、“新疆是 14 个民族的新疆，不是维吾尔族的新疆”、“反对伊、塔、阿三区特殊化”等口号，还向省政府提出矛头对准三区方面的二十多条要求。主要是：①阿合买提江下野；②政府迅速制止维族游行以安民生；③彻查涂禹则惨案等。[1]

2 月 25 日，在汉文会、刘永祥等的组织下，汉、回、哈萨克族万余人会集

---

〔1〕 宋希濂：“1947 年迪化‘二二五’事件真相”，载新疆文史资料委员会编：《新疆文史资料选辑》（第 1 辑），新疆人民出版社 1979 年版，第 119 页。

到省政府前广场上，向省政府提出 16 条要求，主要内容是：取消地方特殊化；伊、塔、阿三区边境应由国军驻防；三区地方武装应按规定切实改编；严惩伊宁事变时残杀当地无辜居民的凶手；从优抚恤事变时被害家属；反对企图使新疆脱离中国的“东突厥斯坦”运动；加强民族团结，反对煽起民族间的歧视和仇恨；严厉制裁破坏社会秩序的分子等等。他们点名要阿合买提江答复。阿合买提江被省保安副司令接到现场后，即登台讲话，但是话未讲完就遭到围攻，不得不在质问和谩骂声中退入省政府。

混乱中，流血事件发生了，包尔汉的司机被手榴弹炸死，两人受伤。在南关，数千名维吾尔族群众准备去营救阿合买提江等人，被国民党的骑兵师包围，少部分人到了广场，又发生了惨案，被哈德万的手下打死 1 人，打伤数人。冲击省政府的人群提出：阿合买提江即刻下野，维吾尔族人在 24 小时内迁离迪化 5 公里，阿合买提江向汉族人道歉，惩办凶手，埋葬死难汉人，保障汉族人生命财产安全等等。并高喊：“把阿买提江、包尔汉一齐打死!”宋希濂感到事态严重，责任重大，派迪化警察局长刘亚哲出面制止，驱散了聚集人群，然后把阿合买提江和包尔汉护送回家。当晚迪化宣布戒严，警察在全市尤其是南梁一带清查户口，他们收缴枪支，逮捕无辜，制造白色恐怖。3 月 6 日上午才宣布解除戒严。[1]

由宋希濂等人操纵制造的“二二五”事件造成了严重的后果。这是省联合政府破裂的直接因素之一。也说明国民党政府中强硬保守派的势力庞大，同时标志着和平条款实施的失败。

迪化的“二二五”事件，在全疆尤其是南疆引起的波动不小。因此，张治中于 1947 年月 4 月间开始出访南疆。南疆之行，特别是在喀什张治中感受颇深，这对他在新疆政策的改变及其辞职都有重要影响。4 月 22 日，在喀什噶尔民众大会上有人提出：要求国军离开新疆，在喀什噶尔成立民族军，边卡由当地人防守，新疆改名为“东突厥斯坦”等。有人主张：要再革命、再流血，否则不能解决问题。他们点名要张治中回答。张治中对此很反感，认为是无理要求。5 月 7 日，五六千人会聚在喀什噶尔专员公署，包围了张治中下榻处，高喊“打倒国民党”、“打倒、打死张治中”等口号，并要张治中答复问题。张无法脱身，直到四十二军军长赵锡光赶到才得以脱身去疏勒。5 月 8 日，张治中回到迪化，带回大量投诉信件、申诉书、请愿书。这些事件都说明三区革命的影响已经遍布新疆全省，民众的参政、议政热情高涨，人民的权利意识开始觉醒。

---

〔1〕 陈慧生、陈超：《民国新疆史》，新疆人民出版社 2007 年版，第 434 页。

（2）乌斯满投靠国民党。联合省政府是在国共内战的硝烟中诞生的，全国和平局面尚且不能维持，新疆一隅的和平局面也难以维持。所以伊犁方面不免“担心”、“怀疑”，事实上也就不肯放弃三区特殊化，不肯改编军队，不肯让国军开进三区，不肯让中央机关行使职权。其结果是新疆联合省府在形式上成立，实际上双方联而不合，相互攻击。伊犁方面指责国民党不真正履行《和平条款》实行民主政治等条款，国民党方面则说三区搞特殊化。1947 年 8 月，伊方为抗议麦斯武德当省主席，将在迪化任职的省府委员及其他人士全部撤回，新疆联合省政府破裂，国民党政府指望通过《和平条款》统一三区的幻想也随之破灭。

乌斯满是在阿山牧民反抗盛世才统治的暴动中出现的一哈萨克族头目，三区政府曾任命他为专员，他拒不赴任。省联合政府成立时，乌斯满成为省府委员兼阿山专员。1946 年年底，乌斯满率部向阿山民族军开战。这是当时错综复杂形势下出现的新动乱，全疆震动。本就基础脆弱的联合省政府再一次面临考验。

乌斯满本质上是一介草莽，宗教、封建意识浓厚，苏联的社会主义制度和意识形态对他来说格格不入。只是因苏联、外蒙的支持，他才成为一股政治势力。在反抗盛世才和国民党时，他与三区的矛盾还被掩盖着。当国民党势力在三区消亡后，乌斯满对苏联人支持下的整个三区革命的态度逐渐由疑惧、不满到动武。而这正是迪化国民党势力所希望的，乌斯满需要新的靠山，双方联合是自然的。[1]

1946 年 2 月中旬，吴忠信、郭寄峤召集警务处处长胡国振等开会，商讨拉拢分化乌斯满、哈巴斯等人的办法，决定派胡赛音前往承化与乌斯满会谈。同年 8、9 月份，乌斯满两次派人到省府联络，投靠国民党。

8 月上旬，乌斯满派代表到迪化，张治中约阿合买提江、包尔汉共同会见，乌代表提出如下要求：哈萨克族在迪化有名望人士如艾林郡王、贾尼木汗、苏来曼等人回阿山工作；希望《和平条款》的内容得到充分解释；阿山地方经济困难，请求接济；阿山边防重要，请派国军进驻。会见后，他们又通过省府秘书长刘孟纯向张治中表达了两点：一是要以武力驱逐苏联采矿人员；二是要求以边卡队的名义派军队到阿山，并接济武器弹药。张治中告诫乌斯满对苏联切不可采取武力行动，以免引起意外纠纷。关于边卡部队问题，一时不能派遣，须与三区军队改编问题同时解决。事后，张治中密令刘孟纯提供一些物资和

---

〔1〕 白振声、[日] 鲤渊信一主编：《新疆现代政治社会史略》，中国社会科学出版社 1992 年版，第 448 页。

武器。

9月3日，乌斯满又派代表到迪化，向张治中提出如下要求：①请政府派军队开入阿山；②请政府拨枪1000～2000支；③请派代表和电台常驻阿山区；④请将阿山区之经费直接拨给；⑤请政府拨发粮食、布匹、茶叶等，并要求政府授予管理全疆宗教权和批准世袭王位。

张治中认为乌斯满是反对苏联和三区的。因此，在处理此问题时一方面显得很谨慎，约请阿合买提江、包尔汉共同会见乌斯满的代表；另一方面又作出决定，将阿山经费直接拨给，不再通过伊犁转发，并给一部分粮食、布匹、茶叶。又让警备司令部拨给步枪三四百支、电台一部。

11月，得到国民党支持的乌斯满即派部队攻占福海县，骚扰三区。1947年2月，三区宣布撤销乌斯满阿山专员，由达列里汗代替。随即派出3个骑兵团，由伊斯哈克别克指挥，讨伐乌斯满。经过激战，乌斯满败退至北塔山一带。后来他一直得到国民党的支持。乌斯满问题是省联合政府破裂的又一因素。

（3）麦斯武德任主席。张治中南疆之行后，思想产生了很大变化。一是他对三区方面支持的民众活动态度有了改变。他对宋希濂、刘孟纯、刘仁（西北行辕参谋长）说："他们把我苦心谋划当作怯懦"，"对他们必须采取强硬态度，决不再容让"。[1]二是他感到新疆问题十分复杂，受着国际国内局势的直接影响，如果全国性的问题不能解决，新疆问题也不可能得到解决。当时内地炮火连天，看不出有停战的苗头。因而，他准备辞去省政府主席的职务。[2]

5月10日，张治中未与阿合买提江等人协商，就向蒋介石提出辞去省主席职务，推荐麦斯武德继任省主席。5月19日，张治中的辞呈和推荐均被国民党政府批准。这使矛盾更加激化，加速了省联合政府的破裂。

麦斯武德（1888～1950年），维吾尔族，新疆伊犁人，富商，青年时期留学土耳其，毕业于君士坦丁堡医科大学。在国外接受了泛伊斯兰主义、泛突厥主义。1915年回国，在伊犁以行医和办学为名，传播泛伊斯兰主义、泛突厥主义，曾被地方当局收审关押，后来投靠国民党，在国民党豢养下，与艾沙等继续传播泛突厥主义。吴忠信到新疆任省主席时，麦斯武德曾电告吴忠信，请求返回新疆。被婉言拒绝了。1945年9月麦斯武德、穆罕默德·伊敏、艾沙随张治中回新疆。麦斯武德充任新疆监察使，联合省政府成立时，穆罕默德·伊敏任省

---

〔1〕宋希濂："镇压吐鲁番暴动的经过"，载新疆文史资料委员会编：《新疆文史资料选辑》（第2辑），新疆人民出版社1979年版，第115页。

〔2〕张治中：《从迪化会谈到新疆和平解放》，新疆人民出版社1987年版，第134页。

府委员兼建设厅长，艾沙任省府委员。他们利用手中之权，肆意传播泛伊斯兰主义、泛突厥主义。

麦斯武德担任省主席，在新疆掀起轩然大波。任命的第二天，迪化街头就出现反对麦斯武德上任的标语，以阿合买提江为首的三区代表致函张治中，表示强烈反对。5 月 28 日，麦斯武德举行就职仪式，三区的省政府委员拒绝参加，省参议员乌斯曼大毛拉等 40 人联名致信张治中，请求他继续留任。张治中则表示，要中央变更命令绝不可能。麦斯武德上任省主席致使新疆局势继续恶化。

麦斯武德上台后，更加肆无忌惮地进行分裂祖国统一、破坏民族团结的罪恶活动。一方面利用国民党势力打击和破坏三区革命，一方面进行分裂活动。他们全面控制了维吾尔学校和文化团体，掌握了维吾尔文报刊等宣传工具。他们继续出版《阿尔泰月刊》，并新办了《自由报》和《曙光报》，建立"突厥斯坦青年团"，成立各种"研究会"，组织"学术座谈会"，大张旗鼓地宣传泛突厥主义、泛伊斯兰主义和民族分裂主义，煽动反汉排汉，鼓吹他们的反动主张。他们把阿尔泰语系突厥语族的各民族硬说成是一个"突厥民族"内的不同部落，否认新疆自古以来就是多民族地区的历史事实，说只有"突厥民族"才是"突厥斯坦"的主人，其他都是"客居民族"，为他们的分裂主义阴谋制造根据。1948 年，他们乘国民党统治行将崩溃之机，再次提出准许新疆另名"中国突厥斯坦"、"实行高度自治"及减编驻新军队数额的要求。所谓"中国突厥斯坦"不过是"东突厥斯坦"的翻版，并无本质的不同。所谓"高度自治"，是给予新疆"独立以下，自治以上"的地位，实质上就是独立。其统治新疆的活动就是：①大肆反苏、反共，打击三区在省政府的代表，迫害各族爱国人士；②重用泛土耳其主义分子，把新疆省称为突厥省，把新疆各民族称为突厥族，极力推行突厥语文统一运动，尽力把他们的语言、文字土耳其化。麦斯武德破坏祖国统一、破坏民族团结的倒行逆施，遭到新疆各族人民的反对。

三区的省代表一致反对麦斯武德的上台，国民党开始在省参议会中排挤、阻挠三区代表行使正常的权利，并诬陷三区和喀什区的代表名额和资格不合选举法，提出重新审查。由于主席团内部无法取得一致意见，只得宣布省参议会休会，何时召开由省政府决定。1948 年 5 月 28 日省参议会的第一次会议成了最后一次会议。三区的省参议员陆续返回伊犁，喀什代表同行。麦斯武德的登台，实际上宣告了联合省政府的破裂。

（4）吐、鄯、托暴动。1947 年 6 月，新疆境内中蒙边境的蒙古军队入侵新疆北塔山引发的边境武装冲突事件，称为"北塔山事件"。国民党调部队重点在北塔山一带设防。在内地解放战争大好形势鼓舞下，三区方面趁机发动吐鲁番、鄯善、托克逊等地农民奋起反抗国民党的反动统治，开展了颇具声势的武装暴动。

1947年7月8日，鄯善县农民武装数百人攻陷连木沁警察所，全歼驻守警察，缴获全部枪支马匹。7月10日，又袭击了洋海警察所，击毙数名警察，缴获十余枝枪和库存粮食万余石。7月12~14日，暴动队伍在库米什和胜金口与国民党军队发生了激烈战斗，战斗持续了一天一夜。7月14日，国民党援军从托克逊和哈密两面同时赶到，暴动队伍腹背受敌，被迫撤退，伤亡二百余人，在撤退中又有较大伤亡。7月16日，袭击七角井国民党驻军，又失利，不得不退入科克牙山中。7月20日起，国民党军队进山清剿，至7月29日，双方发生多次战斗，暴动队伍被迫突围，余部经三个泉子、小草湖等沿天山西行，于8月7日到达伊犁，受到当地军民热烈欢迎。

吐、鄯、托暴动失败后，当地群众受到残酷镇压。“在吐鲁番暴动之后，特务系统在这一地方大肆逮捕，残酷地杀害了许多人。”[1]麦斯武德派亲信担任吐鲁番县长。国民党军队在东疆、南疆大肆捕人，仅喀什噶尔就抓了近50人。

（5）民国新疆地方宪政实践以失败告终。1946年8月至1947年8月，新疆发生了乌斯满投靠国民党反对三区革命，“北塔山事件”，迪化“二·二五”事件，麦斯武德上台任省主席，吐鲁番、鄯善、托克逊武装暴动等一系列重要事件。省联合政府副主席阿合买提江说：“麦斯武德先生出任省主席是我省人民不幸的开始”，“麦斯武德先生是穆斯林，反动派任命麦斯武德做省主席，是要把穆斯林人民分作两部分，他们现在已经开始全面进攻”。[2]上述事件直接导致省联合政府的破裂。

1947年8月中旬，阿合买提江、阿巴索夫、赛福鼎等三区领导人从省政府所在地迪化返回伊宁。8月27日，赖希木江·沙比里、安尼瓦尔·汗巴巴等三区领导人最后一批撤回伊宁。

1948年，新疆政局动荡，经济崩溃。麦斯武德主新后，一直遭到三区方面的激烈反对，三区领导人多次给张治中去信要求撤换他。作为一个大土耳其主义者，麦斯武德及艾沙等人只不过借着国民党势力重返新疆。他的言论、行动无不带此色彩，事实上新疆非但没“安定”，反而一比一天乱，这与国民党南京

---

〔1〕张治中：《张治中回忆录》（下册），中国文史出版社1985年版，第549页。

〔2〕阿合买提江：“在伊宁维、哈、柯俱乐部对我省形势发表的声明”，载《新疆三区革命领导人向中共中央的报告及文选》，新疆人民出版社1995年版，第56~57页。

政府的意图也正相反，所以他的下台是必然的。[1] 1949 年 1 月南京政府任命包尔汉为新疆省政府主席。包尔汉执政时期基本执行了张治中的政治主张。他上任时发表了《告新疆民众书》，宣布“本人代表中央政府，作为全疆人民忠实公仆，本着中央意旨，在张长官领导下，暂为执行和平条款，实施政纲领而努力”。他还表示，今后将认真贯彻张治中的“和平、民主、统一、团结”的政治主张，严厉革除贪污、赌博、吸毒三大祸害。

1949 年 9 月 26 日，包尔汉宣布新疆省政府接受中国共产党的领导，至此，新疆正式和平解放。新疆的和平解放保护了各族人民的生命财产安全，加强了各民族人民的团结，为新疆人民政权的巩固和经济建设的发展提供了有利的条件。从此，新疆各族人民摆脱被剥削、被压迫的地位，开始了新疆历史的新纪元，新疆真正走上了通往民主、地方宪政的道路。

---

〔1〕 白振声、[日] 鲤渊信一主编：《新疆现代政治社会史略》，中国社会科学出版社 1992 年版，第 468 页。

第五章

民国宪法在新疆地方的具体实践

第一节　代议制机构的产生与活动

代议制是伴随着议会的形成与发展而产生的近代以来民主社会的最基本政权形式。代议就是由人民选举出的代表去商议和处理国家事务；在代议制共和政府下，政府由人民选举产生，人民是主权者。人民委托自己的代表，行使自己的权力。在民主选举基础上建立的代议制政府，将代议制同民主制结合起来，成为一种能够容纳并联合一切不同利益和不同大小领土与不同数量人口的政府体制。然而，对于国土较大、人口较多的国家来讲，要求全体人民参加政府管理是不可能的。在这种情况下，坚持人民主权的原则，只能采取代议制政府形式。代议制是近代地方宪政政府建立的基础，其核心是经过选举产生的代表组成议会，它形式上代表着民意行使国家权力。

一、省、县参议会的成立与活动

清末，为了挽救岌岌可危的统治，清政府实施了一系列的措施，被称为“新政”。其中有一项措施就是要求各省成立咨议局，从而为民众参政议政提供了可能，开启了中国政治生活民主化的序幕，促进了地方宪政在中国的发展。新疆于

1909年9月在迪化成立了具有现代议会性质的谘议局，设议长1人，副议长2人，常驻议员4人，议员23人，满营专额议员1人，议员共30人。[1]并制定了《议事细则》20条，《办事细则》18条，《旁听细则》14条，比较详细地规定了谘议局的职权范围和议事办法，但实际作用并不大。咨议局的成立标志着新疆民众参政议政的开始，动摇了旧有的封建专制体制，为以后省议会的成立奠定了基础。1911年民国成立后，各省咨议局都改为省议会，并于1913年9月公布了《省议会议员选举法》。新疆的杨增新为了维护自己的统治，也顺潮流而动，于1913年2月9日正式成立了较规范化、制度化的新疆省议会，其一直延续到1928年杨增新被刺身亡后解体。首届新疆省议会分8区选举，共议员40人，会址设在迪化。省议会活动频繁，但完全受制于杨增新，为其独裁统治服务，根本起不到对省行政当局和长官的监督作用和建议作用。他一方面不惜动用武力反对民选省长及各级官吏，限制议会权限；另一方面操纵选举，安排心腹及官吏兼任议员，将省议会变为自己的工具。此外禁止政党活动，将国民党与哥老会都认作乱党加以取缔。但其通过的一些议案对于维护边疆的稳定发挥了积极作用。[2]如对俄哈窜扰新疆，省议会在杨增新授意下，除多次呼吁中央与俄使进行交涉和平解决外，还通过了严禁私售田产予俄哈逃民、禁止俄民买地办法案、押送俄民返乡案、调查俄民人数案等一系列议案。[3]

后金树仁主新时，社会动荡不安，省议会被束之高阁。盛世才主新后，将省议会改为代表大会，以粉饰其独裁统治。但代表大会在当时影响重大，这样的工作不但在新疆是创举，对全国而言，中华民国成立28年来，无论全国性的或是某一省地方性的各民族代表大会，新疆也是首例。[4]从以下几件档案中可了解到这一举措的积极意义。

民国二十七年（1938年）9月10日，阿克苏区沙雅县政府呈报省府主席的电报中介绍了该县出席第三次全疆人民代表大会的代表名额分配及开会日期事宜：[5]

---

〔1〕袁大化修、王树楠等纂：《新疆图志》（卷四十五·民政六·地方自治一），民族文化宫图书馆据志局书复印1983年版，第427页。

〔2〕贾秀慧："晚清民国时期新疆的政治近代化述评"，载《新疆社会科学》2009年第2期。

〔3〕中国历史第二档案馆档案：全宗1001，卷号1229。

〔4〕陈培生："新政府七年来之政治设施"，载《反帝战线》第4卷第1期，转引自方英楷：《中国历代治理新疆国策研究》，新疆人民出版社2006年版，第251页。

〔5〕新疆维吾尔自治区档案馆：政2-2-374：《阿克苏区各县出席省三全大会代表分配名额开会日期》，沙雅县政府呈新疆省府主席，1938年9月10日。

呈为呈报遵令选择有声望忠诚分子赴阿区审查合格以预参加各情形仰祈：本县于本年8月3日案奉阿克苏区行政长警备司令第106号训令，内开：为令行事。本年7月25日案奉全疆第三次代表大会电令，内开节略：兹由政府决定全疆第三次代表大会于本年9月15日开幕，并已组织全代会。筹委员由主席担任委员长之职，黄民孚、阿不都拉大毛拉担任副委员之职，筹委会已于7月19日开始办公等因。26日又奉电令内开：兹再将各区民众代表人数及少数民族成分之分配通告如下，“（七）阿克苏区维9名，汉2名，哈柯2名，回2人共15人，此外另有商会代表1人，并于民众代表资格限于在乡农民，如乡约农官不得被选。望接电后即开始筹备。所选之代表除由各区司令及行政长官审查合格呈报后并由本会复查，认为合格者方得动身来省报到”等因。奉此除本区商会代表1人另案规定外，兹将本区各县代表人数分配如下：阿克苏县代表：维1名，汉1名，回1名；温宿县代表：维1名，柯1名；乌什县：维1名，柯1名；拜城县：维1名；库车县：维1名，汉1名，回1名；托克苏县：维1名；阿瓦提县：维1名；柯坪县：维1名；除分行外合行令仰。该县长即便遵照选择地方有声望及对政府忠实之人员为要，此令各等因奉此。职县奉令之后，即于8月5日召开临时会议当同公安局暨阿訇头目农约四乡老务人等选择推举，除农约不得推举外，均由民众欢迎择选民众联合会长提以甫遵即于8月13日赴阿区调验审查合格后，方可动身赴省，参加第三次代表大会所有一切川资，按照委任出差费照章由县政府支领列报，各缘由是否有当理合具文呈请。钧座鉴核查考施行谨呈。新省主席李，代沙雅县长王泰清。

又省政府电催阿克苏区选举少数民族代表缺额，并速送往省城的电令：[1]

鉴核备查窃于本月17日案奉阿区警备司令孙、行政长沙电令内开阿克苏阿县长、温宿爱县长、阿瓦提副县长、乌什买县长、拜城玉县长、库车托县长钧鉴，项奉第三次全疆代表大会电开急分抄阿克苏孙司令、沙行政长监查，阿区尚应选民族首领代表维5人、哈或柯1人，汉4人，回1人，民众代表维3人，哈或柯1人，共计15人。限接电后，应立即迅速选出一并派车送省为盼等因。奉此兹将决定阿区各县民众代表人数姓名分配列表

〔1〕新疆维吾尔自治区档案馆：政2-2-374：《呈报该县选定三全大会代表启程进省日期由》，1938年9月23日。

外合行电仰该县长即便遵照。

再据和阗区呈报送省各代表姓名族别详细清单:[1]

该区遵令选定民族代表及民众各机关代表共31人，于8月20日坐汽车启程，各机关提案等。计开：民族代表16人，其中维吾尔族11人，汉族2人，哈柯族1人，回族1人，塔乌族1人，民众代表12人，维吾尔族8人，乌族1人，汉族1人，回族1人，哈克族边卡队1人，各部队代表3人，司令部审法官汉1人，三十八团一连下士汉族1人，柯族边卡队上尉排长柯族1人；以上共计代表31人。

从以上档案可以看出，当时的各区、县参会代表分配比较平衡，而且以少数民族居多，比较真实反映了当地的民族分布情况，体现了代表的代表性和平等性，一定程度上促进了新疆民主政治的形成与地方宪政的发展。

国民党直接控制新疆后，新疆省级议会——省临时参议会得以重新成立。1945年1月，省政府指定邓翔海、卢郁文、许莲溪、佘凌云、阿奇木、阿酋木、太平、贾尼木汗、周昆田、张宣泽、曾少鲁、于达为省参议会筹备委员，邓翔海兼主任委员，安文惠为秘书长，几乎是省政府委员全班人马，是十足的官办“民意”机构。到6月5日，各地选出参议员120人，省府将名单送交吴忠信决定，最终在120人中圈定60人为省议会委员。吴忠信向行政院推荐库车总阿訇、维吾尔族色益提艾买提为议长，胡廷伟为副议长，刘永祥为秘书长[2]。新疆省临时参议会常设机构为驻会委员会，由色以提、胡廷伟、孙润生、乌静彬等11人组成。另附设两个组织：地方自治协进会和经济建设协进会，分别由议长色以提和副议长胡廷伟兼任主任委员，各由省议员20余人组成。[3]根据自治协进会章程，其职责如下：主要协助政府推行地方自治，宣传地方自治，调查自治情况及自治人才。具体内容如下:[4]

第一条 新省政府为集思广益，便利推行地方自治起见，依据新省临

[1] 新疆维吾尔自治区档案馆：政2-2-374：《和阗区行政长潘柏南呈报送省各代表姓名族别详细开具清单》，1938年8月20日。

[2] 新疆社会科学院历史研究所：《新疆简史》（第3册），新疆人民出版社1980年版，第387页。

[3] 高健：“民国后期新疆省临时参议会述论”，载《新疆大学学报》2004年第3期。

[4] 新疆维吾尔自治区档案馆档案：政2-1-206。

时参议会第一次会议决议案组设新省地方自治协进会（以下简称本会）。

第二条　本会置委员 21 人至 29 人，均由省府就省参议员中遴选聘任之，并指定议长兼主任委员。另由驻会参议员中指定 1 人为副主任委员；本会委员均不支薪俸，但得酌给办公费。

第三条　本会议秘书 1 人，干事 2 人，办理本会一切事务均由省参议会职员兼任，不另支薪津。

第四条　本会每月开会 1 次，以主任委员为主席，如主任委员因故缺席，则由副主任委员代理之，并于必要时得依过半数委员之同意召开临时会议。

第五条　本会委员会议须有委员半数以上之出席方得开议。经出席委员过半数之同意方的决议可否。同数时取决于主席。

第六条　本会据政府施政计划得办理下列各种事项：①协助省府设计及推行地方自治事项；②协助各县局政府推行地方自治事项；③关于各县局自治人才之调查事项；④关于推行地方自治之宣传及各县推行自治情形之调查事项；⑤受省政府之委托办理一切有关地方自治事项。

第七条　本会对于推行地方自治议决各案得用书面提出建议案，送请省府核办，不得单独对外行文或对外发表意见。

第八条　本规程经省府核定后公布施行。

从章程看，该协会“可以办理一切有关地方自治的事项”，职责比较宽泛，但其只能“协助”、“调查”、“受托”、“建议”，并“不得单独对外行文或对外发表意见”，从这些措辞可知并没有实权，仅仅是咨询机构。

省临时参议会为国民党控制下的地方民意机关，是十足的官办机关。其宗旨如议长色以提在议会开幕词中所号召的“协助政府，动员民力，以肃清匪患，安定人心”[1]。由于国民党对选举的控制，使得省临时参议会深深地打上了国民党的烙印，成为党性色彩浓厚的民意机构。在其中大力宣扬三民主义的边疆思想，故省临时参议会的政治倾向与省府和中央保持绝对的一致。[2]但其毕竟打着三民主义的旗号，通过的议案客观上也发挥了一定的缓和民族矛盾、稳定社会秩序的进步作用，在推进少数民族文化建设、促进经济发展方面产生了积极影

〔1〕蔡锦松：“新疆近代史事记”，载《新疆烈士传通讯》1996 年第 2 期。

〔2〕高健：“民国后期新疆省临时参议会述论”，载《新疆大学学报》2004 年第 3 期。

响。如“为各族人民对政府及各机关之呈文及批复时请一律用宗族文以资便民案”[1]、“严禁各部队各机关非法捕人案”、“录用本省各宗族优秀青年案”、“提倡蒙哈各宗族改进游牧生活为定居生活案”、“设立迪化无线电广播台案”[2]等。这些议案对提高各族文化素质以及保障民众的民主权利均有一定促进作用。

但此后，新疆正式的省参议会因各种原因一直未能成立。直到张治中主新后的新疆联合省政府成立后，省参议会才正式成立，但由于人选问题和其他因素，产生了严重分歧，斗争激烈，很快就流产了。具体情况如下：[3]

> 一、筹备概述：查省参议会筹备处自去岁12月1日组织成立开始工作，一方面拟定工作计划积极准备；一方面电达各参议员于本年5月1日前报到以便遵照定期于5月5日开会，截至4月底一切准备工作，如会场之布置、房屋之修缮、伙食之筹办、人员之配备均已全部竣事。
>
> 二、参议员报到情形：各区省参议员因路途遥远交通不便，至5月1日报到者，仅有迪化区各县市少数参议员。5月3日哈密、焉耆参议员先后到达。嗣后伊塔阿喀什、阿克苏等区继续到达，截至5月25日始足法定开会人数，其各区参议员报到人数及日期如下（见下表）：

表1 新疆各区参议员报到人数及日期（1947年5月25日）

区别	迪化区各县及迪化市及市区	伊犁区	喀什区	阿克苏区	塔城区	和阗区	焉耆区	哈密区	莎车区	少数民族
报到人数	23人	18人	22人	17人	8人	4人	8人	3人	5人	14人
日期	4月30日～5月6日	5月6日	5月25日	5月25日	5月10日～5月24日	5月15日～6月26日	5月3日	5月3日	6月8日	
备注		内有不合法者2人，超额2人	不合法者5人，超额2人		不合法者1人					共计121人

〔1〕 新疆维吾尔自治区档案馆档案：政2-3-32。

〔2〕 新疆维吾尔自治区档案馆档案：政2-1-20。

〔3〕 新疆维吾尔自治区档案馆档案：政2-1-208：《新省省参议会经过情形报告书》，1947年。

三、成立大会之召开及主席团之推选：查省参议会原定于5月5日召开，嗣后以交通关系至5月25日报到参议员始足法定开会人数，遂由张兼主席召开成立大会于5月28日上午10时，在行辕西大楼与麦主席就职典礼合并举行。会后即由各区及少数民族参议员中各推选1人共11人组织主席团主持会议。而省府对省参议会之法律上之责任至此已告完成。主席团之名单如下：

第一区陈方伯；第二区赛甫拉也夫；第三区艾色提牙合甫；第四区玉素甫；第五区哈吉蒲；第六区阿不都哈木提；第七区克由木；第八区美以栋；第九区马益；第十区哈的尔；少数民族：马立荪；召集人：陈方伯、赛甫拉也夫。

四、会议未能开成之原因：查成立大会之翌日，本拟续开第一次会议，惟因一部分报到省参议员资格问题，遂使会议发生阻碍，其经过如下：①伊犁区各县省参议员依照选举办法应选14人，而来省者为18人，计多4人（遂定原规定1人来迪，报到为2人。少数民族要求参加2人，新民本无设治局，自行成立，要求参加1人）。②塔城区原选出6人，来省者为8人，且有5人与原选姓名不符，并请增加少数民族参议员1人。③喀什区共应选20人，来省者为22人，计多来2人。又其中7人与原选姓名不符（后经该区县参议会来函证明资格者2人已准备参加，终有5人资格不明）。④少数民族应选之参议员已由省府决议，由各文化总会推选，而伊犁来迪参议员带来锡、回参议员各1人，塔城带来索族1人，要求代替各该文化总会依法推选之参议员。⑤此次伊犁来迪之参议员多为现任官吏及军官、警官，不合选举办法之规定。上述种种问题实为参议会纷争之症结所在。伊犁方面之参议要求所有报到之参议员必须全部承认其资格，始允开会。本处因无权处理参议员资格问题，乃提请省政府指派由阿副主席召集负责商讨省参议会问题之七人小组会议予以解决。

七人小组经多次会议依据事实情理，详审研讨作为下列之决议：①各区县来省报到之参议员其姓名不符者，经具备下列条件始得承认其资格：甲、必须依照选举办法所选举者；乙、必须经监选小组组长之承认；丙、必须持有各该县县参议会之证明文件；②超出应选名额之规定者，不予承认，但准予列席会议；③伊犁前报到之回、锡、索族各1人，由筹备处向回族及锡索满文化总会征求意见；④现任官吏及军官警官当选者，即已来省姑准出席；⑤资格不符之报道者准予列席会议。

本处依据以上决议办理后，因伊犁方面参议员仍坚持原来要求不肯接受，爰再提请7人小组会议讨论结果复作以下之决议：①各区县报到之省参议员，其姓名与原选不符者，如持有各该县县参议会之证明文件或经各该县参议会电报有案者，即予以承认其资格；②伊塔两区前来报到之回锡索族各1人，各该文化总会不予承认，由省参议会主席团与各族文化总会商洽解决。

按照以上决议，塔城区姓名不符之4人，其资格完全获得承认。至喀什区除超额之2人外，其姓名不符之5人均无证明文件，由本处于6月13日急电各该县县参议会查询是否该会所选一俟附电到迪再行核定。至伊犁来迪之回锡索族共3人之问题，经转请省参议会主席团与各该文化总会调解而主席团中有人要求自作决定不愿与文化总会调解。7人小组复鉴于所谓资格问题实为表面上之一种借口，其内在原因则为省参议员已显然分为二部分，一部分站在拥护国家之立场，其他一部分则站在另一特殊之立场，显有利用大会达到分裂之目的企图。为使参议会圆满顺利开会不致因意见之纷争致行破裂起见，而又有下列之决议：①省参议员有代表人民发言之自由绝无背叛国家之自由；②省参议员一切提案不得出乎和平条款与施政纲领范围之外；③基于以上两项原则省参议员不得提出下列之提案：甲、反对宪法所定中央政府与本省现有关系之提案；乙、要求国军撤退之提案；丙、反对中央改组省府命令之提案。④一切提案须先经主席团双方召集人之会商协议始得提出；以7人小组之决议经转达主席团后，主席团中伊宁方面参议员对于上列第3项（丙）款不得提出反对中央改组省府命令之提案一点不愿接受。而主席团会议意见始终未能一致，故两次预定于6月1、13日开始之会议均未开成；⑤宣告休会。查会议团上述各种问题未能获至协议无法开会，临于停顿状态。西北行辕主任张为使会议顺利开成起见，特于7月3日召集参议会主席团及7人小组开联席座谈会，指示双方均须让步，俾可挽回僵局。经连续3次洽商一方（指其他各区）所表示让步，但一方（伊塔阿三区）仍坚持己见不肯稍作让步。因此遂使双方意见无法趋于一致。加之，伊斯兰教开斋日期迫临，经喀什区参议员之提议，全体参议员之同意及主席团之决议遂于7月7日，宣告休会，至会议何时召开，则请政府根据环境决定，并由省参议会主席团将休会原因，书面分呈行辕主任及省府备案，各参议员仍均整装就道分别返家。惟喀什区参议员则未经通知本处，潜赴伊宁矣。

可以看出，联合政府的脆弱及双方斗争的激烈，由于政府构成成员的复杂，既有要求革命、民主的三区力量，又有大土耳其主义分裂分子，还有国民党的专政势力，使得联合省政府就像一个早产的婴儿，一开始就显示出其先天不足。

总体来看，只有民国前期杨增新统治新疆的十余年间，新疆省议会的运作较为完整。其活动频繁，常年会均能按时召开，选举和补选省议员、国会议员也基本上能按法定程序办理，部分议案也能针对本省情况而为。虽然其限制着议会的权限，利用省议会这一民意机构来巩固其独裁统治。但在代议制自身建设、维护社会稳定以及减轻民众负担等方面表现出一定的客观进步性。[1]

市一级的参议会以迪化市为典型代表。迪化市共分 4 个区，于 1946 年 2 月 24 日共选出参议员 25 人，候补参议员 25 人。并于同年 3 月 15 日正式成立迪化市首届参议会[2]。但随后根据国民政府颁布的《市参议会组织条例》和《市参议会选举条例》之规定，同年 9 月进行了修正，按照迪化市各民族人口比例，汉族选出 14 名，维回两族各选出 5 名，其余 3 名作为其他人口较少各民族共选之名额。参议员名额共为 27 名。具体经过如下：[3]

一、按行政院 34 年 1 月 31 日公布之市参议会组织条例等四条“省参议员之名额为 19 名，但人口超过 10 万者，按其超过之人口每满 3 万增加 1 名”，又市参议员选举条例第 15 条前段“职业团体应选出参议员之名额不得超过总额 3/10”。

二、按行政院 35 年 5 月 19 日修正公布之市组织法第 23 条“市设参议会由市民暨依法成立之职业团体选举市参议员组织之。但由职业团体选举之参议员不得超过总额 3/10”。

三、按行政院第一字第 114 号训令略以“市参议会组织条例第 4 条所定之市参议员名额应视为区域代表，占参议员总额 7/10。市参议员选举条例第 15 条暨市组织法第 23 条通过职业团体应出参议员名额应按照比例外加计算不在包括前项第 4 条所定市参议员名额之内，条例亦毋庸修改”。往省府第八次委员会通过迪化市参议员基本名额为 9 名增加名额为 5 名，应选总

〔1〕高健、赵江名：“民国前期新疆省议会研究”，载《西域研究》2005 年第 3 期。

〔2〕乌鲁木齐党史地方志编纂委员会编：《乌鲁木齐市志》（第 1 卷），新疆人民出版社 1994 年版，第 71 页。

〔3〕新疆维吾尔自治区档案馆档案：政 3－1－318：《新省委员会提案》，《为拟请依照中央颁布之市参议会组织条例等规定修政〈省府第八次委员会议通过之本市参议员名额 14 名为 27 名〉请公决案》，1946 年 9 月 14 日。

额为14名，实与中央颁布市组织法等规定不合。

据市参议会组织条例等规定本市区域参议员为19名，职业参议员应为8名（总额3/10），共为27名，拟请按照市各民族人口比例，汉族选出14名，维回两族各选出5名，其余3名作为其他人口较少各民族共选之名额。

另据当时迪化市刘市长的公函亦可证实该市参议员之名额修改经过：[1]

公函：查本市参议员名额，前经省府第八次委员会议通过基本名额为9名，增加名额为5名，应选总额为14名，现据中央颁布之市组织法等规定修正。该次委员会议通过之本市市参议员名额14名为27名。按照本市各民族人口比例，汉族选出14名，维、回两族各选出5名，其余3名作为其他人口较少民族共选出之名额在案。兹准省府秘书交检送省府委员会议议决案交办单，附原提案各1份，以本案已提交本府第十次委员会议讨论经决议：①通过；②其余较少民族名额3名应规定为哈族1人，塔塔尔族1人，归化族1人等因。

通过以上内容可知，迪化市参议员代表最终名额为27人，按照各民族人口比例进行分配，汉族为14人，维族5人，回族5人，剩余3名额为哈族、塔塔尔族、归化族（即现俄罗斯族）各1人，体现了代表的普遍性与平等性。

而地方上的县参议会则成立得比较晚，在吴忠信主新后、省临时参议会成立后开始，延续到张治中主新后，在1946年内完成。但初期仅限于国民党直接控制的七区，直到省联合政府成立后，三区才成立了各县参议会。如迪化县参议会于1945年10月31日成立，议员共计13人。11月2日，迪化县参议会举行了第一次会议，会上对迪化县之建设讨论热烈，发表了第一次会议宣言，并号召该县各族民众同心协力努力建设新迪化县。[2]位于南疆偏远的且末县也于1946年5月1日成立了县参议会。[3]

可见，新疆的省议会及县、市级参议会的设立完全不同于封建政权机构，各民族的议员是由具有选举权的公民按照自己的意愿选举产生，部分社会阶层

---

〔1〕 新疆维吾尔自治区档案馆档案：政3－1－318：《为函知本市市参议员名额经提交省府第十次委员会议通过27名请查照由》，1946年9月28日，刘市长。

〔2〕 张大军：《新疆风暴七十年》（第11册），台北兰溪出版社有限公司1980年版，第6203页。

〔3〕 且末县地方志编纂委员会编，孙红卫主编：《且末县志》，新疆人民出版社1996年版，第18页。

的代表开始参与政治。虽然选举过程中出现了舞弊事件，代表的参与权也有限，但从总的方面看，这些民意机构的成立是一项空前未有的创举，这是位于西陲的边疆首次体验西方式的民权政治，其选举程序体现了一定的民主性，一定程度上削弱了封建专制统治，而且它的建立和初步活动，无疑促进了新疆政治的民主化与地方宪政的发展，成为普通大众参与政治的一个重要环节。[1]

二、选举委员会的成立与活动

在选举省、县参议员的过程中，为体现公开、民主、公平的原则，防止选举过程中的舞弊行为，成立各级选举委员会或召开民众大会等形式应运而生。1946年9月1日，选举法在省府第二次会议上审议通过并正式公布。主要内容包括主持及监督选举之机构、县参议员之选举、县长之选举、省参议员之选举、规律及通则等条文。选举法规定：省设省选举委员会，县设县选举委员会，乡镇设选举分会，县级选举必须由省选举委员会的选举监督小组监督，县长由各县参议会选举成立的第一次大会上选出，省参议员选举于各县选举县长的同时举行。与此同时，省政府电告各专区、县、设治局于一周之内成立选举机构。省选举委员会很快成立，民政厅长王曾善兼委员长，副厅长赖希木江兼副委员长，刘孟纯、阿巴索夫、萨力士、尔德尼、钟棣华为委员。依照选举法，新疆全省各县相继成立了县参议会，选出了县长。“就民族成分言，民选县参议员中，维族占59.31%。”[2]选举中问题很多，斗争颇为激烈。但选举法的实施与活动，有利于新疆民主政治的发展，有利于地方宪政的形成。

选举法是张治中治新期间重要的法规之一。条文不厌其烦地规定了选民的权利和义务，如县级选举“不分民族、不分宗教、不分籍贯、不分男女，均有被选举权”。尽管实际上舞弊行为严重，还存在不少军人干政事件，但毕竟是在新疆首次实行西方的民主政治，是一项前所未有的创举，启迪了民智，宣扬了民主，激发了民众参政、议政的热情，促进了地方宪政在新疆的发展。为了使选举能够顺利进行，省政府决定向全疆10个行政区派监选小组，监督选举。具体安排为：[3]

本年（著者注：民国35年）8月27日自省府第八次委员会议通过新省

[1] 贾秀慧：“晚清民国时期新疆的政治近代化述评”，载《新疆社会科学》2009年第2期。

[2] 张治中：《张治中回忆录》（下册），中国文史出版社1985年版，第485页。

[3] 新疆维吾尔自治区档案馆档案：政1-1-931：《新省县参议员及县长选举委员会报告（第1号）》，1946年9月1日~10月10日。

县参议员及县长选举办法后，本委员会即行着手筹备于9月1日正式成立，国办地址尚未设备就绪，即假民政厅第三科地点开始办公，于9月14日始迁于省政府内办公，兹将自9月1日～10月10日工作，情形分列于下：

1. 拟制本省县参议员及县长选举委员会组织规程：本会草拟本省省县参议员及县长选举委员会组织规程，提经省府第九次委员会议通过。

2. 拟订本省省县参议员及县长选举补充办法：本省省县参议员及县长选举办法公布实施后，为使监选小组及县市选举委员会工作便利起见，又行草拟选举补充办法一种，以补充选举办法之不足，经本委员会会议研讨修正四次始行确定并提请省府第十二次委员会议通过实施。

3. 监选小组人选之推定：本省选举区域依照本省行政区域分派监选小组十组，各组人选经省府会议数度推选，至9月26日完全决定，计每组组长1人，组员2人，翻译员1人，于10月4日前后均已出发（伊犁区监员为3人）。

4. 举行监选小组座谈会：监选小组人选经省府会议决定后，于9月27日下午3～6点，在省府会议室研讨选举办法及补充办法，后于9月28日上午10～12点，在西大楼继续研讨选举补充办法，并函监选小组组长、组员提供研究意见，检讨研究并蒙主席、副主席宴请全体午餐即席训话。

5. 监选小组出发监选：

（1）哈密区第九监选小组3人于10月2日乘中苏飞机由迪化出发，飞往哈密。

（2）伊犁区第二监选小组组长1人于10月3日乘中苏机由迪化出发，飞行伊犁会同伊犁之组员前往监选。

（3）喀什、阿克苏、和阗、莎车各区第三、四、七、十各监选小组共12人，于10月4日乘中航专机由迪化出发飞行阿克苏、喀什，再乘汽车分赴各区县监选。

（4）阿山、塔城区第五、六监选小组组长于10月5日分乘汽车由迪化出发前往塔城监选（阿山区小组经塔城赴阿山）。

6. 迪化市选举委员会委员之选举：迪化市之选举依照本省省县参议员及县长选举补充办法之规定，由省选委员会监选该市（市选举委员会委员）于10月10日在北操场召开市民大会提名推选，由本会委员长前往监选。

但最终组成人员主要有：

表 2　新省各区首领职员组成人员（1946 年）[1]

	职别	姓　名	族别	原任职务	现居处	总计
第二组伊犁区	组长	钟棣华	锡	省府委员	迪化	7 人
	组员	瓦哈斯阿吉	塔	伊犁专署主任、秘书	伊宁	
		穆罕默特·伊明	维	军事机关	伊宁	
		普加	蒙	伊宁蒙文大会主任	伊宁	
		卡银伯克	维	伊宁指挥官	伊宁	
		阿萨杜拉	乌	伊宁银行	伊宁	
		努尔赛发	哈	伊宁指挥官	伊宁	
	翻译	杨春霖	汉	伊宁汉族办事局主任	伊宁	
第三组喀什区	组长	赛福鼎·阿兹子夫	维	省政府委员	迪化	5 人
	组员	阿布杜·哈利克	维	喀什民教馆馆长	喀什	
		阿布杜·哈利尔	柯	喀什哈柯文化会主任委员	喀什	
		刘静嘉	回	民政厅秘书	迪化	
		阿布杜阿兹子·木萨巴也夫	维		迪化	
第四组阿克苏区	组长	才福拉也夫	维	伊宁教育局长	迪化	6 人
	组员	喀斯木江·康巴尔	维	喀什保安司令部	喀什	
		伊布拉希木	柯			
		马振芳	回	省党部翻译室主任	迪化	
		达吾提胡加	维	库车二阿洪	库车	
		穆赛衣部大毛拉	维	库车亲王	迪化	

[1] 新疆维吾尔自治区档案馆档案：政 1-3-418：《新省各区首领职员组成人员》，1946 年。

续表

第五组 塔城区	组长	萨力士	哈	省府委员	迪化	7人
	组员	富扎衣勒·马合素木	维	塔区教育局	塔城	
		穆罕默德江·马合素米	维	伊区地院	伊宁	
		马振元	回	迪化市政府	迪化	
		乌白拉·拉巴斯提	维	文化书店副经理	迪化	
		尔德	蒙	博乐县长	伊宁	
		开英	索	塔专署职员	塔城	
第九组 哈密区	组长	刘效藜	汉	省府委员	迪化	5人
	组员	尼尔麦特哈利发特	维			
		郭成	回	迪化区专署职员	迪化	
		阿同伯克	哈		哈密	
		阿不杜拉	维	监察使署职员	迪化	

著者注：其中缺第一、六、七、八、十组的人员名单。

从上表看来，最终的成员数大于当初的安排，很明显是国民党政府与三区妥协的产物。但监选小组以少数民族为主，有利于与民众沟通，便于选举工作的开展，但是在选择监选人员时，为了平衡各方利益，还派出了大土耳其主义分子如伊敏等人，这些人利用在民众中的影响力，宣传分裂主义思想，使得选举过程变得更加复杂，矛盾更加激烈。

可以通过以下选举委员会的报告了解当时的具体选举过程：

新省省县参议员及县长选举委员会报告（第2号）[1]

一、各县选举委员会陆续成立：自本年选举办法公布后，各县政府遵照省政府通电呈报成立县选举委员会者，截至现在计有32县业经暂行登记，俟各监选小组到达各该县证实其资格后再作正式登记。

二、迪化市选举委员会于10月11日选举成立。迪化市参议员之选举经

〔1〕 新疆维吾尔自治区档案馆档案：政1－3－453：《新省省县参议员及县长选举委员会报告（第2号）》，1946年10月11～20日。

该会决定改变分区选举之办法，由汉、维、回、哈、柯、塔塔尔等各族文化会分别召集各族民众选举，久经该会商定，乌孜别克族增加市参议员一人，经与屈市长商定由原定之汉族参议员名额中让与乌孜别克族选举一名；

三、第一监选小组组员之更动。第一监选小组（迪化区）组员塔衣甫·阿吉因病不能前往，改派本会总干事哈利补充；

四、各县请求事项之处理：（一）呼图壁县政府请求按照民族成分比例分配县参议员，经电后准照实际情形并按照选举补充办法供监选小组到达后酌量变更；（二）通电各监选小组于各县省县参议员及县长选出后，应饬县选举委员会分别填造省参议员、县参议员及县长名册各三份携回交会以资汇报；

五、各监选小组工作概况：第二监选小组（伊犁区）呈报改组在伊宁工作情形及伊宁选举委员会成立情形。

此选举委员会报告主要是汇报了各县选举工作的准备情况、选举名额的调整与工作程序等。

新省省县参议员及县长选举委员会报告（第3号）[1]

一、会务

1. 第八监选小组组员伊布拉引土的电请解释选举办法第13条国、维两文不同之点，查系维文翻译印刷之错误，除电复依照国文版改正外，并通电各监选小组及各县选举委员会均予改正；

2. 通电各监选小组及各县选举委员会：县长与省参议员被选人之资格合于办法第31、37条之规定，凡属人民爱戴之人士均有被选举权，并非仅限于县参议会之参议员。

3. 乌兹别克文化会函请：依照民族成分增加省县参议员名额，本会函复请将该族人民分布情形及详细数字拟具具体统计报会以资参考；

4. 第八监选小组组长刘效藜电称：若羌、且两县距离遥远，交通不便，年迈不能前往与第八区行政专员昨曙萍商酌，在焉耆区各族人士中遴荐第八医院院长马德良（回）、蒙文会主任委员昌德文（蒙）、维文会主任伊敏（维）三人代表前往若羌、且两县监选，复电照准。

5. 第三监选小组组长赛福鼎电请拨给汽车以便赴各县监选，已请西北

---

〔1〕新疆维吾尔自治区档案馆档案：政1－1－931：《新省省县参议员及县长选举委员会报告（第3号）》民国35年10月21日至11月10日。

行辕总务处再电喀什供应局，就近拨车；

6. 10月28日据阿合买提江副主席最近得到确息，省府派往阿山之第六监选小组组长涂禹则率组员达吾巴依随员克斌全、托合大西等于10月16日经过额敏时发生不幸事件，涂禹则组长及随员克斌全连同汽车司机等均遭杀害，于10月29日登报披露。

二、各县选举情形

甲、县参议员

1. 镇西县参议会10月24选毕成立，议长易升骏（汉）、副议长阿通拜克（哈）。

2. 伊吾县参议会10月29日选毕成立，议长那斯尔（维）、副议长义的里斯（维）。

3. 迪化县参议会11月4日选毕成立，议长韩德景（汉）、副议长吾受尔（维）。

4. 库尔勒县参议会11月3日选毕成立，议长阿不都（维）、副议长艾山诺夫（维）。

5. 乌什县参议会10月10日选毕成立，议长胡大拜的（维）、副议长艾丹妮（维）。

6. 伊宁县民选县长提衣甫阿洪、副县长土陆白克。

乙、省参议员

1. 镇西县张家瑜（汉）。

2. 伊吾县艾比不拉（维）。

3. 库尔勒县省参议员米尔栋（维）。

4. 迪化县马国义（回）、后补马文翰（回）。

5. 伊宁县那比江·沙衣甫·拉也夫（维）、后补甫拉提。

根据选举委员会报告第3号，可知联合政府成立，为新疆的和平选举创造了条件，代表大多数民众的小组成员中的大部分还是希望和平，渴望实现民主政治、参政议政。但选举过程中，双方的斗争不断，民族分裂分子煽动的民族仇恨的影响还是比较大，为联合政府的破裂及新疆地方宪政的尝试埋下了失败的种子。

国民党与三区方面都想通过选举扩大控制区域与影响。国民党方面企图通过选举，使支持他们的部分少数民族保守派当选而顺利打入三区，三区方面则想通过选举以合法斗争手段打入七区，而三区内部则不能让国民党染指。选举工作一开始，国民党和三区双方都利用合法形式开展斗争。

三区方面为了把革命推向七区，通过推荐行政专员和县长，控制有重要战略意义的地区。

新省省县参议员及县长选举委员会报告（第9号）[1]

一、会务

本省各区行政督察专员选举办法及专署组织规程，前经省府第二十次委员会议通过后，并经提请本年8月7日省府第二十九次委员会议决议：推派王厅长曾善前往阿克苏、焉耆、迪化、哈密四区监选专员，并推派刘委员永祥偕同组员2人前往莎车、和阗、喀什三区监选专员并监督该区内有选举纠纷之各县重新选举。以上七区专员选举，均已次第完成，王厅长刘委员等业经公毕返迪。

二、选举情形

甲、各县县参议员：

（1）镇西县参议会副议长阿通拜克（哈）奉委镇西县副县长经该县参议会于本年7月10日召集临时会议，推选参议员拜克什为副议长并选举五谋尔巴依为县参议员。

（2）吐鲁番县暴动事件发生后，该县县参议员多数逃亡，经县民众分别组织成立县选举委员会及乡镇选举分会，筹备改选于本年7月23日召开民众大会，选举哈崇德、马俊贤、尼亚孜和吉、阿不都子阿吉、塔力甫、艾提仁尼牙子、土尔地、乃买提、马力、周明泰、张品卿等13人为县参议员，并推选艾题仁为议长，马俊贤为副议长；

（3）鄯善县政府36年7月30日代电：呈报该县参议员玉素甫、色提尼牙孜、阿合买牙孜等三名附匪潜逃，努尔、五守尔、安不提提、海比不提等四名因事罢免，经组织县选举委员会及乡镇选举分会补选买帖宜甫、托乎西、合艾外提、乌提、衣甫汗、尼牙子、哈的那本地7人为县参议员，总人数仍为12人。

（4）托克逊县参议会36年8月21日电报副议长方玉田及参议员四人出缺，经依法补选买合木提为副议长并选举热依木阿吉、汉木都尔、马荣华、乃吉米丁四人为县参议员后补；

（5）库车县参议会36年7月21日呈报参议员宋焕章被选，沙雅县副

[1] 新疆维吾尔自治区档案馆档案：政1－1－931：《新省省县参议员及县长选举委员会报告（第9号）》，1947年11月13日。

县长遗缺选举许士杰后补。

乙、县长：

(1) 吐鲁番县长阿不都热合满、副县长巴五冬·玉素甫附乱潜逃，经该县民众组织县选举委员会会同县参议会于7月27日依法召开选举大会，票选阿不都亥米提（维）为县长，马从新（回）为副县长；

(2) 鄯善县长伊斯坎德尔电报：该县长哈礼梨因案离职，经提交县参议会改选苏文玉（回）为副县长于36年7月28日到任视事；

(3) 托克逊县长阿米提呈报副县长阿不都维力因有煽乱嫌疑离职，经县参议会8月1日召开第十五次会议票选方玉田为副县长；

丙、省参议员：

(1) 吐鲁番县选举委员会及县参议会电报7月27日召集会议改选刘文炳（回)、木推阿拉吉（维）为省参议员，马智（回)、阿布列子（维）为候补省参议员；

(2) 鄯善县长伊斯坎德尔、参议会议长阿合买牙孜电报省参议员伊萨克因案经参议会开会罢免遗缺以候补省参议员伯克利后补。

在七区中，三区方面特别重视南疆的吐鲁番区和喀什区。这些地区政治斗争激烈，选举充满了不确定性，民主地方宪政美好愿望在残酷的现实面前变得十分脆弱。

新省省县参议员及县长选举委员会报告（第10号）[1]

一、会务

本省省县参议员及县长之选举自35年9月1日开始办理至36年5月底止，计10区79县，市、省、县参议员及县长均经选举完毕，惟和阗、莎车、喀什三区各县选出省县参议员及县长人选，或因未洽民意，或系反动分子，当选举时期即为各县人民坚决反对，迨选举结果各县民众群起反抗，坚不承认，纷纷控告要求改选。在当时环境之下，政府处置前项问题，深感掣肘，正研讨解决前项选举纠纷之间，而此三区各县人民竟举起游行示威或自动召集民众大会组织委员会，罢免省县参议员及正副县长，另行改选纷纷电报就职，前来一时混乱无法处理，嗣于36年8月7日省府第二十九次委员会会议决议：推派王厅长曾

〔1〕 新疆维吾尔自治区档案馆档案：政1-1-931：《新省省县参议员及县长选举委员会报告（第10号)》，1947年1月28日。

善前往阿克苏、焉耆、迪化、哈密四区监选专员，并推派刘委员永祥偕同组员二人前往莎车、和阗、喀什三区监选专员并监督该三区内有选举纠纷之各县重行选举，有县参议员及县长等因纪录在卷，监选小组自本年8月中旬由省分别出发后至9、10两月业已前后监选完竣，其选举结果前已送报省府。有案计自36年6月以后至12月止，除7月间吐、鄯、托三县匪徒暴动更选一部分省县参议员及县长业经列入本会第9号报告外，至喀什、莎车、和阗三区各县选举纠纷已经刘委员永祥监督改造完成，选举纠纷一律解决。

二、选举情形

甲、各县县参议员：

1. 疏勒县参会36年7月29日电报该县参议会未经人民公意，选举事务又不能代表人民，做事形同虚设。此次全县民众召开大会经将前县参议员全体罢免，另选阿不都热合满为议长，阿不多瓦依提为副议长，伊布拉音哈孜、米吉提阿吉、方合甫阿吉、木沙阿吉、衣明艾连木、斯拉木伯克、乌拉引哈孜、阿巴拜克热、库完哈孜阿吉、哈衣阿洪、阿巴斯衣马木马木提伯克、阿不多热·木阿巴、协海阿吉、阿不多热衣木阿西木、玉满冲麻木提伯克、主满阿洪、周梦祥、赛来伯克、艾比不拉哈日等23人为县参议员。

2. 岳普湖县参议会36年9月27日呈报：该会议长司德伯克函称因来乡长职务未能分身，副议长责任请准辞职改选等，因经该县参议会召集会议决议准予辞职并改选艾买提为县参议会议长并于9月25日就职视事。

3. 乌恰县长韩云程8月3日电报该县参议会议长沙提伯克因案被捕离职，经该县民众于7月31日开会推选阿不都拉伯克为县参议会议长于8月1日宣誓就职。

4. 巴楚县参议会36年7月24日呈报：该会议长兼副议长艾盖提当选县长，所有正副议长遗缺经于7月22日召集会议改选该县参议员吴拉引为副议长于7月23日宣誓就职。

5. 准喀什区监选组长刘永祥报告：疏附县于10月18日开会改选正副议长，选举结果阿不都热引阿洪为县参会议长，吾守阿吉为副议长并据疏附县长吐逊艾里10月22日电报前情，同日并改选夏尼司甫阿洪、沙五日阿洪、牙生、哈的阿洪、伊明、买买提热依木、热一木江、艾五孜阿吉、哈的、牙库甫、沙比提、阿提木、艾依提、阿不都热合满、帕日斯汉、牙生、夏瓦孜、阿不都拉、克力木、吾拉引、艾买孜牙衣、伊大也提汉、买提汉、阿吉阿洪、阿不都热合满·哈孜、艾沙、艾买提、哈生木、司拉木29人为县参议员。

6. 准监选组长刘永祥报告洛浦县参议会于9月22日开会改选，结果麻合素提当选为议长，吐尔逊阿吉当选为副议长。

7. 准监选组长刘永祥8月28日电报和区七县除策勒、于阗、民丰三县外，其余各县监选结果如下：①皮山县参议会于9月27日选举阿不都米吉提为县参议会会长，默汗买提为副议长；②墨玉县参议会于9月19日举行选举，买买库帕孜力当选为议长，沙衣提当选为副议长；③和阗县参议会于9月22日举行选举，艾合买托合大当选为议长，吾布哈斯木伯克为副议长。

8. 据第十区专署36年9月7日呈报，据麦盖提县参议会呈报该会议长买买提·阿吉、副议长哈的及议员阿布拉、艾山江、阿布拉买买提、阿不都热西提、马木提、哈提甫等八人因故辞职，经开会通过并召集民众大会推选：买买提沙吾提、阿不都哈力克、吾恩满、阿由甫、牙合满、阿不力孜、肉孜、玉素甫为县参议员并推选肉孜大毛拉继任议长，买买提沙五提继任副议长。

9. 准监选组长刘永祥报告：莎车县参议会于9月13日举行选举，哈的尔汉和加当选为议长阿布都克里木尼牙孜为副议长。

10. 准监选组长刘永祥报告：叶城县参议会于10月2日举行选举，艾比不拉当选为议长，牙生阿洪被选为副议长。

乙、省参议员：

1. 巴楚县参议会于36年10月9日呈报：该县省参议员木沙沙依提、司马以乌拉引、阿不都日衣木等三人行为不正不忠党国，在选举时即不孚众望，经阿专员指派为省参议员于本年四月间赴迪化开会时，私自逃亡伊犁迄无下落，经该县参议会于10月4日召集会议依法罢免，并另选吐尔逊·阿西木、阿不都艾则孜·哈孜、买卖色以提·伯克三人为省参议员。

2. 准监选组长刘永祥报告：疏勒县参议会于10月18日改选苏皮伯克阿吉、牙生阿洪、阿木提阿吉、阿不都哈的尔四人为省参议员。

3. 准监选组长刘永祥报告：英吉沙县参议会于10月17日选举买苏木阿洪、巴拉提伯克、托克逊恰孜阿吉三人为省参议员。

4. 疏勒县参议会36年8月24日呈报：该县省参议员不能代表民意，经于7月28日召集会议另行改选玉司引阿吉、阿不拉艾连、木马木提汗阿吉三人为省参议员。

5. 准监选组长刘永祥报告：岳普湖县参议会于10月15日选举同的克为省参议员。

6. 准监选组长刘永祥转送乌恰县政府10月20日表报该县参议会改选吐尔洪为省参议员。

7. 准监选组长刘永祥转送阿图什县政府10月22日表报该县参议会改选牙

合甫大毛拉为省参议员。

8. 伽师县参议会呈报：该县参议员尼尔买提协日甫等三人前往迪化开会潜往伊犁，人民召集大会改选艾则木阿洪、艾则孜伯克、冯裕贤三人为省参议员。

9. 准监选组长刘永祥报告：洛浦县参议会于9月22日选举买合买提、米尔扎爱买提、买买提衣明阿吉三人为省参议员。

10. 准监选组长刘永祥报告：和阗区各县监选结果如下：①皮山县于9月27日选举买合买提卡孜木、牙生阿皮孜二人为省参议员；②墨玉县9月19日选举尼牙孜伯克、夏秉彝、扎鸿思三人为省参议员；③和阗县于9月22日选举艾木提阿吉、达五提、买买提衣明三人为省参议员。

11. 准监选组长刘永祥报告：莎车县参议会于10月13日选举孜牙吾丁、阿不都克里木伯克、以沙克卡子阿吉、阿不都克里木买合苏木四人为省参议员。

12. 准监选组组长刘永祥报告：叶城县于10月2日选举伊达也提、阿不都克里木衣明、达五提卡力三人为省参议员。

丙、县长：

1. 伽师县参议会于民国36年7月28日代电呈报：该县第一届民选县长阿不都拉系反动分子阴谋暴动，企图不轨，种种苛政民不聊生，经全县人民游行示威，并于7月25日召开全县乡镇民众大会，举出代表1100人依法改选县参议会，选出县参议员29人，将前县长依法罢免，选举孟广文为县长，乌四满伯克为副县长，嗣监选小组组长刘永祥抵伽后，据报于10月13日监督该县县参议会复行改选，赛福鼎哈孜为县长于10日宣誓就职。

2. 疏勒县参议会8月5日电报：该县县长提力瓦的对县政工作无力推行屡请辞职，经于8月9日召集会议改选买罕买提为县长，塞拜江为副县长于10日就职视事。

3. 乌恰县长韩云程8月3日电报：副县长沙提伯克因案被捕离职，经民众于7月31日开会票选柯族沙的克为副县长，于8月1日就职。

4. 巴楚县参议会36年7月27日呈报：该县县长马木提因年老多病呈请辞职，业于7月22日召集会议决议，通过改选县参议长艾益提为县长，田奉民为副县长于7月23日就职，旋于10日间奉行辕交下，据巴楚县民众控告该县副县长田奉民利用职务违法殃民，经省府于12月15日令行第三区专署撤职查办，继任人选尚未据报。

5. 岳普湖县参议会36年9月2日呈报：该县县长阿不都热依木提请辞职，经召集第三次会议通过改选任田有言为县长，并因副县长阿不都热合满哈日阿吉前因私赴省城潜逃有案，遗缺经改选前设治局局长依敏为副县长，业经分别就职并准监选组长刘委员永祥报告，经于10月15日举行岳普湖县长选举，结果任有言当选为该县县长，当已宣誓就职。

6. 准监选组长刘永祥报告：疏附县参议会于10月18日改选县长，结果吐尔逊艾里当选为县长，艾沙阿吉当选为副县长。

7. 英吉沙县政府36年8月16日呈报县长和加艾山因案被押，经参议会另行改选阿不都克里木为县长、吐尔逊买合苏为副县长，嗣据监选小组刘组长永祥报告，英吉沙县于10月17日复行县长选举，结果前任县长及副县长连任。

8. 准监选小组刘永祥报告：洛浦县于9月22日改选扎克尔为县长，托乎大为副县长；

9. 准监选小组组长刘永祥报告：皮、墨、和阗三县监督选举如下：①皮山县于9月27日改选刘学汉为县长，麻合木提买合苏木为副县长；②墨玉县于9月18日改选华维祥为县长，五守伯克为副县长；③和阗县于9月22日改选肉孜木提伯克为县长，乌斯满（即于焕章）为副县长。

10. 准监选组长刘永祥报告：麦盖提县县长牟义定业经辞职，经莎车区专署派该县党部书记长马央汉暂行代理，该监选小组抵莎后，于9月8日举行选举，结果玉素甫冲阿洪当选为县长。

11. 据第十区专署36年10月22日呈报：据莎车县政府呈该县正副县长经民众大会选举，结果阿不都热西提当选为县长，胡文章当选为副县长，并准监选组长刘永祥报告9月13日在莎车县参议会选举，结果阿不都热西提连任县长。

12. 第十区专员公署36年7月10日呈报泽普县参议会7月2日电称：库县长呈请辞职已经照准，经由专署，一面于7月2日派副县长黄绵福暂行兼代县长职务，一面呈报省府在案兹准。监选组长刘永祥报告泽普县于9月16日举行选举，结果阿不都热合满当选为县长；

13. 准监选组长刘永祥报告：叶城县省县参议员及县长因有反动嫌疑人民反对，经于12月2日举行改选大会，结果艾里木伯克当选为县长。

三区方面为了把革命推向七区，通过推荐行政专员和县长，控制有重要战略意义的地区。经阿合买提江提名，省政府通过，阿不都克里木·买合苏木任喀什行政专员，阿不都热合满任吐鲁番县长。他们两人利用合法地位进行活动，三区革命势力在这两个维吾尔族聚居、战略要地得到迅速发展。特别是三区领导的东土耳其斯坦革命青年团的活动，在他们的鼓动下，这些地方的选举结果都是倾向于三区的，他们的势力遍及国民党统治的七区：第一区（迪化区）的吐鲁番、鄯善、托克逊；第三区（喀什区）的疏勒、疏附、岳普湖、阿图什；

第四区（阿克苏区）的阿克苏、库车、阿瓦提；第七区（和田区）的和阗、皮山、洛浦、墨玉；第八区（焉耆区）的焉耆；第九区（哈密区）的哈密、镇西、伊吾；第十区（莎车区）的莎车等[1]。至于在吐鲁番、鄯善、托克逊，由于活动更加频繁，终于导致1947年7月的吐、鄯、托武装暴动。

第二节　地方选举制度与实践

根据选举法的规定，县级选举必须由省选举委员会派出选举监督小组前往监督，参议员由各县分别召集民众大会提名选出，县长由各县参议会选举成立的第一次大会上选出，省监督小组必须在场。省参议员选举于各县选举县长的同时举行。与此同时，省政府电告各专区、县、设治局于一周之内成立选举机构。下面以哈密区与迪化区专员的选举为例说明地方选举的状况。

一、哈密区专员选举过程

哈密区选举区专员的经过如下：[2]

> 曾善于10月12日到达哈密时，该区三县省县参议员业经集中，即日成立专员选举联合会，原定10月15日举行选举大会，嗣后以地方人民向哈密县参议会请愿要求专员、副专员之选举必须按照该区人民民族成分适当分配，因之各参议员洽商请求延迟1日举行选举，遂改于16日上午11时，在专员公署开选举大会，计报到省县参议员共18人，参加来宾及各机关首长50余人，选举结果尧乐博士当选为专员，陈守平、阿同伯克2人当选为副专员，于17日下午3时举行交接宣誓就职典礼。兹谨将该区专员选举票各18张、誓词3份奉呈存查，并将选举票数计算表、参议员报到出席人数及姓名表、选举大会职员表附呈。鉴查。

选举过程中，出席选举大会的各县省参议员、县参议员报到情况名单如下：

---

〔1〕新疆社会科学院历史研究所编：《新疆简史》（第3册），新疆人民出版社1980年版，第462页。

〔2〕新疆维吾尔自治区档案馆档案：政1－1－931。

表3 第九区（哈密）专员选举各县省、县参议员报到出席人数[1]

县别		哈密	镇西	伊吾	共计
省参议员	原额	1	1	1	
	报到人数	1	1	1	3
县参议员	原额	11	9	9	
	报到人数	6	4	4	14
报到日期		10.11	10.9	10.9	
不识字人数				2	2

选举过程中，出席选举大会的各县省参议员、县参议员名单如下：

表4 哈密区专员选举大会报到出席各县省参议员姓名表[2]

县别	数额	姓名	年龄	籍贯	族别	学历	简历	备考
哈密	1	司马义	26	哈密	维	中学毕业	维文会副主任委员	
镇西	1	张家瑜	32	镇西	汉	师范毕业	汉文会干事、民教馆长	
伊吾	1	艾拜都拉	31	伊吾	维	维文学校	维文会主任委员、党部干事	

表5 哈密区专员选举大会报到出席各县县参议员姓名表[3]

县别	哈密						镇西					伊吾			
数额	6						5					4			
姓名	李瑞	尼牙孜	徐礼	夏巴阿吉	和加尼牙孜	马俊杰	易什骏	何生琦	刘宗礼	白克西	倪耀堂	玉素甫	那士尔	以力的士	艾力

〔1〕 新疆维吾尔自治区档案馆档案：政1－1－931。

〔2〕 新疆维吾尔自治区档案馆档案：政1－1－931。

〔3〕 新疆维吾尔自治区档案馆档案：政1－1－931。

续表

县别	哈密						镇西					伊吾			
数额	6						5					4			
年龄	34	36	33	63	56	46	65	26	37	41	43	60	47	37	37
籍贯			哈密				湖南	镇西	镇西	阿山	镇西	伊吾	伊吾	伊吾	伊吾
族别	汉	维	汉	维	维	回	汉	汉	汉	哈	汉	维	维	维	维
学历	中学毕业	私塾	新疆学院	私立小学	私立小学	私塾	文童	高师毕业	私塾	私塾	高小	经文学校	经文学校	经文学校	经文学校
简历	历充镇长	商会会长	校长	农夫	牧民	回文会长	秘书、县长	校长主任	乡长	省府顾问	镇长	保长	镇长、省参议员	镇长	村长
备考															

选举过程中的监督人员及工作人员名单：

表 6 哈密区专员选举公推大会职员姓名表[1]

职务	发票		检票			唱票		记票		代笔		监写	
姓名	高步瀛	李瑞	徐礼	艾必都拉	扎礼福	张家瑜	司马益	赵翼鸿	吴范新	文约生	宜沙克	乃满大阿訇	安大阿訇
原任职务	民政厅视察	哈密参议会会长	哈密参议会会长	伊吾省参议员	哈密征收局长	镇西县省参议员	哈密省参议员	哈密党部书记长	哈密副县长	第九区专员公署科长	第九区专员公署视察	维族大阿訇	回族大阿訇
备注													

〔1〕 新疆维吾尔自治区档案馆档案：政 1－1－931。

从以上的人员构成来看，反映了各县的民族构成状况，各民族都有自己的代表，且以少数民族居多，反映了民意机关的代表性。从人员所处的阶层来看，基本是当地的社会上层，有一定文化水平，能够有效行使代表权。但是处于下层的农牧民代表比较少，在15名县参议员中，只有2人为农牧民，说明代表权被社会上层所掌控，无法真正代表大多数人的真实意愿。最终的选举结果为(见下表)：

表7　哈密区专员选举选举票计算表〔1〕

选举名称	出席省县参议员人数	发出选票数	被选人			结　果
			姓　名	族别	得票数	
专　员	18人（内有不识字者2人，由代笔人代写）	18张（每张写一人共计18票）	尧乐博士	维	18	当选专员
			陈守平	汉	15	当选副专员
			阿通拜克	哈	14	当选副专员
			海米都拉	维	6	
副专员	18人	18张（每张写两人共计36票）	扎礼福	哈	1	

二、迪化区专员选举实践

迪化区专员选举经过如下:〔2〕

迪化区各县省县参议员经召集后陆续到齐，乃于9月20日成立专员选举联合会进行筹备，于10月3日上午10时假新省党部举行选举大会，报到12县，省县参议员共76人，出席74人，参加来宾及各机关首长约百余人，会场布置整肃，秩序极佳，选举结果哈德万当选专员，郭德、李灼如、艾米都拉三人当选副专员，即于当日举行交接宣誓就职典礼。兹谨将专员、

〔1〕 新疆维吾尔自治区档案馆档案：政1-1-931。

〔2〕 新疆维吾尔自治区档案馆档案：政1-1-931。

副专员选举票各74张、誓词4份奉呈存查，并将该区选举票数计算表、参议员报到出席人数表、参议员姓名表、选举大会职员表附呈，鉴查。

表8　新省第一区（迪化）专员选举各县省县参议员报到出席人数表[1]

县别		迪化	奇台	绥来	吐鲁番	鄯善	昌吉	景化	乾德	木垒河	孚远	阜康	托克逊	共计	总计
省参议员	原额	1	1	1	2	1	1	1	1	1	1	1	1		
	报到人数	0	1	0	2	1	1	1	1	1	1	1	1	11	
县参议员	原额	11	11	11	13	12	10	11	9	9	10	9	10		
	报到人数	6	6	5	7	6	5	6	4	5	5	5	5	65	
报到日期		9.24	9.25	9.26	9.22	9.25	9.25	9.25	9.29	9.25	9.27	9.27	9.20		
不识字人数		2			2		1					2		9	
备注															76

迪化区共12县，各县省参议员共计13人，出席人数为11人，其中绥来县、迪化县省参议员未报到。出席专员选举大会的各县省参议员如下：

表9　新省第一区（迪化）专员选举大会报到出席各县省参议员名单[2]

县别	迪化	奇台	绥来	吐鲁番	鄯善	昌吉	景化	乾德	木垒河	孚远	阜康	托克逊	共计
数额		1		2	1	1	1	1	1	1	1	1	11

〔1〕新疆维吾尔自治区档案馆档案：政1-1-931。

〔2〕新疆维吾尔自治区档案馆档案：政1-1-931。

续表

县别	迪化	奇台	绥来	吐鲁番	鄯善	昌吉	景化	乾德	木垒河	孚远	阜康	托克逊	共计
姓名		冯子津		木推拉阿吉、刘文炳	伯克力	朱兆熙	谢登元	马生旺	盛德有	张晏鹏	杨国樑	艾木都拉	
族别		汉		维、回	维	汉	汉	回	汉	汉	汉	维	
备考													

迪化区各县所选的县参议员都出席了专员选举大会，迪化区共12县，各县参议员情况如下：

表10 新省第一区（迪化）专员选举大会报到出席各县县参议员名单[1]

县别	迪化	奇台	绥来	吐鲁番	鄯善	昌吉	景化	乾德	木垒河	孚远	阜康	托克逊
数额	6	6	5	7	6	5	6	4	5	5	5	5
姓名	李文华 韩景德 李致恒 徐生敏 李雅士 阿木斯林	马兆麟 李向荣 褚英 谭生金 阿克木 木合买提	李千甫 俞烈 齐景森 赵学文 朱学珍	艾提仁 合吉 阿不力·艾则孜 尼雅孜 尼亚孜 马修贤 者马力	艾合满·尼亚孜 买提依甫 加马力 尼牙孜 艾外提 沙的克	高文奎 杨司兴 马有杰 马英海 和加阿比孜	张怀荣 许万成 白玉珍 刘祥 卡孜尔·热河满 麻力提	湛恩孝 马金贵 王启明 他依哈拉	温齐良 阿五巴克 马德 王智龄 温万侦	范鸣沛 张庆远 苏文学 康生华 提以克	杨建中 游培玉 白素堂 王复同 马贵	马贵 木日扎阿吉 铁木耳阿吉 乃吉未丁 马荣华 热依木阿吉

[1] 新疆维吾尔自治区档案馆档案：政1－1－931。

续表

县别	迪化	奇台	绥来	吐鲁番	鄯善	昌吉	景化	乾德	木垒河	孚远	阜康	托克逊
族别	回、汉、回、汉、哈、维	回、汉、汉、汉、维、维	汉	1～5 维、回、维	维	汉、汉、汉、回、维	汉、汉、回、汉、哈、哈	回、回、汉、哈	汉、哈、汉、汉、汉	汉、汉、回、汉、哈	汉、汉、哈、汉、哈	回、维、维、维、回、维
备考												

选举委员会按照程序召开选举大会，并选出大会监督与工作人员如下：

表 11　新省第一区（迪化）专员选举公推大会职员姓名表〔1〕

职称	秘　书	翻　译	记　录	监　写	发　票	检　票	唱　票	记　票
姓名	高步瀛	热合满	张振声 艾学文	刘效藜 卖买提	高步瀛 艾米都拉	艾提仁 易理牙孜	唐生华 艾孜敏丁 提一克	史秉刚 艾学文 李金荣
原任职务	民政厅视察	民政厅翻译室主任	专署秘书	省府委员会兼社会处长 维族大阿訇	民政厅视察 托克逊县省参议员	吐鲁番参议会议长 迪化县参议员	孚远县参议员 托县参议员 孚远县参议员	专署科员 专署翻译
备注								

最终哈德万当选为专员，郭德、李灼如、艾米都拉三人当选副专员，即于当日举行交接宣誓就职典礼。

〔1〕新疆维吾尔自治区档案馆档案：政 1－1－931。

表12 新省（迪化）第一区专员选举票计算表[1]

<table>
<tr><th rowspan="2">选举名称</th><th rowspan="2">出席省县参议员人数</th><th rowspan="2">发出选票数</th><th colspan="4">被选人</th><th rowspan="2">结果</th><th rowspan="2">备注</th></tr>
<tr><th>姓名</th><th>族别</th><th>票数</th><th>合计</th></tr>
<tr><td rowspan="9">专员</td><td rowspan="9">74人（内有不识字者9人，由代笔人代写）</td><td rowspan="9">74张（每张写1人，共74票）</td><td>哈德万</td><td>哈</td><td>74</td><td></td><td rowspan="9">哈德万当选专员</td><td rowspan="9">连任</td></tr>
<tr><td>郭德</td><td>回</td><td>73</td><td>当选副专员</td></tr>
<tr><td>李灼如</td><td>汉</td><td>54</td><td>当选副专员</td></tr>
<tr><td>艾米都拉</td><td>维</td><td>36</td><td>当选副专员</td></tr>
<tr><td>金国珍</td><td>汉</td><td>26</td><td></td></tr>
<tr><td>依斯坎德尔</td><td>维</td><td>16</td><td></td></tr>
<tr><td>艾提仁</td><td>维</td><td>10</td><td></td></tr>
<tr><td>乌守尔</td><td>维</td><td>6</td><td></td></tr>
<tr><td></td><td></td><td></td><td>221票（内有1票误写，作废）</td></tr>
<tr><td>副专员</td><td>74人</td><td>74张（每张写3人，共计222票）</td><td colspan="4"></td><td>郭德当选副专员</td><td>连任</td></tr>
</table>

从以上的选举来看，基本上都符合省政府颁布的选举法的要求，而且选举体现了民主程序，形式上体现了各民族平等享有选举权与被选举权，代表虽多为社会上层人士与宗教人士，但是这些人的文化水平比较高，可以比较好的行使代表职责。选举法的颁布与在全疆的设施，给予了少数民族人民参与民主政治的权利，涤荡了封建、愚昧、专制的思想，宣传了民主、自由、平等、地方宪政等一系列的现代民主思想，开启了民智。新疆的省议会及县、市级参议会

[1] 新疆维吾尔自治区档案馆档案：政1-1-931。

的设立及其开展的一系列选举活动完全不同于封建政权机构，各民族的议员由具有选举权的公民按照自己的意愿选举产生，这使得部分社会阶层的代表开始参与政治。虽然选举过程中存在舞弊事件，甚至地方驻军干涉事件，且代表享有的权利也有限，但从总的方面看，这些民意机构的成立是一项空前未有的创举，这是新疆首次体验西方式的民主政治，选举程序体现了一定的民主性，一定程度上削弱了封建专制统治，促进了政治的民主化，为新疆地方宪政的发展起到积极作用，成为普通大众参与政治的一个重要环节〔1〕。

但在选举过程中，出现了宗教上层势力、泛伊斯兰主义、封建保守派的代表，使得施政纲领中的民主措施无法得到有效落实，同时这些守旧分子、分裂分子掌握实权后，进一步激化了矛盾与各种斗争。

三、新省各区、县民选参议员与民选县长

全疆省县参议员的选举活动，从 1946 年 10 月开始，一直延续到 1946 年年底结束，各县之省、县参议员和行政区区长、县长之选举大体结束。全省各区、县民选参议员情况如下（见下表）：

表 13 新省各县民选参议员姓名表〔2〕

第一区														
县别	迪化市		迪化	奇台	绥来	吐鲁番	鄯善	昌吉	呼图壁	乾德	阜康	孚远	托克逊	木垒河
姓名	孙润生	艾沙都拉	马国骏	冯子津	陈方伯	库尔班	伊思哈克	朱兆喜	谢登元	马生旺			艾米的拉	
族别	汉	维	回	汉	汉	维	维	汉	汉	回			维	
备考											未据报	未据报		未据报

备注：其中吐鲁番县省参议员应为 2 人仅报 1 人。各参议员的年龄、籍贯、学历、简历未填报。

〔1〕贾秀慧：“晚清民国时期新疆的政治近代化述评”，载《新疆社会科学》2009 年第 2 期。

〔2〕新疆维吾尔自治区档案馆档案：政 1－3－453：《新省各县民选参议员姓名表》，1947 年 3 月 1 日。

第二区																	
县别	伊宁			精河		霍城	绥定		博乐	昭苏	巩留	特克斯	巩哈	宁西	温泉	新源设治局	新民
姓名	坤不拉特	沙衣甫也夫	那比江	依斯哈克	阿仁	努尔大五提列特	牙森乎大别尔德	米尔曼喀斯·看巴也夫	厄尔德	道拜	努尔沙发	阿不都拉巴特汉诺夫	普加	恰肯	锡尔马	柯尔正别克	尼玛
族别	哈	维	维	维	蒙	哈	维	哈	蒙	哈	哈	柯	蒙	哈	蒙	哈	蒙
年龄																	

第三区																				
县别	疏附			疏勒			伽师			英吉沙			巴楚			乌恰		蒲犁	阿图什	岳普湖
姓名	艾山司法克	阿不都日以木土尔的	马木提汗阿吉	五思满大毛拉	由苏夫哈日阿吉	夏尼时甫阿洪	尼里买提·艾西日甫	阿不都拉艾则孜尼牙孜	阿布都克日木阿西木	肉孜买提艾由甫依米尔巴依	阿不都拉依麻木	托乎孙阿吉	朱能苏菲	木啥色依提	阿不都日西提	买提阿山	买提米西	司的克江	艾沙艾提	阿巴斯艾里阿洪
族别	维	维	维	维	维	维	维	维	维	维	维	维	维	维	维	维	维	维	维	维

第四区															
县别	阿克苏		库车			温宿		乌什	拜城	沙雅		新和	阿合奇	柯坪	阿瓦提
姓名	麻木提	左尔汗	色以提	艾合买提	达吾提木沙衣甫	拜克日	牙合甫大毛拉		张法仲	提衣甫	色买提阿吉	毛拉买买提阿吉			赛买提
族别	维	维	维	维	维	维	维	未据报	汉	维	维	维	未报	未报	维

第五区					
县别	塔　城	乌　苏	额　敏	沙　湾	和　丰
姓名	阿里木江哈拜克	尼扎木丁	努尔沙发	哈里别克	公亲喇嘛
族别	哈	维	维	哈	蒙

第六区承化、布尔津、富蕴、福海、哈巴河、吉木乃、清河都未报。

第七区															
县别	和　阗			于　阗		墨玉	策勒		皮　山		洛浦		民丰	焉耆	
姓名	阿不都拉哈吉	木汗买提沙力合穆提	发也黑丁	海木吾受尔	阿合买特阿吉	该县3名额未报	吾士满江土尔的	苏来满大五提	阿不都哈尼	阿不都哈的尔	木汗买提哈斯木	阿提甫沙里木	沙德克阿洪	昌德文	后补陶里泰
族别	维	维	维	维	维		维	维	维	维	维	维	维	蒙	蒙

第八区										
县别	库尔勒	尉犁	轮台		婼羌	且末	和靖		和硕	
姓名	美益栋	土的	沙吾提	补侯库尔把行夫	艾买姜	乌思满	当得尔	补侯西应麟	车生廉	补侯尼不根
族别	维	维	维	维	维	维	蒙	蒙	回	维

第九区				
县别	哈密		镇西	伊吾
姓名	司马益	徐礼	张家瑜	艾比不拉
族别	维	汉	汉	维

第十区										
县别	莎车					叶城		泽普	麦盖提	
姓名	阿不都克里木尼牙孜	木尼亚孜	努尔阿洪	马木提那尔	伊敏阿洪	牙生肉孜	阿克拜克	阿不都热以木	阿不勒也海阿西木	哈的尔拜克
族别	维	维	维	维	维	维	维	维	维	维
						该县名额为3名，汇报2名				

全省各区、县民选县长情况如下：

表14 新省各县民选县长姓名表[1]

区别	县别	姓名	族别	年龄	籍贯	学历	简历	被选日期	就任	备考
第一区迪化	迪化	苏连和	满	40	伊犁	新疆专门法政学校毕业		1946.2	1946.2.23	连任
		（副）吾受尔	维							
	奇台	张智俊	汉							
		哈拜尔								
	绥来	史秉直	汉							
		哈生木江	哈							
	吐鲁番	阿不都热合满	维							连任
		巴五冬玉素甫	维							
	鄯善	伊斯坎德尔	维							
		阿不都哈礼犁	维							
	昌吉	洪聚清	回							
		刘炎汉	汉							
	乾德	马继云	回	31	迪化	新疆军官学校毕业				
		黄锦禄	汉							
	阜康	景逢杰	汉							连任
	孚远	孔庆文	汉							
	呼图壁	杨泰钰	汉							连任
		乌拉孜拜	维							
	托克逊	阿不提奎拉	维							
		阿不都维力	维							
	木垒河	王文芹	汉							连任
		空缺								

〔1〕 新疆维吾尔自治区档案馆档案：政1-3-453：《新省各县民选县长姓名表》，1947年3月1日。

续表

区别	县别	姓名	族别	年龄	籍贯	学历	简历	被选日期	就任	备考
第二区伊犁	伊宁	提衣甫阿吉	维	60	伊犁	中等学校毕业				连任
		托伦伯克	哈							
	精河	玉素甫阿洪	维	51	伊犁	中等学校毕业				连任
		尼玛喇嘛	蒙	55	精河	中等学校毕业				连任
	霍城	买买特阿吉木沙阿吉	维			识字				连任
		空缺								
	绥定	夏衣阿洪大以别尔的	维	47		中等学校毕业				
		铁赖雷特巴衣夫	维	25		中等学校毕业				
	博乐	哈西木五司满诺夫	维	40		中等学校毕业				
		库斯马尼亚别木的别克	哈	45		识字				
	昭苏	鄂西尔安木巴尔	蒙	54		中等学校毕业				连任
		努尔拜吾什尔巴也夫	哈	36		中等学校毕业				
	巩留	阿不都窝甫尔	维	29		中等学校毕业				连任
		江布拉特苏尔提哈	哈	53		中等学校毕业				
	特克斯	扎克和加阿不都拉	哈	46		中等学校毕业				连任
		空缺								

续表

区别	县别	姓名	族别	年龄	籍贯	学历	简历	被选日期	就任	备考
第二区伊犁	巩哈	法提合	哈			中等学校毕业				连任
		阿西都克里木	哈			识字				
	宁西	舒木屯	锡	31		中等学校毕业				
		空缺								
	温泉	布加甫	蒙							
		阿里阿斯哈尔	哈							
	新源设治局	衣鲁别克沙尔诺夫	哈	56						连任
		依布那司	维							
	新民设治局	强孜特喇嘛	蒙							连任
		察干梅汗	蒙							
第三区喀什	疏附	吐逊艾里	维							
		艾沙阿吉	维							
	疏勒	提力瓦地	维							
		司的克木沙	维							
	伽师	阿不都拉	维							
		牙生阿不都热合满	维							
	英吉沙	阿巴伯克里	维							
		和加艾山	维							
	巴楚	阿米提	维							连任
		阿不都热依木	维							
	蒲犁	阿黑木夏	维							连任
		和加木坎来提	维							
	乌恰	韩云程	汉							连任

续表

区别	县别	姓名	族别	年龄	籍贯	学历	简历	被选日期	就任	备考
第三区喀什		阿不都哈的尔	维							
	阿图什	阿不都拉买合	维							
		阿不都艾则孜沙比提	维							
	岳普湖	阿不都艾里马洪	维							
		阿不都热合满哈日	维							
第四区阿克苏	阿克苏	林兴智	回							连任
		空缺								
	库车	丁力楠	汉							连任
		哈以木								
	温宿	曲志勤	汉							连任
		如斯坦	维							
	乌什	吴桢顺	汉							
		依不热引	维							
	拜城	沙武提	维							
		益友三	汉							
	沙雅	司马衣	维							
		许士杰	汉							
	新和县	郭文华	汉							连任
		则拜力和加	维							
		阿瓦提阿不都拉	维							
	柯坪县	塔伊尔	维							
		阿合奇朱努斯	柯							

续表

区别	县别	姓　名	族别	年龄	籍贯	学　历	简历	被选日期	就任	备考
第五区塔城	塔城县	吾迈尔阿洪	维							
		伊里牙斯	维							连任
	乌　苏	那斯里丁	维							连任
		马哈维牙	维							
	裕民县	阿尼瓦尔	哈							连任
		察依特汗	哈							
	额　敏	努尔沙发	哈							连任
		库克尔生	哈							
	沙　湾	哈里别克	哈							连任
		夏吾丁	哈							
	和　丰	公新喇嘛	蒙							连任
		阿不拉汗	蒙							
第六区阿山	承化、布尔津、富蕴县、福海、哈巴河、吉木乃、清河都缺									
第七区和阗	于阗县	司马益汗和加	维							
		热西提	维							
	墨玉县	未选								
	皮　山	伊明艾合买提	维							
		空缺								
	策　勒	托乎的阿洪	维							
		空缺								
	洛　浦	阿合买提江	维							
		空缺								
	民丰县	阿不都巴克	维							
		沙以提伯克	维							

续表

区别	县别	姓名	族别	年龄	籍贯	学历	简历	被选日期	就任	备考
第八区焉耆	焉耆	空缺								
		韩永庆	回							
	库尔勒	哈德仁	维							
		达泽寿	维							
	尉犁县	伊明	维							
		杨县霖	汉							
	轮台	韩思民	汉							连任
		沙以提	维							
	婼羌	空缺								
		买买提明	维							
	且末	空缺								
		白合大	维							
	和靖县	乌静彬	蒙							连任
		殷英	汉							
	和硕县	胡海滨	汉							
		车生廉	汉							
第九区哈密	哈密	伯锡尔	维							
		尧道宏	汉							
	镇西	王东阳	汉							连任
		空缺								
	伊吾	阿不都拉	维							
		空缺								
第十区莎车	莎车	扎阿不拉江	维							
		空缺								
	叶城	和未提	维							
		阿不拉哈提艾山	维							
	麦盖提	牟义定	维							连任

续表

区别	县　别	姓名	族别	年龄	籍贯	学　历	简历	被选日期	就任	备考
第十区莎车		空缺								
	泽　普	库尔狄木彼提	维							
		空缺								

附注：①表内详历尚未呈报者未填；②各县副县长系就已选报者填入；③第三区（伊犁）原属共11县1局，嗣据该区监选小组监选完竣之选举报告，经查温泉县改为设治局，并新增设新民设治局1局共为10县3局，但均未呈报备案。

虽然上表中没有阿山地区各县的参议员姓名表，但以下涉及北疆的各县参议员民族成分比较表中包含了该地区各县的参议员名额及民族成分，同样可以认为选举大体体现了民主选举的过程。

表15　1946年选举各县参议员民族成分比较表（北疆）[1]

县　名	总　数	民族成分之比较							占　多
民族		维	汉	哈	回	柯	蒙	归化	
承化	10	1		9					哈
富蕴	9			9					哈
布尔津	9			7			1	1	哈
福海	9			9					哈
哈巴河	9			9					哈
青河	9			9					哈
吉木乃	9			9					哈
绥定	12	4		6	2				哈
精河	9	2		5			2		哈

〔1〕新疆维吾尔自治区档案馆档案：政1－1－930：《选举各县参议员民族成分比较表（北疆）》，1946年。

续表

县 名	总 数	民族成分之比较							占 多
民族		维	汉	哈	回	柯	蒙	归化	
博乐	10	3		5			2		哈
霍尔果斯	11	2		8	1				哈
巩留	11	4		6			1		哈
特克斯	12	1		8		2	1		哈
巩哈	12	1		10				1	哈
昭苏	11			9				2	哈
新源	11	1		9				1	哈
塔城	12	1		8				1	哈
额敏	13	1		10			1		哈
裕民	9			9					哈
乌恰	9	1				8			柯
阿合奇	9					9			柯

四、选举纠纷及解决

通过各地的选举报告及当时的通电可知，选举中出现的纠纷与问题比较多，斗争也极为激烈。特别是南疆的选举，处处受到各行政专员、驻军或地方保守势力的操纵、阻挠、刁难，无法顺利进行。在南疆各区、县，军人干涉政治，官吏则操纵选举，当选的多是当地保守派的阿訇、毛拉、巴依等。在南疆，一般人均称有“三豪”：一是“教豪”，如阿訇、毛拉之流。他们的社会地位极高，且有无上的权威，但他们狭隘、顽固，往往政教不分，以教干政，和地方官吏勾结，狼狈为奸；国民党政府与他们既有矛盾的一面，也有勾结、利用、依赖的一面。这些人一句话往往超越行政当局的命令，选举时，他们可以操纵选举；或者罢免已经选出的县长、参议员，直至选出他们满意的代表为止。二是“土豪”，他们有钱有势，鱼肉人民，与官僚、教豪勾结，成为一霸，被选的往往是他们的政治代表。三是“水豪”，南疆缺水，每条河设有专门总管分水的伯克，县府虽有水利委员会，但由管水之伯克操纵，掌握着水权就等于掌握了农业和大多数人的生命。“三豪”往往三位一体，与官吏勾结，操纵选举，加上国民党驻军军人干政，使选举几成玩物。[1]

如库车的选举就是人民反对原先欺压人民的乡约而展开的：

> 库车多数青年呈文在本县成立了一个参议会，我们以为该会为人民服务，但是该会的委员都是23年在乡间充乡约的人。他们又不识字，对于日报及国外新闻都没有了解。该会的参议长库扎提·贺加素来压迫人民，不接受人民所提之意见，不能向政府报告。因此，恳求钧座做主把该参议会的参议长委员等另行选举是为叩祷。伏乞批示祗遵，谨呈。新疆监察使麦。据呈人：库车青年，35年4月25日。[2]

继而自发重新选举，并请省政府予以承认：

> 因我们经过奋斗得到了11条。此款此乃系我们民族英雄们努力之结果，特选举了11名代表以色以提为首席代表与钧座谈话、拜见希惠予指教由。[3]

由于监选小组中有泛伊斯兰主义、泛突厥主义分子，如派往和阗监选的穆罕默德·伊敏，他自身就在制造民族矛盾，不允许“当地二千多回、汉族参加选举”，[4]并借监选的机会大肆宣传分裂主义思想，造成当地民族间的互相隔阂及政治上的混乱，增加了选举的复杂性，造成了一系列的选举纠纷。如选举委员会向省政府汇报的和阗区选举纠纷案中有记载：

> 案据和阗区郝专员及和阗、墨玉、洛浦、皮山各县参议会县长先后电报各县民众召开乡镇民代表大会罢免监选小组伊敏组长监选之省县参议员及县长，重行改选成立县参议会依法改选正副议长、省参议员及正副县长业已交接宣誓就职，并喀什赵兼军长电报皮山县民众三万余人游行示威，请求开会罢免伊敏组长监选之省县参议员及正副县长。游行时殴伤捣乱分

---

〔1〕新疆社会科学院历史研究所编：《新疆简史》（第3册），新疆人民出版社1980年版，第457页。

〔2〕新疆维吾尔自治区档案馆档案：政1-2-182：《为库车县人民呈请将该县参议会之人员另行选举一案的呈文》，1946年4月25日。

〔3〕新疆维吾尔自治区档案馆档案：政1-2-182：《库车民众另行选举结果由》，1946年。

〔4〕包尔汉：《新疆五十年》，文史资料出版社1984年版，第305页。

子11人各等情，前来究应如何办理理合将前项纠纷案件汇列成表签请，鉴核示遵。签呈民国36年7月28日于选举委员会。新省选举委员会主任王曾善谨呈主席麦。[1]

又有伊敏操纵选举案件如下：

迪化兼主席张：密令和阗县于本月末选举委员限制民众及汉、回等参加。由该县哈的尔副县长暗与一班青年从中操纵，结果选该哈的尔副县长为和阗县长，前据全县24乡民众秉称，监选小组对人民宣传成立东土耳其斯坦，排挤汉族不许老年人及乡镇保长参加，并未按选举法令进行。选举哈的尔为县长，民等均不接受，请专员电请政府核示，另行选举等语。查监选小组利用造成不安分且毫无知识之一般青年从中操纵制定某人当选县长，某人充当参议员，企图垄断。实与选举法令不合，并非民意又非民主。哈的尔副县长在和田勾结青年，累次活动，前经电报在案。兹固地方纷纷酝酿不安，并有违民选民主之真意，业经商同刘指挥官令现任县长暂时不交代。再墨玉县法定本月30日选举，固所产生之代表均系地方正直人士，彼等鉴于难远企望，借故中止选举。并已选之于、洛两县，其中均有操纵未按民意之情事，所有民众禀请另选一节。理合电请钧座鉴核电示祇遵。职郝登榜。[2]

控诉伊敏干涉选举正常举行的电报还有和阗、墨玉全体党员给张治中的密电：

迪化西北行营主任张钧鉴：密令区监选组长伊敏前在墨玉首倡大头棒，损害人民财产巨大，人民难忘。现已抵喀，前心不改，仍有此想可疑。如再来墨玉放虎归山，坏人附和恐生事变，人皆畏惧，再坏人阿不哈力克来，墨籍伊组长论见人动辄冒充县长，催请钧座准速调整组长，乞电示遵墨玉

〔1〕 新疆维吾尔自治区档案馆档案：政1-1-928：《新省选举委员会汇报和阗区各县最近选举纠纷案件》，1947年。

〔2〕 新疆维吾尔自治区档案馆档案：政1-3-323：《关于和阗县选举县长一案的事由》，和阗郝登榜，1947年1月4日。

县全体党员。[1]

和阗人民团体对伊敏的控诉：

迪化西北行辕主任张：密查伊敏厅长来和监选，非法不轨实难胪呈，如在和鼓动宣传东土耳其斯坦，图谋暴动。过墨时则将警局倪局长撤换，派其亲戚土的接任，企图夺取武力，幸得刘指挥官恩荫星夜饬派保安队缴收该局武器，局势稍安。复自名单指名反动分子哈力克等为选委会委员逮捕拷打党部执委买库完。留和数日又将报社长简师、校长救济院长撤换，任其私党假青年座谈会宣布东土耳其斯坦人选组织驱逐国军，消灭汉人，派饬维族青年夺取警局武力，拟鼓动非法分子图夺保安队枪械，抢劫银行，冲突严重死伤多人，恶言横行，证据确凿，全区共晓。复查该伊敏前为和田匪首被驱逐，今日来和，竟扬言过去大头棒事，即伊犁革命成功之先驱宣言，行举皆违背施政纲领及选举法规，且其居心全在颠覆政府叛离党国，如不将伊严惩，则无以维持全区60万民心。拟恳：①命令宣布本区各县经伊非法产生之选举委员会无效，另派监选；②和区军政当局组织军事法庭公开侦讯主犯及行凶。以上二项全为紧急措置，刻以和区各县情况混乱，人心惶惶，政令停滞，物价高涨。究其原因，伊敏实为祸首，和区命运未敢缄默，谨代表各族人民呈电核裁，伏乞法办，不胜待命。洛浦、皮山、墨玉、于田人民团体同叩。[2]

在群情激愤、人民不断控诉伊敏罪行的强大压力下，伊敏为了推脱自己的罪责，给张治中发了电报一封，伪装进步，表白心迹：

迪化张兼主席鉴：电悉关于墨玉县反对施政纲领及干涉人民选举事宜之垄断者，已经职揭破电报在案，除此外职未再度干涉行政。职等现与人民百分之百打成一片，在施政纲领范围内，若企图职将干涉人民选举之垄断者，当群众面前揭露，故对职等不满，因之不免暂予职及民众等捏造各种事实电报钧座。惟职及人民等并无任意越轨情形，但固过去之苛苦人民

---

〔1〕新疆维吾尔自治区档案馆档案：政2－1－6：《军事委员会委员长西北行营来电》，1947年11月16日。

〔2〕新疆维吾尔自治区档案馆档案：政2－1－6：《和阗人民团体来电》，1946年12月21日。

之暴虐官吏们为破坏我们的民主政治，不断进行种种手段，必定与钧座捏造电报。但职敢绝对保证未办及人民等绝不超过施政纲领及法律范围生事，对此情形希钧座多加协助。监选工作于本月底结束。伊敏于和阗。[1]

随后郝登榜又向张治中汇报，伊敏为组长的选举小组在民众中宣传成立东土耳其斯坦的言论，影响极其恶劣，内容如下：

迪化兼主席张：密据和阗全县人民代表八百余人急称：监选小组未按政府法令办理，全系伊敏厅长一手包办。对于哈的尔副县长选为和阗县长，民等均不承认，请专员电请政府再行选举，并应将哈的尔等县长免职，再监选组派用买买提大毛拉到各乡宣传谓成立东土耳其斯坦，消灭汉族，谤毁政府，辱骂大阿訇，以致全县阿訇群起呈请法办等情。查监选小组未按办法进行，企图操纵违背民意各情形经核检密电报在案。哈的尔等县长工作不力，不洽舆情，持请应予免职以符民意。买买提大毛拉素不安分，挑拨民众对政府之情感，谋为不轨，拟将该民送交法院依法诉办，以儆效尤，而安地方。自监选小组抵和阗，利用素不安分子、一般青年公然倡导东土耳其斯坦，消灭汉族，挑拨至全县人民真伪不辨，引起物价之飞涨，地方情形之特殊，人心不安，若非驻和之军事前在墨玉县破获其组织，几酿大祸。至监选小组离和区北下，后人心希安定，物价日见跌落，地方情绪日有好转，此有请将哈副县长免职，买买提大毛拉法办之处，谨恳请为核电示。[2]

此外，还有叶城县民众要求罢免县长的纠纷案：

特急：迪化兼主席张，密查叶城县民众开会、游行要求罢免县长哈睦德及该县长因病请假来莎医治各情，业经前两电呈请核示在案。经派职署副专员潘治义前往详查，报称该县长经常喝酒、打牌辱骂各阿訇及向民众强卖粮畜，囤卖营私利等行为，激成一致反对之舆情。遂生游行罢免之事实，兹据报该县参议会已开会正式通过罢免，并乞尊重民意，将该县长哈睦德免职，另派干员暂行县务。听候省府命令派员临县重选。再查该县副

---

〔1〕 新疆维吾尔自治区档案馆档案：政2－1－6：《和阗伊敏来电》，1946年12月30日。

〔2〕 新疆维吾尔自治区档案馆档案：政1－3－323：《关于和阗县选举县长一案的事由》，和阗郝登榜，1947年1月7日。

县长达吾提学识、才能不足以负荷一县重任，且此次民众夺印授印，显与该员有关，此风不可长，似宜请予调换，免生他故。复据哈睦德签请长假，赴迪就医各请查叶城县长一职，责重事烦。现哈睦德即经该县参议会正式罢免，而该县长又坚请长假，势难再令回叶，拟恳准予长假，所有该县县务即派职署秘书宋庆元前往暂代，查该秘书勤慎和平，曾任该县县长两年，对此纠纷扰局势必能应付，裕如除令其尅日赴叶任职外，仍请钧座速派员莅县监督重选，至副县长达吾提拟请调换另用，统乞电示只遵，职周芳岗。[1]

这一时期和阗发生的一系列选举纠纷案件如下（见表16）：

表16　新疆选举委员会汇报和阗区各县最近选举纠纷案件表[2]

来文机构及人名	日期	纠纷情形	被罢免人职务及姓名	改选人职务及姓名	备　注
洛浦县参议会	5月15日	重行自办选举	罢免伊敏监选组长非法生产之省县参议员及正副县长	卡尔丁·阿吉等参议员19人票选员合素提为议长，土选阿吉为副议长，买合买提等3人为省参议员，扎克为县长，托乎达为副县长	该县各乡民众自动召开乡镇民代表大会罢免改选县参议员
卸洛浦县长王肇智	5月16日	重行自办选举	罢免伊敏监选组长非法生产之省县参议员及正副县长	改选麦合素提、土选阿吉为正副议长，买合买提·买合买以明阿吉、米子、而合买提为省参议员，扎克尔为县长，托乎达为副县长	准参议会函催交代以复准予5月18日交卸

〔1〕新疆维吾尔自治区档案馆档案：政1-3-323：《叶城县民众要求罢免县长的纠纷案》，1947年。

〔2〕新疆维吾尔自治区档案馆档案：政1-1-928：《新省选举委员会汇报和阗区各县最近选举纠纷案件表》，1947年。

续表

来文机构及人名	日期	纠纷情形	被罢免人职务及姓名	改选人职务及姓名	备　注
墨玉县参议会	5月16日	重行自办选举	罢免伊敏监选组长非法生产之省县参议员及正副县长	选举参议员22人成立县参议会，票选道库完伯克为议长，浓以提为副议长，夏康奕买买库完直存仁为省参议员，华维祥（维）为县长，王守为副县长	已报和阗专署核准交代
新任和阗正副县长肉孜末提·拜克等	5月17日	承民意改选为正副县长	罢免伊敏监选组长非法生产之省县参议员及正副县长	承民意改选肉孜末提·拜克为正县长，于焕章为副县长	已宣誓就职
新任洛浦县长扎克尔	5月18日	承民意改选为正副县长	罢免伊敏监选组长非法生产之省县参议员及正副县长	承民意选票扎克尔为县长，托乎达为副县长	已于5月17日接印视事
和阗区郝专员	5月18日	洛浦县自办选举	罢免伊敏监选组长非法生产之省县参议员及正副县长	改选省县参议员及正副县长	参议会县府同日交接
和阗区郝专员	5月18日	墨玉县自办选举	罢免伊敏监选组长非法生产之省县参议员及正副县长	改选省县参议员及正副县长	报请备查
喀什赵黄军长	5月23日	皮山县民众示威游行	要求罢免伊敏组长，非请出现副县长易明	齐集县府请求重选并惩治不法分子	游行约3000人被少数捣乱分子扰乱秩序，为群众殴打伤11人，预备召开会重行改选省县参议员县长

续表

来文机构及人名	日期	纠纷情形	被罢免人职务及姓名	改选人职务及姓名	备注
和阗县长李如杰	5月14日	民众自行选举	要求罢免伊敏组长，非请出现副县长易明	选举肉子（肉孜）末提拜为县长，于焕章（回）为副县长	拟于5月18日交代
和阗县整体民众大会	5月14日	民众自行选举	要求罢免伊敏组长，非请出现副县长易明	改选参议员成立参议会，选阿合木提、托乎五不哈生为正副议长，艾合买提·阿吉、大玉提·买买提明为省参议员，肉子买提为县长	
和阗郝专员	5月31日	皮山县民众召集大会改选	改选成立县参议会，选阿不都米吉提阿吉为参议长，买合买提为副议长，买买提希生、阿友孜二人为省参议员	电报备查议员刘学汉为县长，买合木提为副县长	刘学汉（父汉、母维）
皮山县参议会	5月25日	皮山县民众召集大会改选	改选成立县参议会，选阿不都米吉提阿吉为参议长，买合买提为副议长，买买提希生、阿友孜二人为省参议员	电报备查议员刘学汉为县长，买合木提为副县长	参加大会公民三万余人，推举代表分赴各乡镇分别召开民众大会选举

随后，新疆省府通过决议，派出纠纷解决小组，赶赴和阗处理选举纠纷案件：

查省府第二十九次常会决议推定永祥为喀什、莎车、和阗三区选举行政督察专员监选小组组长，并令派省府参议穆提义民政厅视察孙静清为组员至各该区各县过去发生之选举纠纷饬令一并解决，永祥遂于8月16日偕同穆参议、孙视察暨随员等由迪化出发，至10月31日始行返抵省城，往返时日计共78天。合将监选经过报陈如次：

甲、专员选举

1. 莎车区专员选举：本组9月3日到达莎车，9月4日召开小组会议商讨专员选举应行预备工作事宜，5日成立专员选举联合大会筹备，13日联合会正式成立，14日上午12时假莎车县参议会大厅开专员选举大会，出席之各县省县参议员共计52人，票选结果帕沙得专员票52张，杨亮彩得副专员票50张，黄济武、伊敏、伯克各得副专员，并于15日宣誓就职。

2. 和阗区专员选举：9月16日离莎，19日抵达和阗，20日成立专员选举联合会筹备会，25日上午10时在专署大礼堂举行专员选举大会，出席之各县省参议员计共65人，因病缺席者6人，票选结果库尔班江（即郝登榜）得专员票65张，龚大志得副专员票23张，艾合买托合大得副专员票23张，余有林得副专员票18张，肉子末提·拜克得副专员票1张，龚、艾票数相同，用抽签法决定，结果艾合买托合大抽选为副专员当于26日宣誓就职。

3. 喀什区专员选举：10月8日由和阗折返至喀什，10月9日成立专员选举联合会筹备会，10月18日选举专员联合会正式成立，19日下午20点假喀什民众俱乐部举行专员选举大会，出席之各县省县参议员计共92人，选票结果乌万尔得专员票90张，牙生阿洪、哈美新各得票1张，朱拥华得副专员票84张，哈美新得副专员票84张，牙生阿洪得票6张，买买提买吉苏木得票3张，朱拥华、哈美新当选为副专员并于20日宣誓就职。

附注：查以上三区专员选举人情绪均极热烈，投票时颇为严肃认真，会场秩序良好，观察情形对于选政各代表已有深刻认识。

乙、各县选举：

一、莎车区：

1. 麦盖提县：查该县前任县长牟义定业经辞职，由专署派该县党部书记长马兴谟暂行代理，本组到莎车后，循该县人民之情正式选举县长，遂于9月6日赴该县，7日到达，8日选举，计出席县参议员12人，票选结果玉素甫·冲阿洪得票12张，当选为县长，并于当时宣誓就职。

2. 莎车县：该县县参议员及县长均需另行改选，当本组到达后即于9

月5日在县党部大礼堂召开民众大会，到达民众近千人，当场推定衣米提汗和加等5人为选举委员会委员，负责分赴各乡镇监选县参议员，至12日各乡选举完竣。13日在县参议会举行正副议长、省参议员及县长选举大会，结果哈的尔汗和加、阿不都克里木·尼亚孜当选为正副议长，孜牙吾丁·阿不都克里木伯克、益沙克末孜阿吉、阿不都克里木·买合苏木四人当选为省参议员，阿不都热·西提当选为县长，该新选县长并于是日下午在县政府宣誓就职典礼。

3. 泽普县：9月10日由莎车到达泽普举行县长选举大会，参加之县参议员计共11人，票选结果阿不都热合满得票九张，当选为县长，选毕随即举行宣誓就职典礼。

4. 叶城县：当本组于10月1日自和阗折返至叶城后，该县士绅及人民一致要求对于县参议员、省参议员及县长重行改选，因过去之省县参议员及县长多有参加反动之嫌疑，且各乡镇、县参议员人数分配又不平均，故不洽于人心，本组当循人民之请求于2日早8点在民众俱乐部召开民众大会推选县监举委员，组织成县选举委员会，该委员会等并于当时出发赴四乡监选县参议员，5日各乡镇选竣，即于是月在县参议会选举正副议长、省参议员及县长，结果艾比不拉、牙生阿洪被选为正副议长，衣达边提、阿不都克里木衣明、达五提卡力三人当选为省参议员，艾利木伯克当选为县长，6日在民众俱乐部举行宣誓就职典礼。

二、和阗区

1. 皮山县：9月17日改选正副议长、省参议员及正副县长，结果阿不都买吉提、默汗买提哈孜当选为正副议长，默汗买买卡孜木·牙生阿皮孜当选为省参议员，刘学汉、麻合木提·买合苏木当选为正副县长。

2. 洛浦县：9月22日选举正副议长、省参议员及正副县长，结果麻合苏提、以阿孙阿吉当选为正副议长，买合买提·朱尔扎艾买提·买买提衣敏阿吉当选为省参议员，扎克尔、托乎达当选为正副县长并于是日宣誓就职。

3. 墨玉县：本组于9月18日由皮山到达墨玉县后，即于19日召开民众大会，推迟县选举委员会组成选委会，遂赴和阗，至23日后，由和阗至该县，监选结果买买库帕子力·沙以提被选为正副议长，尼亚孜伯克、夏冬彝、扎洪恩三人当选为省参议员，华维祥、吾缓伯被选为正副县长并于当日下午宣誓就职。

4. 和阗县：9月20日召开和阗县民众大会推选县参议员选举委员，并于即日组成县选委会，各委员即日分别赴各乡镇监选，至24日各乡镇县参议员均行选遂，于是日上午12时在和阗县民众俱乐部举行正副议长、省参议员及县长选举大会，选举结果艾合买托合大、吾不哈斯木伯克二人当选为正副议长，艾木提阿吉、达五提、买买提衣明三人当选为省参议员，肉孜末提拜克、斯满（即于焕章）当选为正副县长，惟于25日举行专员选举时，该县议长艾合托尔地被选为副专员，议长缺出，遂由该县参议员票选玉华生、牙西丁阿洪为正副议长。

三、喀什区

1. 伽师县：10月13日举行县长选举，结果票选赛福鼎·哈孜为县长。

2. 岳普湖县：10月15日举行省参议员任有言当选为县长。

3. 英吉沙县：10月17日举行省参议员及县长选举，结果买苏木阿洪、巴拉提伯克、托克逊卡孜阿吉被选为省参议员，何不都克力木伯克、吐尔逊买克苏木被选为副县长。

4. 疏附县：10月18日举行正副议长、省参议员及县长选举，结果阿不都热引阿洪、吾受阿吉当选为正副议长，苏皮伯克阿吉、牙生阿洪、阿木提阿吉、阿不都哈的尔四人当选为省参议员，吐尔逊艾里、艾沙阿吉当选为正副县长。

附注：

①和阗区民丰、策勒、于阗三县在选举方面并无纠纷，所选省参议员均系以前伊敏厅长监选时选出者；②喀什区疏勒县省参议员及正副县长本年7月间曾由县参议会自动请求改选一次，本组到达后经召集全体县参议员征求意见，一致赞同渠等7月间选举结果，不再选举，为慎重计特取得该县全体参议员之签名纯录用做佐证，阿图什县参议员内有2人系现在公务员，依法自不能兼任县参议员，经县参议会决议由未分配有县参议员名额之二乡各推选1人以资补充而照公允。以上选举情形除将各种选举票名册誓词会议纪录簿等送请省选举委员会备查外理合报请鉴查。委员兼喀、和、莎三区专员选举监选小组组长刘永祥。[1]

经过重新派员赶赴和阗区，按照选举法的程序，重新安排选举，根据以上报告，一切顺利，终于使纠纷得到解决。接近崩溃的选举重新走上正轨，有助

---

〔1〕 新疆维吾尔自治区档案馆档案：政1-1-928：《监选喀什、莎车、和阗三区行政专员暨解决各该区选举纠纷报告书》，1947年11月。

于民主政治的宣传，在新疆第一次尝试西方民主政治的过程中，这样的情形，在当时的国内外形势影响下，应该在所难免。通过这些选举活动，国民党的三民主义思想多少影响了少数民族民众对民主、平等、自治的向往，并在选举活动的民主政治试验中得到了体验，因此，这些选举活动与纠纷为新疆人民参与政治活动积累了一些经验，为以后走上地方宪政的发展创造了条件。

第三节　权力监督机构的创建及活动

为了能够有效地推行政令，并防止贪腐的发生，彻底施行《施政纲领》的内容，新疆各区建立了行政督察专员制度，并通过了相关法律，如《新省各区行政督察专员选举办法》、《新疆省各区行政督察专员公署组织规程》等。同时，国民党政府为了更好地控制新疆，还任命泛突厥主义分子麦斯武德为新疆监察使，成立了新疆监察使署，制定了《新疆省监察委员选举办法草案》、《监察院新疆监察区监察使署办事细则》等法规，客观上对新疆的政治体制的建设和完善有帮助，同时有利于监督、罢免贪污腐败分子，促进民主的发展。

一、新疆行政督察制度的建立

由于缺乏行政督察专员活动的案例和档案，仅就相关法规进行整理、分析。在各区、县参议会成立后，进行各区行政督察专员的选举。根据《新省行政督察专员公署组织规程草案》的规定，将全省划分为十个督察区，即第一区迪化、第二区伊犁、第三喀什、第四阿克苏、第五塔城、第六区阿山、第七区和阗、第八区焉耆、第九区哈密、第十区莎车。

新省行政督察专员公署组织规程草案〔1〕

第一条：新省府为加强省府之推行与效率特扩大各区行政督察专员公署之组织，制定本组织规程。

第二条：本省依旧划定行政督察区为十区即第一区迪化、第二区伊犁、第三喀什、第四阿克苏、第五塔城、第六区阿山、第七区和阗、第八区焉耆、第九区哈密、第十区莎车。

第三条：行政督察公署设专员一人，承省府之命推行法令并监督指导暨统筹辖区各县局（设治局）行政，其职权如下：①关于辖区内各县局行

〔1〕 新疆维吾尔自治区档案馆档案：政1-3-410：《新省行政督察专员公署组织规程草案》。

政计划中心工作之设计审核及统筹事项；②关于辖区内各县局地方预算决算之审核事项；③关于辖区内各县局单行法规之审核事项；④关于辖区内各县局行政人员工作成绩之考核事项；⑤关于辖区内各县地方行政地方自治之巡视暨指导事项；⑥关于辖区内各县局行政人员之奖惩事项；⑦关于召集区行政会议事项；⑧关于处理辖区内各县局争议事项；⑨关于省府交办事项。上项工作之设计审核人员之考核奖惩须呈由省政府交有关厅处核准后施行。

第四条：为加强民族团结适应地方环境，行政督察专员公署得设副专员。下由专员指定副专员1人或2人，协助专员处理专署事务。如遇专员公出或离职时，代行专员职务，其办法与细则另定之。

第五条：行政督察专员及副专员由各区所辖各县县参议会议长、副议长及各县县参议会推选之参议员各1人集合于专员公署推选之，其办法另定；行政督察专员及副专员经推选后呈由省政府特请中央任命。

第六条：行政督察专员公署设民政、财政、建设、教育四处，其职掌如下：①民政处掌理各县局地方行政、警察行政、地方自治、社会福利、卫生保健、行政人员之考核奖惩、行政工作计划之编拟、审核区行政会议之召集及民政厅社会处、卫生处交办事项；②财政处掌理各县局地方预算、决算之审核、土地之登记及其他有关财政、经济及财政厅交办事项；③建设处掌理各县局农田水利之改进、矿权之登记、道路桥梁之修理及工商业之提倡、兴办及建设厅水利局公路工程管理局交办事项；④教育处掌理各县局教育行政之推行、学校之扩充、社会教育之改进、教育经费之筹划、学龄儿童之调查登记及教育厅交办事项。

第七条：行政督察专员公署各处各设二课，并设会计室、翻译室分掌应办事务。

第八条：行政督察公署设主任秘书1人，处长1（还是4?）人，秘书2人，督导员2人，视察2人，技术员2人，会计室主任、翻译室主任各一人，均荐任科长1（或8）人，课员32人，均委托翻译员2人，会计员2人书记8人，遴选合格人员派充之并呈报省府加委，其编制另定之。

第九条：行政督导员每届半年举行区行政会议一次，召集辖区内各县局长、警察局长讨论各县局一切应兴应革事宜，前项区行政会议议决案须呈报省府查核。遇必要时并由省政府分别呈咨行政院及主管部会署查核。

第十条：行政督察专员对于辖区内各县局地方行政除随时派员考察外，应每半年轮流巡视辖区内各县局1周。

第十一条：督政、督察专员对于辖区内各县局长之命令或处分认为违法或失当时应呈报省府核办之。

第十二条：行政督察专员对于辖区内各县局长及所属工作人员之成绩应每年举行考核一次，拟定奖惩意见呈报省府，如所属各县局长有违法失职行为应随时密报省府核办。

第十三条：行政督察公署之经费由省府编列预算，由省库按月支拨。

第十四条：行政督察公署行为对省府用呈对辖区内各县局用令。

第十五条：本组织规程如有未尽事宜由省府修正之。

第十六条：本组织规程经省府会议通过后公布施行。

为了彻底施行施政纲领，尽快发挥行政督察专员的职能，颁布了《新省各区行政督察专员选举办法》，如下：

新省各区行政督察专员选举办法〔1〕

一、本省各区行政督察专员、副专员之选举悉依本办法办理之。

二、本省为彻底实行施政纲领，扬民主精神特根据和平条款第一条之规定，各区行政督察专员、副专员于各县参议会成立为由，各区所辖之各县省参议员及各县县参议会投票互选半数参议员（为选单数增选1人）集合。

三、专员公署所在地组织该区专员选举联合会票选之正专员及副专员被选举人之资格为下：

①具有中华民国国籍者（不分民族、宗教、籍贯及性别）；②具有服务能力及通晓文字至少一种者；③忠实拥护彻底实行和平条款及施政纲领者；④年在25岁以上者。

四、行政督察专员选举之开始日期由省政府会议决定之。

五、行政督察专员选举时，由省政府推派委员1人为监选委员前往监选。

六、专员选举联合会由省派监选委员代表省政府召集之开会时为主席，各县省县参议员到齐，以2/3以上人数出席为定人数始得选举。

七、各区专员、副专员由各该区专员选举联合会用不记名方法投票选举之。

八、专员、副专员之选举应分别投票均以得票最多以当选，为副专员

〔1〕新疆维吾尔自治区档案馆档案：政1－1－928：《新省各区行政督察专员选举办法》。

为2、8时以得票之多少，到其次序票数相同时，以抽签法定之。

九、行政督察专员及副专员经选定后由监选委员呈报省政府宪令交接。

十、行政督察专员及副专员任期2年，连选得连任一次。

十一、各区参加专员选举联合会之省县参议员所需往返旅费及开会期间招待食宿各费预算由省府另定之交由监选委员携带发给。

十二、各区参加专员选举联合会得用办事人员6人到10人由监选委员临时任用之。

十三、各区行政督察专员及副专员之选举由监选委员到达该区之日起至多1个月内完成之。

十四、专员选举联合会于该区专员选出后5日内解散监选委员于监选督新旧专员交接后始得返回省城。

十五、行政督察专员及副专员之选举任何人或军警不得加以直接或间接之干涉、操纵或指示，为发现有操纵舞弊之情事由省政府宣布其选举为无效，另行选举并按其情节轻重交法院依法制裁。

十六、本办法自省政府委员会议通过后施行。

随后，公布了督察专员公署组织规程，为公署中之组成人员、结构及职责作了具体规定：

新疆省各区行政督察专员公署组织规程〔1〕

第1条　新省政府鉴于本省地区辽阔政令推行迟缓，为加强行政效率及适应实际情况，特扩大各区行政督察专员公署之组织提高专员职权制定本组织规程。

第2条　各行政督察区设专员1人为该区行政首长，承政府之命遵守和平条款推行施政纲领及各种法令，依据本规程之规定以命令指导监督辖区各县内一切行政。

第3条　行政督察专员公署为筹划辖区内各县地方行政起见，于不抵触本省法令之范围内得颁发单行规划或办法，并应呈报省政府备案。但关于限制人民自由增加人民负担及变更组织或预算者，非经依法呈请核准后不得执行。

第4条　为加强民族团结适应地方环境行政督察专员公署得设副专员1

〔1〕新疆维吾尔自治区档案馆档案：政2－2－620：《新疆省各区行政督察专员公署组织规程》，1944年。

人或2人协助专员处理专属事务。如遇专员公出或离职时，由专员指定副专员1人代行专员职务。

第5条　行政督察专员及副专员，依本省专员副专员选举办法选举之。

第6条　行政督察专员及副专员任期均为2年，连选得连任1次。

第7条　行政督察专员任期未满因故出缺时，由省政府令副专员升任或代理。副专员因故出缺时，其未满之任期在1年以上者，依法另选任期1年以下者，由省政府遴派人员代理，代理专员或副专员之任期以补足前任未满之任期为限。

第8条　行政督察专员公署，设民政、财政、建设、教育四处承专员之命令掌左列事务：①民政处掌握各县地方行政、警察行政、自治社会福利、卫生保健、行政人员之考核、奖惩，各县争执之调处、行政工作计划之编，拟审核区行政会议之召集及民政厅社会处、卫生处交办事项；②财政处掌理各县地方财政税务行政、土地行政及财政厅交办事项；③建设处掌理各县农林畜牧水利之改进道路、桥梁之修理、工商事业之提倡，兴办及建设厅水利局公路管理局交办事项；④教育处掌理各县教育之推行、教育行政之考核、学校之扩充、师资之培养、社会教育之改进、教育经费之筹划、学龄儿童之调查、就业及教育厅交办事项。

第9条　行政督察专员公署设秘书室、会计室、翻译室分掌应办事项。

第10条　行政督察专员公署之编制，按本务之繁简分为甲、乙、丙三种如附表。所定其人员均由专员遴选派充呈报省政府备案。

第11条　各区每年须在专员公署所在地举行区行政会议一次或两次，召集辖区内各县县长及警察局长报告全区之行政事务，并讨论各县一切应兴应革事宜；前项区行政会议由专员择定适当日期召集之其决议案，须呈报省政府审核。

第12条　行政督察专员对辖区内各县地方行政除随时派员考察外，应每年轮流巡视辖区内每县1周。

第13条　各县县长之命令处分或行为有违法或失当时，该区行政督察专员应即予以纠正或撤销其命令或处分，并报呈省府备案。

第14条　行政督察专员对于辖区内各县县长之行为认为违反民意或有重大过失，不能继续任职时，得呈请省政府核准交由该县县参议会通过后，罢免改选之。

第15条　行政督察专员兼任该区保安司令，指挥监督辖区内各县之保安团队、区保安司令部之编制，如附表所定人员由区保安司令遴选合格人员派充并呈报全省保安司令部备案。

第16条 行政督察专员公署行文对省政府用呈，对辖区内各县用令，行政督察专员对于署内各处之工作负完全责任，各处不得单独对外行文。

第17条 专员公署办事细则由各专员公署另定，呈报省政府备案。

第18条 专员任期届满改选时，应将任内施政经过向专员选举联合会提出报告，由专员选举联合会予以审核。

第19条 本规程经省府会议通过后公布于行政督察专员，按照本规程第5条选举后施行。

根据上述的督察专员公署组织规程第8条，各区成立了行政督察专员公署，并相继颁布了办事细则，以下以第五区的办事细则为例，来了解督察专员公署的工作：

新疆省第五区行政督察专员公署办事细则[1]

第一章 总则

第1条 本细则依行政督察专员公署办事通则第23条制定之。

第2条 本署职员办事程序依本细则之规定行之。

第二章 职掌

第3条 秘书承行政督察专员之命撰拟机要文电，审核各科文稿、翻译电报、保管机要档案、整理会议纪要，并仰信典宗及指导协助各科股工作等事项。

第4条 科长承行政督察专员之命，分掌各种事项。

第5条 视察承行政督察专员之命考查辖区内各县局地方政务及自治推行状况，并临时调查事项。

第6条 翻译承行政督察专员之命翻译各种文件，传达语言事项。

第7条 技术上承行政督察专员之命及本科科长之指导办理技术上一切改进及取缔事项。

第8条 科员及事务员承行政督察专员之命及秘书科长之指导，办理各科室指派事项。

第9条 雇员承行政督察专员之命及秘书科长之指导专司缮写及指派

〔1〕新疆维吾尔自治区档案馆档案：政2-2-620：《新疆省第五区行政督察专员公署办事细则》，1943年6月。

事项。

第10条　第一科（总务科）职掌事项如下：①档案整理保管事项；②关于本署职员签到、签退、请假、缺勤、考察事项；③关于本署经、临费之领支银钱保管及编造册报事项；④关于本署铺垫、物员购置登记保管事项；⑤关于本署不动产之管理事项；⑥关于本署人马给养燃料服装之筹备事项；⑦关于本署清洁卫生之整顿事项；⑧关于兵役革补及管理事项；⑨关于卫兵训练事项；⑩本署建筑之审核勘验设计取缔事项；⑪关于本署公用事业设计取缔事项；⑫关于本署一切交际招待事项；⑬关于本区各机关法团会计检查指导事项；⑭关于奉令采办军需粮服器材之采购报销事项；⑮其他不属于各科专管事项。

第11条　第二科（行政科）职掌事项如下：①关于全区各县局地方行政及自治之监督及指导事项；②关于全区内各县局行政计划或中心工作之审核及统计事项；③关于全区内各县局单行法规之审核事项；④关于全区行政人员工作成绩之考核事项；⑤全区行政人员之铨叙及奖惩事项；⑥督导禁政之执行事项；⑦有关节约劳作竞赛之检查事项；⑧关于全区内游民孤贫之救济感化事项；⑨天灾人祸之预防及补救事项；⑩保健卫生之考查改善及设施事项；⑪关于民众请求之处理事项；⑫关于辖区内各县局争议事项；⑬全区公私学校教育之推进调查统计事项；⑭社教文化之监督提倡及奖励事项；⑮有关公益褒奖事项；⑯关于召集区行政会议事项；⑰关于外交事项；⑱关于边界事项；⑲关于俄、维语文翻译事项；⑳其他有关民政教育事项。

第12条　第三科（财建科）职掌事项如下：①关于全区证券税契之保管事项；②关于全区预算、决算之审核事项；③关于全区官产之管理及处分事项；④关于土地行政事项；⑤关于地亩升科及其纠纷处理事项；⑥关于不动产转移之审查登记事项；⑦关于开发水利、改良土壤、开采矿产事项；⑧关于全区财产统计事项；⑨关于各项田赋额粮税务之登记保管事项；⑩关于修筑道路桥梁便利交通事项；⑪关于军需粮石之审核事项；⑫关于粮食储备调济事项；⑬关于估评房地产价格事项；⑭关于公共地基管理事项；⑮关于农牧业生产与数量调查登记与统计事项；⑯关于农林牧畜渔猎之保护取缔事项；⑰关于扩大春耕开垦荒地及耕地调查统计事项；⑱关于物品价格调查事项；⑲关于积谷备荒事项；⑳及其他有关财产建设事项。

第13条　凡临时发生事项或特别事项为本细则未规定者，由行政督察专员按其性质指定办理。

第三章　文件处理（省略）

从以上第五区行政督察专员公署的办事细则来看，基本上符合原法规的规定，但并没有单独设立民政、财政、建设、教育四处来管理，而是建了总务科、行政科、财建科三科，将四处的职能由三科概括行使，基本职能能够涵盖。从总体上看，行政督察公署及行政督察专员的设立，健全了行政行为的职能，加强了对各项行政事业的指导与管理，为提高行政效率、推行施政纲领及各种法令、对基础政权的监督与管理创造了良好的条件。通过对地方官员的监督与管理客观上有助于民主政治的形成。

二、新疆监察制度的建立与活动

国民党政府为了更好地控制新疆，还任命泛突厥主义分子麦斯武德为新疆监察使，成立了新疆监察使署。为了能够使监察制度切实发挥作用，国民党中央在麦斯武德上任新疆监察使后，通过省联合政府积极建立新疆省监察区监察使署，并通过了《新疆省监察委员选举办法草案》及《监察院新疆监察区监察使署办事细则》等法规，促进新疆监察制度的建立，客观上对新疆政治体制的建设和完善有帮助，同时有利于监督、罢免贪污腐败分子，促进民主的发展。

新疆省监察委员选举办法草案〔1〕

一、本办法依据中央颁布监察院监察委员选举罢免法并参酌本省情形制定之；

二、本省监察委员之选举基本办法规定此可悉依监察院监察委员之选举罢免办法之规定；

三、本省监察委员之选举务由省政府主办之；

四、本省监察委员依法由本省参议会选举之；

五、本省应选监察委员 5 人内妇女 1 名；

六、依法由选举权年满 35 岁此后被选为监察委员；

七、本省省参议员之当选监察委员以 1 名为限；

八、本省监察委员选举程序为：

①本省监察委员之选举按本省行政区分别进行，由各区专员召集所属各县之省参议员，以平等公开之方法选举之（即第一区则由省参议会召集办理）；②由省政府电知各区专员分别转知各县公开征求各县人民自行报名

〔1〕 新疆维吾尔自治区档案馆档案：政 1－1－930：《新疆省监察委员选举办法草案》。

监察委员候选人；③各区专员公开选举之事10日内应将各县报名之监察委员候选人姓名、族别、年龄、籍贯、职业、简历转报省政府复核；④各区报名之监察委员候选人名额数以各区人口为准，每区人口在10万以下者，应报候选人5人（内需有妇女1名），每超过10万人之区即增报1人，本省十区应报候选人之人数为：第一区迪化区人口总数60 460人，应报候选人7人（内妇女1名）；第二区伊犁区人口总数471 277人，应报候选人9名（妇女1人）；第三区喀什区人口总数929 934人，应报14名（妇女1名）；第四区阿克苏620 241人，应报11名（妇女1名）；第五区塔城，170 392人，应报6名（妇女1人）；第六区阿山区75 527人，应报5名（妇女1人）；第七区和田648 377人，应报11人（妇女1人）；第八区焉耆119 780人，应报6人（妇女1人）；第九区哈密区59 384人，应报5人（妇女1人）；第十区莎车区571 676人，应报10人（妇女1人）；⑤各区候选人报齐后由省府汇印全省监察委员候选人名单，发交各区专员公开召集所属各县省参议员，由候选人名当中公选5人（妇女1人）为监察委员；⑥各区选举结果由专员公开电报省政府汇计之；⑦监察委员候选人得票最多者之男子候选人4人为监察委员，其余1人以得票较多数之妇女候选人当选，如无妇女候选人或无妇女候选人当选时，任女缺额。

该草案明确规定，新省监察委员由各县之省参议员选举产生，共为5名，并且其中必须有1名是妇女，体现了男女平等的思想与对妇女的尊重与权益的保障，一定程度上反映了民主政治的影响。

新省监察使署成立后，主要的活动是作为中央监察机构与地方的纽带，传达中央的指令，并在中央监察机构的指导下，开展对地方的监察工作。综观民国时期，新省监察使署影响比较大的工作主要体现在两方面：一是对竞选国大代表选举的监督；二是对新疆锡索满族争取国大代表名额的活动。

首先，作为中央检察机关的派出机构，新省监察使署要承担传达中央的各项指令与按照中央部署开展监察工作，具体情况如下：

《关于竞选国大代表及立委主任在所在地限制及施行条例的指令》[1]

新疆监察使麦斯武德鉴。关于各监察使在其监察区内竞选国大代表及

---

〔1〕新疆维吾尔自治区档案馆档案：政1-2-122：《关于竞选国大代表及立委主任在所在地限制及施行条例的指令》，1947年7月。

立监委员是否受管辖区域或任所所在地之限制一节，兹函准国大代表立法委员选举总事务所7月10日京表字39号函复称：

一、国大代表选举罢免法第八条规定现任管理不得于其任所所在地之选举区当选为代表、文职、委任军职尉官以上均为官吏任所所在地。其系指官署所在地之选举区而言，故监察使及其所属委任以上人员如在其官署所在地之选举区参加国大代表竞选应于候选人登记前辞职；

二、各监察区即为各该监察使之管辖区域，依立委选举罢免法第13条之规定，现任文职军职官吏于其辖区或任所所在地为候选人者应于选举期前5个月辞职。管辖区之地域，无论全部或局部包括于某一选区之内者，均应辞职后始可参加该选举区之选举。故监察使及所属如参加立委选举应受上项限制于选举期前5个月辞职；

三、监委选举罢免法及其施行条例均无任所所在地及管辖区内不得当选为监察委员之规定，故现任监使如仍为监察委员之竞选仍可不受限制等语特电通知监察院。民国36年7月12日。

该指令为对竞选国大代表及立委主任之规定及施行条例的立法解释，为顺利执行其监督国大代表及立法委员主任的选举、理顺国大代表与监察使及监察委员之间的关系与权限进行了说明。

又传达由司法院转发的关于选举法规的司法解释《为抄发司法院解释立法院立法委员选举罢免法第13条疑义由》：

令新疆监察区监察使署案准司法院本年9月16日院解字第3589号公函开：案准贵院本年4月25日，法字第6408号公函，请解释立法院立法委员选举罢免法第13条疑义一案，经本案统一解释法令会议议决立法院立法委员会选举罢免法第13条系就现任官吏为立法委员之候选人加以一定之限制与宪法第28条第三项关于限制现任官吏与其任所所在地之选举区当选为国民大会代表之规定，并无违背，又国家机关必有同一职掌之二以上同级者始有所请管辖区之划分，故立法院立法委员选举罢免法第13条关于限制现任官吏于其管辖区之选举区为候选人之规定，必其任职之机关划有管辖区者乃省适用，若其任职之中央机关无所谓管辖区之划分者，依同条之规定只于其任所所在地之选举区为候选人时，应于选举期前5个月辞职，其在任所所在地以外之选举区为候选人者，不在同条限制之列，至应受同条限制之现任官吏不以任机关首长或有军权警察权司法权征税，拟者为限，相

应复函查照。院长：于右任[1]

此外，为防止选举中出现舞弊案件，监察院指令要求监察使署严格履行自己的职责，并在发现舞弊案件时，要严格按照司法程序或送司法机关或报各主管机关，并在辖区通令宣传，做到防患于未然：

令新疆监察区监察使署：奉国民政府36年12月19日处字第1385号训令开：据立法院呈称，本院委员简贯三条提议，防止选举舞弊应另定单行法规一案，经交刑法委员会同宪法法规委员会审查旋据呈称，经开联席会议详细研究，结果会议关于选举舞弊之处罚，刑法已有规定，似无庸另定单行法规，拟请由院呈请国民政府转令各主管机关，遇有舞弊情事发生，应依法认真执行，并令将刑法及其他法律中关于处罚处文广为印布予以确切之说明，俾使知所警戒，同时将选举舞弊之严加防止，广为宣传，促令社会方面尽情检举，而检察官有检察侦查犯罪之责，办理选举之行政官吏有监视考查之责，监察委员及各省区监察使有纠察弹劾之责，尤应责令其依法行使职权，无所担徇，无所怠忽，为地方宪政前途尽其应尽之职责，以树立良好之楷模等情，经本院第四届第336次会议议决，照审查报告通过理合录案呈请鉴核转令各主管机关切实办理等情，到府应准照办，除分令外合行令仰遵照并转饬遵照此令。院长：于右任[2]

1946年11月15日，国民党南京政府召开了所谓的“国民代表大会”，最终会议通过了《中华民国宪法》。新疆有18名代表参加了国民党一党专政的伪国民大会，三区方面的代表有：阿合买提江、阿巴索夫、安尼瓦尔沙里江、哈密德、阿不拉哈特、买合苏木、凯里木哈吉、孜牙8人。七区方面的代表有；艾沙、穆罕默德·伊敏、赵剑峰、乔加甫（女）、乌静彬（女）、哈德万（女）、爱美娜（女）、那都拉不德、马国义、陈希豪、张凤九11人。阿合买提江被选为“国民代表大会”主席团成员。[3]在代表组成前，新疆因民族众多，随着民族自决自治思想在新疆的传播，民族意识觉醒，参与本民族事务的管理与维护

[1] 新疆维吾尔自治区档案馆档案：政1-2-122：《为抄发司法院解释立法院立法委员选举罢免法第十三条疑义由》，1947年9月24日。

[2] 新疆维吾尔自治区档案馆档案：政1-2-122：《防止选举舞弊一案监察院训令》，1947年12月。

[3] 新疆维吾尔自治区党史委员会编：《新民主主义革命时期中国共产党在新疆的斗争纪事》，解放军出版社1985年版，第117页。

本民族利益成为许多民族进步人士的追求。因此，锡索满三族提出增加国大代表名额，以期能够有本民族代表进京参加会议。虽然最后没有被蒋介石批准，但新疆监察使署在此事中起到了积极的作用。

新省监察使署中有该三族的监察委员，通过该机构，向中央选举事务所提出了下述请求：

> 敬禀者我锡、索、满三族于200年前远戍边陲屯田伊塔等地，捍卫疆宇度越，迄今民风淳厚诚朴，彼时丁口繁衍家世宴乐厥后，西北多故，屡罹患难，人口逐渐减少，后以盛氏十数年暴政之下，人民所遭摧残实甚，尤其本族智识分子被惨杀无余，加以经济薄弱文化落后，无由发展。种种原因遂成为今日新疆各民族中少数而落后之民族。又不幸之三区事变后，锡、索、满三族人民因世居伊塔等地，故大多数均陷于他人之手。由难区来迪，希望地方早日统一以苏民苦，而期从事发展文化建设，各部门伟大事业中效力于万一。惟本省国大代表锡、索、满三族名额如何规定尚未奉悉，但阅此次报端发表本省代表名额为数甚多，并规定有边疆民族代表名额，查宪法规定代表人选以县为单位，三族人民多数居在伊塔等区，今该三区沦陷，如以法定手续选举无法办理自属困难，其结果如何政府自有考虑。自本省施政纲领内载对于少数民族极力协助。宪法亦载明边疆少数民族代表以法定手续订定。根据以上规定，锡、索、满三族为本省最少数民族之一，其国大代表之名额似应恳斟酌本省实际情形及三族目前所居境地，予以另外核定最低限度：每族1名共增为3名，本会兹敬代表三族民意肃禀恭请。
>
> 监察伏乞准予将锡、索、满三族国大代表名额增为3名并转请知本省国大代表选举事务所遵照办理。不胜恳切盼祷之至专此敬叩。[1]

并由锡索满文化促进总会主任委员中孚以锡索满文化促进会的名义恳请新省监察使为三族增加国大代表名额尽力争取：

> 新疆监察使马：钧署暨省府鉴核施行在案，兹为时多日尚未奉示，又以国大代表规定登记日期已将终止，用特将本会拟选人员姓名开单送上。

〔1〕 新疆维吾尔自治区档案馆档案：政1－2－122：《为呈请准予将锡、索、满三族国大代表名额增为三名并请转知选举事务所遵照办理由》，1947年11月7日。

肯祈转行办理并祈速予示遵不胜翘企，兹将特为陈明者本届国大代表三族人选不选则已。如政府顾虑本三族之存在以及日前所处之困难环境，并以目前伊塔区尚未恢复按法定、按区域由大多数选举自属困难，而在迪区所居住之三族人民内其精忠国家、民族，优秀之人士尚不乏人，以彼之考验观研而选定之代表必能为祖国及人民以忠贞无间之精神效力也，政府对此想早有顾虑而已企划自勿庸本会多加渎陈，惟事关国家民族大计，而三族在迪人士亦绝无为个人利益之企求，是以对此次国大代表之选举以及对各族代表人选之确定方回自不能漠然。所有以上情节，除呈省府并分函外理合具文附赍名单呈请。鉴核府准采纳转饬遵办以符实际而慰民意并祈示遵谨呈。新疆监察使马，附呈名单一份，锡索满三族文化促进会全体会员。[1]

并附三族代表名单如下：

锡索满三族代表推选名单：佟敏长，索族，30岁，塔城，现任本会副理事长、宣传委员会副组长等职；刘德恩，满族，40岁，迪化，曾充驻苏领事、建设厅长；中孚，锡伯族，36岁，伊犁，现任本会理事长财政厅秘书主任等职。[2]

为了解决三族代表能够成为国大代表参加全国代表大会，张治中非常重视，并亲自给蒋介石发电报，请求以边疆之特殊、政治之意义、争取各民族之团结、以解决伊宁事件之考虑，给予增加名额。内容如下：

限即到重庆主席蒋钧鉴，内政部张部长厉声兄，国大筹备会主任委员邵力子先生。密新疆国大代表之产生基于目前政治环境似首须着眼于各民族之团结，尤其伊宁事件解决在途，伊方代表迭经提出要求希望伊宁、塔城、阿山三区能推选代表参加国大而25年所产生之代表多为非新疆籍之东北人且当地汉族以外各民族中现存者仅有1名亦不能符合多数民众之希望，为使边疆各民族坚其内向之心理似宜设法予以充分机会俾能容纳当地民众所认为足以代表渠等意见之代表参加国大，尤以事变区域代表之参加在政治意义与中外观瞻上更为重要。弟抵迪后对此问题经与有关各方面详加研

〔1〕新疆维吾尔自治区档案馆档案：政1-2-122。
〔2〕新疆维吾尔自治区档案馆档案：政1-2-122。

究，均认为有须事实上妥加补救之必要，如中央能特别准予新省增加代表名额以便容纳各民族代表自为最良善之办法，否则现在新省区域代表尚有缺额4名，职业代表6名，惟经选举总监遵照国选总所电令办理选举，但结果尚未公布。此10员名额拟请授权省政府及省党部就当地人士推定人选一俟，共有关各方协商之后，即行提出名单，呈请中央予以核定慈以时间迫促，除一方面开始洽办外，特谨电查鉴核准为祷。弟张[1]

后蒋介石给予回电，婉言拒绝：

张主席：密请再增加国民大会代表名额一节，固格于法令时间已迫，不能修改，碍难照办。致该省业经选举尚未公布之10名代表依法令规定，亦不便授权另行推定，如有议员缺额仍须由省府临时参议会同意，在不抵现行适用法补充条例之原则下办理，并须将当选姓名于24日前送呈。因中央须在25日前公布名单也。民国35年4月25日。[2]

另外，国民党政府为了利用和控制以麦斯武德为首的泛伊斯兰主义分子，任命其为新疆省监察使署监察使，仅仅是拉拢其的一种手段，众所周知，麦斯武德低智无能，极度反动，到处宣扬泛伊斯兰主义与大土耳其主义，不得民心，最后被国民党收留，最终成为一颗棋子。尽管新省监察使署所起到的作用很有限，但为各少数民族的正常的政治诉求与推进各民族平等提供了一个平台和向上表达诉求的途径。但由于麦斯武德等泛伊斯兰主义分子的控制和利用，反而成为他们滥用手中之职权、安插自己亲信的工具。阿克苏参议会民国37年7月8日的一封电报中有载：

迪化省府艾沙秘书长兄钧鉴，查新监察委员前经莎车等区，省参议员遵电开会依法选喻君义为候选人。复经莎车、阿等区圈定喻君义为监委，前后电报在案，此次弟等在京出席国大会议时，所有新疆喀、莎、和、阿等区省参议员兼国大代表联名文，咨请选举总所及监察院圈定喻君义为新监察委员亦各有案。因该喻君义在南疆各区为民服务已有20年，颇为人民拥护。是以恳吾兄从中维持准予转报喻君为新省监察委员以顺舆情为祷。

〔1〕 新疆维吾尔自治区档案馆档案：政2-1-4。
〔2〕 新疆维吾尔自治区档案馆档案：政2-1-4。

喀莎和阿省参议员兼国大代表阿不都热合满、早日汗等15人叩。[1]

新省监察使署成立后，主要的活动是作为中央监察机构与地方的纽带，传达中央的指令，并在中央监察机构的指导下，开展对地方的监察工作。由于当时的政治情况，加之麦斯武德的反动倾向，民国时期，新省监察使署影响比较大的工作主要体现在两方面：一是对竞选国大代表选举的监督；二是对新疆锡索满族争取国大代表名额的活动。

第四节　保障民族平等、公民各项权利

为了具体贯彻、实施和平条款，联合省政府成立以后制定了《施政纲领》，《施政纲领》为和平条款的具体化。纲领中的政治部分共十一条，明确规定了人民享有的各项权利：实行民主政治，人民有充分参与政治之权利；法律保障人民之思想、言论、出版、集会、结社、居住、迁徙、身体、财产之充分自由；人民非依法不得加以逮捕、羁押或处罚，非有权机关依法定程序不得逮捕、羁押、审讯或处罚；禁止任何机关及宗教团体对人民施以体罚。保障妇女在政治上、经济上、法律上、教育上、社会上地位之平等；强调各民族之间互相尊重、互相亲善、互相扶助，实现精诚团结等。

为了使这些原则和政策真正得到落实和贯彻，新省及中央历次发文或指令各地保障各族人民一律平等，保障各民族人民的各项民主权利。

一、保障人民财产权不受侵犯

一般意义上的财产权指的是一种个人权利，即公民对其财产可自由拥有、使用、管理、收益或处分的权利。这种财产权与民法保障的财产权不同，它在宪法上系为防范来自国家公权力对人民财产权的侵害，乃为划定我们免于压迫的私人领域的第一步，因而这种财产权属于古典人权即防御权的范畴。[2]从以下案件和法令可了解当时对财产权的保护状况。

民国31年7月10日国民党中央发文《通令保障人民之财产权由》，重申对人民财产权的保护：

〔1〕 新疆维吾尔自治区档案馆档案：《阿克苏参议会之电呈》，1948年7月8日。

〔2〕 张千帆主编：《宪法学》，法律出版社2004年版，第196页。

查人民财产之所有权应受法律之保障，政府非依法律不得查封或没收，其基本公共利益之必要予以征用或征收者必须依法定之程序并须予以相当之补偿，此在法律上均有明显规定，各级政府机关有应严格遵守以维法治。近据报告各地方每因举办新政或借口公益对人民之财产任意处分，其有征用或征收之必要者亦多不依法定之程序办理，滋生社会之痾扰，增加人民之损失，殊失政府爱惜民力尊重产权之本旨，嗣后各级行政人员务宜体会斯旨，对人民之财产应切实依法保护，如有征收或征用之必要时必须恪遵法令规定履行一定之程序，倘有因缘舞弊或恃势胁取情事，一经发觉即由主管机关依法严于惩处，不得稍有宽纵，厉行法治制度养成良好风气，实深利赖除分令合行令仰遵照并转饬所属一体遵照此令。院长：蒋中正〔1〕

新省在盛世才主政时期处理的一件逆产发还案，也体现了同样的理念，虽有盛世才时期的做法，有粉饰民主的嫌疑，但客观上对新疆民主地方宪政有些许促进作用。

案件事由：

为转疏附县民妇帕提曼（帕提满）请发还没收财产或给予救济等情仰核办呈夺由：令逆产接收处理委员会为令行事接疏附县民妇帕提满汗呈称：窃小妇之夫艾克木伯克逮捕已有30个月之久，毫无音信，生死不明。即有家中物品均已当净，尽财产资物已被查封。现在小妇实无法生活，况且此处又无亲戚照顾之人。因此具案泣恳钧座为核，俯念小妇之苦，恩准收查封财产发还或酌予救济以免困难等情，援此解令由疏附县饬候令行该会查核办理；再行饬遵外合行令仰该会即便遵照办理此令。新疆边防督办公署训令·民国29－3－11 督办盛世才〔2〕

处理过程如下：

为转疏附县民妇帕提曼（帕提满）请发还没收财产或给予救济等情仰核办民国29－3－15，督办盛世才指令：3月18日呈一件为关于帕提满请发还财产或酌予接济一案已函请喀什行政长官查复祈备查由，开案奉：督署

〔1〕 新疆维吾尔自治区档案馆档案：政2－5－211：《通令保障人民之财产权由》，1942年7月10日。
〔2〕 新疆维吾尔自治区档案馆档案：政2－6－184。

秘字第13221号训令，开据疏附县民妇帕提满以无法生活，请将查封财产发还或酌予救济以免困难。查复核办等情。查帕提满及家属全赖手工业生活仰祈钧鉴核办事案。此县长遵即饬令北街街长尤洛瓦士调查报称，叛逆之妻年20岁，女一，母一，全家数口赖该妇一缝纫机手工业勤苦度日，经济不甚充裕等情，据此县长考查无异，兹奉前因理合具文呈请钧鉴核夺施行谨呈等情。据此复查该女经济不甚充裕自系事情，惟查叛逆系乌兹别克人，并无不动产业，当日查封逆产不过商铺内存放些许货物，早经奉准拍卖在案，请发还无法处理，爰准前因相应函复贵会查照转请核示为荷，此致。新疆逆产接收处理委员会。[1]

最后的处理结果：

新边防督办公署指令：令逆产接收处理委员会7月22日呈请发还没收财产一案碍难照准由，呈悉准将所拟办理并已令行疏附县政府特饬知照矣此令。民国29年8月3日。[2]

二、禁止蓄婢及保障人身自由

人身自由有广义与狭义上的意义。就狭义的人身自由而言，是指身体的控制自由，即公民的人身（包括肉体和精神）不受非法限制、搜查、拘留和逮捕。广义的人身自由指的是人身人格权，具体包括生命健康权、身体活动的自由以及由狭义的人身自由所衍生的人格尊严、住宅、通信自由和通信秘密等不受侵犯的权利。[3]

对于新疆许多落后的地区还存在的蓄婢事件，中央与省政府本着革除弊端、开社会新风气的目的，多次申明禁止蓄婢，情况如下：

《奉令公布禁止蓄婢办法请查照转饬知照由》：案查本部于21年9月间，曾拟具禁止蓄奴养婢办法呈奉，行政院核准通行各省市政府饬属查禁汇报在案。嗣准各省市政府汇报所属办理经过，均声明并无蓄奴情事，本部并先后据以转告外交部，报告国联是原办法关于禁奴一节，已无实际依

---

〔1〕新疆维吾尔自治区档案馆档案：政2－6－184。

〔2〕新疆维吾尔自治区档案馆档案：政2－6－184。

〔3〕张千帆主编：《宪法学》，法律出版社2004年版，第183页。

据，自应删去，又查原办法颁行日久关系法规多有变更：原办法第六条所引条文与现行刑法不符，均有修改必要，经本部另拟禁止蓄奴办法草案呈奉。行政院25年1月13日第88号指令：准予照办，饬即以部令公布施行等因，奉此除于民国25年1月22日公布，并分行外相应检同禁止蓄婢办法一份咨请。新省府。[1]

又国民政府外交部发文《准外交部咨抄送国联代表办事处条陈我国禁止蓄婢办法数端除分行外请查照饬属知照由》：

案准外交部25年2月28日国25字第1887号咨开：关于国联征求我国实施禁止蓄婢条例之成绩及统计一事，前经于民国24年11月13日国字24第10623号函达贵部及司法行政部。嗣准贵部及司法行政部先后咨送禁止蓄婢办法及登记表一份到部，当经令发国联代表办事处转达国联秘书厅在案。兹据该代表办事处条陈我国禁婢办法数端，其关于编造统计公牍内避免引用“奴隶”字样及批准1926年禁奴公约各节，俱不为无见，查我国禁止蓄婢之努力，各国倘有质问，殊难对付。该项条陈中有应与司法行政部会商办理之处，拟请先行接洽以便各就主管范围内酌夺办理。籍正世界之视听，而释国联之疑虑。来呈所称：意大利在国联抨击阿比亚，即以其奴隶制度之存在为其最大罪状等语，尤其注意除分咨司法行政部外，相应抄录来呈咨。请查照即希核办见复，以凭令饬，国联代表办事处转达国联等因附钞呈一份到部。查本部于25年1月呈准颁布禁止蓄奴办法，通行各省市政府饬属查禁，汇报在案。原条陈所列各点用意，除第七点应由司法行政部办理外，其余各点于前项办法内大致均已包举。惟事关我国在国际上之地位，除咨复并分行外，相应抄同原附件，咨请查照转饬所属一体知照并切实执行。此咨新政府。[2]

为了实现人民的身体自由与人民非依法不得加以逮捕、羁押或处罚，非有权机关依法定程序不得逮捕、羁押、审讯或处罚；禁止任何机关及宗教团体对

---

〔1〕 新疆维吾尔自治区档案馆档案：政2-6-19：《奉令公布禁止蓄婢办法请查照转饬知照由》，内政部1936年1月23日。

〔2〕 新疆维吾尔自治区档案馆档案：政2-6-19：《准外交部咨抄送国联代表办事处条陈我国禁止蓄婢办法数端除分行外请查照饬属知照由》，1936年5月4日。

人民施以体罚等各项权利，中央及新省一再明令遵守法令。

民国35年11月20日新省府训令，查本省和平告成，省府改组之后，各地交通同时恢复来往，商民人等一律不加检查自由通行，迭经令饬各军政机关切实遵上在案，乃最近据各方报告省内各区商民往来，仍受当地军警严密之检查，甚至有人被扣留财物被劫夺等非法情事发生。似此蔑视本府命令，违背和平条款之行为殊堪痛恨。须知本省业已和平统一，全省民众团结于民主的省政府领导之下充分享受和平民主之幸福，所有任何侵犯人民自由之行为均不容继续存在。兹特郑重申令嗣后凡在本省人民在省境之内为非触犯和平条款及施政纲领之行为，应绝对获得自由之保障，居住、迁徙、经商、行旅均不受任何阻碍或留难；倘有行政及军警之机关违反此项命令，妨害人民之自由，此准由人民指照事实，向本府指控，一经查实，定予以严厉之惩处。除分令外合行令仰遵照并转饬所属遵照为要。兼主席张治中，副主席阿合买提江[1]

此后国民政府又多次重申切实保障人民基本权利自由这一原则，具体内容：

监察院令新疆监察区监察使署案奉：国民政府33年7月15日渝文字第393号训令内开：据本府文管处签呈称：准国防最高委员会秘书厅33年6月20日国纪字第46463号公函为委员长交议保障人民身体自由办法。已奉：国防最高委员会第138次常会决议“办法修正通过送国民政府通令施行”请查照转陈令行等由理合签请鉴核等情。查人民身体自由应受法律保障，凡有检察审判职权之机关非依据普遍或特别法令（如刑法、强制执行法、战时军律、陆海空军刑法、惩治汉奸盗匪贪污烟毒治罪及妨害国家总动员法令等）不得逮捕拘禁处罚或审问人民，其有受私人嘱托擅行逮捕者，更属非法行为，尤应严予禁绝，以重人权而维法治，除饬复并分行外合行抄发原办法令仰遵照并转饬遵照等因，并抄附保障人民身体自由办法一份。院长：于右任[2]

---

〔1〕 新疆维吾尔自治区档案馆档案：政1-1-704：《新省府训令》，1946年11月20日。

〔2〕 新疆维吾尔自治区档案馆档案：政1-1-704：《奉令为保障人民身体自由办法经国防最高委员会决议修正通过转饬遵照由》，1944年7月31日。

又行政院令《令饬切实保障人民基本权利自由》：

此文由新省政府训令签发：国民政府主席蒋本年8月14日府交乙字第12955号代电开：查人民基本权利应切实遵重妥为保障，两年来迭经政府严切申令有案，最近新颁之“动员戡乱完成地方宪政实施纲要”，亦复重有昭示各级军政宪警机关务应恪遵，以崇法治。今后无论绥靖区及东北九省临时紧急军政措施等法令规定得临时由军法机关受理之案件外，凡非司法机关及非依法赋予司法警察职权之机关，绝对不得逮捕人民，尤不得有其他法外侵扰人民自由之行为，即司法警察受命拘提人犯亦应切实依限移解法院，务其在此动员戡乱之紧急时期仍贯彻培养法治保障民权之本旨，以深植建国基础，即希转饬所属一体恪切遵照为要。民国36年12月12日。[1]

三、促进民族平等，尊重民族风俗与信教自由

平等是法律形式上的平等，即国家承认所有人法律面前一律平等，禁止差别待遇的歧视对待。即不论种族、宗教、阶级、男女等。在少数民族地区的平等就是各民族一律平等，但还包括不对少数民族的风俗习惯及宗教信仰歧视，给予信仰自由。由于以前军阀时期，特别是金树仁、盛世才的残暴统治，存在对少数民族宗教与风俗的歧视。为了体现和平条款的精神与贯彻施政纲领的内容，政府一再明令民族平等、尊重宗教信仰与风俗。

民国期间，由于内地有媒体刊登了一些反映少数民族群众风俗但带有明显歧视内容的文章，引起少数民族地区人士的严重不满，民国政府中央不得不出台明令禁止刊登民族宗教之文字的规定。

准中央宣传部函请通行各省市政府转饬各报：嗣后不得采登侮辱民族宗教之文字等由，咨请查照转饬遵照由：案准中央宣传部25年4月15日诚字第1249号公函内开：据新疆旅京同乡麦斯武德等呈，以最近各报所载于描写缠回妇女婚嫁风俗之文字，不惟内容荒谬失实，且侮辱新疆民族回教，请予制止等情，查此类有关侮辱民族宗教之文字，自应屏绝记载，以免影响民族间情感滋生纠纷，除分函外相应函达即希查照转行各省市政府转饬各报社，嗣后务须注意对此类侮辱民族宗教之文字勿予刊登。民国25年5

〔1〕 新疆维吾尔自治区档案馆档案：政2－2－72：《令饬切实保障人民基本权利自由》，1947年9月25日。

月 28 日。[1]

又为避免造成民族矛盾，促进民族团结，禁止汉族官员兵役及民众与信仰伊斯兰教人民通婚，具体内容如下：

新疆省政府通令案奉：国民政府军事委员会委员长西北营8月2日营秘迪字第38号通令·开：查本省信奉伊斯兰教各民族因宗教信仰与生活习惯、社会风俗各种关系咸视与非伊斯兰教人通婚为大忌，过去常因此引起社会之纷扰，而少数汉人复难免有持势强迫之行为，愈易引起民族之恶感，即令出于男女双方之同意，但为社会家庭所不许，亦即等于强迫。现本省施政纲领业已颁布，在民族章第6条有“取缔破坏各民族风俗习惯宗教信仰之行为之规定”，亟应切实执行，用特通令各军政机关普遍晓谕。全体汉族官兵员役及民众除已婚者不予追究外，今后必须恪守此项信条不得再有与信仰伊斯兰教人民通婚情事，否则应由当地军政长官严加制止，并予惩罚，除分行外合行令仰遵照为要等。因奉此件，分别函令外合行令仰遵照并饬属一体遵电此令。兼主席张治中。民国35年10月17日。[2]

又新省政府训令：

案奉：迪化西北行辕本年8月4日，迪辕二字第13号代电开：“①查新省内汉族公务员及部队官兵不得与信奉伊斯兰教各族人民结婚，以营秘迪字第（38）号通令遵照在案；②兹闻仍有极少分子玩忽禁止令，特重申前令，倘有故违决予严惩不贷；③仰即遵照并饬属切实遵照”等因，奉此除分令外令仰该即便多数切实遵照为要！主席麦斯武德。民国37年9月13日。[3]

---

〔1〕 新疆维吾尔自治区档案馆档案：政2-6-19。

〔2〕 新疆维吾尔自治区档案馆档案：政1-1-704：《奉国民政府军事委员会委员长西北行辕通令禁止省内汉族官兵员役民众与信奉伊斯兰教人民通婚一案仰遵照希查照由》，1946年10月17日。

〔3〕 新疆维吾尔自治区档案馆档案：政1-1-704：《为奉西北行辕命令禁止汉、维民等通婚仰切实遵照由》，1948年9月13日。

第五节　促进地方宪政实施的活动

早在张治中主新初期，就提出了和平治理新疆的政策。后来在与三区方面签署了《和平条款》后，为了贯彻和平条款的精神，1946 年 4 月张治中主持新疆政务后，颁布了《施政纲领》，总结为“和平、统一、民主、团结”八字治新纲领。虽然在当时特定的历史条件下，《施政纲领》无法得到真正实施，但张治中还是尽力做了一些促进新疆民主、地方宪政发展的实事。加之 1946 年 12 月，国民政府通过了《中华民国宪法》，宣布实施“地方宪政”，在客观上也有利于新疆地方宪政的实施活动发展。

一、重申法治精神

在实施“地方宪政”以后，国民政府多次就促进地方宪政的实施和贯彻，发布了一系列法令法规与训令。其表现有：

> 监察院训令：令新监察区监察使署案奉：国民政府 33 年 7 月 31 日，渝文字 451 号训令内开：局行政院 33 年 6 月 28 日文捌字第 14580 号呈称：“全国行政会议本院长交议重申法治精神以利地方宪政实施案经决议，通过送请行政院转呈国民政府通令切实遵行，理合缮同原案呈请鉴核通令遵行”等请，并于原案内列举办法七项：①训政时期约法为当前之根本大法，凡所规定各级政府机关及人员必须恪守遵行；②切实执行惩治贪污暂行条例；③切实执行公务员惩戒法公务员服务法及其他关于公民人员操守之法令；④各级政府机关及人员对于司法机关行使职权应尽力予以协助，不得托故规避更不得借词干涉；⑤各级政府机关及人员对于人民依法提起诉愿应予以各种便利并切实受理；⑥各级政府制定单行法规及颁布命令不得与中央法令之条文及精神相违背；⑦各级政府人员应将各项法令随时研究彻底明了，如有意见可呈请上级政府核办，不得任意变更或不依照执行。查上列各项办法为厉行法治奠定地方宪政基础之必要措施，亟应由各级主管督饬所属切实遵行，并严加考核借以弘扬法治之精神，除指令并分行外合行连同原案全文令仰该院遵照并转饬所属一体遵照等因，并抄附重申法治精神

以利地方宪政实施案一份，奉此出分行外合行抄发原件令仰遵照此令。[1]

此后又有《重申法治精神以利地方宪政实施案》：

理由：去岁十一中全会决议，国民政府应予战争结束后一年内召集国民大会制定宪法而颁布之，并由全民大会决定施行日期。在此时期自当加紧准备。俾国民革命之伟业得如期完成。查地方宪政之精义依国父遗教之所示端在建立民有、民治、民享之国家而厉行法治，尤为地方宪政之根本，训政时期约法为今日国家之根本大法，施行已历十有三年，其他法律亦已灿然，大备自当切实施行。举凡人民之权利义务、行政设施悉依照约法及其他法律之所定不容稍有逾越复查。五权宪法为今日政治之圭臬，现行制度人民对于违法失职之官吏可向检察机关呈诉书状。各级政府机关在执行职务时，如有侵害人民权益之情事，人民更可依法提起诉愿及行政诉讼。法律上对于人民之权利保障不为不周。制度创立之用意不为不善。但夷考实际则一般公务人员奉公守法者固为多数，而玩法自私者亦所难免。揆其本因由于不明法令者十居六七，明知故犯者十仅三四，但即此少数亦不足以损害法律之尊严，妨害政府之威信。与言及此殊深遗憾，近年以来政府对于各级行政人员曾再三告诫切实研究法令务使人人能明了立法之真谛，严格奉行。凡为法律之所定必须完全贯彻毋得殉情规免法律之外，不容加重人民之负担。凡法治制度可以贯彻奠定地方宪政之基础，兹当全国行政会议之期，爰再申明此义务，望互相警惕对于所属机关及人员今后必须严加考核，俾违法玩令者得所惩罚，恃势阻挠者不敢尝试则法律之尊严确立法治之昌明可期。

办法：①训政时期约法为当前之根本大法，凡所规定各级政府机关及人员必须恪守、遵行；②切实执行惩治贪污暂行条例；③切实执行公务员惩戒法、公务员服务法及其他关于公务人员操守之法令；④各级政府机关及人员对于司法机关行使职权应尽力予以协助，不得托故规避，更不得借词干涉；⑤各级政府机关及人员对于人民依法提起诉愿应予以各种便利并切实受理；⑥各级政府制定单行法规及颁布命令不得与中央法令之条文及精神相违背；⑦各级政府人员应将各项法令随时研究彻底明了，如有意见

〔1〕新疆维吾尔自治区档案馆档案：政1－1－704；《奉府令重申法治精神以利地方政治宪法化实施案令仰切实遵行转饬遵照由》，1944年8月11日。

可呈请上级政府核办，不得任意变更或不依照执行。[1]

二、发动全民研讨宪法草案

1934 年国民政府通过宪法草案第一稿后，就发布公告发动全国人民研讨宪草，并具体规定了详细的程序和方式，而且要求边疆省份新疆同样发动全民研讨宪草，说明了当时全国上下对宪草的重视程度与对实施地方宪政的渴望。具体内容如下：

> 行政院训令：令新疆省府《关于抄发地方宪政实施协进会所订发动全国人民研讨宪草办法及中华民国宪法草案》及《发动全国人民研讨宪草办法》：①由地方宪政实施协进会秘书处（以下简称秘书处）向有关各机关及各书坊搜集有关宪草资料，其重要者如约法、国府组织法等编印成册分发参考；②由秘书处分函左列各机关转发所属各机关参加研讨工作：甲、中央党部转发各级党部；乙、行政院转发省市县政府及参议会；丙、教育部转发各大学教授各学府机关各文化团体；丁、社会部转知各团体；③本会发表告全国人民书同时将宪草发表；④广播定三十三年元旦起继续 3 天每日广播一次，以后每 3 周一次，由秘书处向广播电台接洽；⑤举行演讲会：由秘书处随时举办并洽商有关机关办理，尤其有法学院系之大学，可由秘书处函请其举办关于宪法之讲演。其有关研讨宪草之讲演词或文字应送由秘书处转交刊物发表；⑥发起研讨宪草运动，定 33 年元旦开始各方对宪草提出之意见，定 5 月 5 日以前送到重庆中华路 121 号地方宪政实施协进会秘书处；⑦人民或团体对于宪草提出意见之方式，应先提出意见，主旨须眼见意明，如条文之形式须增具说明避免冗长；⑧指定研究宪草之参考资料（见五五宪草及有关法规汇编中国文化服务社印行）：中华民国宪法草案及说明书；国父关于五权宪法之遗教；约法、建国大纲、训政纲领、抗战建国纲领；国民政府组织法；五院组织法；国民代表大会选举法；省市政府组织法；县各级组织纲要、乡镇组织暂行条例；参政会及省市县参政会组织条例；五法程序纲领、法规指定标准法；公职候选人考试条例；弹劾法；审计法；提审法；出版法；违警罚法；各主要民主国家宪法条文。民国 33

[1] 新疆维吾尔自治区档案馆档案：政 1－1－704：《奉府令重申法治精神以利地方政治宪法化实施案令仰切实遵行转饬遵照由》，1944 年 8 月 11 日。

年1月10日。[1]

该办法对于宪法草案如何编印、分发，给予哪些部门，如何宣传，如何提出意见等等，均提出了详细的规定，说明了当时举国上下对宪草的重视程度及对实施地方宪政的渴望与憧憬。

为了有效促进地方宪政的宣传与实施，国民政府专门成立了地方宪政实施促进会，就地方宪政的宣传与实施与社会各界进行沟通，并协助政府促进地方宪政实施。

国防最高委员会代电：新省政府鉴本会推行地方宪政实施工作设立地方宪政实施促进会，该会规定任务如下：①考察关于地方民意机关之设立情形；②考察与促进与地方宪政实施有关各法令之实施状况；③沟通政府与民间团体关于宪法暨其他有关政治问题之意见及委托中央委员或参政员在其驻在地域执行上列各项工作，在在均与地方政府之施政有关。端赖各省市政府通力合作共策进行。除分电外合，函抄发地方宪政实施协进会组织规则，电达查照对于该会工作切实予以协助为要。[2]

附《地方宪政实施协会组织规则》:[3]

第1条 国防最高委员会为推进地方宪政实施工作起见，设置地方宪政实施协进会（以下简称本会）。

第2条 本会会员除第4条所列当然会员外，由国防最高委员会长就左列人员中指定35~49人充任之。①中央委员；②参政员；③其他富有政治学识经验或对于地方宪政由特殊研究人士。

第3条 国防最高委员会委员长为本会会长。

第4条 国民参政会主席团主席均为本会当然会员。

第5条 本会置常务会9~11人，由会长就会员中指定之，并就常务会员中指定3人为召集人。

---

〔1〕 新疆维吾尔自治区档案馆档案：政2-2-620：《发动全国人民研讨宪草办法》，1944年1月10日。

〔2〕 新疆维吾尔自治区档案馆档案：政2-2-620：《成立地方政治宪法化实施促进会》，1943年12月3日。

〔3〕 新疆维吾尔自治区档案馆档案：政2-2-620：《成立地方政治宪法化实施促进会组织规则》，1943年12月3日。

第6条 本会之任务如左：①向政府提出与地方宪政筹备有关之建议；②考察关于地方民意机关设立情形，并随时提出报告；③考察与促进地方宪政实施有关各法令之实施状况并随时提出报告；④沟通政府与民间团体关于宪法问题暨其他有关政治问题之意见；⑤依政府之委托审议一切与地方宪政实施有关之事件；本会得委托中央委员或国民参政会参政员在其驻在地域执行上列各项中任何一项或数项工作。

第7条 本会之建议其重要者应提请会长核交有关机关办理其余由常务会员与有关机关商洽办理。

第8条 本会每两月开全体会1次，每月开常务会员会1次，必要时均得召开临时会；开会时由会长主席团召集，如因事不能出席时，由召集人互推1人主席。

第9条 本会以国民参政会秘书长、副秘书长为秘书长，副秘书长并酌置秘书干事及书记及由国防最高委员会及国民参政会秘书处调用为原则。

第10条 本会办事细则由常务会员会定之。

中央要求各地就宪草展开研讨并提出意见的通知到达新疆后，新省民政厅成立了宪草研讨会并就宪草进行了讨论，将讨论过程及提案一并上呈省政府：

《为呈报厅宪草研讨会经过情形提案一份祈鉴赐核转由》：案奉：钧府秘制字第875号训令内开：行政院本年元旦·义一字第547号训令内开：兹抄发地方宪政实施协进会所订发动全国人民研讨宪草办法及中华民国宪法草案各1份应由各省市县政府及县参议会，注意研讨并将研讨结果于33年5月5日以前，迳寄该会除分令外合行令仰遵照并转行该省市临时参议会及所属一体遵照此令等因奉此除刊登新疆日报并分行外仰遵照此令等因。奉此遵即依照所颁办法成立宪草探讨会，会期为每周二、四、六下午3～5时，由4月4日起至18日止，共研讨7次每次2小时计14小时，由厅秘书李方、捷梅益科长、李向恒、王栩人、白文煜五人分别担任宣读宪草各章节条文并略予浅释，于每章宣读完毕后，即由与会人员逐条研讨提出修正意见4项记录在卷，理合检同提案一份备文呈请，钧府鉴赐核转备查，谨呈。新省主席盛，民政厅厅长，李溥霖。[1]

---

〔1〕 新疆维吾尔自治区档案馆档案：政2－2－620：《新省民政厅呈报成立宪草研讨会情形并附呈提案》，1944年5月23日。

附关于宪草讨论的提案一份：

> 民政厅宪草研讨会提出修正案：①序言中“孙中山之遗教”应在“孙中山”以下增添“先生”二字；②第 5 条“中华民国各民族”应将“民族”改为“宗族”，又同条“中华国族”之“国”字应该为“民”字；③第116 条“应以民生主义为基础”之“应”字应删去；④第 120 条应增添“耕者有其田的目的”11 字。[1]

新疆省除了省政府各部门对草案进行了热烈讨论并提出建议稿，而且地方各区也对草案进行了讨论与宣传，让人民广泛参与。如新省第七区行政督察专员向省府的汇报中提到：

> 洛浦县政府呈请顷奉钧署政字第 662 号训令·附发动全国人民研讨宪草办法仰遵照一案业经提交县政务会第 129 次常务会议讨论决议：①全县人民多系维族，对于宪草之研讨无维文材料可资；②由机关、法团、学校、首长共同组织宪草研讨会，由县府秘书搜集材料；③通知各参加人并呈请政府颁发五五宪草教册，以资研讨，通过记录在卷。兹准县政务会签送上，请照办前来除分别执行外，恳请颁发五五宪草三册，以资加强研究理合备文。新省第七区行政督察专员李维芳。[2]

只是民族地区本身教育水平低，加之汉语水平不高，导致效果不是很好，但通过宪草的宣传与讨论，使得人民对民主政治与权利有了感性认识，促进了权利意识的提高与民智的开启。

此外，为了促进女公民与男公民一样依法平等地享有选举权与被选举权，国民大会代表选举总事务所专门电令新省代表选举总监督，重申男女一律平等，不得有差别待遇。具体内容如下：

---

〔1〕新疆维吾尔自治区档案馆档案：政 2－2－620：《新省民政厅呈报成立宪草研讨会情形并附呈提案》，1944 年 5 月 23 日。

〔2〕新疆维吾尔自治区档案馆档案：政 2－2－620：《新省第七区行政督察专员公署呈文》，1944 年 6 月 8 日。

国民大会代表选举总事务所训令·令国民大会新省代表选举总监督案奉：国民政府合开："据行政院25年6月26日第1563号呈称'查中华民国训政时期约法第六条载中华民国国民无男女、种族、宗教、阶级之区别，在法律上一律平等'。又中华民国宪法草案第八条载'中华民国人民在法律上一律平等'等语，是人民之权利义务，在法律上一律平等原无男女之差别。惟近据妇女界推选代表来院请愿声称，此次国民政府颁布之国民大会代表选举法及钧院会议通过之同法施行细则，虽予男女公民以同等之选举权及被选举权，第以我国社会多年素习，男女权利义务，事实上多未见一律平等，倘无明令昭示，深恐将来执行各种选举时，不免有所误会，致发生差别待遇情事，与立法原意不符，恳转呈鉴核等语。差所称各节，不论理由，拟恳钧府于将来国民大会代表选举总事务所成立时，明令该所转知各法定选举监督。对于执行选举，凡男女公民依法享有选举权或被选举权者，一律平等待遇，不得有所差别，以符法意，理合备文呈请鉴核施行"等情，据此除指令。呈件均悉仰候令饬国民大会代表选举总事务所转行知照可也。此令。民国25年7月31日。[1]

〔1〕 新疆维吾尔自治区档案馆档案：政2-3-11：《奉国府令男女公民依法享有选举权或被选举权，应一律平等待遇令仰知照并转饬所属一体知照由》，1936年7月31日。

第六章

新疆地方政治宪法化演进中的各种政治力量

第一节　资产阶级政治力量与新疆地方政治民主化演进

一、哥老会对新疆地方政治民主化的影响

哥老会是新疆资产阶级革命党人举行迪化起义和伊犁起义的一支重要革命力量，与资产阶级革命党人杨缵绪、冯特民相比，他们的活动范围更大、更广泛，组织更严密，还单独领导了南疆的反帝反封建斗争，使清王朝在新疆的统治加速崩溃，使帝国主义的侵略势力受到打击和遏制。杨增新登台后，反对并绞杀革命，哥老会又坚决开展了与杨增新政权的斗争。

（一）新疆哥老会组织的产生与性质

哥老会是在清代前期出现的民间秘密结社组织，主要活跃于长江流域一带，为天地会的支派，咸同以后，支系蔓衍，广布于大江南北乃至黄河流域各省，在珠江流域者又称“三合会”。他们以“山、堂、香、水”的名称，在各地建有众多互不相属的地区性组织。如新疆迪化长山子地区的组织为“迪龙山、长寿堂、南城水、同盟香”，迪化绥来县的为“迪

龙山、宣化堂、绥泉水、长寿香”，新疆古城地区的名为“太极山、两仪堂、三才香、四象水”，等等。各山堂的首领统称“山主”、“龙头”或“大爷”、“老大哥”，对内称“袍哥”。其成分复杂，多是破产农民、手工业者或游民无产者。他们在这种具有神秘色彩的封建家长式组织形式下，谋求生活的互助、自救，反抗官僚地主阶级的压迫。早在 1851 ~ 1853 年太平军起义北上天京时，沿途有很多哥老会众参加，太平天国失败后，哥老会又迅速发展。以镇压太平天国起家的湘、淮军在太平天国失败后被大量淘汰，许多退伍官兵也相继加入哥老会。自咸丰年间起，哥老会出现在全国迅速发展的势头。[1]

新疆的哥老会是 1875 年（光绪元年）左宗棠统兵讨伐阿古柏匪帮时入疆的，当时左宗棠所率军队以湘鄂皖籍兵士较多，他们中很多人参加了哥老会。当军队到达新疆以后，天山南北即遍布哥老会组织。讨伐阿古柏胜利后，左军部分驻留新疆，部分就地裁撤。被裁撤的官兵除少数返回原籍以外，多数则留在了新疆，他们有的进入地方官府任职，但更多的是散落于城乡各地自谋生计。这些人重义气，讲互助，秘密结伙，反对贪官污吏，致使贫穷和失业的群众纷纷踊跃加入。一时形成天山南北的士农工商、无业游民、三教九流“悉皆在会”的局面。[2]清朝政府虽不断下令严厉查禁，不但不能制止，反而日渐昌盛。如巴里坤总兵徐昆山，竟也在驻地开山立堂，招人入会。[3]辛亥革命前后，新疆哥老会达到极盛时期，由于革命党人的宣传、发动，哥老会积极响应，参加革命，成为迪化、伊犁起义的基本力量之一。这期间除汉族外，其他如回、维吾尔、哈萨克、满、柯尔克孜等民族群众也竞相参加。[4]刘先俊领导的迪化起义失败后，袁大化强令被缴械的抚署东营和协署巡防营士兵二百多人，由谭长谷率领赴南疆，填补焉耆、库车、阿克苏等各处的巡防营空缺。这些官兵多为哥老会会员，而谭长谷乃是哥老会的重要头目，他们与当地的哥老会相结合，从而使南疆的哥老会势力迅速壮大。

哥老会着重解决现实问题，组织思想比较开通，没有浓厚的宗教意识，不拘泥于民族和宗教界线，在反封建和反帝问题上四海一家，因而能够吸引少数

---

〔1〕 白振声、[日] 鲤渊信一主编：《新疆现代政治社会史略》，中国社会科学出版社 1992 年版，第 41 页。

〔2〕 杨增新：《补过斋文牍》，甲集上。

〔3〕 白振声、[日] 鲤渊信一主编：《新疆现代政治社会史略》，中国社会科学出版社 1992 年版，第 42 页。

〔4〕 曾问吾：《中国经营西域史》，商务印书馆 1936 年版，新疆维吾尔自治区地方志总编室 1986 年重印，第 499 页。

民族人士参加。到辛亥革命时期，他们的势力已遍及全疆各地。据杨增新称，“上而官吏兵弁，下而农工商贾，悉皆在会”。就是在新疆教育界，有的学校的教师也成了哥老会的头目。据估计，哥老会成员“在当时总计全疆有十万以上”，是一支赞助革命、推翻清朝政府在新疆统治的重要力量。[1]在新疆辛亥革命期间，新疆哥老会或直接参加革命，或接受革命党人的领导，进行了杀死封建官吏的活动，史称“戕官运动”，虽不能从根本上摧毁封建剥削制度，但给封建势力以沉重打击，为推翻清政府在新疆的反动统治做出了重大贡献。

（二）哥老会在新疆辛亥革命中的积极作用

辛亥革命伊犁起义之前，伊犁革命党人就开始争取和团结伊犁哥老会，秘密组织义勇军。当时，哥老会在伊犁有雄厚的力量，首领是徐三泰。[2]他们到处“开山立堂，毫无顾忌”。起初，哥老会大多分布在军标、镇标、绿营等清军中，革命党人利用哥老会作为动员各族群众参加革命的手段，大力扶植、发展哥老会成员，后来又逐渐由军界转入政界、农界、商界和学界。经过革命党人的工作，徐三泰被争取过来，被委任为义勇军团长，待机举义。伊犁革命成功，出现了新伊对峙。冯特民、杨缵绪等革命领导人派出数十人分赴南疆各地联络哥老会，借以牵制省方。南疆随即出现了哥老会组织武装戕杀官吏、铲除反动势力的活动。这使得袁大化穷于应付，最后在一片讨袁声中，丧胆落魄，交出政权，逃离而去。

哥老会响应革命、夺取政权的武装戕官活动首先发生在阿克苏。1912 年 4 月 13 日，谭长谷与阿克苏镇总兵查春华、炮队营长汤友廷等密谋，杀死了阿克苏道伊陈正源和温宿知府王乃发，控制了穿越天山冰达坂通往伊犁的道路。接着谭长谷被查春华委任为阿克苏营兵的游击，参与事件的其余会党首领也分别被委任为营、哨等各级官职，阿克苏镇标改称民军。远近会党、流民闻风而至。查春华原想借此就地扩编队伍，增添马、步 5 营与袁大化对抗，后虑于兵饷筹措困难，遂只扩充了一个营。南疆会党响应伊犁革命武装戕官夺取政权的活动在阿克苏首获成功，4 月 23 日，哥老会戕官暴动又在焉耆发生。焉耆的哥老会众除汉族外，还有许多饥寒交迫的在苦难中挣扎的回族、维吾尔族群众。他们仇视官府，向往伊犁革命，并暗中与之联络。焉耆知府张铣奉袁大化之命，在天山中部的巴音布鲁克设防，企图断绝焉耆与伊犁的交通，严防伊犁革命势力

〔1〕苗普生、马品彦、厉声编：《历史上的新疆》，新疆人民出版社 2006 年版，第 307 页。

〔2〕为伊犁哥老会首领，号称伊犁“新民三堂”山主，又称“伊江龙头大爷”。回族马得元和汉族张世虎为正副龙头。伊犁哥老会最高首领是山主，下设龙头、香堂、礼堂、督堂等。

进入南疆。此举激起哥老会的极大愤恨。时值道尹王学曾赴喀什开办兴殖银行分行，路经焉耆，焉耆参将吴首怀设宴招待，特请知府张铣和委员马鸿宾作陪。事先已设好埋伏的哥老会首领连浚泉与何正魁、肖遇志、胡得才、晏应昌、赵万彪六人突然持刀闯入，将张铣、马鸿宾砍杀，王学曾得到吴首怀的庇护得以幸免。随即，哥老会在城内竖起了自己的旗帜，并夺得枪械弹药，缴了城内巡警兵的武器，打开监狱，放出关押的囚犯。武装起来的100多名会众共同推举连浚泉为管带，将夺得的知府印信交给吴首怀。吴首怀推辞不愿接受，又推王学曾为知府，令其负责发饷。[1]接着会党首领迅速派人与伊犁方面联络，同时又积极争取接受阿克苏总兵查春华的统一领导，以便团结起来，共同与迪化省方抗争。焉耆会党戕官暴动对袁大化政权又是沉重的一击。

距焉耆事件仅数日，又发生了库车驻军马队暴动，阿克苏总兵查春华立即派谭长谷以查办为名前往库车。5月4日，谭长谷指挥库车马队营中任书记官的哥老会成员钟冠华（又名钟国柱）以及贺太平子、颜长胜、刘华等，将库车知州毛英畏戕杀，迫使游击谭福星交出军权。查春华立即再任命谭长谷为库车代理游击。谭长谷本来就是哥老会的重要首领，趁此机会迅速在库车开山立堂，发展会众。库车因此成为哥老会在南疆的又一个重要聚集地。在东有焉耆、西有库车哥老会戕官夺取政权风潮的影响下，地居其中的轮台，于1912年5月也发生了戕官案。县知事李化嵩被哥老会王海龙、肖秋舫、蔡得林等杀于衙署，首级被弃之署外，以示民众对这类助纣为虐的贪官污吏的愤恨。

南疆哥老会武装戕官夺取政权活动声势最大、影响最深的是在喀什。喀什是南疆首屈一指的重镇，也是哥老会最集中、活动最激烈的地方。5月7日，喀什道尹袁鸿祐被哥老会戕杀，同时被杀的还有袁的亲信、参将汤殿恒和疏附县知事张秉铎、革员张舒锷等。[2]哥老会在首领边永福、魏得喜等领导下，发动起义，控制了全城，与伊犁革命形成南北犄角之势，成为与省方对峙的又一支力量。这一事件的发生，是由当时的多方因素促成的。

地处新疆西陲的喀什，尽管地位重要，但由于偏于一隅，交通不便，加之封建顽固派官僚的封锁，广大民众对内地爆发革命的消息几无所闻。不过这里驻有英、俄领事馆，他们消息灵通，辛亥革命在内地的发展动向随时都有电告，1911年12月25日，清帝已宣布退位，但次年2月喀什道尹袁鸿祐在俄国领事馆办理交涉的文牍仍署宣统年号，遭俄领拒绝。袁鸿祐在喀什任兵备道近10

---

〔1〕 杨增新:《补过斋文牍》(乙集一)。

〔2〕 杨增新:《补过斋文牍》(乙集二)。

年，其镇压群众、盘剥地方的种种劣迹早已为当地各族人民所切齿。伊犁革命军与迪化省方交战期间，袁又完全站在清军一方，加征粮税，对抗革命，向袁大化的前线军队不断输送粮饷，其中一次达20万两白银，自然为革命党人所痛恨。袁在与俄领事交涉的文牍中署清宣统年号消息传出后，引起社会各界疑虑，哥老会则从中受到鼓舞，同时也加深了对袁的憎恨。1912年3月18日，袁接到袁大化寄来的清帝退位、承认共和的正式公函后，仍秘不宣布。伊犁派往联络的革命党人借机予以揭露，激起各族人民的极大愤怒。4月25日，穷途末日的袁大化自知前景不妙，急于脱身逃遁，遂向北京政府推荐同乡袁鸿祐接替自己为新疆都督，旋即被批准。因财政赋税大部分都在南疆，因此袁大化把南疆视为保饷源、保新疆的一个战略基地。他荐举袁鸿祐为新疆都督，就是从这一点出发的。这是迪化和南疆反动势力的公开联合，以共同对付新疆的革命，这种反革命的联合，显然不利于伊犁党人和南疆的哥老会。袁得到任命，一面强令官民剪发易服，以示赞同共和，一面打点行装，准备走马上任。就在袁准备前往迪化赴任的前一天，即1912年5月7日凌晨，被喀什哥老会首领边永福、魏得喜等处死于喀什道署。同时被处死的还有其亲信爪牙数人。

处死袁后，革命势力顿时蓬勃发展，远近各族人民纷纷前往喀什投奔起义。边永福、魏得喜等将参加起义群众中的年轻力壮者编入队伍，名为新军，分设治安左营、治安右营和共安营三个营。当时，所有的革命党人都有一个通病，在夺取政权后，非要让社会上有声望的人出面担任政府首脑。接受革命党人领导的哥老会同样如此。他们认识到建立政权的重要性，但却没有勇气充当政府的首脑。边、魏领导起义胜利后，也曾拟定推举喀什噶尔提督焦大聚任都督，结果为焦拒绝。边、魏不得已，仍让焦继续担任喀什噶尔提督，让疏勒知府王炳堃任喀什噶尔道尹。边、魏在表面上虽然听命于焦、王的号令，但在实际上他们却控制着喀什噶尔地区的军政大权，不仅当地哥老会“皆听边、魏之号令”，“提道均受其挟制”，就是那些县知事，也“无不仰哥老会之鼻息，畏之如老虎，敬之如神明”。[1]

喀什噶尔起义胜利后，哥老会首领面临着一个极其重大的问题，就是稳定局势。当时，边、魏采取了两项措施：一是保护中外人民的生命财产安全，安定社会秩序；二是财政独立，地方收入的130万两税银不再上交省方，而作为

---

〔1〕曾问吾：《中国经营西域史》，商务印书馆1936年版，新疆维吾尔自治区地方志总编室1986年重印，第501～502页。

地方行政使用。[1]这样，社会秩序并没有因为起义出现混乱，而是秩序井然，人民相安无事，起义者受到当地人民的拥戴和爱护。这一点，连提督焦大聚等人都承认。焦在给杨增新的电报中称："查边魏成军之初，势力最大，流民相率趋附，无论入伍与否，服从恐后，自秩序渐复。"[2]在给北京国务院的电报中他又称："喀什事变……民军成立，中外人民生命财产毫无损失。"杨增新也认为，喀什噶尔起义军对于"中外商民生命财产均为保护，毫无损失"。[3]各族人民的赋税负担亦因之有所减轻。喀什暴动成功，把新疆哥老会戕官运动推向了高潮。

继喀什事件之后，喀什所属各县戕官活动持续发生。同年5月间，于田哥老会王定帮等数十人攻打县署，击毙官差，打破监狱，释放被捕在押的哥老会众。6月间，巴楚哥老会黎汉云、欧阳禄等杀死官吏张开运等三人。此外还有和田、洛甫、叶城等地哥老会秘密暴动事件，等等。与此同时，在北疆的巴里坤，哥老会首领胡登科、王正元等率众杀死县丞张在仁，一度控制了局势。喀什噶尔起义打破了南北反动势力的联合，扩大了革命阵地，进而孤立了以袁大化为代表的迪化反动政权，有力地支援了代表新兴资产阶级性质的新伊大都督府政权的建立，使得资产阶级民主、平等、自由、权利等宪政观念在民众中得到了广泛的传播和普及。

（三）反抗沙俄侵略的斗争，维护国家主权

在辛亥革命期间，哥老会不仅帮助、支持革命党人，积极参加反对封建剥削和压迫的斗争，而且同各族人民一道，同仇敌忾，奋起反抗沙俄的侵略，维护了祖国的主权和尊严。1912年6月23日爆发的轰动中外的"策勒村事件"，就是喀什哥老会首领边永福、魏得喜等人领导和组织的。在反抗封建统治者暴政的同时，哥老会还与企图干预、吞并新疆的帝国主义沙俄进行了英勇的斗争。

沙俄早在1881年通过强迫中国签订《中俄伊犁条约》，攫取了在新疆的领事裁判权和通商免税权等特权。此后，俄国领事便经常以这些特权为诱饵，引诱、胁迫我新疆居民加入俄籍，以扩大他们在中国的社会基础。他们在各地非法设立商约，建立俄侨组织，名义是管理侨民和商务，实际上是安在新疆各地的坐探，直接受沙俄领事指挥，窃取我国各种情报，旨在从事侵略、颠覆活动。1912年年初，辛亥革命在新疆伊犁取得了胜利，沙俄政府针对新疆形势召开了

---

〔1〕 白振声、［日］鲤渊信一主编：《新疆现代政治社会史略》，中国社会科学出版社1992年版，第46页。

〔2〕 杨增新："电呈将喀什边魏两营调赴科防文"，载《补过斋文牍》（乙集二）。

〔3〕 杨增新："电呈查办喀什戕官案恳予销案免究并优恤袁都督文"，载《补过斋文牍》（乙集二）。

秘密会议，决定以保护领事馆和俄商为理由增兵新疆。5 月，200 多名哥萨克骑兵强行进入伊宁；6 月 22 日，派遣上校巴布洛夫、中校彼得罗夫率领 840 名侵略军越境侵入喀什噶尔。与此同时，另有大股俄军集结于萨玛尔和阿拉木图，作为随时大举入侵新疆的准备。这一点，连杨增新都看得十分清楚。他认为：俄国在喀什噶尔借词保护商民，竟要出兵干涉。[1]

当时，沙俄把喀什噶尔民军视为它扩大侵略的障碍，因此，沙俄侵略军一进驻喀什噶尔，就把矛头指向边永福、魏得喜所组建的民军。尽管边魏约束部属严守纪律，保护“中外人民财产”，但沙俄侵略军却寻衅闹事，制造武装干涉革命的借口。沙俄在南疆的和阗、莎车、叶城一带大肆煽动中国居民加入俄籍，并操纵所谓“俄侨”为非作歹，横行乡里，欺压群众，聚众闹事，给沙俄武装侵略制造借口。这些人有时甚至以俄国领事自居，非法办理中俄商人之间的一切交涉事宜，干涉中国内政，侵犯中国主权。1912 年 6 月震惊中外的策勒村事件，就是因“俄侨”胡作非为引发的。

策勒村即现在和田地区的策勒县，位于和田与于田之间。“俄侨”色依提·阿吉原籍新疆和田，自称中亚安集延人。十五六岁时随商人流落到塔什干入了俄籍，大约于 1907 年的 4 ~5 月份窜到策勒村，以经商为名掩护其间谍身份。在策勒村，色依提勾结当地富商阿布列孜卡热，与其女儿结婚。阿布列孜卡热的院宅成为黑据点。在那里，他们经常非法关押吊打民众，蹂躏妇女，勒索钱财，无恶不作。色依提在沙俄领事馆授意下，非法发展俄侨。仅有 3000 人的策勒村就发展所谓“俄侨”200 多人，还成立了“俄侨组织”。“俄侨”私置武器，与当地政府对抗，拒绝交租纳税，拒服差役。他们霸占水源、兼并土地、垄断市场，任意剥削压迫当地人民群众。他们不准维吾尔族少年儿童学习汉文汉语，自办经文学校，公开在学校中传播分裂主义思想。

策勒村的广大群众深受色依提之苦，千户长祖木热不愿入俄籍，而且勇敢地与所谓侨民争水，结果遭到色依提一伙毒打；农民肉孜艾合买提也不愿入俄籍，结果被色依提·阿吉一伙非法关押了半个多月，在水渠边吊打。1912 年 2 月，以苏朴尔格为首的 17 名策勒村民到于田县衙控告色依提等人霸占水渠、强迫民众加入俄籍等罪行。色依提得知后，竟然带领一伙所谓“俄侨”骑马闯入县衙门。于田县官员在当地民众支持下，将色依提扣押起来。沙俄驻喀什副领事贝伦斯赶赴于田，迫使于田县衙将色依提转到喀什噶尔去处理。色依提到喀什噶尔以后，立即进入沙俄领事馆，3 个月之后，以人证不齐为由，将其放出

---

〔1〕 杨增新：“电伊犁代表贺家栋从速开议文”，载《补过斋文牍》（乙集二）。

来，又返回策勒村。

色依提·阿吉更加猖狂，当年6月中旬，村民买买提赛义提和杜尔格伯克被他们捆绑在树上毒打。策勒村村民继续到喀什噶尔控告色依提。时逢哥老会首领边永福、魏得喜在喀什噶尔掌权，他们勇敢地站在人民群众一边，支持抗俄斗争，派驻叶尔羌参将、哥老会成员熊高升和赵大胜等人到和田处理色依提案件。

熊高升深知色依提在策勒村所作所为实际上是沙俄领事馆在背后操纵，要制止沙俄的侵略，必须狠狠打击色依提的猖狂气焰。于是，他立即派出5名士兵随当地群众到策勒作进一步调查，自己则于6月21日带领30多名士兵赶到策勒。熊高升的到来，使策勒人民受到鼓舞，群情振奋。色依提则按贝伦斯的指示，将手下百余人全副武装，盘踞在他岳父的高大房院内，屋顶上插起沙俄国旗，宣称“和熊高升开战”。熊高升经过3天的了解与观察，6月24日开始传讯色依提，连续3次传讯皆遭拒绝。被激怒的各族群众团团包围了色依提的据点，人民群众的抗俄斗争怒潮席卷了策勒四乡，历受欺凌的农民纷纷前来参加斗争，很快扩大成三四千人的反侵略队伍，人们“呼声如雷，奋勇争先”，要和色依提一拼到底。熊高升派军士周树棠等3人上前喊话，竟被色依提及其爪牙开枪打死，同时打死群众两人，打伤数人。群众怒不可遏，手持棍棒、砍土镘蜂拥而上，进行自卫还击，当场击毙数名恶棍爪牙，攻下了大院，放火焚烧侵略者盘踞的这座据点，一共击毙和烧死歹徒30名。色依提装成一病弱妇人，与几个心腹挖开后墙乘夜色逃跑。村民们一举捣毁了沙俄非法设立的阿克萨卡尔机构(乡约)，撤办了色依提办的经文学校。这就是震惊中外的策勒村事件。事件发生后，熊高升在于田县发表声明：“承担在策勒村事件的全部责任。”〔1〕

策勒村事件后，沙俄侵略者恼羞成怒，把边、魏领导的民军视为它侵略南疆的绊脚石，公然在喀什噶尔肆无忌惮地“纵令军士佩带枪刀”，横行街市，不断与军民起冲突，对边、魏部下更是“有意挑衅”，“并扬言该军不散，彼国无撤兵之期”。沙俄侵略军在喀什噶尔连续寻衅闹事，以此给杨增新压力，以期撤换边、魏在喀什的领导。8月20日，俄国醉兵无故砍伤民军士兵李福祥，数十名侵略军佩带刀枪，大闹道署。8月27日，俄国骑兵故意用刀戳伤一名维吾尔族市民，不仅不赔礼道歉，反而用炸药轰开喀什噶尔北门，大闹清真寺，公然

〔1〕《马继业在喀什噶尔》，第12章，转引自白振声、［日］鲤渊信一主编：《新疆现代政治社会史略》，中国社会科学出版社1992年版，第52页。

进行武力挑衅。[1]由于南疆各族人民高涨的反帝爱国斗争，迫使沙俄侵略军不得不在1913年10月16日开始撤离喀什噶尔。当时，除哥萨克武装卫队继续留在喀什噶尔以外，约有420名沙俄侵略军离开喀什噶尔，经过该城北门，沿着大道撤退到安集延。

哥老会领导的反帝反封建斗争得到了各族人民的支持和拥护，但却被想实行独裁专政的杨增新视为洪水猛兽。对于沙俄侵略军在喀什噶尔的武力挑衅和野蛮行为，杨增新采取妥协退让的方针。他窃取革命胜利果实后，在屠杀革命党人的同时，又施展各种阴谋手段，依靠他组织的回族部队，对哥老会进行残酷的镇压。他首先采用调遣、勒令返回原籍和直接镇压的手段处理军队中的哥老会首领，然后又枪杀了焉耆、阿克苏、库车、轮台、喀什、于阗、和阗、叶城、若羌、镇西、古城（今奇台）、迪化、绥来（今玛纳斯）、塔城、博尔塔拉等地哥老会的首领。至1919年，在杨增新的血腥镇压下，随着新疆辛亥革命的失败，哥老会在新疆的活动销声匿迹了。由此可见，喀什噶尔起义的失败是中外反动势力共同绞杀的。

总之，南疆哥老会在革命党人的鼓动下，从1912年4月13日起至5月7日止，在阿克苏、焉耆、库车、轮台、巴楚、喀什噶尔等地发生了一系列的戕官事件。特别在戕杀阿克苏道尹陈正源、温宿知府王乃发和焉耆知府张铣、委员马鸿宾以后，冲破了南疆反动势力的封锁，打通了南疆至伊犁的道路。哥老会在戕杀官吏中，夺取枪支弹药，组建民军，执掌军政大权，公开与袁大化对抗，打击了封建统治者的气焰。这些戕官事件，对于那些反动官吏产生极大的威慑力，使他们惶惶不可终日，往日那种为虎作伥、为非作歹的行为不能不有所收敛。[2]同时，在哥老会的领导、支持下，南疆也掀起了反抗沙俄的斗争，有力打击了侵略者的气焰。随着辛亥伊犁革命的发展和清王朝残余势力在新疆的步步溃败，哥老会以戕官运动为特点，在新疆各地掀起波澜壮阔的暴动风潮，沉重地打击了各地的封建统治势力，有力地支援了伊犁革命，成为新疆辛亥革命的重要组成部分。哥老会由一个封建的迷信组织变为革命的、进步的组织，为新疆的近代化，并最终走向地方宪政开辟了道路。

二、国民党与新疆地方政治民主化进程

（一）国民党势力入疆及早期活动

民国初年，国民党便在新疆开始秘密活动，但它的组织并不是在同盟会的

〔1〕 陈慧生、陈超：《民国新疆史》，新疆人民出版社2007年版，第35页。

〔2〕 陈慧生、陈超：《民国新疆史》，新疆人民出版社2007年版，第24页。

基础上发展起来的。辛亥革命前，同盟会在新疆有过活动，主要是在迪化和伊犁地区，迪化和伊犁的武装起义就是由同盟会会员领导的。随着伊犁起义的失败，伊犁同盟会也烟消云散了。所以，中国国民党新疆省党部的建立，与迪化、伊犁同盟会毫无联系。

1912 年 8 月 25 日，中国国民党成立于北京。它的成立，立即在新疆产生了影响。同年，喀什噶尔有人倡导在新疆发展和建立国民党，于阗县知事戴承谟立即响应，并议决全县维吾尔族集体加入国民党。当他将这一倡议禀请杨增新批准时，立即受到杨的"严行驳饬"，令其取消。[1]杨增新鉴于新疆革命党人领导武装起义推翻清朝封建统治的教训，坚决反对在新疆建立任何政党组织。正因为杨的这种态度，国民党在杨主政新疆时始终没有取得合法地位，也没有获得发展。1913 年，新疆选出的参议员和众议员中虽然有人加入了国民党，但都是秘密的，不敢公开进行活动。蒋举清、孔宪瑞、宋国忠、何海涛、李式璠、陈式禄、张瑞、文笃周、袁炳煌等人，就是在这时秘密地加入了国民党。他们在杨增新的高压政策下，没有公开建立组织，大都以个人身份进行秘密活动。直到 1925 年，国民党才在新疆开展党务活动，沙吾提阿吉·尤素甫和定希程（回族）等人秘密潜回新疆，以教育机关为活动中心开展党务工作，宣传三民主义。1926 年 2 月，中国国民党中央委荣耀、白海峰、苏子善等人秘密抵达新疆，奉命筹组国民党省党部，令沙吾提阿吉·尤素甫负责具体党务工作。据统计，当时在新疆有党证的国民党党员仅有 198 人，无党证者 926 人。[2]在杨增新主政期间，他们害怕杨给他们扣上"乱党"的帽子，不敢公开发展组织，活动也极其秘密，以避免遭到杨增新的镇压和迫害。

新疆国民党党员对于杨增新的高压政策甚为不满，在 1928 年进行过倒杨活动。当国民党中央酝酿冯玉祥插手新疆并准备在新疆组建省党部之际，新疆发生了"七七"政变，杨增新政权覆灭，金树仁上台。南京国民党中央鉴于形势的变化，重新考虑在新疆建立组织、开展党务工作的方案，准备在新疆扩展势力，寻找机会掌握新疆政权。

金树仁上台后，看到国民党已在全国取得了领导权，也想利用国民党为自己在新疆确立统治权力服务。这种情形为国民党在新疆开展活动提供了一定的

---

〔1〕 杨增新："咨呈新疆难举办团练文"，载《补过斋文牍》（甲集上）。
〔2〕 张大军：《新疆风暴七十年》（第 5 册），台北兰溪出版社 1980 年版，第 2717 页。

条件，国民党的发展环境较以往有了相当程度的改善，至少在名义上已经合法。[1]当时国民党处于执政党地位，于是决定成立国民党新疆省党部，并以此为开端，发展组织，积蓄力量，最终夺取新疆政权。1928年7月，国民党中央决定在新疆设立省党部指导委员会，但受到金树仁的公开抵制，不得不在这一年的10月撤销这一组织。金树仁借口委员要地方化，拒绝内地派人到新疆来。

为避免给国民党中央以借口，金树仁干脆自行设立省党部，并自命为省党部常务委员，以抵制国民党中央派人到新疆建立省党部的决定。但是，国民党中央以“新疆省党部人员未经中央正式派委”为由，不予承认，企图在组建新疆省党部的过程中安排南京的人当委员，借以用渗透的方式进入政权组织。1929年，国民党中央任命骆美奂等为新疆省党部委员。金树仁以这些人不熟悉新疆情况为借口，拒绝接受，迫使国民党中央撤销成命。1930年，国民党中央未与金树仁商妥，便直接派魏允中来新疆主持党务。可是没过多久，金树仁便借口魏有生活作风问题，将其驱逐出新疆。就这样，金树仁与国民党中央之间明争暗斗，你来我往，直到1931年底，双方认可的国民党新疆省党部也没有正式成立起来，国民党在新疆仅仅是徒有虚名。双方根本症结在于各自都想组织自己的班底，南京企图以新疆国民党省党部为跳板，直接掌握新疆政权；金树仁则把国民党省党部作为御用工具，保住他在新疆的统治地位。因此，双方争夺组建新疆省党部，实质上是在争夺新疆的统治权。[2]

几次较量，双方都未能战胜对方而单独取得新疆省党都的组建权。最后，双方一再磋商，在相互妥协的基础上，提出一个折衷方案。即南京和新疆各自推举四五人组成省党部，由国民党中央任命。1931年7月，南京国民党中央委派新疆省主席金树仁、省府秘书长鲁效祖、财政厅长朱瑞墀、在内地的新疆青年宫碧澄、白毓秀、中央政治学校学生甘肃人李洽、曹启文为新疆省党务特派员，在新疆组党部。哈密农民起义以后，金树仁忙于战事，无暇顾及新疆省党部的党务。南京国民党中央利用这一新的形势，乘机加强国民党在新疆的力量，催促宫碧澄、白毓秀离开南京，取道日本、苏联转至新疆。不久，新疆省党部正式成立。由于金树仁对宫碧澄、白毓秀等人的到来并不欢迎，宫、白二人很难开展工作。

这一时期，国民党在新疆并未控制政权，主要任务是建立党组织，使得组

---

〔1〕 白振声、[日] 鲤渊信一主编：《新疆现代政治社会史略》，中国社会科学出版社1992年版，第19~24页。

〔2〕 陈慧生、陈超：《民国新疆史》，新疆人民出版社2007年版，第232页。

织合法化，然后扩大宣传，争取控制新疆政局。在此过程中，国民党在新疆的活动有助于促进地方宪政发展的活动主要有两项：

第一，关注社会公共事务，用实际行动宣传三民主义，扩大影响。由于当时新疆战事的影响，无法开展党务工作。为解燃眉之急，国民党省党部筹建了慈善会，做了点社会救济的工作，如成立慈善机构、掩埋战争而遗留下来的尸体、设立粥厂、建立医疗站、外县赈济和医疗救护等，以此来笼络人心。这使国民党党务有了一定的发展，省党部的影响迅速扩大。然而，由于局势特殊，1930 年国民党中央执行委员会常务会议通过的所谓《新疆省党务特派员工作纲要》未能得到实施。纲要中所列创办学校、设立报馆及通讯社、举行社会调查、设立图书阅览室、巡回演讲诸项均无法进行。只有介绍党员一项工作略有进展。1933 年 6 月，沙吾提阿吉向国民党中央报告，新疆全省党员数目为 868 人。[1]可以说，金树仁统治时期，国民党力量虽然已在名义上第一次进入新疆，实际上却难以摆脱金树仁的桎梏。

第二，发动群众，起草新政府纲要，企图影响新疆政局。不久，新疆发生“四一二”政变。政变之后，国民党派往新疆的干部宫碧澄等展开工作，以省党部名义出面组织群众，以党务人员身份参与新疆省临时政府。在起草新政府纲领时，加入国民党党纲的内容，以省党部名义举办庆祝新政府成立的游行大会。这些活动扩大了国民党在新疆的影响。当时新疆的不同政治力量，如盛世才、李笑天、陶明樾、陈中等都不时与国民党新疆省党部联系，临时政府主席刘文龙聘请宫碧澄担任临时政府的高等顾问，一时国民党在新疆大有迅速扩展之势，省党部也有招收青年进行培训、替换金树仁委任的各县党务指导委员、加强在青年中的工作等工作计划。但盛世才的上台及其在政治斗争中的得势使这些计划破产，国民党在新疆的发展又一次受到抑制。

无论结果怎样，国民党的势力开始正式进入新疆，新疆第一次有了真正的政党，而这个政党在当时的新疆，相对于金树仁的独裁残暴统治来说，还是比较进步的。因此，在金树仁主新时期，国民党虽然无法参与和控制新疆的政权，但是通过与金氏的斗争，通过对新疆各界进步力量的拉拢和宣传，扩大了国民党在新疆的号召力。同时，通过对民众特别是青年的宣传，越来越多的人主张官吏民选及集会、结社等项自由，使得民主、自由、共和的观念更加深入人心，有力地推动了新疆向民主、地方宪政的迈进。

---

〔1〕 张大军：《新疆风暴七十年》（第 5 册），台北兰溪出版社 1980 年版，第 2722 ~ 2725 页。

（二）国民党直接统治新疆后，对地方政治民主化发展的影响

盛世才上台后，开始走上亲苏的道路，国民党在新疆的活动再次受到打击。1942 年，随着国际风云的变幻，盛世才加快了反苏反共的步伐，公开破坏抗日民族统一战线，投靠蒋介石，国民党才有机会卷土重来，最终导致盛世才在新疆统治的结束。盛下台后，吴忠信、张治中先后代表国民党中央治理新疆，期间国民党为了巩固在新疆的地位，采取了一些积极措施，其中有一些促进了新疆的地方宪政发展。

盛世才反苏反共后，由于盛世才政策的变化，国民党乘机向新疆全方位进军，重点是政治上渗透，关键是军事上控制。国民党利用马步芳与马步青之间的矛盾，派军队进驻河西地区，打通了进入新疆的通道。1943 年，调动 6 个新兵团徒手进疆，交给盛氏训练。9 月，国民党第十八混成旅的两个团进驻哈密。紧接着，国民党又以防止乌斯满率领的哈萨克牧民武装东窜为由，增兵四个师占据各战略要地。这样，国民党军队便堂而皇之地进驻哈密、镇西（今巴里坤）、奇台、迪化一线以及阿山区的大布逊的乌伦古河等地，为在军事上全面控制新疆作准备。与此同时，在政治上，国民党一面派大员与盛世才频繁接触，采取封官拉拢等手段，让盛死心塌地反苏反共到底。如派国民党第八战区司令长官朱绍良先后 5 次出关到迪化，与盛世才谈判具体条件。1942 年 8 月，蒋介石又派宋美龄、吴忠信、朱绍良飞抵迪化，进一步笼络、安抚盛世才。盛世才再次表示“效忠党国”，绝对服从蒋介石。至此，盛世才开始走上投靠国民党的道路。

盛世才在与国民党争夺控制新疆的政权斗争中失败，不得不服从国民党的安排离开新疆，新疆从此进入国民党直接统治时期。盛世才离新后，1944 年 10 月，由主持处理边疆地区事务多年的吴忠信出任疆省政府主席，开始主持新疆政务。但由于其上任时期爆发了反抗盛世才和国民党政府暴政、争取民族解放的大规模武装斗争“三区革命”，并取得了政治、军事上的巨大胜利，成立了三区革命政权。三区革命部队的节节胜利，导致吴将主要精力放在了军事上，所以这一时期，国民党的党务工作没有大的进展。随后，军事斗争的失败导致吴忠信下台，张治中开始主新。

为了有效地控制新疆，国民党还策划向新疆派遣外交、党务、政务、军事、特工、金融、文教等各类人员，以期成为国民党控制新疆、进而取代盛世才势力的骨干力量。由此采取了一系列措施：

第一，安插人员，培养骨干，从组织上控制新疆。1942 年底，国民党在“开发大西北”的幌子下，引诱大批知识青年效法张骞、班超到新疆去，献身党

国。国民党组织部组织了一批又一批国民党党员进疆，并在各机关各部门担任职务。随着国民党各类人员源源不断进入新疆，重建国民党新疆省党部无疑成为国民党图谋新疆的一大要政。然而，在人选问题上，既要稳住盛世才，又要控制新疆局面，真是煞费苦心。最后确定：委任盛世才为国民党新疆省执行委员会主任委员。委员有黄如今、洪轨、张大同、于振瀛、林伯雅、张志智。后因洪轨、张大同另有任用，未到职，又改派童世荃、凌纯声就任，但凌纯声也未到。黄如今任书记长。国民党新疆省党部的重建，意味着新疆政治局势进入一个新的历史阶段，表明国民党在新疆的党务活动有了基地。1943 年 1 月，国民党新疆省党部重新建立。1 月 22 日，国民党新疆军队中成立特别党部，盛世才兼任特派员，盛的妻弟邱毓熊兼任书记长。此后，立即大力招兵买马。新疆省党部组织南北疆两路视察团，南疆以梁寒操为首，北疆以黄如今为首，跑遍全疆，尽力宣传三民主义。各地接到盛的指示，对这帮大员给予盛情欢迎和接待。最初，省党部只有 40 余人，后来编制逐渐增加。国民党力图通过发展党员和建立各级组织来控制新疆，仅 1943 年就发展党员 7224 名。发展对象主要是公务员、青年学生、教员，还有商人和其他阶层的人员。这一年的 6 ~ 8 月，共成立县党部 31 个。全年成立区党部 84 个，区分部 461 个，小组 808 个。[1]

同年 3 月，国民党国防最高委员会决议成立监督新疆政务的机构——新疆省监察使署。任命原中央大学校长罗家伦为监察使，王籍田为监察副使。4 月，国民党在迪化成立中央训练新疆分团，以培养反动党团骨干。封盛世才为主任，黄如今任副主任兼训练委员会主任委员，盛世骥为教育长，徐观余任副教育长，何耿光任办公室主任。中训团新疆分团前后举办训练班十期，训练了数以千计的人员。仅在当年，他们就举办了三期训练班，培训人员 580 余名。受训人员大部分被充实到国民党各级党部，成为蒋介石在组织上控制新疆的骨干力量。此外，国民党中央先后抽调一批新疆官员到重庆中训团受训，以培养新疆高级军政干部。盛世骥、邱毓熊以及“十大博士”中的程东白、何耿光、宋念慈等都曾先后赴重庆受训。

第二，严密控制意识形态，在思想上控制新疆各族人民。在文化思想领域，大肆传播国民党的宗旨、党义，宣扬蒋介石的反苏反共法西斯言论。他们控制宣传出版机构，用汉、维、俄等文字大量刊印宣扬国民党所谓党义的各类书籍 16 种共 12.65 万册。不惜工本，大量翻印蒋介石的《中国之命运》等反动著作以及有关国民党党义等方面的书籍。新疆省党部和边防督署特别党部成立时，

---

〔1〕 陈慧生、陈超：《民国新疆史》，新疆人民出版社 2007 年版，第 378 页。

出版特刊7种，印7400余册，进行反苏反共宣传，要人们绝对服从蒋介石，对“党国”和“领袖”尽“忠”、尽“孝”。1943年11月，国民党省党部在新疆推行所谓的“新生活运动”，在机关、团体、学校中强制进行封建买办法西斯教育。1943年4月12日创办《新新疆》月刊、《新疆妇女》等杂志。《新新疆》第一期印1万册，后来各期印4000～5000册。同时，对进步书籍进行查禁，经过他们审查的332种图书中有71种被查禁。具有讽刺意义的是，连盛世才引以为荣的《六大政策教程》也在封存之列。对进步戏剧、进步电影也不放过，有12个剧本、22部电影被禁演。

第三，建立新疆三民主义青年团。这是为了与三区革命政府领导的“东突厥斯坦革命青年团”相抗衡而成立的发动、争取青年支持的组织。

在与封建集权专制斗争、争取民族解放的过程中，三区方面非常重视青年工作，1945年12月15日在伊宁成立了“东突厥斯坦革命青年团”，制定了《东土耳其斯坦革命青年团组织暂行章程》共5章54条，包括总则、任务、入团手续、权利和义务、纪律、组织等项。章程第1条是：“东土耳其斯坦革命青年团是联合凡生存在东土耳其斯坦之青年，使之养成民主精神，为东土耳其斯坦人民光荣前进，及发展优秀知能为最高目的而奋斗。”第2条是：“东土耳其斯坦革命青年团是一种政治团体，他站在民主最前线独立行动。”团中央主席是赛甫拉也夫，委员有：阿巴索夫、赛福鼎、安尼瓦尔·汗巴巴、阿布都拉·扎克洛夫、玉素甫、乃比江等人。不久，在塔城、阿山各县相继成立了下属组织，组织机构很健全。团中央发行《战斗》杂志。新疆联合省政府成立后，东土耳其斯坦革命青年团的活动又延伸到国民党统治的七区——迪化、喀什、阿克苏、和田、哈密、莎车、焉耆，以迪化，喀什两地的组织最活跃。

《和平条款》签订以后，三区为了将革命扩大到全疆，充分发挥了“东突厥斯坦革命青年团”的作用。在省城迪化，阿合买提江改组维文会，使该组织成为三区革命的一个阵地，数千名维、哈族青年在三区革命的影响下，经常集会游行，向政府请愿，矛头直指国民党的独裁统治。在喀什噶尔，由于得到专员阿布都克日木·买合苏木的支持，“东突厥斯坦革命青年团”很快发展到几千人，活动频繁，举行集会示威游行。吐鲁番县长阿布都热合满是由阿合买提江提名而当选的，他支持三区革命，因此，吐鲁番、鄯善、托克逊等地区的“东突厥斯坦革命青年团”也很快发展起来，他们秘密活动，作武装暴动的准备。吐、鄯、托暴动终于爆发了。

为了与三区“东突厥斯坦革命青年团”相抗衡，防止七区的青年倾向革命，1946年7月，张治中、宋希濂共同策划成立“三民主义青年新疆分团筹备处”

(简称“三青团新疆分团筹备处”),并会同艾沙内定了全部干事名单:[1]干事长艾沙。书记张名权。干事:梁客浔、汪洛生、陈力、李帆群、成吉思汗(维)、穆提义(维)、帕哈提(维)、阿哈孜(哈)等20余名。下设组织组、宣传组、总务组、会计组。三青团新疆分团筹备处一开始就分两派:一是以梁客浔(新疆警备总司令部政工处长)、汪洛生、陈力(中央军校第九分校秘书)、李帆群(《新疆日报》副总编辑)为首的反对三区革命的强硬派,他们反对张治中对三区的妥协政策,拥护宋希濂的主战政策;另一派是以艾沙为首的大土耳其主义派,他们与麦斯武德、穆罕默德·伊敏等人的观点一致,仇视苏联,反对搞阶级斗争,反对三区革命,反对汉人统治,主张在中国范围内高度自治。这部分人的政治主张与国民党有矛盾,但在反苏、反三区革命这点上是一致的。

“三青团新疆分团筹备处”成立后,组织了服务社,替人“代笔”、“问事”、“洗衣”以及介绍工作等;还放映电影、演出歌舞节目,目的就是为了吸引青年、争夺青年。由于艾沙等不听指挥,一直想将该组织办成为其宣扬大土耳其主义思想的工具,引起国民党当局的不满。1947年9月,“三青团新疆分团筹备处”被撤销,一部分人被并入国民新疆省党部。艾沙成为省党部副主任委员。在省党部内又立了“青年运动委员会”,争夺青年的活动仍在进行。

虽然新疆三青团的建立是为了对抗三区革命的发展,笼络、欺骗青年,但是客观上,作为国民党预备队的三青团使得新疆青年有了自己的组织和活动平台。三民主义在青年中的广泛传播,极大地促进了新疆各民族青年对资产阶级民主政治的认识和理解,为民主、自由、平等、权利等理念的传播打下了基础,为新疆最终走向真正的地方宪政起了宣传作用。

第二节　共产党在新疆地方政治民主化演进中的作用

一、苏联援助时期联共对新疆地方政治民主化的促进

盛世才上台后,依靠苏联的力量击败了潜在对手张培元、马仲英,为了巩固自己的统治,邀请苏联派党员来新疆工作。20世纪30年代,受共产国际的派遣,俞秀松、赵实、任岳等一批联共党员到新疆工作,被盛世才委以重任,先后成为政府各个部门的骨干力量。如张义吾先后任新疆保安局副局长、新疆省

[1] 李帆群:“新疆‘三青团’的成立与结束”,载新疆文史资料委员会编:《新疆文史资料选辑》(第1辑),新疆人民出版社1979年版,第120页。

公安管理处处长，刘贤臣（任岳）任新疆保安总局副局长，俞秀松任反帝会秘书长兼新疆学院院长，赵实（王宝乾）先后任县长、行政长、《新疆日报》社社长兼外交署署长等。[1]他们大部分原先是中共党员，他们在新疆的革命活动，应视为中共党人在新疆革命活动的一部分。这批共产党人在新疆帮助盛世才制定了反帝、亲苏、民平（民族平等）、清廉、和平、建设六大政策。

盛世才最早在省政府发表的宣言书中的施政方略为“八大宣言”：①实行民族平等；②保障信教自由；③实施农村救济；④整理财政；⑤澄清吏治；⑥扩充教育；⑦推行自治；⑧改良司法。八大宣言在当时虽无多大理论色彩，只是具体改良措施，但与其前任杨、金时代比，仍不失为一个进步的改良纲领。[2]抛开盛世才后来反动独裁、镇压进步人士，仅就宣言而言，同杨、金的政策相比，显然是具有革命性的。1935 年，盛世才又提出了一个新的九项任务：①彻底厉行清廉；②发展经济和提高文化；③避免战争维护和平；④全省动员努力春耕；⑤便利交通；⑥保持新疆永久为中国领土；⑦反帝反法西斯和永久维持中苏亲善政策；⑧建设新新疆；⑨绝对保护各族王公、阿訇、喇嘛等的地位和权利。九项任务可以说是八大宣言的补充和发展。盛世才在《政府目前的任务》中透露，此书由何语竹、张义吾、徐廉、郎道衡、王立祥、刘佛吾、周春晖诸君校阅过。其中张义吾、王立祥是共产党员，这表明盛氏政策的制定已经受到共产党人和进步人士的影响。

“六大政策”从八大宣言和九项任务发展而来。1934 年盛氏击败马仲英部，开始走向建设阶段，提出反帝、和平、建设；1935 年依靠苏联日益紧密，乃又加上亲苏、清廉，下半年出现“六大政策”的名词。1935 年春，俞秀松等联共党员到新疆后，帮助盛世才制定出“六大政策”中的五项：反帝、和平、清廉、建设、亲苏。次年4 月，盛世才写《六大政策教程》，将民族平等表述为民平。“六大政策”作为盛世才政权的政治方针正式概括形成。

“六大政策”在新疆产生了一些效果。反帝、亲苏有明显举措，影响很大。为体现民族平等，和加尼牙孜（维吾尔族）担任省政府副主席，政府机关包括正副厅级和地方行政长，均有民族人士担任。成立“新疆民众联合会”，处理民族之间的问题，由民族人士担任联合会的委员长。提倡民族文化教育事业，在迪化成立维、哈、柯、蒙、锡伯、索伦（达斡尔）、满等民族的文化促进会，

---

〔1〕 张大军：《新疆风暴七十年》（第 7 册），台北兰溪出版社 1980 年版，第 3706 ~ 3707 页。

〔2〕 白振声、［日］鲤渊信一主编：《新疆现代政治社会史略》，中国社会科学出版社 1992 年版，第 253 页。

“选拔有力量的民族人物或宗教家担任会长”。教育方面，创设民族学校或在学校中增设民族班。现有民族的称谓，如维吾尔族、柯尔克孜族、塔塔尔族、塔吉克族等族的名称，均是这个时期确定下来采用上述文字表述的。为监督政府官员清廉，当时制定了惩罚官吏贪污条例12条，惩办了一批贪官污吏，如枪毙吃空额的权团长，贪污的呼图壁县长徐文彬、孚远（吉木萨尔）县长吴振邦、库车县政局长骆祥等数十人均受到惩处，在社会上引起震动。

“六大政策”是盛世才为了标榜政治进步，在联共的帮助下制定的，在当时是进步的，它反映了新疆各族人民的愿望，有利于新疆政治局势的稳定，有利于新疆社会经济和文化的发展，有利于各族人民的团结进步，有利于维护国家的统一，因此受到新疆各族人民的拥护。“六大政策”的实行，促使盛世才与苏联形成联盟，为后来盛世才与中国共产党结成抗日民族统一战线，为抗日战争爆发后新疆成为苏联援助中国以及共产国际与中国共产党联系的交通要道奠定了基础。

二、抗战时期中共对新疆地方政治民主化的影响

抗日战争爆发后，新疆成为全国抗战的大后方。盛世才以进步面孔出现在政治舞台上，制定六大政策后，1936年7月中旬又发表了七项救国纲领：①必须团结全国各族各界同胞一心一德精诚团结以救中国；②必须停止内战，以最坚决的斗争反对侵略与瓜分中国；③全国各族各界同胞必须与一切汉奸作坚决的斗争；④对帝国主义必须抛弃不抵抗政策，而采取最坚决强硬之外交政策；⑤必须与外来之经济侵略及走私运货作坚决之斗争；⑥必须用一切力量发展本国经济与农工商业；⑦必须遵照孙中山先生遗嘱，联合世界上以平等待我之民族，共同奋斗，以救中国之危亡。“六大政策”和“七项救国纲领”成为中共与盛世才政府建立抗日民族统一战线的基础。

（一）抗日民族统一战线在新疆的建立

1937年4月，中共派陈云、滕代远等从苏联进入新疆迎接西路军左支队，这是在新疆建立抗日民族统一战线的开端。1936年10月下旬，中国工农红军四方面军一部两万余人，奉中共中央军委命令西渡黄河执行宁夏战役计划。11月上旬，原计划变更，渡河部队奉命组建西路军。这支部队在极端困难的情况下孤军奋战4个多月，歼敌两万余人。终因寡不敌众，于1937年3月失败，左支队继续艰苦奋战，最后剩400余人遵照中央指示进入新疆。陈云以中共代表身份通过苏联与盛世才建立了联系。盛世才同意西路军左支队进新疆。同年5月1日，陈云、滕代远等到达新疆甘肃边界星星峡慰问和迎接历尽千辛万苦、战后余生的西路军指战员。西路军左支队到达迪化后经过整编后成立总支队，对外

称“新兵营”，下辖四个大队和直属大队，随即开始学习文化和军事技术。

同年10月，周小舟以中央军委联络员身份到新疆。周小舟等与盛世才协商后达成协议，中国共产党在新疆建立八路军办事处，地址在迪化南梁（今乌鲁木齐市胜利路2巷1号），对外称“南第三招待所”。中共驻新疆八路军办事处的建立，标志着新疆抗日民族统一战线的正式形成。中共驻新疆的党代表领导“新兵营”和主持八路军办事处的工作，首任党代表是陈云（化名施平）、滕代远（化名李光）；第二任是邓发（化名方林）；第三任是陈潭秋（化名徐杰）。抗战时期，新疆八路军办事处担负着重要的接待任务。从新疆通往苏联是一条红色交通线，共产国际、中共人员以及共产党国际要人均利用这条国际通道进行往来。从1938年2月至1941年5月，中共领导人周恩来、任弼时、王稼祥、邓颖超、博古等数十人；越共主席胡志明、日共主席野坂参三等，都是通过这条路线前往苏联的。苏共支援中共的军用物资、马列主义书籍也全是经过新疆运送的。

建立抗日民族统一战线之后，应盛世才邀请，中共干部分批进入新疆开展工作，大概可分为四种方式：①一部分是从“新兵营”抽调出来的，如汪小川、黄火青等；②一部分是去苏联或从苏联返回时留下的，如毛泽民、方志纯等；③多数是从延安抗日军政大学和陕北公学抽调的。从延安共抽调两批：第一批28人，由彭加伦、陈坦带队，1938年春从延安出发，除少数几人乘飞机先期到达，多数乘汽车于5月中旬到达；第二批23人，由曹建培、郑亦胜、高登榜领队，于同年11月中旬到达；④还有一部分是到迪化养病的伤病员或家属。在迪化工作的中共干部和家属总计有160余名。盛世才既要中共干部为他工作，又惧怕共产党人的影响，分配工作前均要填写表格，并有附加限制，几乎所有干部都要隐瞒真实姓名，更不能填写是从延安来的。工作主要分配在行政、财政、民政、教育、文化、新闻等部门。许多人担任了领导职务，也有分配到部队中任职的。鉴于新疆区情的特殊性，中共干部在新疆工作实行不宣传共产主义、不发展党组织、不公开党员身份的“三不”原则。

中共干部在的新疆工作方针是：帮助盛世才执行六大政策，巩固六大政策政权，保证国际交通线的畅通，推动新疆社会前进，发展新疆抗日民族统一战线，支援抗战。中共干部在各自岗位上努力工作，凡是由中共干部主持工作的部门均面貌一新，成绩卓著。第三任党代表陈潭秋要求在新疆工作的干部彻底执行六大政策，他认为六大政策的胜利“也就是我们在新疆工作的胜利”[1]。

---

〔1〕 新疆冤狱始末编写组：《新疆冤狱始末》，中国青年出版社1990年版，第32～33页。

（二）中共党员促进新疆经济、社会民主的努力

1938年2月1日，前往苏联治病的毛泽民途经新疆到达迪化，应盛世才请求，经中共中央批准留在新疆工作，化名周彬，任财政厅副厅长。先后分配到新疆财政系统工作的中共干部还有高登榜、蒋连穆、郑亦胜、钱春申等十余名。毛泽民曾在中央苏区担任过经济部长、国家银行行长等职务，有丰富的财政工作经验。当时，新疆财政危机严重，盛世才政权滥发纸币，货币贬值达百倍，欠负大批债务。毛泽民上任后，立即着手改革新疆财政。

1. 财政方面的改革。

（1）制定财政政策。毛泽民主持制定了“发展经济，巩固税源、增加收入、保障支出、量入为出，争取收支平衡”的财政工作方针。5月，创办了财经学校，为新疆培养财经人才。

（2）改革银行系统。7月，和新疆省银行行长张宏舆联名呈文，请求将省银行改为官商合办的银行，目的是吸收民间资金，为新疆的建设和抗战救国作出贡献。此呈请被当局核准。1939年1月1日，省商业银行正式成立，总资额500万元大洋，官股占60%，商股占40%。商业银行稳定了金融，促进了新疆工、农、牧、商发展。为发展农业生产，毛泽民从财政经费中拨款借贷给农民购买种子、农具等。并向苏联购买了大量农机具，供农场和农民使用。

（3）改革财政系统。毛泽民主持制定了《新疆省财政厅组织暂行条例》，在8个行政区设立由财政厅直接管辖的财政局，其职权有开发资源、整理田赋及契税等八项。

（4）改革币制。1939年2月1日正式发行新币，废除旧币，改为元、角、分制，新币面额有10元、5元、3元、1元、5角、2角、1角、5分、3分、1分共10种，首期发行2000万元，以黄金白银等储备作为担保，确保新币信誉。新币的发行使新疆币制得以统一。

（5）改革税收体系。在税收方面，加强管理，健全机构，提出：取之于民，用之于民，堵塞偷漏、贪污等漏洞。毛泽民主持新疆财政工作三年多时间，新疆的财政金融发生了较大变化，为新疆的经济建设作出了贡献。

（6）基层行政制度的改革。1941年7月，毛泽民调任民政厅代厅长，主持制订了《新疆省区村制组织章程》，规定在县以下设区、村两级组织，正副区、村长通过选举产生。清代沿袭的农官乡约、千百户、锡伯察哈尔营等行政制度均由区村制代替。这是对新疆行政制度的一次重大改革。可惜这次改革因为盛世才对共产党人的迫害而未能彻底实施，致使南疆地区临近解放时还保留着千户百户长制。

2. 教育方面的革新。分配搞教育工作的中共干部有徐孟秋、林基路等20余人，其中有朱旦华、陈谷音等一批女青年。他们致力于新疆教育事业的发展，做了大量工作，如健全教育机构、力争教育经费的投入、促进社会各个阶层捐资助学兴办学校、培养师资提高教师素质、积极编译出版各种教材、发展社会教育等。据统计，1938年有学校（包括公立学校和会立学校）1757所，学生36 490人；1942年学校增至2463所，学生增加至271 100人。还有民办学校846所，学生14 690人。[1]林基路、郭春则分别担任过新疆学院的正副教务长。林基路倡导"教用合一"的教学方针，整顿校风，制定"团结、紧张、质朴、活泼"八字校训，以"生活革命化"整顿校风。学院开设马列主义革命理论课程，如《中国革命史》、《世界革命史》、《辩证唯物论》、《政治经济学》、《社会发展史》，等等。同时对学生进行人生观、世界观、思想情操方面的教育。在共产党人和进步教员的培养和影响下，新疆学院一批有志青年学生很快成长起来，走上革命道路。如阿巴索夫后来成为新疆三区命主要领导人之一。

3. 新闻出版业对新疆社会进步的推动。汪小川、李宗林等10余名中共干部在新疆日报社负责采稿、编审、出版等工作。报社人员构成比较复杂，有当地各族职工，有来自苏联的联共党员，有东北义勇军退伍军人，还有盛世才保安部门暗中派遣的密探。中共干部以自身的模范行动团结周围进步力量，努力办好报纸，为抗日救国大造舆论。当时，《新疆日报》大量报道来自延安的红色电讯、刊登了中共领导人毛泽东、朱德、周恩来的多篇文章，"皖南事变"后，《新疆日报》发表了题为"新四军皖南部队惨被围歼真相"长篇报道，揭露国民党反动派破坏抗日的罪行。《新疆日报》用汉、维吾尔、哈萨克、蒙古几种文字传播进步思想，动员各族人民抗日救国，影响很大。《新疆日报》对抗日救国、马列主义的宣传，无论在形式内容、数量质量方面，在全国（除共产党的根据地外）也是罕见的。

出版方面，报社印刷厂翻印了毛泽东著《论持久战》、《新民主主义论》等；沈志远著《社会科学常识讲话》、许涤新著《经济学讲话》、张仲实译著《新哲学讲话》以及《中国近代革命运动史》等。《反帝战线》、《新疆青年》、《新疆妇女》、《新疆文艺》、《新芒》等刊物也由报社印刷厂承印。当时迪化书店里可以购买到《资本论》、《帝国主义论》、《列宁选集》、《大众哲学》、《新哲学读本》、《大众资本论》、《社会科学基本教程》、《马克思传》等书籍。中共人员在新疆对马克思列宁主义的传播是广泛的。在抗日救国的宣传中，中共人员起了

〔1〕 陈慧生、陈超：《民国新疆史》，新疆人民出版社2007年版，第335页。

主要作用。通过“新疆文化协会”、“新疆实验剧团”等社团组织，用文学艺术形式宣传抗日救国，收到良好的效果。

4. 依靠反帝会发动群众支持抗战。新疆反帝联合会（简称反帝会），原为官办群众性政治组织，经过改组，实际上成了一个反帝统一战线组织。1938 年 1 月，中共党员黄火青（化名黄民孚）由“新兵营”抽调任反帝总会秘书长。反帝会把巩固和建设抗战大后方、保护国际交通线、组织和训练广大民众、尽一切可能援助前线作为当时的总任务。新疆妇女协会于 1938 年第二次改组，中共妇女干部参加了协会工作。反帝会、妇女协会以及成立于 1937 年 9 月的新疆抗日救国后援会，共同面向全疆各族人民，动员各族各界为抗日前线捐款、捐物、捐寒衣、献金、写慰问信等。在募捐活动中，出现过许多非常感人的事迹。1938 年冬，有 10 万封由各族人民用各种文字写成的慰问信送到抗日前线的战壕和山林中，激励着战士们奋勇杀敌。1939 年 8 月 24 日，新疆各族人民捐款购买了 10 架战斗机，命名为“新疆号”送往前线参加武汉保卫战。1940 年，全疆募集抗日救国款现金 200 余万元[1]。

抗日战争时期，新疆成为抗战大后方。新疆有通往苏联、印度、阿富汗等国的国际交通线。在中共人员努力下，保证了国际交通线的畅通，国际援华物资源源不断经过新疆运往抗日前线。1937 年始，在一年多时间内，通过新疆运送来自苏联的抗战物资共 6000 吨：有飞机 904 架（其中轰炸机 118 架）、坦克 82 辆、汽车 1526 辆、牵引车 24 辆、大炮 1190 门、轻重机枪 9720 挺、步枪 5 万枝、步枪子弹 16 700 万发、机枪子弹 1700 万发、炸弹 31 100 枚、炮弹 187 万多发、飞机发动机 21 台以及飞机全套备用零件、汽油等[2]。经过新疆到中国支援抗日战争的苏联飞行员有 2000 多人。1940 年 10 月，又有 300 多辆汽车的抗战物资经过新疆运往抗日前线。

新疆为中国共产党领导的抗日前线培养了一批军事人才。西路军左支队成立总支队后，利用盛世才军官学校的设备和师资条件进行培训。学习的兵种和名额分别为：汽车兵 67 人、坦克兵 50 人、炮兵 87 人、无线电兵 34 人、空军 24 人，还有军医、兽医 11 人。由于前线急需，学习无线电的 29 人于 1938 年提前返回延安。其他兵种人员（除航空队 20 余人留在新疆后来被盛世才投入监狱外）共 360 人于 1942 年 2 月全部返回延安，成为人民军队的技术骨干。

抗战时期新疆各族人民的爱国热情高涨，是同中国共产党与新疆当局建立

〔1〕 新疆社会科学院历史研究所编：《新疆简史》（第 3 册），新疆人民版社 1987 年版，第 286 页。

〔2〕 苗普生、田卫疆编：《新疆史纲》，新疆人民出版社 2004 年版，第 431 页。

了抗日民族统一战线的功绩分不开的。中共在新疆建立的统一战线属全国抗日民族统一战线的一部分。就中共的领导地位而言，当时中共在新疆不仅掌握着反帝会从总会到基层、从省府到边远地区各级组织的实际权力，而且拥有省府各机关单位以及专区地县的部分权力，从而可以有效地组织各族群众声援全国抗日战争。其热情和规模曾被内地人民亲切称为“第二延安”，正因为新疆很早实现了中国共产党的抗日民族统一战线，才能为抗战胜利作出特殊贡献。

由于共产党员的出色工作，影响不断扩大，使独裁专制的盛世才感到非常恐惧。从1937年起，盛世才反苏反共，投向国民党怀抱，开始大规模的清洗活动。盛世才炮制了一系列“阴谋暴动案”，大批共产党员、联共党员、进步人士遭到迫害，牵连的无辜受害者更是数以万计。杜重远、陈潭秋、毛泽民、林路基等人被秘密杀害。中共中央为营救在新中共人员曾多次向重庆交涉，但蒋介石置之不理。直到张治中主新后，1946年7月，131名中共人员（包括家属）才回到延安。

中共党员的努力不仅极大地支持了抗战，而且通过对新疆经济民主、社会民主的推进，使得民主、平等、解放、自由、共产主义等民主宪政思想得到广泛传播，为进一步推进新疆的地方宪政发展提供了思想保障。此后三区革命的发展与这一时期中共党员的努力是分不开的。

第七章

民国时期宪法在新疆地方实践历程评析

综前所述，民国时期，中央政府与新疆地方之间一直进行着控制与反控制的斗争，同时又存在着大量密切的合作关系。即使有外国势力的干涉、侵略，甚至曾一度扶植分裂分子成立所谓的“东突厥斯坦伊斯兰共和国”，但新疆始终没有脱离中国，是统一的多民族国家的有机组成部分。这再次证明了新疆是中国神圣领土的不可分割的一部分，任何人和任何势力的任何企图都是徒劳。这是新疆人民最终做出的正确的选择，历史上如此，民国如此，将来也必定如此。这是研究民国新疆地方宪政的前提与基石。

第一节　民国宪法在新疆实践的特点

从民国时期新疆省的地方宪政的发展演变来看，主要有以下几方面特点：

第一，民国时期，新疆始终与中央政府保持着隶属关系，始终都是中国不可分割的一部分，新疆地方与中央政府关系的亲疏远近与同时期中央政府的实力强弱呈现一种正相关关系。即中央政府实力强大时，新疆地方政府对中央的依从度就比较高，彼此的关系就更为紧密；相反，当中央政府的实力衰微时，彼此之间的关系就较为松散。之所以呈现这样的特点，是由新疆独特的地缘政治条件所决定的，即新疆位于祖国西北边陲，多民族、多种宗教文化在此碰撞交汇，并且外国势力染指横行，分裂势力长期存在。

无论是历史上还是民国期间，新疆都是中国不可分割的一部分。中央与新疆地方的关系在不同的历史时期有不同的表现形式：从最初西汉时期的督统治理，唐、元、明时期的羁縻治理至清初的军府治理，再到清末的建省治理。[1]到清末民初时，行省的建制与内地其他省份基本保持一致，新疆已成为中国不可分割的一部分。随着治理方式的不同，新疆与中央的关系越来越密切，而且逐渐向规范化、制度化方向发展。

然而，随着清末民初中央权威及财力的衰微，特别是辛亥革命在全国的爆发，内地动荡不安，中央既无暇西顾，又无实力支援新疆，导致严重依靠中央协饷的新疆“被迫”与中央关系日渐疏远，只能自谋出路，这样就为军阀割据创造了条件。新疆与中央的关系由此发生了时代性变化。从民国时期来看，不论是杨增新时期的“认庙不认神”，民国政府对新疆的权力只是“一种象征意义的存在”；还是金树仁时期的“阳奉阴违”，国民党活动名义上的合法；到盛世才主新后的“政治变色龙”时代等等，历届军阀统治者都遵循了杨增新的策略，只追求做“新疆王”，维护其独裁专制统治，但绝不搞分裂。这是军阀统治者获得统治的合法性前提，同时也是历史发展及新疆人民选择的结果。综观新疆地方与中央的关系的演变，可以总结出一条规律，那就是当中央政府实力强大时，中央对新疆的实际控制能力较强时，双方的关系就紧密；中央政府的势力衰弱时，对新疆的实际控制力就衰微，割据就得以形成，则中央的政令就难以贯彻。

究其原因，如前所述，新疆作为中国的西部边陲，在与中央政府的关系上既有共性又有特殊性。其共性表现为作为中国的一个西部边省，与内地其他省份一样，基本上保持着对中央政府的隶属关系；其特殊性则是新疆特殊的地理、文化、民族、宗教、政治环境造成了这种格局。新疆地处遥远西陲，与内地相距甚远，交通不便，信息闭塞，民国时战乱频仍，更使得与内地及中央联系受阻；新疆又是多民族、多宗教共存的省份，民族关系复杂，各民族宗教、文化差异较大，给中央的有效治理带来了很多的困难；新疆又是我国和其他国家接壤最多的省份，而且其中不乏强国，如沙俄（苏联）、英国殖民地印度等。加之新疆各种自然资源丰富，强国无不垂涎欲滴，随时都想控制与干涉新疆事务。在此情况下，中央政府的实力强弱直接影响着新疆与中央的关系的演变。

---

〔1〕 详见马大正等：《新疆史鉴》，新疆人民出版社2006年版，第3～123页。

第二，民国时期，新疆地方与中央地方宪政模式的演进经历了一个过程：清末民初中央集权的崩溃—新疆地方分权的扩大—中央集权的种种努力—国民党直接控制新疆后中央的弱势集权，呈现为中央与新疆地方控制与反控制、彼此力量博弈的一个过程。双方的关系发展表现为不稳定性及多变性。清末民初，传统的中央集权制崩溃，地方势力坐大，并且随着国内外政治形势的变化，中央与地方关系的演变处于一种动荡的状态中。伴随着西方的各种观念与制度的引进与植入，与中国传统的中央集权观念和制度交错影响，使得当时的领导阶层和有识之士不得不重新审视中央与地方关系。统治者的观念也处于不断的变化与调适中，随之而来的就是每一届中央政府的组织体制也不断变换，地方政府的治理政策也极不稳定，往往随政治形势的变化而变化。就中央与新疆地方的关系来看，中央一直努力重新掌控对新疆的治权，而新疆地方政府一方面坚守国家的统一，与各种分裂势力作斗争，另一方面一直防止中央对其政局加以干涉与控制。双方的斗争是在国家统一的前提下展开的，双方的关系是即斗争又妥协，处于一种十分微妙的状态。

中央方面表现为：清末，随着清廷的日益衰弱，中央权威尽失，地方势力逐渐主导政局，传统的中央集权崩溃。民国成立后，袁世凯统治时期又开始采取各种措施企图加强中央集权，为了抵御外患，建立中央权威获得民众的认同，并取得了一些成果。但袁氏企图恢复帝制，使得民众对中央集权有所警惕，又走向了分权；袁氏后，出现北洋军阀混战时期，没有一种力量强大到足以统一全国，形成了军阀割据、地方势力强大的局面，地方分权的格局得以形成；国民党靠武力北伐成功，与地方军阀达成妥协，形式上统一了全国，建立了政权统治。这一时期，有个名义上的中央政府，又逐渐加强了中央集权，特别是在抗日战争时期。但国民党统治时期内部并不统一，被学者称为新军阀时期，国民党并不能完全控制各地方，可以说，中央与地方关系仍然不稳定。

而作为地方的新疆本身的政局亦不稳定，而且随着主新的军阀更替，其处理与中央关系的政策也不同，但宗旨都是一方面要获得统治权的合法性，另一方面又要防止中央势力对新疆治权的干涉，实现嘉峪关外唯我独尊。中央与新疆地方政府双方机构、制度变化较大，双方的关系呈不稳定状态。杨增新上台，标志着新疆军阀割据的形成。杨上台初期，正是袁世凯政府时期，杨对袁氏是真心拥护的，对其各种措施、主张都积极支持。但同内地的军阀一样，杨氏同样要避免中央对新疆内政插手。只有有利于杨氏统治需要的政令才能在新疆得以贯彻。杨氏在新疆安然做起了“新疆王”。这一时期，新疆与中央关系主要体现在外交及重要官吏的任命方面，在反对沙俄侵略、干涉时，杨氏与中央是一致的，官吏的任命求助于中央，是为了其统治合法性的需要。其他内政一概自己决定。此后的金树仁、盛世才基本延续了杨氏处理新疆与中央地方的政策。金树仁主政新疆后，由于急需获得国民党政府的合法性任命，积极向后者靠拢，但又极力防止国民党势力控制政局，使得国民党虽在新疆取得了合法性地位，但无所作为。盛氏主新后，一方面为获得统治的合法性有求于中央，但其又无力统一当时战乱的新疆，同样是为了维护其统治，投靠苏联消灭了竞争对手。然后开始疏远与中央的关系。但后来随着国际国内形势的发展，又开始转向服从中央，使得新疆与中央的关系达到民国时期最高点，为国民党政府直接控制新疆创造了条件。

从整个民国时期来看，中央与新疆地方的关系演变经历了一个过程。即清末民初时，清廷的衰弱导致新疆被迫割据，成为军阀的独立王国。此后，历届民国政府都想方设法对新疆施加影响，但苦于实力有限，经常是政令不出都门，更无暇西顾边陲。一直到国民党靠武力北伐成功，建立南京政府，使这种努力有了希望。从金树仁主新开始，一直到盛世才主新后期，盛世才的“回归”，国民党军事力量的进入，控制新疆的各种条件才逐渐具备。但随后爆发的三区革命导致国民党政府无法像控制内地一样完全控制新疆。新疆地方与中央的关系虽回归到常态，但无法建立一党制下的专政制度。双方关系的演变可以概括为：清末民初时中央集权的崩溃导致新疆军阀的产生，北洋军阀政府权威的衰微导致地方分权逐步发展；南京国民政府的成立形式上统一了中国，进行了种种努力对新疆加以控制，为重建中央权威提供了可能，虽然最后中央政府直接控制了新疆，但形成的是一个弱势的中央集权。

第三，民国时期宪法在新疆地方实践的历程，虽然曲折、艰难，时断时续，但是一直处于缓慢的进步与发展中，并出现过两次发展情况较好的时期，为新疆地方最终走上民族区域自治的地方宪政道路奠定了基础。

清末民初，受辛亥革命的影响，新疆爆发的伊犁辛亥革命取得了胜利，并建立了革命临时政府伊犁大都督府，颁布了一系列资产阶级民主性质的措施与法令，这标志着新疆地方政治宪法化道路的发轫。但是伊犁革命政府没有趁机扩大革命进程，巩固革命成果。随着内地革命成果被袁世凯窃取，新疆的革命成果也被旧官僚杨增新所骗取而最终失败。这一方面说明新疆辛亥革命党人的阶级性质决定了其妥协性与软弱性；另一方面也说明新疆作为祖国不可分割的一部分，始终受到内地政治、经济、文化多方面的影响，新疆的进步、停滞与全国的政治局势是不可分割的，全国的资产阶级力量不够强大，革命受到挫折，新疆也不可能独善其身。

杨氏主新后，新疆虽然开始了军阀专制独裁的统治，但是毕竟中国的历史进入了民国时期，与内地的军阀政治一样，历届新疆的军阀为了维护其统治的合法性，表面上不得不拥护共和，多少实行一些民主政策或措施，这些措施与政策或多或少地推动着新疆地方宪政的演进历程。而促进的多或少、快与慢，又与当政人物的思想个性、气质禀赋及国内外政治形势的影响有关。如杨增新作为旧官僚和深受儒家传统思想影响的文人，坚持按照传统的理念与治理模式，采取愚民政策与闭关自守的政策，防止内地的各种资产阶级革命、民主思想的传入。同时采取传统的羁縻、牵制政策，通过笼络各族封建、宗教上层势力来统治新疆。但为了巩固其政权的稳定，也采取了些微有助于新疆社会发展的措施，但效果和影响不大。其对新疆地方宪政的发展做出的最大贡献就是极力维护了国家主权统一与领土完整，杨氏虽然专制独裁但却是一名爱国主义者。

金树仁主新后，以杨氏学生自居，仍想照搬杨氏的统治策略，其能力又比杨氏差很多，加之当时国内外局势已经发生了很大的变化，国民党靠武力北伐成功，虽然还没有真正统一全国，但统一的中央政府正在逐渐形成。同时为了获得民众的支持与拥护，金氏也不得不做出一定的姿态以取信于民，所以对杨氏的做法稍有改变，如“开办教育，疏通民智”；建立与加强国民党新疆省党部，使得国民党在新疆的活动合法化等。但其用人唯亲、树立私党，官吏腐败无度，加之错误的民族政策，一味靠武力镇压的统治作风，很快就激起民变，导致新疆战乱四起，其短命的统治也就结束了。由于其在短暂的统治期间几乎都忙于战事，因此对新疆地方宪政的发展也无所作为。

盛世才主新后，在其统治早期，特别是投靠苏联后，在苏联与共产党的帮助下，采取了一系列有助于促进新疆社会发展的措施，对地方宪政建设与发展贡献较大。如“六大政策”的提出与实施、抗日民族统一战线的形成、马列主义在新疆的传播、全疆各民族代表大会的召开等方面，极大地促进了民主、平等、自由的地方宪政思想在新疆的传播。

国民党直接统治新疆以后，第一任省政府主席吴忠信仍然采用中国传统治理边疆的措施，即羁縻、安抚、宣慰等手段。在其统治期间，促进新疆地方宪政发展的措施主要是成立省、县参议会，选举省、县参议员，虽然整个选举过程多为指派，毫无民主可言，但是毕竟从形式上促进了新疆代议制的进一步发展，其打着三民主义的旗号，在通过的议案中也客观上发挥了一定的缓和民族矛盾、稳定社会秩序的进步作用。在推进少数民族文化建设、促进经济发展方面产生了积极影响。

张治中主新后，以建立“三民主义的边疆”为治理新疆的宗旨。由于张治中属于国民党中较开明、民主的人士，所以在与三区政权成立联合政府的过程中，积极推行了一系列促进新疆政治民主与地方宪政发展的措施。如吸收三区少数民族人士参与政权；给予少数民族人民一定的民主政治权利；颁布选举法，在全疆选举各省县参议员和县长等等，这次全疆大范围的选举活动，各民族人民尝试了由具有选举权的公民按照自己的意愿选举产生自己的代表，使得部分社会阶层的代表开始参与政治。虽然选举过程中出现舞弊事件，代表的参与权也有限，但从总的方面看，这些民意机构的成立是一项前所未有的创举，这是位于西陲的边疆首次体验西方式的民权政治，其选举程序体现了一定的民主性，一定程度上削弱了封建专制统治，而且它的建立和初步活动，无疑促进了新疆政治的民主化与地方宪政的发展，并使得民主、平等、自治、民权等地方宪政思想深入民心。虽然最终由于国民党政权的性质决定了不可能给予少数民族真正的民主与权利，但这些地方宪政思想的传播与实践为后来新中国建立后民族区域自治的地方宪政安排的落实与贯彻进行了有益的探索与尝试。

第二节　影响民国宪法在新疆实施的因素

综观民国时期，可以看到影响新疆地方政治宪法化发展演变的因素是多层面和多维度的，其中主要有新疆军阀的产生、传统的中央集权观念、帝国主义的干涉与侵略、地方主义、国内外政治形势、国共双方的理念与实践以及西方观念等方面。在考察这些诸多的影响因素的同时，新疆自身独一无二的特质也不容忽视。

一、新疆自身的特质

新疆自身具有独特的地缘政治特点，多民族聚居，东西方文化在这里交汇，由于语言和宗教的不同带来的少数民族对中央既依从又有疏离感的复杂矛盾的感情；传统的农奴社会，导致民众的智识水平相对落后；外敌入侵导致经济相比内地落后等，所有这些民国新疆在地方宪政进程中所面临的问题，都同当时整个中华民族的命运息息相关。新疆地方宪政进程同整个中国的现代化进程一样，不是内生性的，而是由于外部力量的入侵，是被动、不得已地被裹挟进这样的一个历史变迁和转型之中，这样一种外生性的发生方式，加上复杂的国内外环境，使得新疆地方的政治宪法化进程尤为艰难和曲折。整体上，新疆的少数民族对于中央政府有强烈的感情认同和归属感。

二、新疆军阀的产生

“军阀和军阀政治起源的标志，是拥有私人半私人性质军队的出现。”[1] 新疆走上军阀割据的道路正是如此，杨增新借镇压新疆伊犁辛亥革命之机，骗取袁大化的批准，招募了5营回队，并亲自挑选各级军官，使得回队完全为他个人所控制。当袁大化对伊犁用兵之际，杨却拥兵自重，不听袁大化指挥。后杨增新任都督后，靠这支私人武装起家，又将其扩充为马步102营。由于士兵多是土生土长的新疆人，杨增新就把士兵效忠于他与效忠地方利益结合起来，从而使这支私人属性很强的地方部队成为他割据一方的军事基础。[2] 在以后的瓦解伊犁革命党人、镇压哥老会及哈密农民起义中，这支回队多次发挥重要的作用，为杨专制统治的巩固立下了汗马功劳。杨增新的后继者金树仁、盛世才也都是靠控制地方武装起家而成为“新疆王”的。

以杨增新为首的先后兴起的新疆军阀，正是依靠这些地方武装起家，并逐渐巩固加强了自己的专制独裁统治。同时依靠新疆孤悬塞外的独特的封闭地理环境割据称雄，加之中央权威逐渐式微，鞭长莫及。他们对于中央的各种政令利于已者行之，不利于已者则阳奉阴违，大打折扣，或以新疆情况特殊拒绝执行。向中央的请示也流于形式，认为中央会同意的就请示，如若认为不会同意，就先斩后奏，或者瞒而不报。如同内地的军阀一样，新疆的军阀也是以拥有私兵、地盘，以武力作为其统治的后盾和工具。而内地由于军阀政治的存在，使国家政治打上了军阀政治的烙印。中央与地方都为军阀所控制，军阀主义在民国时期成为中国政治生活中的主要特征。民国政治上的这一特点，使中央与新疆地方由权力配置形成的关系受到极大的影响。

第一，它使中央与新疆地方关系的格局在实践中出现了非法性，与宪法规定的内容完全背离，掌握中央政权的武装集团在制定政策时打着国家整体利益的旗号，实际上却是为了维护本集团的利益。而新疆军阀或地方实力派为了保护自己的利益，并不会真正贯彻这些政令法规，或者阳奉阴违，或者自行其是。

第二，它不利于国家统一，不利于国家的独立和近代化。由于国家政治的不统一，难于形成更大的凝聚力和国力，无法实现民族的独立及国家的富强。无论是中央还是地方的军阀，处理一切问题都以是否对自己的统治有利为出发点，而不考虑国家的主权、人民的利益与社会的发展。这一切都阻碍影响了新

---

〔1〕 王续添：“地方主义与民国社会”，载《教学研究》2000年第2期；中国人民大学复印报刊资料中心编：《中国现代史》2000年第7期。

〔2〕 黄建华：《国民党政府的新疆政策研究》，民族出版社2003年版，第6页。

疆近代化的步伐，在政治、经济与社会生活等方面与内地相比，新疆的发展明显滞后。

三、传统的中央集权观念

民国时期，尽管君主专制制度被推翻了，但是以王权主义为核心建立起来的大一统的观念、中央集权的观念和制度却并没有消失，它们的影响仍是非常大的，甚至可以说是根深蒂固的。

国家统一是中国传统政治文化的核心思想。长久以来，这一传统文化指导和影响着中国人的思想和行为。一个政治组织如果敢于违背这个全国一致赞同的信念，它就别想得到人民对其权威的承认。[1]如果有人敢于冒天下之大不韪，势必会遭到舆论的谴责和批评。杨增新主政新疆时，就面临统治合法性问题。因此，其在新疆的基本原则就是既希望保持其政治独立性，又不使新疆完全脱离中央政府。杨增新清楚地认识到，自己的权力合法化的基础是支持一个统一的国民政府的组织形式，并宣布代表它执行权力。所以，杨增新在实行个人独裁的同时，始终承认中央政府，对中央政府奉行“认庙不认神”的态度，不管中央政府组织如何变更，当权者是谁，他都通电拥护，但前提是中央不干涉新疆的政务。当时中央政府颁布了许多对新疆的法律法规，但都无法真正得到贯彻。对待这些法令法规，杨增新都要看是否有利于其统治。如果对他统治新疆有利他就执行，如果对他不利，他不是敷衍拖延，就是力陈利害，促使中央政府改变初衷。在向中央政府请示的过程中，如感觉北京政府的处理结果对其不利，其往往先定处理办法再请中央核准。当杨增新估计他的重大决策无法被中央批准时，甚至会在不通知中央的情况下自行其是。

杨增新以后的金树仁、盛世才亦同样如此。为了获得南京国民政府的承认与任命，无不尽其所能。这都是为增强其政权的合法性的努力，如果没有中央政府的任命，则其统治的合法性就会受到怀疑，人民就不会承认其权威。这也可以说明为何金树仁、盛世才为了获得任命，一次次向中央表决心，发动请愿活动，讨好新疆省党部的国民党特派员。同时，也正是对国家统一的认可和服从，无论是杨增新还是后继者，都仅仅是割据塞外，不让中央插手新疆事务，都没有宣称过脱离国家而独立。这说明国家的统一、完整已经深入各民族人民的信念中，揭示了民国时期新疆虽经历了诸多复杂的战乱及政治斗争，但仍然在祖国怀抱中的原因。

---

〔1〕［美］齐锡生：《中国的军阀政治（1916～1928）》，杨云若、萧延中译，中国人民大学出版社 2010 年版，第 160 页。

四、民国宪法在新疆实践中的国际因素

帝国主义的侵略是近代中国沦为半殖民地半封建社会的主要原因，也是影响中国社会发展极为重要的因素。对于新疆来说，由于新疆所处的地域特征及特殊的地缘政治环境，使得新疆与中央的关系更容易受外国势力的干涉与侵略而产生重大影响。而历届新疆地方政权也不得不小心谨慎地处理好与强邻的关系，因后者的政策、态度都会直接影响新疆地方政权的统治，而内地中央实力衰微，与新疆距离遥远，时常又被战火隔绝，鞭长莫及，无法真正对新疆产生更大的影响。因此，研究民国新疆的地方宪政问题，无法绕开外国势力的影响和干涉。从清末开始，帝国主义及外国势力在新疆的活动及影响就一直存在，并且与新疆和中央的关系成反比，伴随着新疆与中央关系的紧密与衰弱时而小时而大，形成彼消此长的局面，有时甚至对新疆的整个政局产生重要影响。其中对新疆影响最大的是俄苏，其次是英国。在整个民国时期，两国从未停止过对新疆的干涉和侵略，并且伺机在新疆扶植代理人，以实现吞并新疆的野心。

外国势力的侵略与干涉对宪法在新疆地方实践的影响突出表现在以下几个方面：

1. 帝国主义及外国势力特别是沙俄时期对新疆的疯狂侵略、干涉及分裂政策，造成了边疆的危机不断、战事不息，使得新疆社会长期处于动荡之中，直接制约了宪法在新疆地方的正常实施。帝国主义的侵略、干涉，使得新疆长期处于割据状态，影响了中央对新疆地方的各种主权及对新疆作为一个最大行省的治理权的行使，直接阻碍了中央与新疆地方关系的发展。由于新疆没有统一的治权，战乱时常发生，导致新疆地方宪政的建设、发展缓慢，代之而起的是封建军阀的专制暴政，更使得与内地差距越来越大，影响了新疆向近代化迈进的步伐。同时帝国主义一方面霸占新疆领土，并积极在当地寻找和扶植代理人，进行破坏活动，企图使一些地方脱离新疆的控制，以达到蚕食新疆的目的。另一方面，西方侵略势力支持、扶植、培养少数民族中的分裂分子和上层人士，挑拨各民族间、新疆政府与中央政权间的关系，使这些地方与中央政权相冲突、抗衡，甚至建立其卵翼下的傀儡政权，促使其脱离中国，另谋独立。

沙俄是侵略、干涉新疆的首恶，其一直企图独霸新疆。早在19世纪中叶，就通过一系列不平等条约，侵吞新疆50万平方公里的大片领土，并攫取在新疆各地免税自由贸易和领事裁判权等种种特权，伊犁、塔城、喀什、迪化、奇台等城市均被帝俄开为商埠，并划定“贸易圈”（实为租界地）。沙俄先后在伊犁、塔城、喀什、吐鲁番、承化寺（今阿勒泰）设立领事馆和在新疆政治、经济、文化中心的迪化设立总领事馆，成为其插入新疆各地的侵略据点。此外，又在

未设领事馆的地方，非法地指派商约（亦称“阿克萨卡尔”）代替领事办事，把侵略魔爪伸向天山南北的广大城镇和乡村。[1] 1912年伊犁辛亥革命胜利后，借口保护领事馆和俄商为由增兵新疆。同年5月，200多名哥萨克骑兵强行进入伊宁；6月，840名俄兵又强行进入喀什噶尔。在南疆的和阗、莎车、叶城一带大肆煽动中国居民加入俄籍，并操纵所谓“俄侨”闹事，1912年6月发生的震惊中外的“策勒村事件”，就是因“俄侨”胡作非为引发的。1913年又支持外蒙傀儡政权侵犯阿勒泰，挑起科阿战争。失败后，于9月出兵侵入阿勒泰，企图实际占领。1920~1921年，白俄败兵三四万人窜扰新疆，严重威胁新疆的安全，后在杨增新的努力下，联合苏联得以彻底平定。此外，苏联支持下的三区革命政府初期，革命的领导权被反动的封建主和宗教上层人物所掌控，打出“东土耳其斯坦伊斯兰共和国”的旗号，鼓吹泛伊斯兰主义和大土耳其主义，煽动民族仇杀，违背了各族人民的意愿。后来虽被进步力量加以纠正，但其产生的恶劣影响一直存在，到现在仍然是影响新疆稳定安全的不稳定因素。这些都对新疆地方宪政的建设和发展带来了困难和阻碍，产生了不良影响。

英帝国主义早在19世纪初征服印度后，就觊觎新疆，多次派特务刺探军情，进行分裂活动。浩罕统治者入侵南疆时，英国派出20名间谍充当军事顾问，训练士兵，出谋划策。阿古柏入侵新疆时，英国同样极力支持。1895年，英国与沙俄私分了中国领土帕米尔。后又依据所谓的“利益均沾原则”，获得与沙俄同样的特权，在喀什设立领事馆，取得免税贸易权和领事裁判权。十月革命后，英国乘俄国势力退出之机，加紧对新疆的侵略。1918年，通过库车的英国商人和其他间谍，收买库车商人买买铁力汗，并向他提供许多武器，策划武装叛乱，后被平叛。策划叛乱失败后，又利用伊斯兰教在群众中的影响，雇用土耳其人做间谍，潜入新疆各地清真寺，冒充阿訇，借讲经为名，大肆宣传大伊斯兰主义和大土耳其主义，从思想上毒化新疆各族人民。意图利用大土耳其主义，策动南疆地区“独立”，然后加以吞并，与它的殖民地印度和阿富汗连在一起。与此同时，挑拨信仰伊斯兰教的各族人民同汉族的关系，大肆鼓噪要消灭异教徒，建立所谓伊斯兰国家。为了达到其目的，英国等帝国主义国家还专门对新疆出版反动书刊，通过间谍机关秘密散发。在这些书中，他们将新疆称为“东土耳其斯坦”，否认它是中国的一部分。1933年，趁金树仁残暴统治引起新疆各地起义、战乱不止之机，英国继续利用阿富汗、印度向新疆渗透，公

[1] 白振声、[日]鲤渊信一主编：《新疆现代政治社会史略》，中国社会科学出版社1992年版，第2页。

开煽动和支持分裂势力进行活动，南疆“东突厥斯坦伊斯兰共和国”就是其支持和策划下的产物，虽然很快覆灭，但在当时加剧了南疆的战乱局面，同时它们宣扬的大伊斯兰主义和大土耳其主义却阴魂不散，对新疆的地方宪政的建设、发展带来了持久的负面影响，至今仍毒害着一部分人，威胁着新疆的安全与稳定。

2. 帝国主义的侵略、干涉形成了不平等的条约体系，掠夺了大量的财富，直接制约新疆经济和近代化的发展，使得新疆走向地方政治民主化缺乏必要的经济基础。清末民初，新疆在经济、社会、文化诸方面都落后于内地省份。当地现代工业成分微乎其微，但以农牧业为主要依靠的封建势力却十分强大。世袭的扎萨克制在牧区和部分农区并没有改变，各族王公贵族照旧世袭爵位，实行落后的农奴制统治。全疆人口主要仍是地主、牧主和农民、牧民。加之协饷断绝，经济几乎到了崩溃的边缘。在这种背景下，沙俄、英等帝国主义通过一系列不平等条约获得了各种特权，掠夺了新疆大量的财富，进一步加剧了新疆的经济危机。

沙俄强加给中国的一系列条约有：1851 年《中俄伊塔通商章程》，1860 年《中俄北京条约》，1864 年《中俄勘分西北界约记》，1881 年《中俄伊犁条约》和 1884 年《中俄续勘喀什噶尔界约》等等，攫取了在新疆各地免税自由贸易和领事裁判权等种种特权，伊犁、塔城、喀什、迪化、奇台等城市均被帝俄开为商埠，并划定“贸易圈”（实为租界地）。同时，沙俄还依靠在中国成立的华俄道胜银行，于 1900 年开始在新疆喀什、伊犁、塔城、迪化设立分行，办理存款、信贷、汇兑、贴现等项业务。各地道胜分行建立后，不仅为在新疆贸易的俄国商人提供了大量的资金，而且在新疆从事各种非法活动，进而发行纸币卢布，垄断新疆金融，操纵新疆经济，成为沙俄在新疆实行经济扩张的工具。主要表现为：垄断汇兑，任意抬高汇率，提高卢布比价，压低新疆纸币的兑换率，致使新疆每年损失在百万两白银以上；非法大量发行纸币卢布及纸币金银券，导致卢布成为结算单位，控制了新疆的金融财政；同时由于其有经济特权及雄厚的资本，兼营商业贸易，扶植俄商、排挤华商，逐渐垄断了新疆的对外贸易，等等。[1]英国根据利益均沾原则，同样攫取了免税自由贸易权和领事裁判权等特权。

3. 外国势力的干涉主要阻碍了新疆社会政治、经济等方面的进步发展的作用，但有时客观上也间接地起到促进新疆地方政治民主化的发展的作用。这从

〔1〕 苗普生、马品彦、厉声主编：《历史上的新疆》，新疆人民出版社 2006 年版，第 287 页。

苏联对新疆政局的几次影响中可以发现。

（1）苏联支持下的盛世才统治初期对地方政治民主化的发展。盛世才主新时，借助苏联的力量，打败了政敌，巩固了统治。并且在苏联和中国共产党的帮助下，制定了一系列有助于促进新疆进步、发展的政策。其中最重要的就是“六大政策”的出台。其主政初期，在中国共产党人的帮助下，盛世才全面贯彻“六大政策”，使新疆的社会面貌发生了深刻变化，新疆的社会发展取得了很大进步，民众的民主、自由、平等思想进一步得到提高，民主的政治氛围较好，较大地促进了新疆迈进民主地方宪政的步伐。“六大政策”实施后，取得了一系列成果：主张各民族一律平等，吸收少数民族上层人物参加各级政权；发展民族教育、民族文化；给予各民族参政议政的权利，多次召开全省各民族代表大会；保障言论、出版、宗教信仰自由；成立政党式的政治团体“反帝联合会”等等，都在一定程度上促进了新疆的民主、地方宪政的发展。此外，还实施了一些促进经济民主发展的政策等。如果当时盛世才能够真正的贯彻、落实这些政策、措施，那么新疆的地方宪政建设和发展将会走在全国前列，真正实现民国以来的民主、共和的梦想。但是，和内地其他地区的军阀一样，盛氏关心的不是民众的利益是否得到保障、地方宪政的实现与否、国家的统一与完整等等，军阀关心的是自己的地盘和手中的实权是否得到保障并进一步扩张。因此，很快盛氏就走上了反苏反共的道路，初期的伪装进步是为了利用苏联、共产党巩固自己的统治。

（2）苏联帮助下的三区革命政府建立对地方政治民主化的促进。三区革命爆发后，由于民军由农牧民组成，没有经过太多的军事训练，也没有像样的武器，很难与国民党军队抗衡。苏联对三区进行了大力支持，使得三区政权与国民党军队可以抗衡。苏联支持三区革命主要表现在：一是亲手培养训练革命家。三区革命的许多主要领导人都在苏联留过学或受过训练，包括居住在新疆的俄罗斯人，这些人都在三区革命期间在军事上起了重要作用。二是派遣顾问。这些顾问在政治、军事上起着重要作用，有的还在早期的政权中任职。三是支援军用物资。三区革命初期，除少数武器是从国民党军手中缴来，多数为苏联支援。四是直接派军队介入。五是开放边境。开放边境有利于民军补充武器和休整。六是苏联驻新疆各领事馆起了重要作用。[1]在苏联提供的这些帮助下，三区革命民军在与国民党军队斗争中取得了一系列胜利，为最终签订民主、平等、

---

〔1〕 白振声、[日] 鲤渊信一主编：《新疆现代政治社会史略》，中国社会科学出版社1992年版，第414页。

进步的《和平条款》及成立联合政府奠定了基础，为促进新疆走上地方宪政的道路提供了可能性。此外，很多三区领导人在苏联留过学或受过训，苏联的民族政策对他们影响很大，唤醒了他们的民族意识，提出了要求民族自决自治的政治主张，这在联合政府成立后的一系列活动中得到体现，也为促进新疆走上各民族平等、少数民族参政议政及享有各种民主政治权利为内容的地方宪政道路打下了基础。

五、西方宪政观念和制度

现代政治学理论认为，每一特定的社会成员都生活在某一地域之内。人们总是以特定空间为立足点确立自己的利益、地位和角色，因此地域所提供的空间是自我意识得以形成的条件之一。无论从情感还是从理性出发，人们易于对自身生存地域内的价值观念、风土人情形成一种直观的亲近和归属感。地域主义是指一国领土范围内某一次国家共同体由于地理环境、社会特性等方面的同质性，使得人们对本地域的经济利益、政治特性等有着明确的意识，并将之与其他地域明确区分开来，对本地域产生心理上的认同。其特征主要有空间范围内社会文化的同质性；具有经济利益、政治要求、文化传统等方面的联系纽带，彼此间有某种程度的认同感；在自我意识基础上与其他地域及国家政治共同体间存在相互联系和互动关系等。[1]它以省域内风土人情、历史传统、地方语言等地区文化的同质性及对省区特殊经济、政治利益和特质的认识为基础，具有地域性、群体性特征，同时具有追求省区域内特殊利益的政治主张、政治理论和目标，并且在理论指导下具有实现特殊政治目标或理想而变革政治体制的要求。[2]

国家认同是指以人的政治理性和政治情感为基础，在自我意识的发展过程中逐渐发展出对政治组织和公共权威的认同。它表现为人们在社会政治生活中对国家的政治权威、政治制度、政治价值和政治过程等方面的理解、赞同、支持和追随。人们对政治共同体的政治权威、政治制度、政治价值等形成普遍支持的态度就意味着他们具有国家认同意识。现代国家形成的过程也是现代国家认同的建构过程。[3]

---

〔1〕 杨妍:《地域主义与国家认同——民国初期省级意识的政治文化分析》，天津人民出版社 2007 年版，第 14～18 页。

〔2〕 杨妍:《地域主义与国家认同——民国初期省级意识的政治文化分析》，天津人民出版社 2007 年版，第 43 页。

〔3〕 杨妍:《地域主义与国家认同——民国初期省级意识的政治文化分析》，天津人民出版社 2007 年版，第 26 页。

地域主义对国家认同来说具有区域性、异质性、群体性的特征，属于整体政治文化中的亚文化。地域总是相对于整体国家而言，国家永远是地域主义存在的最终参照，因此地域主义与国家认同之间存在着一定的张力结构和相互关系。地域主义与国家认同的关系既可以形成逆向的负面效应，导致共同体组合单位的结构性脱离，造成国家的分裂；也可以在利益体系、制度体系、观念体系等变量因素的作用下形成正向互动，促进地域主义向归属性和功能性认同的发展，使地域主义发挥其作为政治亚文化的稳定平衡功能，增强国家认同的整合功能。[1]

清末以来在中央权力下移、地方权力上升的过程中，省成为新的权力聚合点，在中央与地方关系中处于核心地位。在当时可以说，省是地域主义表现的主要区域，省籍意识成为地域主义的主要表现，且是最具政治影响力的地域主义形态。中国初期的省籍意识是借助于地域性政治情感的凝聚力，成为与专制集权的中央政权相对抗的有力工具。其在现实中表现为“某省人之某省”的言论。此后，随着西方民主政治思想的传入及深入人心，联邦制、集权与分权、地方自治、民族自决等理论的探讨与争论，促成了中国联省自治运动及省宪运动的高涨，进一步促进省籍意识的全面觉醒。

新疆虽地处西陲，交通信息不便，但是内地轰轰烈烈的自治、民主运动不可能对其一点影响都没有。更重要的是，虽然新疆位于边陲，但却处于国际政治的前沿阵地，沙俄、英国、美国、日本、德国等各国列强无不想染指其中，各种思潮在此激荡，如泛伊斯兰主义、共产主义及国民党的三民主义等等。此外，苏维埃社会主义国家联盟的成立，其民族自决理论和中央与地方关系的联邦制更是直接影响着少数民族中的先进分子。这些思潮都对新疆地方的地方宪政走向产生了重大影响。

新疆在军阀时期，与内地的相同点是新疆的地方宪政历程更多地体现为中央和地方对新疆治权的争夺。即在国家统一的前提下，是中央集权还是地方分权，是集权多一点还是分权多一点。这一时期，虽然集权与分权的斗争相当激烈，但在国家认同方面，主政的军阀们都表示拥护中央，承认新省为中华民国的边疆省，这是他们得以割据边疆的合法性基础，只不过这时的国家认同仍然是中国传统的“大一统”的思想，而建立在现代政治理念基础上的国家认同还未形成。而且这时期的地域主义表现为与军阀政治紧密结合在一起，其政治目

[1] 杨妍：《地域主义与国家认同——民国初期省级意识的政治文化分析》，天津人民出版社 2007 年版，第 270 页。

标的实现手段也打上了军阀政治的印记，即以武力、地盘为后盾，以实现权力和利益的扩张。新疆军阀的地域主义表现首先是谋求生存，由此产生了反对中央或其他地方军队侵占其统治地域、并谋求以地方军队来进行保卫的自卫、自保意识和行为。为维护自身的统治，地域主义势力还提出了一系列政治主张，借以表达其政治诉求，反对和排拒中央的控制和干涉。如杨增新的“认庙不认神”的政策，只要中央不插手新疆的内政，无论谁是中央，他都拥护。金树仁与国民党对省党部控制权的争夺；盛世才上台后投靠苏联，疏远南京国民政府，禁止内地派员与来人等，都是地域主义或省籍意识的表现。

同时，新疆与内地地方宪政发展的不同点或复杂性，表现在由于新疆位于西北边陲，与内地相隔甚远，交通梗阻，处于封闭、闭塞的状态。新疆族群多样，宗教多元，各民族文化差异较大，民族关系较为复杂，又与强邻接壤，列强不断插手新疆事务。特别是英国、德国等国家在南疆对泛伊斯兰主义、大土耳其主义的宣传、蛊惑，煽动民族分裂。加之第一次世界大战和十月革命的影响，使得民族自决理论及运动高涨，特别是近邻苏联的民族政策及各民族与俄罗斯采取联邦制成为加盟共和国，使得少数民族中的一些极端主义者的省籍意识极度膨胀、扭曲，直接造成对自治意义的扭曲理解。在外国势力的鼓动下，这些分裂分子借助民族自决主义的浪潮，号召消灭异教徒，建立所谓伊斯兰国家。所谓的“东突厥斯坦伊斯兰共和国”两次出笼，险些使新疆走上分裂国家的道路。这说明在以西方的民主政治理论为基础构建现代国家的途径中，地域主义与国家认同很难保持平衡，省籍意识的发展很可能偏离或突破国家认同的界限。对西方理论的照搬套用会导致民主政治发展出现偏差，甚至走上歧路，导致国家分裂。

此外，在南京国民政府直接控制新疆以后，同样存在着地域主义与国家认同的偏离与冲突。如国民党政府与三区政权谈判中，就中央集权还是地方分权、地方自治还是高度自治、是采取联邦制还是单一制进行了激烈的斗争。三区革命政权之所以坚持高度自治，一方面是初期领导权被分裂分子窃取，企图完全跟中国脱离关系，独立出去；另一方面当民族分裂分子被清除出去后，由于受到一战后民族自决思潮高涨和苏联实践的影响，企图像苏联一样采取联邦制的方式，成为中国一个高度自治的加盟共和国，最终建立联邦共和制的政治制度。这时省籍意识就从最初是建立在地缘、血缘等自然因素基础上的一种直观心理体验的地域政治情感，在与现代西方的地方自治、联邦制理论结合后向具有明确的政治理念和目标的政治态度发展，最后向具有实际行为取向的政治信仰发展，并付诸实际政治行动。[1]但作为常态下的具有省籍意识的三区政权，作为最典型的一种地域主义，与内地联省自治、省宪过程中所追求的目标一样，即始终保持省自治与国家统一的一致性，追求的是以和平的方式统一国家，即在省区自治的基础上，通过制定国家宪法来保持中国的统一。这说明，省籍意识作为一种地域主义在现代国家建构的初期，由于旧的国家认同体系被破坏，新的国家认同体系还在创建中，很容易被那些试图改变政权的政治势力所利用，使得地域主义的发展超出正常的范围，形成与国家认同的负相关关系，可能造成国家的分裂。即地域主义与狭隘的民族主义相结合，产生地方民族主义，甚至民族分离主义，不利于构建合理的中央与地方关系。

但当时新疆的民族自治运动的目标是在和平统一的国家中实现少数民族的平等、民主、自由、自治，省籍意识被限定在国家认同的范围内，两者虽存在一定的张力，但并没有产生负向排斥效应。最后，三区革命政权与国民党控制下的新省政府签署了反映少数民族享有一定自治权的《和平条款》，组成了联合政府，虽然这些反映民族平等、民主、自由的地方宪政纲领并未得到贯彻实施，但新省的以民族自决、自治为核心内容的地域主义的发展唤醒了少数民族的民族意识，为新疆后来的地方宪政发展方向奠定了基础，使新疆最终走上了民族区域自治的道路。

六、民族宗教政策

新疆族群多样，宗教多元，各民族文化差异较大，民族关系较为复杂，历代王朝都把民族宗教政策作为治理边疆的重中之重。民族宗教政策制定与执行得如何直接关系着边疆政局的稳定与否。民国新疆从中央到地方政府都制定和实施了相关的民族宗教政策，这些政策和措施都直接影响着民国时期新疆的地方宪政发展。

由于中国的多民族国家的特性，民国时期从南京临时政府开始，历经北洋政府、南京国民党政府，都制定了一系列关于少数民族与宗教事务的政策，这些政策或多或少都对新疆的地方宪政发展产生了影响。南京临时政府成立伊始，就打出“五族共和”的口号，并在《中华民国临时约法》中以根本大法的形式对各民族平等加以保障。袁世凯北洋政府时期，同样在《中华民国约法》中宣称五族共和。南京国民政府成立后，以孙中山的“三民主义”为旗号，极力宣扬民族平等，以树立民主政府的形象。其在《中华民国训政时期约法》、《中华

---

〔1〕 杨妍：《地域主义与国家认同——民国初期省级意识的政治文化分析》，天津人民出版社 2007 年版，第 224 ~225 页。

民国宪法》中都明确规定各民族一律平等。

除了政治上宣称民族平等外，民国历届政府还在政治、经济及文化方面采取了一系列积极的措施，促进民族平等的实现。主要有以下几方面：在议会中为少数民族代表保留固定席位；吸纳少数民族地方人员进入中央政权机构；派遣人员到少数民族地方宣慰、安抚、沟通联系；加强民族地区立法，规范管理；国民党统治时期发展边疆党务；施行垦荒实边政策；促进边疆经济的发展；尊重少数民族风俗习惯；推动民族教育事业发展等。此外，还专门成立有关少数民族地方的管理机构，确保有效治理。北洋政府时期称作“蒙藏事务局”，隶属国务总理，专司边疆民族问题。国民党时期设立“蒙藏委员会”，后改为蒙藏院，隶属于大总统，管理蒙藏事务。这是民国时期首次将管理边疆少数民族地方的机构独立出来。

这些政策和机构对新疆地方宪政发展的影响随着时局的变化而变化。南京临时政府成立初期，辛亥革命胜利后，提出的“五族共和”及建立民主共和国的理念激励着新疆的革命党人，极大地促进了新疆走向地方宪政的步伐。随着伊犁辛亥革命的胜利，于 1912 年 1 月成立了中华民国新伊大都督府，并成立“汉、满、蒙、回、藏五族共和会”，表示赞成共和政体、拥护南京临时政府。革命政府还推行了一系列资产阶级民主制度，施行民主、自由的民族宗教政策，倡导民族平等和民族团结。这表明以孙中山的民族思想为核心内容的南京临时政府的民族政策的巨大影响。这是当时第一个按照民族平等、民主共和理念建立政权的少数民族地区，对其他民族地区起到了积极的鼓舞作用，极大地促进了新疆少数民族人民争取民主、自由、平等走向共和地方宪政的步伐。但由于旧官僚杨增新窃取政权，导致革命的失败，从而使新疆走上了封建军阀割据的时代。此后，中央政府对新疆地方宪政发展的影响就主要体现为中央一直谋求对新疆的控制权与直接治权，即集中于中央集权与地方分权的斗争中。

国民党政府直接统治新疆以后，中央的民族政策又一次对新疆地方宪政产生了重大影响。国民党以孙中山的三民主义思想为指导，提出了“三民主义的边疆政策”。提出“重边政，弘教化，以固国族而成统一”，其基本实施纲领主要是给予民族地区一定的自治权，发展民族地区教育，培养边政人才，规定国家对于边疆地区各民族之地位应予以合法之保障，并于地方自治事业特别予以扶植等。但是在具体实践中，由于国民党政权的性质，这些口号式的平等、民主、自治政策无法得到有效贯彻实施，而是施行民族同化政策，采取传统的羁縻政策，所谓的“民族自治”，完全依赖少数民族封建宗教势力，施行民族压迫。但在民主、平等、共和、地方宪政潮流的影响下，特别是一战和十月革命影响下的民族自决、自治思潮的高涨，使得国民党政府不得不推行一些有助于民族平等、民主、地方宪政的政策，如吸收少数民族人士参与政权；给予少数民族人民一定的民主政治权利；协调民族关系；缓和民族矛盾；开发大西北，扶助各族经济文化之发展等方面。

随着三区革命的发展，为了巩固国民党在新疆的统治，国民政府做出了一些让步，与三区政权签订《和平条款》，成立联合政府，颁布《施政纲领》，使得新疆在历史上第一次真正开启了走向各民族平等、民主地方宪政的进程。由于国民党政权的反动性，导致这些措施和政策无法真正实施，民国时期新疆地方的历次地方宪政实践以失败告终。但这些经验、教训为新中国成立和新疆走向真正的地方宪政建设打下了基础。

另外，民国初期时，新疆各军阀的民族宗教政策中也有一些对新疆地方宪政发展起到一定的促进作用。主要是盛世才主新时期，依靠苏联和中国共产党的帮助，制定了“六大政策”，采取了一些措施，包括实施平等、自由的民族宗教政策；给予各民族参政议政的权利；保障信教自由等，新疆的社会发展取得了很大进步，民众的民主、自由、平等思想进一步得到提高，民主的政治氛围较好，加快了新疆迈向民主地方宪政的步伐。

七、国共两党的作用

民国时期，对中国影响很大的两大政党，国民党与共产党都对新疆产生了重大影响，对其地方宪政的发展也起到促进或阻碍的作用。国民政府成立后，按照孙中山的“以党治国”理论，试图在全国建立一党治国的一党制。这是孙中山在效法西方政党政治及向传统会党模式回归皆遭挫折的情况下，经过深沉思考及借鉴苏联经验而找到的最后归宿。[1]但国民党取得政权后，继续实行一党政治，将其扭曲为一党专政、领袖独裁。南京国民政府一经成立就一直尝试统一全国，将边疆也纳入其法统之下，早在杨增新时代，就有党员秘密到新疆活动，但由于杨氏的高压专制政策，国民党在新疆没有什么发展。新疆政局的变化为其制造了进入新疆的机会。先是刺杀杨增新的“七·七”事变，后有推翻金树仁的“四·一二”事变，国民党借这些机会向新疆派出特派党员积极建立省党部，企图借省党部向新疆渗透，以逐渐控制新疆的政局。

在金树仁时期，虽然国民党派出了自己的党员代表，并成立了新省党部，但是与金树仁的斗争很激烈，金氏借口委员本地化，极力排挤国民党势力进入新疆。因此，这一时期国民党对新疆地方宪政发展的影响很小，主要是建立了

〔1〕 李国忠：《民国时期中央与地方关系》，天津人民出版社2005年版，第372页。

慈善组织，关注社会公共事务，宣传三民主义，组织群众运动，扩大国民党在各族群众中的影响力。国民党直接统治新疆之后，开始派出大批党政人员进入新疆，对新疆的地方宪政影响开始产生直接的影响。主要有以下措施：提出“开发大西北”的号召，以党部为基础，在全疆开展组织建设，安插人员，培养骨干，从组织上控制新疆；严密控制意识形态，大力宣扬经过蒋介石改造过的“三民主义”，施行党化教育，开展“党化新疆”的各项工作；建立新疆三民主义青年团，与三区政权争夺青年等。虽然这些活动是为了控制新疆，欺骗人民，维护其一党专政。但三民主义在青年中的广泛传播极大地促进了新疆各民族青年对资产阶级民主政治的认识和理解，为民主、自由、平等、权利等理念的传播打下了基础，为新疆最终走向真正的地方宪政起了一定的积极作用。

中国共产党对新疆的影响是从盛世才亲苏时期开始的。20 世纪 30 年代，受共产国际的派遣，俞秀松、赵实、任岳等一批联共党员到新疆工作，被盛世才委以重任，先后成为政府各个部门的骨干力量。这批共产党人在新疆帮助盛世才制定了反帝、亲苏、民平（民族平等）、清廉、和平、建设“六大政策”。“六大政策”提出了民族平等、宗教信仰自由、反帝、维护国家统一，在当时是进步的，为与苏联联盟，与中国共产党结成抗日民族统一战线，为抗日战争爆发后新疆成为苏联援助中国以及共产国际与中国共产党联系的交通要道奠定了基础。抗日民族统一战线之后，应盛世才邀请，中共干部 160 余名分批进入新疆开展工作。

同时，在共产党员的努力下，围绕着“六大政策”制定了一系列具体促进新疆社会进步的措施。主要有：财政方面的改革；教育方面的革新；新闻出版业对新疆社会进步的推动；依靠反帝会发动群众支持抗战，宣传进步思想，促进民主、平等、地方宪政的传播，促进新疆经济民主、社会民主的发展。中共党员的努力不仅极大地支持了抗战，而且通过对新疆经济民主、社会民主的推进，使得民主、平等、解放、自由、共产主义等民主宪政思想得到广泛的传播，为进一步推进新疆的地方宪政发展提供了思想保障，此后三区革命的发展与这一时期中共党员的努力是分不开的。

八、国内外政治形势的影响

民国时期，整个中国面临着严峻的内外政治形势，面对着巨大的社会压力。首先，面临着帝国主义列强将其殖民地、半殖民地化的压力。在近代，世界主要帝国主义国家的疯狂侵略，使中国的国家主权被严重侵害，人民的生命、财产等各种权利无法得到保障。其次，国家面临现代化的巨大压力。中国的现代化从类型上来看，属于外源、后发展型。就内部因素来说，传统的社会政治经济结构根基牢固，资本主义因素微弱，传统文化的力量强大，一时难以彻底改变，无法实现跨越式发展，对西方文化的冲击有较强的抵抗力；就外部环境来看，面临激烈竞争的不断扩大的资本主义世界，中国逐渐被西方殖民主义边缘、半边缘化，这样的背景下，现代化模式更倾向于赶超型工业化战略，这就要有一个强有力的中央政府成为现代化的组织者和推动者。再次，从中国社会内部来看，作为一个超大规模社会，当时社会军阀割据，没有一个中央权威，更增加了现代化的复杂性、艰难性、艰巨性。

作为一个具有特殊性的地方行省，新疆面临着同样的困境，但帝国主义的侵略、干涉，国际、国内的政治形势对其地方宪政或现代化的发展方向影响更大、更深刻。清末民初，各帝国主义列强掀起了瓜分中国的狂潮，不断地割地赔款与数次农民起义的打击，使得清政府权威与实力日渐衰微，地方开始坐大。地处西陲的新疆，财政一直靠中央及其他省的协饷，但这时清廷自顾不暇，国内战乱不已，导致新疆的财政危机愈演愈烈。到民国时期，新疆几乎得不到内地和中央的任何“关照”了。在这种内外危机重重的政治条件下，新疆的地方宪政发展进程是十分缓慢的，有时甚至会出现倒退现象。正是此种条件为旧官僚政治强人杨增新的上台创造了机会，从此新疆走上了军阀割据的时代。杨上台后，对外面临的是沙俄帝国主义不断侵吞新疆的企图和行动，对内是革命党人的宣传共和、民主，并积极准备革命的局面。在此种国际国内形势下，杨作为一位旧式官僚，主要的政治活动就是维护自己的统治，新疆的近代化及地方民主宪政的政治体制几乎没有太大的进步，其对新疆地方宪政发展的最大贡献就在于，靠他娴熟的政治手段及“大一统”的思想，与沙俄及各种分裂势力进行周旋与斗争，使得新疆的领土得以保全，维护了国家主权的统一、领土的完整。

金树仁主新后，国内外政治形势已发生了很大的变化，十月革命胜利的影响日益扩大，民族自决自治理论被越来越多的人接受。日益高涨的民主、共和观念对人民的影响日益加深，金想继续杨氏的一套政策，但又没有杨氏那么高明，只知道一味采取镇压政策，激起哈密民变，随后全疆动荡，战乱不止，很快倒台。盛世才上台后，南京国民政府名义上统一了内地，企图进一步控制新疆。为了巩固自己的统治，防止国民党势力入新，盛氏投靠了强邻苏联，在联共和中国共产党的帮助下，开始了一段以民主、自治、平等、和平等为内容的建设共和地方宪政的“新新疆”的民主岁月。但随着二战苏联在与德国战争中的失利，国内外局势发生了巨大的变化。盛氏作出了错误的判断，感觉苏联靠不住了，立即城头变幻大王旗，策划制造了一系列“阴谋暴动案”，转向国民党政府，新疆的地方宪政发展又一次陷入停滞，地方宪政建设受到重大的打击。

随着二战的胜利，国际国内形势又发生了变化，盛氏作为军阀，最重要的是保存地盘和武力，其不甘心国民党对新疆控制权的逐渐加强，企图再次投向苏联，但被苏联拒绝。在国民党军事力量与组织力量对全疆的布局完成后，盛氏不得不下野，离开新疆。恰在此时，在苏联和共产党影响下，特别是苏联的民族政策及二战后民族自决浪潮的影响下，加之多年的民主、共和、自治、平等理念的熏染，新疆少数民族的民族意识逐渐觉醒，其中的先进分子要求在新疆实现真正的民族平等，少数民族自治，享有各种民主政治权利等等，企图像苏联一样按照联邦制成立加盟共和国。在苏联的支持下，终于爆发了三区革命，并进一步向全疆发展，直接动摇了国民党一党专政的专制统治。在三区革命形势不断发展的情况下，国民党为了挽救自己在新疆的统治，不得不作出让步，与三区签订了体现民族平等、享有各种政治权利、自由、自治、和平与民主宪政的《和平条款》，并进一步制定了具体的措施《施政纲领》，并派遣了具有民主思想的张治中主政新疆。这一成果使得新疆再次迈上民主地方宪政的建设道路，如果这些政策措施能够很好地加以贯彻和实施，那么新疆的地方宪政建设将取得重大发展。

但是，作为大地主、大资产阶级利益代表者的国民党，其政党性质决定了这些措施仅仅是安抚新疆人民的权宜之计，不仅国民党政府内部反对者众多，在新疆的地方上推行更是遇到极大的阻力。这些美好的愿望最终以失败而告终。国民党仅仅靠这些口号以安定边疆，好全力为内战做准备。内地的地方宪政建设都没有什么发展，边疆怎能独自存在？再加之，在实施施政纲领的过程中，国民党还启用了大土耳其主义分子、封建宗教上层势力来与三区革命政权相抗衡，这些人利用此种机会，在地方上为非作歹，歪曲施政纲领、三民主义，制造恐慌。特别是大土耳其主义分子散布分裂新疆，建立东土耳其斯坦的反动言论，号召驱逐、消灭汉族，煽动民族仇杀，使得联合政府一开始就四分五裂，最终导致新疆地方宪政走向失败。随着国民党在全国的败退，中华人民共和国的建立，国内政治形势焕然一新，新疆的地方宪政建设与发展再次迎来了转机，而民国时期新疆地方宪政的建设为后来的发展奠定了基础，其经验教训可资借鉴。

结语：边疆治理方式的演变及必然选择

民国时期是中国从传统国家经历明清时期的绝对主义国家，开始向现代民族—国家转型的时期[1]。民国时期宪法在新疆的践行也正是在这一宏阔的社会历史背景中展开的，这一过程本身也是中国现代民族—国家构建过程中不可或缺的一部分。

民国时期宪法在新疆地方实践经历了极为曲折和艰难的尝试与探索，时而迈出一小步，时而又裹足不前，但总的趋势仍然是朝着前进的方向迈进。这一发展演变历程所受到的影响因素是多层面和多维度的，任何单一、片面的解释都会导致肤浅和简单化的理解。所以，要探讨新疆地方政治宪法化演进的历程，要对这一过程进行深入的分析和评价，就必须构建一个多维度的分析框架。在诸多影响因子中，新疆自身独特的地缘政治环境、多民族聚居所带来的不同于汉族的民族宗教情感、地域主义、外敌入侵所造成的社会和经济落后的局面，可以看作是制约和影响新疆地方政治宪法化的内因；而传统的中央集权观念，中央实力衰微所造成的军阀割据，新疆地方与中央关系的演变以及新疆当时所面临的国内外形势，中国政治舞台上两个最有力量的政党国民党和共产党治理新疆的理念和实践以及

---

〔1〕 安东尼·吉登斯将一般的社会转型分为这三个阶段：传统国家，绝对主义国家，民族—国家。见〔英〕安东尼·吉登斯：《民族—国家与暴力》，胡宗泽、赵力涛译，生活·读书·新知三联书店 1998 年版。

当时新疆所面临的西方先进的政治思想观念的引入，这几个方面的因素可以看作是影响新疆地方政治宪法化进程的外部因素。正是内部因素和外部因素的交互作用，使得新疆地方政治宪法化的进程呈现出了自身独特的特点，使得这一过程既艰难又曲折。

在新疆地方政治宪法化建设和发展的进程中，最引人深思和值得关注的问题有以下几个：

第一，民国时期宪法的实施或地方宪政的实现，中央与地方关系如何界定、权限如何划分，是立宪的重要内容和行宪的前提条件。民国时期，新疆作为中国一个省，与中央的关系既有其同一性又具有特殊性。同一性表现在，新疆与内地其他省份一样，是隶属于中央管辖的一个省；特殊性表现在边疆性与多民族性对新疆与中央关系的影响又有不同于内地的特点。新疆地处西北边陲，与强国毗邻，多民族聚居，多宗教汇集，各民族文化差异较大，民族关系较为复杂。

新疆地方与中央政府关系的亲疏远近与同时期中央政府的实力强弱呈现出一种正相关关系。即中央政府实力强大时，新疆地方政府对中央的依从度就比较高，彼此的关系就更为紧密；相反，当中央政府的实力衰微时，新疆对中央政府的疏离感就加强，彼此之间的关系就较为松散，导致政令难以贯彻执行。民国时期，无论新疆地方的政局如何变化，与中央的关系是密切还是疏远，新疆始终是中国不可分割的一部分，这是几千年新疆地方与中央关系变迁中历史与人民的最终选择，即使在新疆军阀割据时期，从杨增新、金树仁到盛世才，无一人脱离中国宣布独立，无不极尽其能设法取得中央的认可与委任。甚至在沙俄、英等帝国主义列强炮制的所谓“大土耳其主义”、“泛伊斯兰主义”等一系列分裂主义言论对新疆人民的蛊惑与煽动下，所谓的“东土耳其斯坦伊斯兰共和国”两次出笼，都未能改变新疆人民的最终选择及坚定信念，即新疆是中国不可分割的一部分，新疆人民用鲜血、生命捍卫了这一颠扑不破的真理。在辛亥革命后新疆近四十年的动荡不安、衰退时期，各种反动势力、帝国主义的阴谋都未能将新疆分裂出去。究其原因，除了当时的各种主客观原因外，最根本的是千年来我国各民族在这片生于斯、养于斯的中华大地上所形成的巨大向心力和凝聚力。这也是新疆各族人民最可贵的品格，突出体现了中华民族传统文化的包容力。

第二，民国时期新疆地方与整个中国的历史命运紧紧连在一起，同时独特的地缘环境，与帝国主义列强相邻，新疆在整个民国时期始终存在强国直接的侵略、干涉与控制。从清末开始，帝国主义及外国势力在新疆的活动及影响就一直存在，并且与新疆和中央的关系成反比，伴随着新疆与中央关系的紧密与衰弱时而小时而大，形成彼消此长的局面，有时甚至对新疆的整个政局产生重要影响。其中对新疆影响最大的是俄苏，其次是英国。外国势力的侵略与干涉对宪政在新疆地方实施的影响表现为：

首先，沙俄、英国等帝国主义及外国势力对新疆的疯狂侵略、干涉及分裂政策，使得新疆社会危机不断、战事不息，长期处于动荡之中，直接制约了宪法在新疆地方的正常实践。

其次，一系列不平等条约的签订，新疆大量的财富被掠夺，直接制约新疆经济和近代化的发展，使得新疆走向地方政治民主化缺乏必要的经济基础。

最后，新疆族群多样，宗教多元，是中西方文明交汇、冲突之地，各民族文化差异较大，民族关系较为复杂，又与强邻接壤，列强不断插手新疆事务。特别是英国、德国等国家在南疆对所谓泛伊斯兰主义、大土耳其主义的宣传，蛊惑、煽动民族分裂，使得民族宗教问题成为民国宪法在新疆地方实践中不能回避的重要问题之一。民国时期从中央到新疆地方政府都制定和实施了相关的民族宗教政策，这些政策和措施都直接影响着民国时期新疆的地方政治民主化的发展。由于各种主客观原因的影响，民国宪法在新疆地方的历次实践以失败而告终，但相关的民族宗教政策为新中国成立后新疆走向真正的民主政治提供了借鉴与启示。

民国时期宪法在新疆推行和实践的艰难曲折历程，从一个侧面反映了新疆乃至整个中国社会步入现代社会时艰难的步履。新疆地方的社会秩序、地方官员的政治作为、传统生活中的习俗和习惯，与当时整个中国社会的政治、社会、文化相互动，在这种地方与中央的互动关系中，可以清晰地构建起新疆地方发展的历史轨迹，透过新疆地方发展的历史，可以更深刻地洞悉民国时期的中国社会及发展变迁。宪法在新疆的实践历程恰如一面镜子，映照出的不仅是新疆地方政治，而且是当时整个中国社会走向现代化的艰难曲折之路。

回顾历史，我们可以看到，从清代建省开始，无论是中央还是地方政府在如何有效地治理新疆这一问题上，都可以说是用心良苦。1884 年清朝于新疆设省之后，清政府制订了《回疆则例》，以使新疆地区积极适用国家法律，通过法律手段调整边疆各种社会关系，同时适当吸收或承认新疆地区各民族的风俗习惯，发挥其因时因地因族制宜的灵活性极强的特色，并给予政策上的灵活与变通，塑造相对较为宽松的社会政治环境，以形成既可以保持边疆稳定、社会发展同时又能保证各民族和谐相处的良好局面。此后历届政府在治疆政策中，始终贯彻着因地制宜的指导方针。不仅在制度上做了变通，而且在法律法规的适用方面也相应地做了某些调适，即在坚决贯彻中央法律的同时，适时地制定了一些适用于该地区的特殊法律法规，并适当采纳了一些当地民族的习惯法。新疆之所以最终走向和形成了民族区域自治的地方宪政架构，就是中央政府和地方政府面对新疆特殊的地缘政治环境与多族群、多文化融合的特点，在长期的摸索和探求中寻找到了一种最优的政治模式和解决途径。这也是对民国时期以来，历届中央与地方政府治理新疆的经验总结。

这一可贵的历史经验在当今仍然有着异乎寻常的重要意义。因此，在当下构建现代民主政治国家的过程中，仍然要重视新疆地方的特殊性。一方面在建立现代民族国家推进国家一体化的过程中，如何以法治的手段保证国家的统一与认同；另一方面关注其特殊性，在宪法框架内制订出适合当地条件的自治条例、单行条例，更好地为新疆和谐社会的构建服务。这就要求在坚决贯彻中央统一法制的同时，在地方立法的过程中，要慎重考虑少数民族地区的特殊性，对其所遵循的民族习惯法，既要充分利用，又要适当限制；严格限制及坚决取缔那些有害民族团结的、危害国家利益的、不利于社会善良风俗的陈规陋习，充分发挥民族习惯法在少数民族中的巨大凝聚力和影响力。通过对近代新疆地方走向宪政历程的研究，探讨在宪法框架内坚持民族区域自治不动摇的前提下，如何对中央的集权与新疆地方的分权做到最佳配置，既有利于国家的统一，又能照顾到新疆民族地区的特殊性，发挥新疆地方的能动性。

梳理和深刻分析民国时期宪法在新疆地方的实施，有助于我们厘清这一发展进程的历史脉络。在今天面对新疆地方宪政建设的进一步拓展时，更有助于我们吸收民国时期新疆在历次地方宪政建设过程中的宝贵的经验和教训，以促进当下新疆地方宪政建设的进一步发展。有四点启示，尤为值得关注：其一，新疆地方与中央的关系，保持国家的统一，这是前提与基础；其二，要防止外国势力对宪法在地方实践的破坏与干涉，最重要的就是真正实现民主、平等、民生、民享的宪政理念；其三，必须重视民族宗教政策的制定与实施，真正贯彻各民族平等、保障少数民族的各项民主权利及宗教信仰自由，防止泛伊斯兰主义、大土耳其主义的等反动分裂言论的传播；其四，改变传统的治理模式，彻底抛弃传统的羁縻政策的影响，用现代的民族国家理论建构国民意识与权利意识，从而使得建立在地缘、血缘等自然因素基础上的地域性政治情感即省籍意识与现代国家认同产生良性互动，为我国现代民主国家的建构提供心理基础。而要实现这一目标，就必须真正实现各民族法律面前一律平等，不以民族身份而是以公民身份作为国家认同的基础。一方面，通过民族区域自治的地方宪政安排实现少数民族享有的各项民主政治权利；另一方面，所有公民法律面前一律平等，真正做到依法治理，实现法治社会，促进以自主意识、平等意识、权利意识为构成内容的公民文化与公民社会的形成。它的进程与目标与历代君主专制王朝的民族治理体制与原则有着重大区别：在牢牢坚持各民族对国家认同的理念的同时，充分保证地方充沛的发展活力，在宪法框架内构建维护国家统一、地方法治、民族平等自治相得益彰和谐一体的新型法律治理模式。

行文至此，笔者想到不久前发生的新疆“七五”事件，由于国内外各种敌对势力的染指，民族分裂的潜流在新疆安静平和的社会表层下涌动，遇到合适的契机就会爆发，给新疆各族人民带来深重的灾难。这一事件的发生，再次有力地表明新疆地方政治民主化建设进一步拓展的必要性和紧迫性，以及构建良好的新疆地方与中央关系的重要性。如果没有完备规范的地方政治和法律建制，伤害的不仅是眼前利益，从长远来讲，伤害的是各族人民之间的感情及国家的统一和边疆的稳定。而这也正是本书最初的写作缘起。如果本书的思考和研究能为今天新疆地区法治的实现与地方宪政的建设提供有益的历史借鉴，笔者将感到由衷的欣慰。

参考文献

一、档案、史料与编著类

1. 新疆维吾尔自治区档案馆档案政治类：

1 – 1 – 223、425、696、703、704、924、928、930、931、932、994、1008

1 – 2 – 96、98、99、129、130、133、122、161、170、174、182、230、320、323、330、334、325、393、410、418、448、453

1 – 4 – 72、97

2 – 1 – 4、6、206、207、208、260、287、476、545、661、665、674、700、763、860、870、898、910

2 – 2 – 8、9、17、23、34、48、72、317、374、437、446、447、449、590、609、616、620、631、633、634、644、606、609、610、628、635、636、645、664、651

2 – 3 – 2、3、9、11、27、39、44、48、101、108、114、115、117、121、124、125、126、132、134、140、629、779、788

2 – 4 – 61、101、206、211、221、269、305、448、883

2 – 6 – 19、82、124、184、218、451、815、819、830、846

2 – 7 – 112、135

3 – 1 – 9、15、17、19、21、22、79、92、173、180、245、255、268、272、284、288、299、303、320、321、318、345、355、388、410

3 – 2 – 2、1811、1915、1932、1941、1935。

2. 袁大化：《抚新纪程》。
3. 杨增新：《补过斋文牍》。
4. 杨增新：《补过斋文牍续编》。
5. 杨增新：《补过斋日记》。

6. 杨增新:《补过斋读老子日记》。
7. 吴忠信:《主新日记》。
8. 新疆社会科学院历史所资料室藏档案抄件。
9. 新疆日报(1944～1949年),藏新疆日报社资料室。
10. 中国第二历史档案馆编:《中华民国史档案资料汇编》。
11. 乌鲁木齐党史地方志编纂委员会编:《乌鲁木齐市志》第1卷,新疆人民出版社1994年版。
12. 且末县地方志编纂委员会编:孙红卫主编:《且末县志》新疆人民出版社1996年版。
13. 白振声、[日]鲤渊信一主编:《新疆现代政治社会史略》,中国社会科学出版社1992年版。
14. 苗普生、田卫疆主编:《新疆史纲》,新疆人民出版社2004年版。
15. 苗普生、马品彦、厉声主编:《历史上的新疆》,新疆人民出版社2006年版。
16. 政协新疆维吾尔自治区委员会文史资料研究委员会编:《新疆文史资料选辑》(第22辑),新疆人民出版社1987年版。
17. 王寿成:"关于新政府民族政策的报告",载《新疆文化史料》(第1辑),新疆维吾尔自治区文化厅史志编辑室编,1990年(内部发行)。
18. 共青团新疆维吾尔自治区委员会编:《新疆民众反帝联合会资料汇编》,新疆青少年出版社1986年版。
19. 袁大化修、王树楠等纂:《新疆图志》,民族文化宫图书馆据志局书复印1983年版。
20. 新疆社科院历史研究所编:《新疆简史》(1～3册),新疆人民出版社1980年版。
21. 方英楷主编:《中国历代治理新疆国策研究》,新疆人民出版社2006年版。
22. 马大正主编:《中国古代边疆政策研究》,中国社会科学出版社1990年版。
23. 尹筑光、茆永福主编:《新疆民族关系史》,新疆人民出版社1996年版。
24. 《新疆冤狱始末》编写组:《新疆冤狱始末》,中国青年出版社1990年版。
25. 杨建新主编:《中国西北少数民族通史》(民国卷),民族出版社2009年版。
26. 王铁崖编:《中外旧约章汇编》,三联书店1962年版。
27. 新疆维吾尔自治区政协文史资料委员会编:《新疆文史资料选辑》(第2、5、6辑),新疆人民出版社1979年版。
28. 徐玉圻主编:《新疆三区革命史》,民族出版社1998年版。
29. 张宪文主编:《中华民国史纲》,河南人民出版社1985年版。
30. 张学仁、陈宁生主编:《二十世纪之中国地方宪政》,武汉大学出版社2002年版。
31. 中央档案馆编:《中共中央文件选集》第10册,中央党校出版社1991年版。
32. 张千帆主编:《宪法学》,法律出版社2004年版。
33. 余太山主编:《西域通史》,中州古籍出版社2003年版。

二、著作及译著类

1. 陈慧生、陈超:《民国新疆史》,新疆人民出版社 2007 年版。
2. 黄建华:《国民党政府的新疆政策研究》,民族出版社 2003 年版。
3. 齐顺清、田卫疆:《中国历代中央王朝治理新疆政策研究》,新疆人民出版社 2004 年版。
4. 马大正等:《新疆史鉴》,新疆人民出版社 2006 年版。
5. 张大军:《新疆风暴七十年》(1~12 册),台湾兰溪出版社 1980 年版。
6. 张治中:《张治中回忆录》下册,中国文史出版社 1985 年版。
7. 张治中:《从迪化会谈到新疆和平解放》,新疆人民出版社 1987 年版。
8. 宋希濂:《鹰犬将军》,中国文史出版社 1986 年版。
9. 孙中山:《孙中山全集》,中华书局 1981 年版。
10. 李国忠:《民国时期中央与地方的关系》,天津人民出版社 2004 年版。
11. 郭孝成:"蒙古独立记",载《辛亥革命》(第 7 册),上海人民出版社 1957 年版。
12. 毛泽东:《论联合政府》,载《毛泽东选集》(合订本),人民出版社 1967 年版。
13. 杨妍:《地域主义与国家认同——民国初期省级意识的政治文化分析》,天津人民出版社 2007 年版。
14. 曾问吾:《中国经营西域史》,商务印书馆 1936 年版。
15. 杜重远:《盛世才与新疆》,生活书店 1938 年版。
16. 包尔汉:《新疆五十年》,文史资料出版社 1984 年版。
17. 蔡锦松:《盛世才在新疆》,河南人民出版社 1998 年版。
18. 蒋君毅:《新疆经营论》,重庆正中书局 1939 年版。
19. 周泓:《民国新疆社会研究》,新疆大学出版社 2005 年版。
20. 吴蔼宸:《新疆游记》,商务印书馆 1935 年版。
21. 李国栋:《民国时期的民族问题与民国政府的民族政策研究》,民族出版社 2007 年版。
22. 顾颉刚、史念海:《中国疆域沿革史》,商务印书馆 1999 年版。
23. 朱培民:《新疆革命史》,新疆人民出版社 1993 年版。
24. 谢斌:《新疆游记》,新疆人民出版社 2010 年版。
25. 周振鹤:《中国地方行政制度史》,上海人民出版社 2003 年版。
26. 齐清顺、田卫疆:《中国历代中央王朝治理新疆政策研究》,新疆人民出版社 2004 年版。
27. 朱培民:《新疆与祖国关系史论》,新疆人民出版社 2008 年版。
28. 厉声:《新疆对苏俄贸易史(1600~1990)》,新疆人民出版社 1993 年版。
29. 费孝通:《中华民族多元一体格局》,中央民族学院出版社 1989 年版。
30. 侯强:《社会转型与近代中国法制现代化 1840~1928》,中国社会科学出版社 2005 年版。
31. 杨建新:《中国少数民族通论》,民族出版社 2005 年版。
32. 赵云田:《清末新政研究——20 世纪初的中国边疆》,黑龙江教育出版社 2004 年版。
33. 田继周:《中国历代民族政策研究》,青海人民出版社 1993 年版。
34. 孙宏年:《边疆治理与民族关系》,长春出版社 2004 年版。

35. 赵云田：《中国边疆民族管理机构沿革史》，中国藏学出版社 2002 年版。
36. 吴楚克：《中国边疆政治学》，中央民族大学出版社 2005 年版。
37. 徐迅：《民族主义》，中国社会科学出版社 1998 年版。
38. 余振贵：《中国历代政权与伊斯兰教》，宁夏人民出版社 1996 年版。
39. 刘广安等：《中国古代民族自治研究》，中央民族大学出版社 2009 年版。
40. 张晓松：《中国少数民族职官制度》，中国社会科学出版社 2006 年版。
41. 王珂：《民族与国家——中国多民族统一国家思想的系谱》，中国社会科学出版社 2001 年版。
42. 陶峙岳：《陶峙岳自述》，湖南人民出版社 1985 年版。
43. 王开玺：《晚清政治新论》，商务印书馆 2006 年版。
44. 马小泉：《国家与社会：清末地方自治与地方宪政改革》，河南大学出版社 2004 年版。
45. 魏光奇：《官治与自治——20 世纪上半期的中国县制》，商务印书馆 2004 年版。
46. 刘伟：《晚清督抚政治：中央与地方关系研究》，湖北教育出版社 2003 年版。
47. 杜文忠：《近代中国的地方宪政化——兼与韩国比较》，法律出版社 2009 年版。
48. 楚双志：《晚清中央与地方关系演变史纲》，中共中央党校出版社 2006 年版。
49. 钱端升等：《民国政制史》，上海世纪出版社 2008 年版。
50. 沈晓敏：《处常与求变：清末民初的浙江咨议局和省议会》，生活·读书·新知三联书店 2005 年版。
51. 刁振娇：《清末地方议会制度研究——以江苏咨议局为视角的考察》，上海人民出版社 2008 年版。
52. 张朋园：《中国民主政治的困境，1909～1949：晚清以来历届议会选举述论》，吉林出版集团有限公司 2007 年版。
53. 张朋园：《立宪派与辛亥革命》，吉林出版集团有限公司 2007 年版。
54. 胡春惠：《民初的地方主义与联省自治》，中国社会科学出版社 2001 年版。
55. 程乃胜：《近代西方宪政理念》，安徽人民出版社 2006 年版。
56. 徐祇朋：《当代民族主义与边疆安全》，民族出版社 2009 年版。
57. 周联合：《自治与官治——南京国民政府的县自治法研究》，广东人民出版社 2006 年版。
58. 王建学：《作为基本权利的地方自治》，厦门大学出版社 2010 年版。
59. 白贵一：《20 世纪 30 年代南京国民政府县自治研究》，知识产权出版社 2009 年版。
60. 莫纪宏：《宪法学原理》，中国社会科学出版社 2008 年版。
61. 莫纪宏：《现代宪法的逻辑基础》，法律出版社 2001 年版。
62. 林来梵：《从宪法规范到规范宪法——规范宪法学的一种前言》，法律出版社 2001 年版。
63. 王怡：《宪政主义：观念与制度的转捩》，山东人民出版社 2006 年版。
64. 季金华：《宪政的理念与机制》，山东人民出版社 2004 年版。
65. 邓丽兰：《西方思潮与民国宪政运动的演进》，南开大学出版社 2010 年版。
66. 申友良：《中国北方民族及其政权研究》，中央民族大学出版社 1998 年版。

67. 强世功：《法制与治理——国家转型中的法律》，中国政法大学出版社 2003 年版。
68. 陈建平：《湖南省宪研究》，法律出版社 2009 年版。
69. 林孝文：《浙江省宪研究》，法律出版社 2009 年版。
70. 汪太贤：《从治民到民治：清末地方自治思潮的萌生与变迁》，法律出版社 2009 年版。
71. 陈志让：《军绅政治：近代中国的军阀时期》，广西师范大学出版社 2008 年版。
72. 强世功：《立法者的法理学》，生活·读书·新知三联书店 2007 年版。
73. ［日］佐口透：《18～19 世纪新疆社会研究》，凌颂纯译，新疆人民出版社 1983 年版。
74. ［日］芦部信喜：《宪法》，林来梵等译，北京大学出版社 2006 年版。
75. ［英］冯客：《近代中国之种族观念》，杨丽华译，江苏人民出版社 1999 年版。
76. ［英］K. C. 惠尔：《现代宪法》，翟小波译，法律出版社 2006 年版。
77. ［英］杰弗里·马歇尔：《宪法理论》，刘刚译，法律出版社 2006 年版。
78. ［美］齐锡生：《中国的军阀政治（1916～1928）》，杨云若、萧延中译，中国人民大学出版社 2010 年版。
79. ［美］拉铁摩尔：《中国的亚洲内陆边疆》，唐晓峰译，江苏人民出版社 2006 年版。
80. ［美］海斯：《现代民族主义演进史》，帕米尔等译，华东师范大学出版社 2005 年版。
81. ［美］C. H. 麦基文：《宪政古今》，翟小波译，贵州人民出版社 2004 年版。
82. ［美］卡尔·J. 弗里德里希：《超验正义——宪政的宗教之维》，周勇、王丽芝译，生活·读书·新知三联书店 1997 年版。
83. ［美］埃尔斯特、［挪］斯莱格斯塔德编：《宪法与民主——理性与社会变迁研究》，潘勤、谢鹏程译，生活·读书·新知三联书店 1997 年版。
84. ［美］塞缪尔·P. 亨廷顿：《变化社会中的政治秩序》，王冠华、刘为等译，上海人民出版社 2008 年版。
85. ［加］威尔·金里卡：《多元文化公民权——一种有关少数族群权利的自由主义理论》，杨立峰译，上海译文出版社 2009 年版。
86. ［西］胡安·诺格：《民族主义与领土》，徐鹤林、朱伦译，中央民族大学出版社 2009 年版。

三、杂志类

1. 贾秀慧：“晚清民国时期新疆的政治近代化述评”，载《新疆社会科学》2009 年第 2 期。
2. 高健：“民国后期新疆省临时参议会述论”，载《新疆大学学报》2004 年第 3 期。
3. 高健、赵江名：“民国前期新疆省议会研究”，载《西域研究》2005 年第 3 期。
4. 白京兰：“1933～1949 年新疆地方立法初探”，载《新疆社会科学》2010 年第 1 期。
5. 白京兰：“民国时期新疆‘设治局’述略”，载《兰州学刊》2010 年第 8 期。
6. 纪大椿：“论晚清新疆以建省为中心的改革”，载《西北民族研究》1990 年第 1 期。
7. 伏阳：“民国前期新疆缓设检审两厅探析”，载《西域研究》2009 年第 2 期。
8. 伏阳：“民国时期新疆公司法律制度初探”，载《新疆大学学报》2010 年第 2 期。
9. 伏阳：“杨增新治新时期司法制度研究”，载《新疆社会科学》2010 年第 2 期。

10. 石向泰："民国时期保甲制度在新疆的推行"，载《新疆职业大学学报》2008 年第 2 期。
11. 梁海峡："清末及民国时期新疆南疆涉外刑事犯罪问题研究"，载《青海民族大学学报》2010 年第 4 期。
12. 梁海峡："清至民国新疆婚姻法制浅谈"，载《新疆大学学报》2010 年第 1 期。
13. 马雪松："杨增新时期新疆司法的改进状况"，载《昌吉学院学报》2002 年第 4 期。
14. 王续添："地方主义与民国社会"，载《教学研究》2000 年第 2 期。
15. 陈延祺："杨增新是如何缓解新疆财政危机的"，载《新疆社会科学》1989 年第 1 期。
16. 沈志华："中苏结盟与苏联对新疆政策的变化（1944～1950）"，载《近代史研究》1996 年第 1 期。
17. 邓力群："新疆和平解放前后——中苏关系之一页"，载《近代史研究》1989 年第 5 期。
18. 赵明："盛世才投靠蒋介石内幕"，载《新疆社会科学》1985 年第 3 期。
19. 张连红："国民政府战时外交决策机制初探"，载《近代史研究》1997 年第 2 期。
20. 黄建华："吴忠信与蒋介石在新疆问题上的分歧"，载《新疆大学学报》1999 年第 4 期。
21. 黄建华："国民党政府的新疆政策述论"，载《西北史地》1994 年第 4 期。
22. 黄建华："金树仁案探析"，载《喀什师范学院学报》1994 年第 4 期。
23. 黄建华："吴忠信辞职及其原因"，载《喀什师范学院学报》1996 年第 1 期。
24. 黄建华："1943～1949 年国民党政府在新疆问题上的对苏政策"，载《新疆大学学报》2002 年第 1 期。
25. 黄建华："北洋政府的新疆对苏政策"，载《西北史地》1999 年第 4 期。
26. 王续添："地方主义与民国社会"，载《教学研究》2000 年第 2 期。
27. 陈福霖："通往权力之路：盛世才在新疆的最初几年（1930～1934）"，载《国外中国近代史研究》（第 24 辑），中国社会科学出版社 1994 年版。
28. 沈社荣："30 年代国民政府的西北战略意识"，载《宁夏大学学报》1999 年第 3 期。
29. 袁澍："20 世纪 40 年代新疆政局风暴与美国领事馆"，载《新疆师范大学学报》2002 年第 1 期。
30. 李永伦："论孙中山的民族观"，载《云南民族学院学报》1996 年第 3 期。
31. 邓辉："从'民族同化'到'民族平等、自决'——论孙中山晚年的民族统一思想"，载《中南民族学院学报》1996 年第 5 期。
32. 郑晓云："孙中山的民族平等思想与民主发展"，载《云南社会科学》1997 年第 1 期。
33. 李育民："论孙中山的民族国家构想"，载《史学月刊》2002 年第 2 期。
34. 吴福环、李慧荣："孙中山与中国边疆现代化"，载《新疆大学学报》1997 年第 2 期。
35. 崔巍："南京临时政府与中国新型民族关系的确立"，载《南京社会科学》2003 年第 2 期。
36. 钟桂民："试论北洋军阀政府的民族政策"，载《广西民族学院学报》1997 年第 3 期。
37. 齐清顺："《新疆南路禁烟章程》浅谈"，载《新疆社会科学》1989 年第 1 期。
38. 黄建华："蒋介石与新疆三区革命"，载《中国边疆史地研究》1999 年第 4 期。
39. 黄建华："迪化和谈前有关新疆问题的对苏交涉"，载《西北史地》1996 年第 1 期。

40. 黄建华："国民政府从盛世才手中谋取新疆的两次策划及失败的原因探析"，载《喀什师范学院学报》2002 年第 2 期。
41. 黄建华："吴忠信与麦斯武德"，载《新疆地方志》1996 年第 3 期。
42. 黄建华："吴忠信招降乌斯满的活动"，载《西北民族研究》1999 年第 2 期。

四、学位论文

1. 梁海峡：《近代新疆南疆司法制度研究》，陕西师范大学 2010 年博士学位论文。
2. 袁玉红：《简析近代新疆地方与中央政府之关系（1912 ~ 1928）——以新疆"七七"政变为中心》，中央民族大学 2009 年硕士学位论文。
3. 嵇雷：《民国前期新疆治理研究（1912 ~ 1933）》，新疆大学 2004 年硕士学位论文。
4. 赵丽君：《近现代新疆县制研究》，新疆大学 2004 年硕士学位论文。
5. 石向泰：《民国时期新疆基层政权研究》，新疆大学 2008 年硕士学位论文。
6. 尹玉琴：《民国时期新疆民族政策得失研究》，兰州大学 2008 年硕士学位论文。
7. 兰琴：《民国新疆地方军阀政权与苏联的关系》，河北大学 2010 年硕士学位论文。
8. 薛燕：《民国时期"民族平等"思想在新疆的提出与实践》，新疆大学 2009 年硕士学位论文。

五、外文类

1. Andrew D. W. Forbes，*Warlords and Muslims in Chinese Central Asia*：*Political History of Republican Sinkiang 1911 ~ 1949*，Cambridge University Press，1986.
2. James A. Millward，*Eurasian Crossroads*：*A History of Xinjiang*，Columbia University Press，2007.
3. Allen Suess Whiting，Shicai Sheng，*Sinkiang*：*Pawn or Pivot*?，Michigan State University Press，1958.

后 记

早就听说华东政法大学法律史专业的学术水准与师资在全国数一数二，但对于我——西北边疆一名普通的高校教师来说，最初未敢奢望能来此大家云集的名校求学。也许是缘分或上天对我的眷顾，2006年的中国法律史年会在新疆召开，我有幸参加了这次学术盛会，第一次与如此多的大家与学者亲密接触，既紧张又兴奋。会上各位前辈精彩的发言与独到的见解，使我领略到了学术的魅力，享受了一场思想盛宴。由此点燃了我向往学术、继续深造的渴望。

会议期间，王立民教授学识渊博、儒雅大度、和蔼慈祥、宽厚真诚的大家风范，给我留下了深刻的印象，遂萌发了报考华东政法大学法律史专业的想法。会议结束后，在学院领导的支持与努力下，我争取到了2007年下半学期到华政进修的机会。在此期间，我选修了何勤华教授、王立民教授、丁凌华教授的西方法学史研究、中外法律史比较研究、中法史史料研究三门课，各位老师渊博的学识、深邃的思想、严谨的治学方法，拓宽了我的眼界，给我以莫大的启迪。

考博时，承蒙各位导师不嫌学生资质驽钝，收在门下，使我得以聆听各位先生的耳提面命与谆谆教诲，在治学做人方面，都获得了人生中最宝贵的一笔财富。学生感谢各位导师与华东政法大学给了我人生中一次超越与转折的机会，能够站在一个更高的角度与起点认识整个世界！

感谢我的导师王立民教授，领我进入学术的殿堂，在我的论文写作过程中从选题、构思、框架体系的搭建到行文中内容的安排、取舍，甚至题目的最终确定，不厌其烦的督促与指导。感谢先生一次次抽出宝贵的时间，对于我的问题与迷惑，有求必应、有问必答！王老师在繁重的教学与行政工作之余，将读书与写作作为自己唯一的乐趣与爱好，不断的奉献观点新颖、独到的精品文章，先生的言传身教使我受益终身，激励着我不断的努力向前！感谢何勤华教授，何老师作为一校之长，各种政务缠身，在如此繁忙的工作之余，竟然完成了一部部巨著。每每想到此，学生都不禁汗颜，没有了任何懈怠的理由。先生是我终生学习的榜样！感谢徐永康教授，先生知识的渊博与宽广，分析问题角度的犀利与敏锐，治学的严谨，都使学生受益匪浅！感谢李秀清教授，对学生论文提出的宝贵而中肯的建议，使得论文得到进一步的修正与完善！

感谢各位同窗的热情关心与帮助，使得我们度过了虽不易但快乐的三年时光！感谢任海涛、翟冠慧、陈晓聪、孙建伟、丁德昌、张莉、王笑红等同学，在与你们的交流中，开阔了我的视野，启发了我的思维。感谢挚友熊建明、赵笑君，感谢你们的关心与帮助，不仅使得我的学业有了很大的进步，而且在生活中总是及时伸出援助之手！感谢焦应达、肖秀娟、李鹏三位学友，在论文写作最艰难的时刻，大家相互鼓励，使得最煎熬的日子没有那么艰难！感谢你们的笑话与故事，使得每天疲惫的身心能够得到放松！感谢我们共同经历的这些日子，我们的酸甜苦辣都将会是永远的记忆！感谢杨云珍博士，对我论文的框架、逻辑及行文语言，都提出了宝贵而富有建设性的意见，给我以启迪！感谢室友沈志韬、李国卿，谢谢你们容忍我论文写作期间由于作息不规律对你们的打扰，而毫无怨言！感谢华政！在这里除了知识，我还收获了宝贵的友谊与亲情般的温暖！

还要感谢新疆维吾尔自治区档案局档案馆的张力处长及接待处的各位老师，为我查找资料提供的帮助与方便，使得我的论文写作得以顺利完成！

尤其感谢我的家人，从考博开始，全家人全力以赴的支持，而没有一丝怨言，没有你们为我解除后顾之忧，我无法安心完成学业，并最终顺利完成论文！在人生的道路上，没有你们的鼓励与关怀，我是无法走到今天的……

论文虽完成了，但还很粗浅与稚嫩。我并没有丝毫轻松的感觉，由于本人愚钝，加之功力又不够深厚，对大量的材料与问题，感觉难以驾驭，总有力所不逮之感。在学术的道路上，我才刚刚起步，今后唯有以各位导师为榜样，不断的努力与奋进，才能有所进步！

王晓峰
2013 年 5 月